Ante o silêncio das Esfinges

Ante o silêncio das Esfinges

PELO ESPÍRITO
Eugene

PSICOGRAFIA DE
Tanya Oliveira

LÚMEN
EDITORIAL

Ante o silêncio das Esfinges
pelo espírito *Eugene*
psicografia de *Tanya Oliveira*
Copyright © 2013 by
Lúmen Editorial Ltda.

3ª edição – agosto de 2018
3-8-18-300-4.210

Coordenação editorial: *Ronaldo A. Sperdutti*

Revisão: *Alessandra Miranda de Sá*

Projeto gráfico: *Casa de Ideias*

Dados Internacionais de Catalogação na Publicação (CIP)
(Câmara Brasileira do Livro, SP, Brasil)

Eugene (Espírito).
Ante o silêncio das esfinges / pelo Espírito Eugene; psicografia de Tanya Oliveira. – São Paulo: Lúmen Editorial, 2013.

ISBN 978-85-7813-123-4

1. Espiritismo 2. Psicografia 3. Romance espírita I. Oliveira, Tanya. II. Título.

12-15151   CDD-133.9

Índices para catálogo sistemático:
1. Romance espírita: Espiritismo 133.9

Rua Javari, 668
São Paulo – SP
CEP 03112-100
Tel./Fax (0xx11) 3207-1353

visite nosso site: www.lumeneditorial.com.br
fale com a Lúmen: atendimento@lumeneditorial.com.br
departamento de vendas: comercial@lumeneditorial.com.br
contato editorial: editorial@lumeneditorial.com.br
siga-nos nas redes sociais:
twitter: @lumeneditorial
facebook.com/lumen.editorial1

2013
Proibida a reprodução total ou parcial desta obra
sem prévia autorização da editora
Impresso no Brasil – *Printed in Brazil*

"Ora, entre os fariseus, havia um homem chamado Nicodemos, senado dos judeus — que veio à noite ter com Jesus e lhe disse: 'Mestre, sabemos que vieste da parte de Deus para nos instruir como um doutor, porquanto ninguém poderia fazer os milagres que fazes, se Deus não estivesse com ele.' Jesus lhe respondeu: 'Em verdade, em verdade digo-te: Ninguém pode ver o reino dos céus se não nascer de novo.'

Disse-lhe Nicodemos: 'Como pode nascer um homem já velho? Pode tornar a entrar no ventre de sua mãe, para nascer a segunda vez?' Retorquiu-lhe Jesus: 'Em verdade, em verdade digo-te: Se um homem não renasce da água e do Espírito, não pode entrar no reino de Deus. — O que é nascido da carne é carne e o que é nascido do Espírito é Espírito. — Não te admires que eu te diga que nasças de novo. — O espírito sopra onde quer e ouve a sua voz, mas não sabes donde vem ele, nem para onde vai; o mesmo se dá com todo homem que é nascido do Espírito.' Respondeu-lhe Nicodemos: 'Como pode isso fazer-se?' — Jesus lhe observou: 'Pois quê! És mestre em Israel e ignoras essas coisas? Digo-te em verdade, em verdade, que não dizemos senão o que sabemos e que não damos testemunho senão do que temos visto. Entretanto, não aceitas o nosso testemunho. — Mas, se não me credes, quando vos falo das coisas da Terra, como me crereis, quando vos falo das coisas do céu?'"

João, 3:1-12

"O homem retorna à vida várias vezes, mas não se recorda de suas prévias existências, exceto algumas vezes em um sonho, ou como um pensamento ligado a algum acontecimento de uma vida precedente. Ele não consegue precisar a data ou o lugar desse acontecimento, apenas nota serem-lhe algo familiares. No fim, todas essas vidas lhe serão reveladas."

Papiro Anana

Sumário

Apresentação 11

1 – Em algum lugar da eternidade 15

2 – Reflexos do passado 19

3 – Um pequeno incidente 25

4 – Prenúncio das lembranças 34

5 – Desafiando o destino 37

6 – Triste presságio 45

7 – Asterion se manifesta 53

8 – Sombras do passado 58

9 – Em busca de socorro 68

10 – Sentimentos que se revelam 73

11 – A visita ao casal Duplat 79

12 – Encontro em Paris 90

13 – Ante o testemunho 98

14 – Quando as palavras ferem 105

15 – As núpcias de Olívia 111

16 – Sonho ou recordação? 117

17 – O acaso não existe 122

18 – Sem forças para resistir 130

19 – Quando o amor se transforma em ódio 135

20 – Quem semeia, colhe! 144

21 – Olívia engravida 148

22 – Diante da provação 157

23 – Edward desencarna 165

24 – A vingança de Edwin 170

25 – Compreendendo Jesus por meio de Kardec 180

26 – Voltas que a vida dá 185

27 – A procura por Olívia 191

28 – Interferência da espiritualidade 195

29 – A verdade é revelada 200

30 – O reencontro 208

31 – O retorno à mansão Willistown 214

32 – O filho de Olívia 222

33 – Uma herança inesperada 228

34 – A morte de Olívia 234

35 – O despertar 237

36 – Perante novos desafios 241

37 – De volta a Tebas 247

38 – Pacto sob as estrelas 252

39 – O futuro de Merytre 257

40 – Ísis procura o filho divinizado 264

41 – Merytre diante do faraó 270

42 – A princesa Neferure 274

43 – A rainha e o conselheiro 279

44 – Articulando o futuro 285

45 – O afastamento de Amenakht 291

46 – Próximos, mas distantes 297

47 – Diante de Neferure 300

48 – A nova serva de Apopi 304

49 – Desvendando sentimentos 309

50 – A perigosa Kya 315

51 – Ciúme e intriga 324

52 – Um amor renasce 333

53 – Juras e confissões 339

54 – A desventura de Merytre.. 346

55 – Mayati no palácio 350

56 – A aliança de Senenmut... 357

57 – A verdade sobre Merytre 363

58 – A ordem de Hatshepsut.. 371

59 – Que se cumpra a vontade dos deuses! 378

60 – O castigo de Merytre 386

61 – A ceia com o faraó...390

62 – O dilema do sumo sacerdote...................................397

63 – A cobrança de uma promessa.................................402

64 – Os temores de Neferure 409

65 – A vingança de Ísis..415

66 – Ante o silêncio das esfinges 420

67 – As revelações de Nashira..429

Apresentação

Uma nova tarefa sempre nos traz alegria, pois é mais uma oportunidade de prosseguir com o trabalho que a misericórdia divina colocou em nossas mãos, desejosas de trabalho e renovação.

Outrora ignorantes das sábias leis que mantêm o equilíbrio do Universo, e inconformados com o destino humano diante das desigualdades e diferenças, muito temos questionado a respeito da causa de tanto sofrimento ao longo da história do Homem.

Encontramos a dor entre ricos e pobres, entre reis e escravos e, nesse tempo, por mais que buscássemos respostas para as inquietantes interrogações, não logramos o êxito desejado, por procurá-las, invariavelmente, nos incertos caminhos do mundo físico.

Trazíamos, até então, como companheiro inseparável, o implacável véu do preconceito, que nos cegava diante das realidades maiores da vida.

Eis que, após longa jornada entre a cegueira da vaidade e a imensa surpresa de despertar no Além, a verdade se nos revelou aos olhos atônitos...

Não é o acaso ou um Deus temível que determinam nossos destinos na Terra; é um Pai amoroso e justo, que "concede a cada um segundo suas obras", consoante às leis de suprema sabedoria por Ele criadas.

A experiência esclarecedora de nossa irmã Nashira contribuirá decisivamente com os nossos propósitos. Certos de que o ser humano realiza sua evolução por meio do aprendizado incessante, reconhecemos hoje a necessidade do acúleo da dor e dos resgates retificadores!

Os elos entre as diversas encarnações revelam a justiça que se cumpre sempre sob a tutela amorosa de nosso Senhor Jesus Cristo.

Assim, com a permissão do Alto, colocamo-nos no arado da palavra escrita novamente, procurando semear, no coração dos que nos presenteiam com sua leitura, o gérmen que os faça buscar o conhecimento maior por meio do estudo da Doutrina Espírita.

Com emoção, colocamos em suas mãos mais uma história do passado, que imaginamos perfeitamente adequar-se aos dias atuais, pois, apesar das mudanças de tempo e espaço, o ser humano ainda é o mesmo...

As paisagens se transformam com a evolução do Homem, mas, na essência, as imperfeições ainda existem em nosso mundo íntimo e nos imantam a resgates educativos e imprescindíveis.

No presente esforço, coube-nos a delicada tarefa de narrar uma história para nós revelada sob a condição de testemunho e que deixou vestígios indeléveis, emocionando os que com ela se defrontaram.

Diante das dificuldades em que se encontra o planeta, a fim de cumprir a missão do Consolador Prometido, oferecemos nosso humilde esforço e, compromissados com a Doutrina Espírita, buscamos trazer alguns fatos desse passado remoto.

Sobre os acontecimentos a respeito dos quais discorreremos, muito já foi escrito; nosso intuito, entretanto, é, por intermédio de um pequeno, mas sincero servidor de nosso Mestre Jesus, que nos ensinou a não colocar a "candeia debaixo do alqueire, mas sobre o candeeiro", proporcionar que todos vejam a luz.

Não nos consideramos detentores absolutos da verdade; nosso relato apenas busca apresentar fatos apoiados na história e no conhecimento que nos foi permitido obter acerca deste drama que traz valiosas lições para o nosso aprendizado.

Portanto, buscamos a inspiração divina e o entendimento das lições de Nosso Senhor, esclarecidas pelo Espiritismo, que nos ensina a amar os nossos semelhantes assim como a nós mesmos.

Tenhamos certeza de que só a fé configurada em obras trará a grande renovação de nossa vida, para que amanhã, na espiritualidade, a realidade não nos transforme em um manancial de lágrimas, no inevitável reencontro com nossa consciência.

Eugene

1

Em algum lugar da eternidade

Amparada pelo amor infinito de nosso Pai, a humanidade caminha na concretização de seu destino de evolução e aprimoramento.

Cada vida na Terra traz uma história de lutas, alegrias, fracassos e vitórias...

A dinâmica evolutiva é uma escolha de nosso livre-arbítrio; não necessitamos errar para aprender.

As escolhas são nossas; as consequências de nossos atos pertencem ao repertório de nossas ações, que se alternam entre o bem e o mal. Cabe a cada espírito edificar seu destino, fazendo as escolhas certas.

Contudo, até que nosso obscuro entendimento, envolto pela espessa bruma do nosso amor-próprio e egoísmo, enceguecido por nossos caprichos e pela falta de fé, permita-nos vislumbrar o poder determinístico que carregamos em nossas existências, muito tempo há de passar...

Oportunidades são perdidas... Um véu sobre o passado nos leva ao esquecimento... E a bondade divina se anuncia por meio de sua Misericórdia...

***

Há algum tempo, certa noite, olhávamos o céu estrelado e, admirando a mensagem silenciosa que os astros nos enviavam, divisamos bela entidade que caminhava em nossa direção.

À medida que se aproximava, percebemos traços de pureza ímpar, e a longa túnica que usava assumia modulações de cor muito suaves, como se adotasse um arco-íris como veste.

Margeando o grande lago de nossa encantadora colônia espiritual, trazia um sorriso no semblante agradável.

A lua envolvia o ambiente em intensa luminosidade, que caracterizava aquela agradável região da espiritualidade, convidando-nos à reflexão e avaliação acerca dos misteriosos destinos do Ser.

Árvores frondosas cercavam a extensa área destinada ao passeio público; os jardins, ornados de encantadoras flores, de variadas cores, recendiam a perfumes delicados, envolvendo a atmosfera em sublimes aromas.

Suave melodia entoada à distância trazia a todo coração de boa vontade o renovado desejo de progresso e ascensão espiritual.

Aqui e ali se viam transeuntes, absortos na análise ou discutindo o conteúdo de uma espécie de mapa ou roteiro, que sugeria a orientação a seguir na busca e no atendimento a irmãos ainda envoltos nas sombras.

Tratava-se de uma entidade feminina que, com adorável entonação, saudou-nos:

– Que Jesus o abençoe, meu irmão! Há algum tempo espero pela oportunidade de encontrá-lo...

Com curiosidade, e ainda sem compreendermos o motivo pelo qual éramos procurados, indagamos:

– Pois não, minha irmã, em que lhe poderei ser útil?

A entidade respondeu, relevando nosso parco entendimento:

– Há pouco, observava o seu olhar perdido na imensidão dos céus... Também ouço a voz de Deus quando vejo tanta magnitude e perfeição! É nesse silêncio que captamos a verdade inexorável que permeia nossos destinos! Mas vamos ao assunto que me trouxe até aqui! Sei que a Terra atravessa um período conturbado; a lenta e gradual alteração nos padrões evolutivos exige penosos sacrifícios de todos, e o sofrimento parece chegar ao extremo! Nosso Mestre amado permanece com seu toque de amor, conduzindo-nos, assim como o próprio planeta, à felicidade e evolução, como acontece desde o princípio! É chegado o tempo em que a verdade brilhará diante de todos os que tiverem o coração voltado para o Bem e para as eternas edificações do Espírito! O ser, assim, caminhará para um entendimento maior, que lhe permitirá alçar voos sublimes em todos os sentidos da evolução humana.

Naquele momento, convidamo-la para sentar-se em local próximo. As madressilvas, além de embelezarem o ambiente, espalhavam pelo ar um perfume delicado e convidativo.

A cativante entidade prosseguiu:

– Meu pedido repercutiu nas esferas superiores e, graças à bondade infinita de Jesus, ante a perspectiva de uma nova experiência no planeta, regresso às proximidades da Terra para terminar uma tarefa que considero necessária para minha efetiva serenidade.

Observávamos atentos e ousamos perguntar:

– Tememos não poder auxiliá-la; somos apenas contadores de histórias...

A entidade sorriu e explicou:

– Chamo-me Nashira e tenho um débito com espíritos queridos, aos quais dedico essa prova do meu pesar! Em outro tempo, perdi a oportunidade que agora se faz presente novamente. Por essa razão, peço-lhe auxílio para que destine um pouco de seu tempo ouvindo a história que vou lhe contar.

Com surpresa, consideramos e acrescentamos:

– Comprometemo-nos com o Mestre Jesus nesse sentido; buscamos episódios instrutivos da vida para que nossos irmãos na Terra possam palmilhar seus caminhos cometendo menos enganos, dos quais outrora também fomos vítimas. Teremos grande alegria em atender o seu pedido, mas, se nos permite, gostaríamos de saber por que não o faz pessoalmente. Na Terra existem inúmeros irmãos abnegados que se sintonizam com o nosso plano.

Nashira sorriu e explicou:

– Essa não é mais minha tarefa, caro Eugene. Como lhe disse, perdi a oportunidade. Confio em seu trabalho e, por razões que ainda não me são permitidas revelar, considero que poderei obter os resultados almejados no sonhado empreendimento com a sua colaboração. O trabalho será longo, mas haverá de se cumprir um dia. O tempo é nosso aliado e ajudará em seu aprimoramento. Não poderia ser de outro modo em se tratando de fatos que retratam as edificações do espírito imortal. Vou lhe relatar como tudo aconteceu, meu amigo... Mais tarde, entenderá os meus motivos. De qualquer forma, deixo a seu critério o destino que dará às minhas recordações. Devo dizer-lhe que meus afetos mais caros prosseguem em nossa pátria espiritual, trabalhando para a concretização de ideais ainda incompreensíveis para o coração terrestre. Nosso grupo espiritual já se distanciou do planeta! Apesar disso, os laços que unem nossos espíritos a este orbe são indissolúveis e cabe a mim, por gratidão, terminar o que começou há muito tempo!

Instintivamente, ambos fitamos a abóbada celeste, observando minúsculo ponto que emitia titubeante luz.

Em prece dirigida ao Criador, rogamos amparo no empreendimento que nos aguardava. Do Alto, raios de nívea luz nos envolveram; naquele momento, dedicamos nossos pensamentos para aqueles que, ao lerem esta obra, sintam no coração a infinita Misericórdia de Deus, que permite, em qualquer tempo, a retificação de todos os caminhos.

2

Reflexos do passado

Nashira passou a visitar nossa colônia com frequência, com o objetivo de nos transmitir suas recordações.

Verificamos que, à medida que se sintonizava com o passado, episódios interessantes ocorriam, concorrendo, como sempre, para nosso contínuo aprendizado.

Além de ouvir-lhe a narrativa, captávamos o seu pensamento por telepatia, o que nos facultava vislumbrar, em sua tela mental, as situações que narrava, como acontece nos filmes do plano terreno.

Ao mesmo tempo, Nashira, pela intensidade das emoções envolvidas nos fatos, assumia a antiga forma que tivera quando encarnada, enquanto transmitia detalhes de seu passado.

Admirados com o fenômeno, a entidade nos explicou que isso enriqueceria a nossa tarefa, permitindo-nos vivenciar de alguma forma as situações narradas.

Junto a perfumado jardim, Nashira começou a história que agora lhes transmito.

— Naquela época, eu me chamava Olívia... – introduziu. Imediatamente, passamos a praticamente assistir à história que segue...

***

Em aprazível residência, a reunião se desenrolava de forma extremamente agradável e todos os presentes expressavam no semblante a satisfação que traziam no íntimo.

Observando-se mais atentamente, entretanto, perceberíamos que alguém parecia não partilhar da alegria reinante.

Próxima a uma janela voltada para imenso jardim, uma jovem procurava uma maneira de se afastar do local.

Poder-se-ia dizer que o calor demasiado a estava sufocando, mas na realidade o ambiente era bem arejado e a temperatura estava deveras aprazível.

Olívia, percebendo fazer algum tempo que alguém a observava insistentemente, voltou-se em direção àquele olhar.

Era um homem jovem ainda, talvez tivesse cerca de trinta anos; estava acompanhado de um senhor idoso, que lhe falava com entusiasmo.

Virando-se rapidamente na direção contrária, notou que Edwin caminhava até ela, trazendo duas belas taças de refresco.

No simpático semblante do rapaz surgiu um belo sorriso, quando ele manifestou-se com entusiasmo:

– Eis aqui um conforto para a jovem mais bela deste solar! Imaginei que deverias estar amuada, visto que detestas as reuniões de lady Mabe Hathaway, por essa razão trouxe-lhe uma refrescante limonada!

Olívia tentou sorrir, mas, quando ia dizer algo, a dona da casa, lady Hathaway, tomou a palavra e, fazendo soar com força uma pequena sineta, chamou a atenção dos convivas com seu conhecido "exagero":

– Queridos amigos, sinto-me radiante com vossas presenças em Chapledale. Procurei proporcionar-vos atividades saudáveis e distrair-vos neste verão quase africano, que, por algum demérito nosso, o Senhor nos... "concedeu"!... – Naquele momento, lady Mabe foi interrompida pela risada geral. Fazendo um delicado sinal para retomar a palavra, a extravagante senhora prosseguiu:

– Talvez, para amainar os efeitos desanimadores do clima, trouxe para nossa agradável reunião um grande pesquisador, que vos falará sobre as últimas descobertas realizadas em uma terra que certamente todos admiramos e cujos enigmas estão em todas as rodas cultas de nossa sociedade... Refiro-me ao Egito!

Todos aplaudiram, enquanto lady Mabe anunciava lorde Chapman e o convidava para se aproximar.

O lorde caminhou em direção ao local que lhe fora reservado e, cumprimentando todos, iniciou sua breve explanação:

– Meus amigos, estou profundamente sensibilizado com a deferência de lady Mabe para com este humilde pesquisador... Devo dizer que estive recentemente no Egito e acompanhei as últimas descobertas realizadas por nosso admirável compatriota, e do qual nos devemos orgulhar: Howard Carter! Há alguns anos tive a felicidade de acompanhá-lo em uma de suas expedições e devo acrescentar que o trabalho desse cientista da modernidade me deixou profundamente impressionado. Pude verificar o método empregado por Carter, que lhe permitiu descobrir várias tumbas da nobreza egípcia, especialmente de seu período mais rico e conhecido: o Novo Reinado!

Pigarreando, enquanto observava a reação da pequena assembleia, Chapman prosseguiu:

– Não tenho a menor dúvida de que Carter ainda fará uma descoberta de grande importância para a ciência. Sei que nosso amigo se aproxima de algo grandioso, mas por ora ele está concentrado na XVIII dinastia e em seus mistérios. Imagino a curiosidade geral em relação à história que se esconde por trás de um sarcófago real, porém, declinarei do privilégio de falar sobre isso e passarei a palavra ao eminente professor egípcio, que me acompanhou à Inglaterra para estudos em nosso afamado Museu Britânico. Portanto, apresento-lhes o doutor Edward Randall, antropólogo e pesquisador; um grande amigo que, apesar da pouca idade, é um experiente estudioso dos mistérios do Egito!

Naquele instante, um homem alto, cabelos negros, tez morena, vestindo elegante terno em linho branco, aproximou-se lentamente.

Seu porte altivo chamou a atenção de todos e, embora sorrisse, deixando à mostra seus dentes alvos, de sua estranha figura exalava um forte magnetismo, que impressionou todos os que ali estavam.

Edwin, o acompanhante de Olívia, fitou-a e indagou, admirado:

– Estás muito pálida, querida. Não te sentes bem?

Olívia fitou o rapaz e respondeu:

– Sinto-me sufocada desde que cheguei. Acho que o calor está me deixando assim! – tornou, com um meio sorriso.

Na realidade, o estranho homem que a observava alguns minutos atrás era o próprio Edward.

Irritada e procurando evitar olhar para o convidado, agora em evidência, Olívia sentia intenso mal-estar. Embora o calor fosse excessivo, a presença de lorde Chapman não a havia desagradado. Agora, no entanto, que teria de ouvir os feitos do estranho homem, via-se em apuros. Malfadadamente, o local que havia escolhido para ouvir os relatos se localizava em frente ao expositor. Sentindo a pulsação aumentar a cada minuto, Olívia experimentava leve entorpecimento.

Edward Randall Hashid, ao se posicionar para iniciar sua explanação, observou com atenção todos os presentes. Voltou-se para Olívia e, fitando-a longamente, estampou um leve sorriso nos lábios e a seguir começou a falar:

– É de conhecimento geral a curiosidade que meus antepassados despertam nos ocidentais, em particular aqui na Europa... Os mistérios de meus ancestrais fazem o coração de todos vibrarem de forma diferente; a fantasia povoa vossas mentes, inebriadas com esse distante passado, que jaz emudecido sob as areias do deserto...

Percebia-se, à medida que ia falando, que a voz vibrante de Edward assumia contornos aveludados e misteriosos, tornando-se às vezes suave e envolvente.

Inexplicavelmente, Olívia ia sendo arrastada para a atmosfera psíquica que, de modo proposital, o jovem egípcio criava ao seu redor...

– Quantas histórias, quantos amores aqueles que hoje conhecemos apenas como múmias viveram? Pergunto: terão sido felizes? Partiram para a terra de Osíris deixando algum coração choroso com sua morte? E por que a morte era tão reverenciada pelo meu povo? Na última escavação exploratória de que participei com lorde Carter, detive-me a observar alguns adereços de um rico senhor de terras egípcio.

"Conforme constatamos, ele possuía belíssimas videiras e ostentava títulos de nobreza, que lhe permitiram passar para a posteridade a prova de sua existência, pois teve direito à mumificação e a todos os rituais característicos a que um homem de posses tinha direito.

"Sim! Digo-lhes que meus antepassados tiveram a preocupação de deixar seus rastros, para que a humanidade soubesse que houve um povo que, sobrepujando as dificuldades geográficas – tendo por solo um deserto –, buscou sua inspiração nos deuses em que acreditava, para deixar um legado imortal, que permanecerá pela eternidade!

"Convido-vos a observar algumas peças que trouxemos para a Inglaterra, a fim de aprofundar estudos e buscar entender um pouco melhor esse povo ao qual me orgulho de pertencer."

Enquanto falava, Edward fitava Olívia demoradamente.

Com indisfarçável mal-estar, ela procurava desviar o olhar, fingindo refletir sobre a palestra do atrevido egípcio. Suas palavras, no entanto, calavam fundo em seu coração.

Sempre tivera grande admiração por aquele povo e sua história, embora sentisse inusitada inquietação quando o assunto era abordado. Agora, diante da figura enigmática de Edward, sentia-se tomada por emoções desconhecidas.

Por que aquele homem a impressionava tanto? Por que a olhava com tanta insistência? E por que aquele assunto lhe trazia fascínio e ao mesmo tempo medo? Distraída em seus pensamentos, a jovem não percebeu que a palestra de Edward findara.

O aplauso dos presentes a despertou de suas elucubrações. Curvando-se levemente, Edward agradeceu e, com passos largos, caminhou em direção a Olívia.

A jovem procurava uma maneira de se afastar, mas Edwin a reteve, visto ser impossível fugir do estranho homem que se postava à sua frente.

Edwin estendeu a mão para cumprimentar o moço egípcio, que lhe correspondeu ao cumprimento polidamente; com o olhar fixo em Olívia, ele a cumprimentou, curvando-se levemente e lhe estendendo a mão.

Olívia retribuiu o gesto e procurou esconder o turbilhão de emoções que se desencadearam em seu íntimo.

Edward sorriu e lhe perguntou:

– Tenho a impressão de que já a conheço, senhorita. Por acaso nunca esteve no Egito?

– Não, senhor Edward. Já fiz muitas viagens, mas nunca fui ao seu país.

O olhar de Edward se tornou mais intenso:

– Creio que deveria conhecer o Egito. Certamente encontrará nas brisas suaves, que sopram do Nilo, alívio para a sua débil saúde...

Indisfarçável irritação se estampou no semblante de Olívia, que prontamente perguntou:

– Perdoe-me, senhor, mas o que sabe sobre a minha saúde? – E, olhando para Edwin, inquiriu-o com um olhar significativo.

Perturbado, o jovem retrucou:

– Sou inocente, querida. Talvez seus pais tenham dito algo...

Edward sorriu e redarguiu:

– Peço desculpas, senhorita Olívia. Não a desejava importunar... Apenas quis lhe oferecer um lenitivo, já que vejo em sua alma que busca algo que ainda não encontrou.

Os belos olhos de Olívia o fitaram, demonstrando assombro e admiração; a seguir, diante do magnetismo que a personalidade de Edward irradiava, baixou o olhar e arrematou:

– Peço que me perdoe, mas estou deveras cansada e preciso me retirar...

Edward tornou, dessa vez sério:

– Rogo-lhe que me desculpe mais uma vez. Precisava, porém, dizer-lhe essas coisas... Este é um tempo de colheita, senhorita Olívia, mas creio que a semeadura se perde em tempos muito antigos!

3

Um pequeno incidente

Desde sua adolescência, Olívia apresentava sintomas estranhos, que não definiam propriamente uma moléstia; seguidamente sentia dores de cabeça, acompanhadas por tonturas, fadiga e insônia.

Passava por períodos de pequenas tréguas e logo depois épocas em que precisava sair de sua cidade para obter algum alívio. Quando isso acontecia, ia para a residência de seus familiares. Agora, com vinte e dois anos, Olívia já estava quase conformada com a instabilidade de sua saúde. Além das dores, tinha dificuldades para dormir, pois seu sono era tomado por pesadelos, que a deixavam prostrada no dia seguinte. Evitava grandes aglomerações e só aceitara o convite de lady Hathaway porque a prezava muito; a generosa senhora era muito amiga de seus pais.

Edwin, seu noivo havia três anos, era sobrinho de lady Hathaway. Não desejava firmar nenhum compromisso em razão de seus problemas de saúde, mas a insistência de seus pais e de lady Hathaway fizeram-na aceitar a proposta de casamento.

Na maior parte do tempo, sentia o pensamento longe, como se vagasse perdida, à procura de algo que não sabia definir.

Seguidamente, via-se atormentada por sombras, que a perturbavam, principalmente por saber que ninguém lhe dava crédito.

Os médicos da época evitavam falar do que se tratava, mas alguns pronunciavam à meia-boca que poderia ser uma doença que um médico alemão, Sigmund Freud, havia estudado alguns anos antes: a histeria.

Olívia, apesar de tudo, sabia que a razão de seus sofrimentos era de outra ordem. Se seus problemas se limitassem a uma ansiedade psíquica, que se materializasse no corpo, por que desde criança via coisas que os outros não viam? E por que, quando dissera com antecedência que tia Catherine morreria ao dar à luz, fora energicamente castigada, sendo-lhe proibido fazer qualquer revelação quanto ao futuro?

A verdade é que estava cansada de ser considerada doente, anormal, "um problema" para a família.

"Talvez também eles estejam cansados e por essa razão resolveram procurar o auxílio do tal pesquisador egípcio!", pensava, enquanto retornava para casa no veículo da família.

Percebendo que permanecera calada desde sua saída da residência de lady Mabe Hathaway, seu pai lhe perguntou carinhosamente:

– Então, minha pequena, como estás te sentindo? Conseguiste te distrair um pouco na casa de lady Mabe?

Olívia o fitou e comentou, procurando sondar o que ocorrera:

– A tarde foi muito agradável, a não ser pelo professor egípcio, que considerei um tanto atrevido...

Lorde Willistown tornou, surpreso:

– Por que dizes isso, minha filha? Acaso ele te importunou?

Olívia percebeu que exagerara e retificou:

– Não, meu pai. Fiquei com uma má impressão do senhor Edward, apenas isso.

Naquele momento, Flora, a mãe de Olívia, interrompeu a conversa dizendo:

– Ainda bem, minha querida, pois o convidamos para jantar depois de amanhã. Achei o jovem egípcio muito agradável e será um grande prazer recebê-lo.

Olívia empalideceu. Era a pior notícia que ela poderia ouvir! Procurando aparentar tranquilidade, retrucou:

— Não será um pouco apressado esse convite? Afinal, não o conhecemos... A não ser que...

Flora se abanou com o delicado leque de plumas que levava em uma das mãos e disse:

— A não ser o quê? Em que estás pensando, Olívia?

Olívia se encorajou e respondeu:

— Estive pensando que talvez vocês tivessem comentado algo mais sobre mim com o professor...

— Ora, querida, que absurdo! Por que faríamos isso? Estás tão bem ultimamente! Não vejo mal algum em convidar um jovem inteligente e culto como o senhor Edward, para abrilhantar o nosso jantar. Ademais, não entendo teu comportamento, afinal, sempre gostaste de tudo o que se relaciona ao Egito...

Olívia percebeu que seria inútil prosseguir com aquele diálogo. Sua mãe jamais poderia entender o que sentira desde que vira Edward. "Por que ele me perturba tanto?", perguntava-se.

— Convidarei os pais de Edwin para o nosso jantar; acho conveniente que sua amiga Kate também seja convidada, pois poderá fazer companhia ao jovem pesquisador...

— Também não podemos esquecer de lorde Chapman, minha querida – disse lorde Willistown, sorrindo com o entusiasmo da mulher.

Flora deu um largo sorriso e exclamou:

— Não o havia esquecido, mas de lorde Chapman nós cuidaremos! Não quero que Edward se sinta constrangido em nossa casa; acredito que Kate ajudará a distraí-lo.

O marido retrucou:

— Percebo alguma segunda intenção nesse convite? E se o egípcio for comprometido? Outra coisa: se é egípcio, por que tem nome inglês?

Flora colocou sua mão sobre a do esposo e discorreu convicta:

— Procurei me informar e soube que a mãe era inglesa, mas o pai egípcio; além disso, sei que não é casado. Pareceu-me um rapaz solitário, que se dedica aos estudos dessas múmias para não pensar em outra coisa. Talvez algum amor frustrado...

— Devo lhe dizer que possuis uma imaginação deveras fértil! Estou impressionado!

Ambos riram das colocações de Flora; somente Olívia permaneceu em inquietante mutismo.

***

Os preparativos para o auspicioso jantar tomaram conta da bela residência dos Willistown, na agradável cidade de Kent.

Olívia havia-se fechado em si mesma, procurando razões para entender por que aquele convite a Edward a contrariara tanto.

Edwin, seu noivo, viera no dia seguinte para lhe fazer companhia. O moço era rico, herdeiro de uma família de banqueiros e, apesar de pertencer à burguesia inglesa, sua polpuda herança valia — para ele e sua família, além do valor pecuniário propriamente dito — a simpatia nas rodas aristocráticas da época.

Olívia tinha saído para dar um passeio a cavalo nas redondezas quando Edwin chegou. O rapaz não titubeou e mandou encilhar outro animal, para ir ao encontro de sua noiva. Na realidade, a jovem desejava ficar sozinha. Sabia o quanto Edwin a amava, mas naquele momento não desejava conversar; precisava pensar, concatenar as ideias e buscar um pouco de paz na natureza.

Deixava-se levar a passos lentos sobre a grama bem cuidada, quando divisou ao longe Edwin em sua montaria. Rapidamente o rapaz se aproximou a galope.

Olívia não procurou esconder seu estado de espírito; Edwin, ao vê-la, exclamou:

— Juro que se tivesse algum talento te retrataria em um quadro! Estás deslumbrante, minha querida! — disse-lhe, beijando-a com suavidade.

Olívia pareceu não ouvi-lo. A seguir perguntou:

— Creio que já deves saber da infeliz ideia de minha mãe...

— Estás te referindo ao jantar de amanhã à noite? Sim, claro... Mas por que estás tão agastada com um simples jantar?

Os olhos de Olívia o fuzilaram:

— Edwin! Esqueceste como aquele homem me olhava enquanto falava? Cheguei a passar mal! Além disso, veio me falar aquelas coisas. Algo me diz que eu não deveria ter ido àquele jantar, como bem sabes!

Edwin a fitou com carinho e, segurando-lhe delicadamente o rosto, procurou acalmá-la, falando:

— Minha querida! Lembro o quanto o tal professor te aborreceu, mas esse é um fato passageiro. Logo ele retornará à sua terra e nos deixará em paz. Por certo tua beleza lhe chamou a atenção. Só que, quanto a isso, não posso culpá-lo...

— Como podes pensar assim? Não sentes nada ao saber que outro homem se interessa por mim? — replicou Olívia.

Edwin esclareceu, sereno:

— Não posso impedir que chames a atenção de outros homens. És bela e sabes disso. Passarei a me preocupar quando tu corresponderes aos olhares e galanteios!

A tranquilidade de Edwin e seu caráter aparentemente cordial e distraído, em vez de acalmar a moça, mais a inquietava.

Ela gostaria que Edwin tomasse alguma atitude no intuito de defendê-la, especialmente do tal egípcio. De repente, a jovem parou, como se ouvisse alguma coisa. Edwin a interrogou:

— O que foi desta vez? O que está acontecendo, Olívia?

A moça virou-se e exclamou:

— Precisamos voltar, Edwin. Algo aconteceu com Rex!

Meio desconcertado, Edwin a auxiliou a montar e a seguiu em seu cavalo.

Olívia, esquecendo todas as recomendações da prudência, fez o animal galopar perigosamente até alcançar um dos depósitos utilizados para guardar materiais diversos de manutenção dos jardins.

Logo ao chegar, viu o rosto apreensivo de seu pai e percebeu que algo estava realmente ocorrendo. Entrou rapidamente no galpão e viu seu animal de estimação, um *fox terrier*, deitado ao chão e apresentando sinais evidentes de sofrimento.

Tão logo Olívia se aproximou, o cachorro balançou a pequena cauda fracamente, demonstrando reconhecer sua dona de imediato.

O olhar que ele lhe endereçou foi um inequívoco pedido de ajuda. Olívia, desesperada, abraçou-o e, sem saber o que fazer, colocou as mãos sobre sua cabecinha e, em lágrimas, pediu a Deus que o poupasse.

Consternados, Edwin e lorde Willistown a tudo assistiam. O pai se aproximou dela e disse:

– Olívia, o veterinário logo chegará; talvez devamos aliviar o sofrimento do pobre animal...

Olívia voltou-se para o pai e respondeu enfaticamente:

– Não, meu pai! Não permitirei que tirem a vida dele! Rex precisa de mais algum tempo!

Edwin resolveu intervir:

– Querida, ele está sofrendo... É uma questão de caridade poupá-lo de sofrimentos maiores!

Olívia não pareceu ouvi-lo. A seguir, perguntou aos presentes:

– O que vocês sabem sobre isso? Como Rex saiu da propriedade?

Um dos capatazes se adiantou e explicou:

– Senhora, isso vem acontecendo há algum tempo com os animais da região; parece que alguém está tentando envená-los...

Olívia chorava desesperadamente; o olhar baço do cãozinho parecia uma despedida de sua amorosa tutora.

Ela novamente o abraçou e, movimentando toda a sua vontade em prol da cura do animal, lembrou-se de que se Rex vomitasse não absorveria todo o veneno e de que sua mãe costumava lhe dar água morna e salgada quando algo lhe fazia mal.

Não titubeou: mandou um dos empregados de seu pai buscar na cozinha a tal água morna com sal e uma pequena colher.

Espantados, Edwin e lorde Willistown a tudo observavam; tão logo o rapaz apareceu com a água em um recipiente, Olívia se aproximou do cão e, com cuidado, ministrou-lhe várias colheradas da mistura.

A princípio o animal reagiu com rispidez, tentando evitar a desagradável bebida, mas Olívia lhe pediu com carinho:

— Rex, por favor! Só poderei te ajudar se tomares esta água. Peço-te que a tomes, querido!

O animal fitou a dona e, como se compreendesse o alcance das suas palavras, ingeriu todo o líquido que jazia na vasilha.

Em alguns minutos, Rex vomitava alguns pedaços de carne junto a um líquido amarronzado com cheiro forte.

Exausto, o animal se encolheu próximo a Olívia. A jovem o segurou nos braços e o conduziu para o interior da mansão.

Quando o veterinário chegou, Rex já estava fora de perigo.

***

No dia seguinte, a mansão de lorde Willistown amanheceu agitada com os rumores dos preparativos para o curioso jantar.

Flora, que se mantivera afastada do episódio do dia anterior, pois detestava as cenas protagonizadas pela filha, estava no auge de sua excitação.

Lorde Willistown não compreendia por que um simples jantar a empolgava tanto; assim, durante o desjejum, resolveu indagar:

— Diga-me, querida, qual o verdadeiro motivo deste jantar?

Flora o fitou rapidamente, enquanto degustava uma fruta, e retrucou:

— Como sabes que tenho algum propósito? Quem me delatou?

Sorrindo, o marido tornou:

— Ninguém me disse nada, mas, considerando que tu mesma te revelaste, podes prosseguir agora...

Flora arrumou o guardanapo sobre a mesa e expôs:

— Bem, tu deves mesmo saber... Ocorre que entre nossos convidados alguns são estudiosos de outros assuntos...

O olhar interrogativo de John a encorajou a prosseguir:

— Naquele dia, na casa de lady Mabe, surgiu um assunto pitoresco, mas que me interessou muito. Não sei se prestaste atenção, mas havia alguns convidados da França!

— Cumprimentei-os por mera formalidade; mas o que isso tem a ver com o nosso jantar?

Flora respirou fundo e prosseguiu:

– Em algum momento de nossa conversação, alguém comentou sobre um professor francês que estudou alguns fenômenos no século passado na França... Era alguma coisa relacionada a espíritos, e o grupo ali presente confirmou a história, relatando coisas impressionantes do tal professor. Se não me engano, o seu nome era algo como Kardec ou Denizard. Não entendi muito bem...

Como lorde Willistown mostrou-se impaciente, Flora foi direto ao assunto:

– Não podemos negar que Olívia é uma pessoa diferente. Sabemos o que nossa filha tem sofrido nesses anos. Acho que deve haver alguma outra explicação para todos esses fatos que para nós são corriqueiros, mas que na realidade nada têm de normais...

Willistown deu um suspiro e confirmou com a cabeça. A seguir comentou:

– Viste o que sucedeu ontem? Se não fosse a intervenção de Olívia, teria mandado sacrificar o pobre cão...

Flora concordou e prosseguiu:

– Fiquei muito interessada nessas questões. O rapaz egípcio também estava presente e se mostrou atento no relato dos franceses; disse que em uma de suas viagens à França, quando pesquisava alguma coisa, teve também ciência dos estudos do tal Kardec...

Willistown acabou deduzindo:

– Assim, lady Flora Willistown não convidou apenas o professor egípcio para jantar, mas um grupo de franceses desconhecidos e, talvez, embusteiros...

Flora olhou para o marido e adiantou-se:

– Não me pareceram trapaceiros, John; são amigos de Mabe, tua irmã, que é bem posicionada na sociedade. Além disso, apenas um casal virá hoje à noite os demais disseram ter compromissos inadiáveis.

– Por que não falaste isso ontem? E se a reação de Olívia for desagradável?

Flora ficou pensativa e prosseguiu:

– Olívia tem um gênio difícil, mas não é mal-educada. Tenho certeza de que saberá se portar.

Willistown segurou a mão da esposa e aquiesceu:
– Está bem, querida. Confio em seu bom-senso, mais uma vez...
Ambos sorriram e selaram o desjejum com um suave beijo.

4

Prenúncio das lembranças

Olívia acordou na hora habitual, mas sentia-se aborrecida. Não via nenhuma utilidade naquela reunião e, apesar de sempre ter demonstrado grande interesse pelo Egito, uma sensação de indefinível desagrado a preocupava naquele dia.

Estranhamente, o assunto a fascinava. Lembrava que, quando criança, por volta dos nove anos de idade, seu pai lhe havia dado um livro no qual se destacava a história da África. Lera com profundo interesse e, quando chegara à parte relacionada aos egípcios, ficara fascinada.

Não entendia exatamente o porquê, mas sentia uma estranha familiaridade com a cultura daquele povo, tendo a impressão de que conhecia de antemão suas crenças e tradições.

Sem encontrar nenhuma explicação lógica, Olívia possuía especial interesse pela XVIII dinastia, a qual sempre lhe impressionara muito por seus mistérios.

Lágrimas lhe vinham aos olhos e uma sensação dolorosa oprimia-lhe o peito, quando lhe vinha à mente a imagem do deserto, com suas palmeiras balançando ao ritmo das suaves brisas, provenientes do Nilo – rio abençoado, que fertilizava o solo e garantia a vida –, beijando suavemente a terra dos faraós.

Havia alguma coisa no Egito... era como se a chamasse para algo que não sabia definir...

Encontrava-se envolvida nesses pensamentos, quando sua mãe a encontrou. Flora procurava aparentar tranquilidade, embora o olhar a traísse, pois demonstrava certa preocupação.

Observou Olívia e, verificando que a filha ainda não se vestira, usando ainda um chambre sobre a camisola, exclamou:

– Por Deus, Olívia, ainda não estás vestida? Pensei que irias às compras comigo pela manhã!

Olívia fitou a mãe e respondeu:

– Não irei, mãe. Acordei com estranhos pensamentos e prefiro ficar em casa.

Curiosa, lady Willistown indagou:

– O que houve? Tiveste algum daqueles sonhos de novo?

Olívia mexeu a cabeça negativamente e redarguiu:

– Não, não sonhei nada. Apenas estou aflita, sem saber por quê. Lembrei-me de algumas coisas inexplicáveis que me aconteceram ao longo da vida... Mas, infelizmente, para isso, ninguém possui resposta!

Flora se aproximou e, convidando a filha a se sentar, comentou:

– Querida, quero te contar uma coisa. Espero que entendas...

Olívia aguardou, cautelosa, enquanto a mãe explicava:

– Não desejava te falar antecipadamente, mas achei que não seria correto de minha parte te ocultar esse fato.

– Do que se trata, mãe?

– Bem, é que não virão apenas os pesquisadores jantar conosco esta noite. Convidei um casal oriundo da França, cuja presença julguei oportuna...

– Sim? Mas qual o motivo do convite? Não estou entendendo.

– Olívia, querida, sei que estás cansada de buscar auxílio na medicina para os males que te afligem. Pensando nisso, resolvi dar crédito a essas pessoas, que me pareceram sérias e bem-intencionadas.

Olívia, impaciente, rebateu:

– Não me digas que trarás uma dupla de trapaceiros para jantar conosco!

Flora, procurando acalmá-la, esclareceu:

– Não penso dessa forma; afinal, como já disse a teu pai, eles são muito amigos de Mabe; por outro lado, me pareceram pessoas distintas e sérias. Sugiro que os receba dentro dos princípios de educação que te ensinei e julgues por ti mesmo se são dignos de crédito ou não.

Olívia ficou em silêncio. A seguir observou:

– Sei quando se trata de pessoas mentirosas. Aliás, é por esse motivo que detesto as rodas sociais que frequentas!

– Filha, sei a que te referes. No entanto, preciso acompanhar teu pai nessas reuniões. Aceitei essa incumbência em minha vida e não posso me afastar agora.

Olívia completou:

– Pois não me sujeitarei a essas injunções; quanto aos franceses, não te preocupes, pois saberei me conduzir...

Flora sorriu e arrematou, enquanto se aproximava da porta:

– Obrigada, minha querida.

Contrariada, Olívia escolheu um vestido e em seguida desceu para o escritório. Sentou-se à escrivaninha que renteava a janela do requintado ambiente e, ao pegar a caneta, sentiu uma indescritível dormência no braço e na mão com a qual habitualmente escrevia.

Assustada, largou-a e tentou se afastar do lugar onde estava, mas uma força superior lhe tolheu os movimentos. Sem poder resistir ao comando que lhe era dado, segurou novamente a caneta entre os dedos e, como se fosse coagida, desenhou alguns caracteres na folha alva. Entre a curiosidade e o medo, quis ler o que acabara de escrever. Surpresa, não identificou o sentido, mas reconheceu perfeitamente a escrita hieroglífica.

Sem entender o que se passara, Olívia guardou o pequeno papel e chorou; sabia que ninguém lhe poderia explicar o que estava acontecendo.

5

Desafiando o destino

Estávamos na segunda metade da Belle Époque; as transformações tanto na sociedade quanto na política e economia prenunciavam acontecimentos que mudariam a humanidade.

Colhiam-se os benefícios que a Revolução Industrial trouxera, embora em sua origem o descaso com as condições de trabalho dos pobres operários ficassem marcadas na história como um período infeliz.

O homem se adaptava rapidamente e a sociedade, em todos os setores, buscava a praticidade e o despojamento. A família de Olívia representava uma réstia, um tênue facho do que fora a sociedade inglesa do século anterior.

Os negócios de lorde Willistown não iam tão bem como deveriam, em razão de certo panorama hostil que se delineava na Europa.

Os rumores de animosidades oriundas de países como Alemanha e Itália deixavam o mercado internacional em estado de alerta, e os investimentos começavam a escassear.

Apesar das circunstâncias, lorde Willistown mantinha oculta a verdade de suas dificuldades, não permitindo que Flora e Olívia dela tivessem conhecimento. Por essa razão, as extravagâncias de Flora, apesar de preocupá-lo, eram toleradas e até incentivadas, para que os rumores de uma possível falência fossem desmentidos.

Quando o secular relógio de parede soou sete badaladas, os convidados começaram a ser recebidos pelo casal Willistown.

Preocupados com a demora da filha, Flora solicitou a Kate, sua melhor amiga, que a apressasse. A moça subiu as escadarias para ir chamá-la e, parando diante da porta do quarto, bateu. Olívia verificou de quem se tratava e abriu a porta rapidamente.

Kate, ao vê-la, disse, preocupada:

– Olívia! Estão todos à tua espera e ainda não estás pronta!

Olívia voltou-se para a amiga e respondeu:

– Vais dizer que é mais um dos meus caprichos, mas sei que não devo descer para este jantar!

– Olívia, sou tua amiga e tenho certeza de que não é apenas um capricho, mas deves considerar que será extremamente indelicado de tua parte deixar teu noivo e teus futuros sogros esperando-a. Além disso, os outros convidados são pessoas importantes, que aceitaram vir à tua casa, demonstrando deferência e respeito à tua família...

Olívia ficou pensativa e respondeu:

– Está bem, Kate. Sempre acabo cedendo ao teu bom-senso. Por favor, pegue aquela fita para eu terminar meu penteado...

Kate pegou a fita e, com desenvoltura, entrelaçou-a sobre os cabelos negros de Olívia. O longo vestido verde-claro, de cintura alta e corte reto, destacava as formas juvenis da moça.

Após os últimos retoques, Kate exclamou:

– Estás linda! Pareces uma princesa!

Olívia permaneceu em silêncio e, empalidecendo levemente, após alguns segundos de silêncio, asseverou:

– Meu Deus! Isso está se repetindo! Em algum lugar, em um tempo que não sei precisar, tu já me disseste isso!

Tênue calafrio percorreu o corpo de Kate. Ela sabia que era verdade...

Alguns minutos depois, as duas moças entravam na ampla sala de jantar dos Willistown.

Todos os olhares se voltaram na direção delas, fixando-se em Olívia. A jovem era possuidora de singular beleza, porém havia algo a mais em sua personalidade, difícil de definir. Olívia tinha um magnetismo que atraía as pessoas. Os grandes olhos negros revelavam uma inteligência palpitante e o conjunto de seus traços lhe conferia um rosto singular.

Assim que entrou no salão, Edwin caminhou em sua direção e, segurando sua mão, conduziu-a até onde se encontravam Flora e os convidados. Sorrindo com modéstia, Olívia agradecia os elogios que lhe eram dispensados.

Flora então se dirigiu a um casal que estava em conversação com Edward Randall. Orgulhosa, fez as apresentações:

– Conheço-os há pouco tempo, mas tenho a sensação de já ter tido o privilégio de desfrutar sua amizade... Assim, tenho a alegria de lhes apresentar minha filha Olívia, que acredito irá admirá-los tanto quanto eu...

O homem, aparentando cerca de cinquenta anos, adiantou-se, estendeu a mão para Olívia e disse:

– Sentimo-nos honrados em conhecê-la, senhorita Olívia. Chamo-me Pierre Duplat e esta é minha esposa, Marie.

Olívia fixou o olhar em Pierre e Marie e, percebendo que eles a fitavam com um sorriso amistoso e tranquilo, sorriu. Em seguida, voltou-se para Edward e, estendendo-lhe a mão, indagou:

– Lorde Chapman não quis acompanhá-lo? Esperávamos com ansiedade por sua presença!

Edward se curvou levemente e esclareceu:

– Infelizmente, lorde Chapman teve um imprevisto e não pôde me acompanhar esta noite; espero ser capaz de satisfazer sua curiosidade sobre minha terra e meus antepassados.

Olívia respondeu, deixando propositadamente uma dúvida no ar:

– Quem sabe? Talvez o senhor possa nos surpreender esta noite...

Enquanto falava, Marie observava Olívia com atenção; em seguida afirmou:

– Vejo que além de bela és muito inteligente, Olívia. Uma alma com muitas experiências...

Olívia pousou o olhar em Marie e perguntou:

– Sabes tanto sobre mim em tão pouco tempo! Como pode ser?!

— Da mesma forma que sabes sobre nós. Também possuis o dom de ler as almas, só deverás te preparar para que isso seja um benefício em tua vida e não um empecilho para a tua felicidade!

A conversa ia prosseguir, mas Flora convidou todos para sentarem-se à mesa.

Tão logo se colocaram nos lugares indicados, Edwin, que estivera falando com lorde Willistown, enquanto Olívia era apresentada aos convidados, olhou em direção a Edward e indagou:

— O que o trouxe a Londres, senhor Randall? Algum projeto especial?

Edward pensou alguns segundos e explicou:

— Estou acompanhando lorde Chapman em algumas palestras das quais está incumbido; devo dar prosseguimento a um projeto particular, para o qual será necessário um aprofundamento na capital...

Edwin passou a mão pelo bigode e tornou:

— Trata-se de algum segredo? Poder-nos-ia brindar com tal revelação, satisfazendo nossa curiosidade sobre seu povo misterioso?

Edward olhou os circundantes e desculpou-se:

— Sei que estou diante de pessoas distintas e dignas da mais alta confiança, mas trata-se de uma questão importante para o meu país e não poderia revelar nada sem desobedecer meus superiores.

Edwin ia prosseguir, mas lorde Willistown interveio, exclamando:

— Deixemos as questões de trabalho ao largo e passemos a apreciar esse pato delicioso preparado com tanto esmero!

Todos riram, e Flora acrescentou:

— Espero que todos apreciem esses quitutes que nossa dedicada Margot preparou para esta noite; ela também é francesa, senhor Pierre!

Pierre sorriu e comentou:

— Desejo conhecê-la pessoalmente, lady Flora. Não pude deixar de reconhecer o toque francês na aparência de algumas dessas iguarias!

O pai de Edwin, lorde Fletchers, que saboreava vorazmente um pudim Yorkshire, demonstrando de onde provinha o preconceito do filho, inquiriu Edward:

— O que o senhor pensa a respeito de as antiguidades egípcias estarem se espalhando por todo o mundo, deixando suas origens?

Edward olhou seriamente para Fletchers e respondeu:

— Esse problema muito nos incomoda, mas acredito que nossos governantes saberão resolver, senhor!

Fletchers deu uma gargalhada:

— Pois eu acho que isso não terá solução! Os egípcios nunca terão condições de cuidar desses sítios arqueológicos. Sem nossa intervenção, o Egito nunca deixará de ser um aglomerado de tribos...

Edward, surpreso e contrariado com a falta de educação do inglês, contrapôs:

— Não concordo com seu ponto de vista, senhor! No entanto, sou convidado de lorde Willistown e minha educação não permitiria deixá-lo constrangido com a resposta que gostaria de lhe dar!

Desconfortável com a afirmação deselegante de Fletchers, Willistown mudou bruscamente de assunto:

— E o senhor, *monsieur* Pierre, o que o trouxe ao nosso país?

Pierre, que compreendeu a intenção do anfitrião, tratou de dar outro rumo à conversa:

— Viemos à Inglaterra para divulgação da Terceira Revelação, por insistência de lady Mabe, com quem temos laços de amizade há muitos anos e que nos é muito cara. Aceitamos o seu convite para o jantar onde nos conhecemos. Daqui a dois dias darei uma palestra na Sociedade de Estudos Psíquicos, em Londres.

Atento, Edward perguntou, curioso:

— Permita-me, senhor, saber sobre qual tema irá discorrer?

Pierre respondeu com humildade:

— É necessário antes, senhor Edward, esclarecer que o meu trabalho consiste em divulgar a Doutrina Espírita, codificada pelo venerável Allan Kardec; portanto, o assunto sobre o qual falarei não possui cunho pessoal, mas está embasado em ensinamentos deixados pelo próprio Cristo!

A senhora Fletchers, Rosalyn, não conteve a estupefação:

— O senhor quer dizer que o Espiritismo tem a ver com Nosso Senhor Jesus Cristo?

Pierre sorriu e prosseguiu:

— Como dizia, acreditamos que o Espiritismo ou a Doutrina Espírita é a Terceira Revelação prometida por Jesus. Os ensinamentos cristãos são o nosso norte, minha senhora. Creia-me: para nós, espíritas, Jesus também é a verdade, o caminho e a vida...

Edward ouvia calado, mas, diante do silêncio que se estabelecera, falou:

— Estive algum tempo na França e ouvi alguma coisa a respeito, senhor Pierre. Os comentários que ouvi são de que a existência do espírito é um fato inquestionável para Kardec e que a transmigração da alma por meio de vários corpos é considerada a chave para decifrar os destinos humanos. Meus antepassados acreditavam que além do corpo possuímos um elemento espiritual. Existe uma passagem na obra *Livro dos Mortos*[1] que afirma: "A alma para o céu; o corpo para a terra".

Dessa vez, madame Marie Duplat se antecipou e continuou:

— Suas informações são corretas, meu jovem. Acreditamos que o conhecimento, quando verdadeiro, é eterno. Nenhuma nova filosofia tem o poder de derrubá-lo! O tempo não destrói o que é legítimo, certo e, principalmente, o que vem dos céus.

Apesar de interessante, a conversa causava certo incômodo a Olívia. Aliás, falar sobre aqueles assuntos a tornava inquieta. Flora, que conhecia a sensibilidade da filha, inquiriu-a:

— Está tudo bem, querida?

— Sim, por enquanto... — respondeu a moça.

Marie, que a ouvira, sorriu e reconsiderou:

— Desculpe, minha jovem, se te assusto com essas ideias. Isso não deveria acontecer diante das tarefas que te aguardam...

Olívia empalideceu ligeiramente e retrucou:

— Por certo minha mãe deve ter lhe falado com detalhes sobre minha enfermidade.

Marie balançou a cabeça negativamente e esclareceu:

---

[1] *Livro dos Mortos* (cujo nome original, em egípcio antigo, era *Livro de Sair para a Luz*) é a designação dada a uma coletânea de feitiços, fórmulas mágicas, orações, hinos e litanias do Antigo Egito, escritos em rolos de papiro e colocados nos túmulos das múmias. O objetivo desses textos era ajudar o morto em sua viagem para o outro mundo, afastando eventuais perigos que este pudesse encontrar na viagem para o Além (Nota da Edição).

— Não, Olívia, isso é desnecessário. Possuímos a mesma sensibilidade ou, de modo mais apropriado, mediunidades semelhantes. Pude perceber o que tens sofrido e lamento sinceramente.

Os olhos de Olívia se encheram de lágrimas. Edwin, que detestava tais assuntos, levantou-se e propôs um brinde:

— Deixemos as tristezas ao largo, pois aguardava uma ocasião festiva para dar uma notícia que vai alegrar a todos! O meu pai, lorde Fletchers, promoveu-me a diretor-presidente de uma de suas instituições financeiras. Isso significa que eu e Olívia poderemos marcar a data de nosso casamento para breve!

O casal Willistown fora pego de surpresa, mas não escondeu a satisfação. Os pais de Edwin, ao contrário, sorriram, aquiescendo com a decisão do filho. Pierre e Marie se entreolharam, demonstrando certa apreensão. Quanto a Edward, uma ruga se formou em sua testa, embora não soubesse exatamente por quê.

Olívia olhava para todos sem compreender exatamente o que se passava. Havia combinado com Edwin que aguardariam sua saúde se restabelecer plenamente, para só então unirem-se em matrimônio. O que o levara a se precipitar daquela forma? A promoção que o pai lhe dera era apenas um pretexto. Lorde Fletchers faria isso a qualquer momento, bastava Edwin lhe pedir. Olívia ainda tentava entender o que estava acontecendo, quando ouviu a voz de seu pai lhe dizendo:

— Querida, diga alguma coisa. Estamos ansiosos para saber quando será o matrimônio!

Olívia percebeu o olhar penetrante de Edward à sua frente e, movida por uma força desconhecida, propôs:

— O que achas de nos casarmos no inverno, Edwin? Poderemos fazer uma longa viagem.

Edwin sorriu e discordou:

— Não poderia esperar tanto, minha amada. Estamos ainda na primavera. Casamo-nos no fim do outono, está bem?

Olívia anuiu com a cabeça. Flora exultou e exclamou:

– Partamos imediatamente para Londres, minha filha. Precisamos preparar seu enxoval, que deverá ser digno de uma princesa!

Lorde Willistown teve um acesso de tosse e Pierre se prontificou em auxiliá-lo.

Naquele jantar, aparentemente ao acaso, haviam-se reunido espíritos que muito tinham se amado, mas também alguns que muito haviam se odiado.

6

Triste presságio

O matrimônio de Olívia era ainda o assunto da noite. Edwin tinha conduzido a jovem pela mão, demonstrando de forma galante a paixão de que era possuidor. Edward permanecia em conversação com Pierre, Marie e Kate.

Os mais velhos e pais dos noivos não poupavam elogios aos filhos, e demonstravam a alegria de ver as famílias Willistown e Fletchers unidas de maneira tão próxima.

Em determinado momento, Edwin foi chamado pelo pai e, aproveitando a ocasião, Edward se aproximou de Olívia. A moça o evitara a noite toda, mas agora não havia como fugir de sua presença.

Edward pousou seus olhos penetrantes sobre Olívia e perguntou:

– Não tenho certeza de se vejo diante de mim uma noiva feliz.

Olívia, ofendida, retrucou:

– Talvez pelo fato de o senhor não me conhecer; aliás, seria muita pretensão de sua parte julgar meus sentimentos tendo me visto apenas uma vez na vida.

Edward deu um sorriso, deixando à mostra os alvos e perfeitos dentes. A seguir, continuou:

– Desculpe, senhorita, não tive a intenção de ofendê-la! Entretanto, não concordo com sua opinião. Há pouco falava com o senhor e a senhora Duplat, e concordamos a respeito de algumas coisas.

Olívia o fitou e aguardou que Edward completasse o raciocínio.

– Bem, como dizia, a ideia de voltar à vida física, que parece que os espíritas acreditam, tem fundamento.

– O senhor quer dizer que acredita que já vivemos outras vidas? Em outros corpos?

Edward ficou pensativo e tornou:

– Vejamos, como poderemos explicar as infinitas diferenças que existem entre as pessoas? Por que eu nasci na África e a senhorita aqui na Inglaterra? Temos, pelo que soube, os mesmos gostos; admiramos a civilização egípcia. Eu me tornei antropólogo e a senhorita admira também o assunto.

Surpresa com as informações que Edward possuía a seu respeito, Olívia foi obrigada a concordar:

– Sim, mas isso não significa nada; são apenas coincidências. Admira-me que o senhor saiba tanto sobre mim!

Edward riu e brincou:

– Não se esqueça de que minha especialidade é descobrir tesouros. Sou persistente e não desisto antes de chegar ao meu intento.

Os olhos de Olívia brilharam. Edward a provocava, e isso a agradava:

– Poderia saber qual é o seu "intento"? – perguntou, quase sorrindo.

– Infelizmente, não lhe posso revelar; mas ficaria honrado se a senhorita aceitasse meu convite para visitar o museu em Londres. Lorde Chapman vai falar sobre a XVIII dinastia, que particularmente me atrai muito.

Os olhos de Olívia voltaram a brilhar. Era verdadeiramente apaixonada por esse período da história egípcia!

Sorrindo, já sem reservas, completou:

– Farei o possível para ir, senhor Edward. A XVIII dinastia vale o sacrifício!

Edward sorriu e acrescentou:

– Se eu faço parte do sacrifício, retiro o convite...

Olívia ia responder, mas Edwin e Kate se aproximaram, dando outro rumo à conversação.

Edwin foi o primeiro a falar:

– Querida, iremos todos para Londres! Nossos pais acabaram de acertar a nossa viagem. Ficarei hospedado em um hotel de meu tio, para não lhe causar constrangimentos.

Olívia concordou, mas permaneceu em silêncio. Kate perguntou, interessada:

– E o senhor Edward já tem onde ficar na capital?

Edward respondeu em tom cortês:

– Creio que me instalarei provisoriamente na residência de lorde Chapman. Ele insiste em que seja assim, pois tive a honra de recebê-lo em minha casa, no Cairo.

Kate, revelando sua espontaneidade, redarguiu:

– Gostaria muito de visitar seu país, senhor Edward. Tanto eu quanto Olívia somos apreciadoras do maravilhoso legado que seus ancestrais nos deixaram.

Olívia, que ouvia a conversa, interveio:

– Por favor, senhor Edward, não leve a sério minha amiga!

Edward fitou Olívia e falou com ênfase:

– Sua amiga não me importuna de forma alguma, senhorita Olívia. Ao contrário, coloco desde já minha humilde residência à disposição... – E, tornando o olhar mais profundo, prosseguiu: – Serão recebidas com todo o prazer, a qualquer tempo!

Olívia enrubesceu e, para disfarçar o efeito das palavras do egípcio, admoestou a amiga:

– Viste, Kate, o que fizeste? O senhor Edward se sentiu na obrigação de nos receber em sua casa!

Edwin, que parecia alheio à conversa, encerrou-a, dizendo:

– Não se preocupe, senhor Edward, pois passaremos nossa lua de mel no Egito... em um hotel digno da estirpe de minha noiva.

As palavras de Edwin criaram indisfarçável mal-estar sobre os presentes.

***

Já era tarde quando todos se retiraram. A intensidade de emoções fizera com que Olívia se recolhesse imediatamente.

Antes, porém, madame Marie Duplat se aproximou da moça e lhe disse:

– Querida, sei o que se passa em tua alma! Posso ajudar se quiseres, mas deverás aceitar a tarefa que trouxeste para esta vida...

Olívia demonstrou não entender o significado daquelas palavras e Marie prosseguiu:

– Precisamos conversar. Ficarei aqui mais alguns dias; se preferires, vá me visitar na França!

– Vou ver se é possível. Agora terei de me preocupar com os preparativos para o meu casamento.

Marie olhou fixamente para a jovem e indagou:

– É isso mesmo o que desejas?

Olívia não respondeu. Marie prosseguiu:

– Vejo que tua existência se aproxima de uma encruzilhada. Deverás escolher teu caminho; nem sempre é bom seguir os ditames do próprio coração...

Angustiada, Olívia a inquiriu:

– Estou confusa! Não sei se entendo tuas palavras! Está tudo certo quanto ao meu futuro! Conheço Edwin há muito tempo e não tenho a menor dúvida quanto a este casamento!

Marie sorriu:

– Vamos aguardar os acontecimentos, querida. A decisão é tua. Outra coisa: ouvi comentários sobre tua lua de mel ser no Egito. Peço que não faças essa viagem. Ela poderá te trazer muitos problemas!

Sem esconder sua indignação, Olívia retrucou:

– Isso é um absurdo! Adoro o Egito e Edwin quer me presentear com a viagem dos meus sonhos! Sei que és bem-intencionada, mas estás querendo me sugestionar.

Marie sorriu e tornou com delicadeza:

– Não se trata disso, Olívia. Gostaria apenas de ajudá-la. Para provar isso, sugiro que mostre ao professor Edward a mensagem que recebeste hoje à tarde.

Os olhos de Olívia voltaram-se, estupefatos, para Marie. Antes que pudesse dizer qualquer coisa, Pierre interveio e falou com serenidade:

– Peço-lhe que desculpe Marie, senhorita. Ela só quis ajudá-la. Infelizmente, o dom de minha mulher às vezes lhe causa dissabores.

– Está bem, senhor Pierre. Esqueçamos esse incidente... – e Olívia se afastou do casal.

Pierre, olhando para a esposa, ouviu-a dizer baixinho, enquanto Olívia se afastava:

– Meu querido marido, temos antigos protagonistas de um drama aqui reunidos! Novamente eles se reencontram para um providencial e indispensável ajuste.

Pierre concordou, comentando:

– Sim, Marie, senti o ambiente pesado desta casa; por certo, ainda reencontraremos essa torturada e infeliz jovem!

Marie assentiu e finalizou:

– A bondade divina reuniu alguns espíritos que se reencontram em busca da paz perdida há muito tempo!

***

Desde o século XVIII que o Egito despertara a atenção do mundo com os seus mistérios e supostos tesouros.

Napoleão, quando lá estivera, ficara deveras impressionado. O conquistador corso sentira encontrar pela primeira vez algo poderoso, que o assombrava e ao mesmo tempo o subjugava.

O fascínio que sua sensibilidade registrava naquela terra desértica demonstrava a grandeza do povo que ali vivera.

Napoleão conquistara muitos povos e os obrigara a se curvarem diante de seu poder, mas no Egito ele próprio sentiu o desejo de se curvar ante a poderosa energia que aqueles monumentos lhe inspiravam.

O desejo de lá permanecer foi tão forte que, incauto, Napoleão usurpou o que era considerado sagrado, levando para a França tudo o que seus navios puderam carregar.

O impacto da presença do corso foi visível na cultura do local, havendo na época criado um comércio ilícito de relíquias egípcias, que foram levadas para a França.

Posteriormente, com a ocupação inglesa, novos tesouros deixaram a terra dos faraós, sendo que muitos foram perdidos e esquecidos em algum antiquário de Londres.

A preocupação e o respeito dos antigos egípcios com a posteridade encontravam na cobiça e ganância das civilizações futuras o maior obstáculo à sua conservação.

Haviam conseguido vencer a ação do tempo, a corrupção e a deterioração por milênios, mas muitos dos seus tesouros não resistiram à ação da cupidez humana.

***

Os Willistown possuíam, como a maioria das famílias abastadas da época, uma residência no campo, em Kent, para os meses de verão, e outra em Londres.

Flora, o marido e Olívia partiram dois dias após o auspicioso jantar; Kate os acompanhou, pois costumava permanecer longas temporadas com Olívia.

Elas haviam crescido praticamente juntas e essa proximidade forjara vigorosos laços entre as duas. Depois de chegarem à agradável residência londrina, elas se recolheram para descansar. Enquanto desfaziam as malas, Kate olhava de vez em quando para a amiga, mas não lhe falava nada.

A certa altura, Olívia se voltou e indagou:

– O que está acontecendo, Kate? Queres me dizer alguma coisa?

Kate ficou pensativa, mas não resistiu:

– Tenho pensado algo nesses dias...

Olívia sorriu e comentou:

– Isso é sinal de que o assunto não é sério; tudo o que pensas se refere a rapazes e prováveis futuros maridos!

Kate, em represália, atirou uma almofada em Olívia.

— Não achas estranho que, sendo o senhor Edward egípcio, sua pele não seja... bem, digamos, morena como a de seus compatriotas?

Olívia pensou e respondeu:

— Não havia pensado nisso... Como és preconceituosa, Kate!

— Não se trata disso, é apenas uma constatação. Além do mais, se ele olhasse para outras pessoas além de ti, eu já teria descoberto algo mais sobre ele.

Olívia se tornou séria e indagou:

— O que dizes? Não reparei nisso!

Kate deu uma gargalhada:

— Olívia! Por mais discreta que sejas, seria impossível, entendeu? *Im-pos-sí-vel* não perceber isso!... — Para dar mais ênfase às suas palavras, Kate prosseguiu em tom de suspense: — O "emblemático" professor Edward, acostumado com suas múmias milenares, cai aos pés de uma mortal inglesa!

Olívia ria muito, quando Flora entrou no quarto:

— Vejo que as minhas meninas se divertem! Posso saber sobre o que falam?

Kate e Olívia se entreolharam. A seguir, as duas começaram a falar juntas. Flora, então, sentou-se em uma poltrona.

— Bem, deixemos esse assunto. Temos muito que fazer e amanhã será a palestra de lorde Chapman no Museu Britânico. Acho de bom-tom que compareçamos.

Kate se antecipou e quis saber:

— E quanto à palestra de *monsieur* Pierre? Não seria interessante Olívia assistir?

— O que achas, minha filha? Gostarias de conhecer melhor a Doutrina professada por esse senhor?

Olívia deu de ombros e tornou:

— Vou pensar a respeito; fiquei um pouco desapontada com algumas palavras de madame Marie...

Curiosa, Flora perguntou:

— O que ela te disse? Por que não me falaste antes?

– Quando o senhor Pierre e ela estavam de saída, ela me disse em particular algumas coisas. Segundo entendi, ela não me aconselha ir ao Egito em minha lua de mel!

– Acho estranho ela ter te dito isso. Afinal, vocês não têm nenhuma intimidade. E é a tua viagem de núpcias! – disse Flora, ensimesmada.

– Sim! – respondeu Olívia.

– Além disso, é a viagem dos teus sonhos, não é mesmo, querida? Lembro que na tua infância desenhavas muitas coisas ligadas ao Egito.

– É mesmo? – perguntou Kate, entusiasmada. – Gostaria de ver esses desenhos!

Flora respondeu prontamente:

– Um dia te mostrarei, Kate. Agora, descansem um pouco e aprontem-se, pois o jantar será servido às sete em ponto.

Flora ia se retirando, mas Olívia a conteve:

– Ainda possuis esses desenhos? Gostaria de vê-los também!

Flora voltou-se e respondeu sem dar maior importância ao assunto:

– Vou procurá-los, porque estão guardados no sótão... Qualquer dia desses vamos revê-los.

Assim, as duas jovens acabaram seus afazeres e foram descansar.

7

Asterion se manifesta

Haviam se passado cerca de duas horas e as moças ainda repousavam. De repente, Olívia acordou bruscamente e sentou-se no leito.

Sobressaltada, ficou imóvel. Com os olhos muito abertos, olhava fixamente para uma pequena poltrona em um canto do aposento. Não conseguia articular qualquer palavra; tentava chamar Kate, mas ela dormia em sono profundo.

Sem saber que atitude tomar, lembrou-se de fazer uma oração, que havia aprendido em sua formação religiosa. Mal começara a prece maquinalmente, e a imagem que se desenhava à sua frente definiu-se, transformando-se na silhueta de um homem. Porte alto, tez morena, cabelos grisalhos, usava uma longa túnica. Em sua testa, ela percebeu uma irradiação de luz que emprestava a toda aquela figura uma miríade de reflexos opalinos, como se brando luar o envolvesse. Era uma linda e impressionante visão.

Com voz suave e sorriso sereno, a entidade a envolveu em amoroso olhar, dizendo:

– *Que a paz esteja contigo, minha filha! Roguei a Jesus a oportunidade de te acompanhar doravante, quando inicias uma jornada de lutas e provas necessárias à tua renovação! Nada temas e, sempre que estiveres em dificuldades, recorre a Jesus, que sempre esteve e sempre estará contigo! Logo serás chamada à nobre tarefa, com a qual te comprometeste há muito, para resgate de um tempo de dificuldades e enganos. Tens ao teu lado um coração amigo que muito te ajudará nessa jornada: a querida Kate. Lembra-te: meu nome é Asterion; estaremos juntos para um futuro de nobres realizações.*

Depois de se pronunciar, o espírito se retirou, desaparecendo lentamente. Perplexa, Olívia não sabia o que pensar.

Acostumara-se a ver as "sombras" que a rodeavam, mas nunca acontecera de alguma delas aparecer daquela forma e, mais, falar diretamente com ela.

Atônita e ainda tremendo, conseguiu se levantar e chamar Kate.

A jovem, um tanto sonolenta, quis saber o que acontecera. Olívia, entre lágrimas, narrou o que havia presenciado.

– Isso não é normal! – exclamou Kate. – Tem de haver uma explicação! Olha, se não quiseres ir à conferência de *monsieur* Pierre, eu irei... Sinto que ele poderá explicar o que está ocorrendo; não é possível continuarmos dessa forma!

Olívia olhou para a amiga e continuou:

– O tal homem, ou fantasma, disse-me que serei chamada para alguma coisa. Não me lembro bem, mas parece que o nome dele é Asterion! Afirmou que é um coração amigo, que me ajudará no futuro.

– Cruzes! Que nome estranho! – disse Kate, toda arrepiada. A seguir completou: – De qualquer maneira, se ele disse que ia te auxiliar, significa que não é mau. Creio que seja alguém que quer te ajudar... Além disso, também falou em Jesus, não é mesmo?

Olívia concordou, reticente:

– Sim, mas, se ele é bom, não deveria estar no céu com os anjos? O que está fazendo aqui na Terra?

Kate ficou pensativa e tornou:

– Não sei, talvez ele seja um anjo! Ainda com esse nome! Mas gosto dele, não sei explicar o motivo...

Olívia continuou:

– Para mim – e foi assim que aprendi –, as pessoas se dividem entre boas e más; as primeiras morrem e vão para o céu; as outras, para o infer-

Ante o silêncio das esfinges

no, e é só. As que ficam por aqui são almas penadas, que não deveriam permanecer na Terra...

– De acordo com esse teu raciocínio, onde fica a misericórdia divina? Se os destinos fossem selados assim, não haveria motivo para orarmos pela alma dos mortos, não é mesmo? Seus destinos já estariam determinados para sempre!

Olívia olhou para a amiga e questionou:

– Onde aprendeste essas coisas?

– Na realidade não sei, mas tenho cá comigo algumas ideias diferentes das que os nossos reverendos nos ensinam. – Ela finalizou, suspirando: – Esqueçamos o ocorrido. Precisamos nos preparar para o jantar.

Kate perguntou com propositado desinteresse:

– Edwin virá esta noite?

– Acho que sim; precisamos combinar muitas coisas para o casamento – respondeu Olívia.

– Ânimo, Olívia! Afinal, casamento como esse é apenas uma vez na vida!

Estranhando as palavras de Kate, Olívia perguntou:

– Achas Edwin um pretendente tão especial?

O rosto de Kate se ruborizou levemente e ela tornou um tanto sem graça:

– Não quis dizer isso, embora o considere um jovem de muitas qualidades. Agora, vamos descer, Olívia...

***

Quando Olívia apareceu, Edwin já a aguardava na ampla sala de estar. Enquanto descia as escadas, ela observava o rapaz, que conversava distraidamente com Flora.

Edwin não era um rapaz comum; era alto, magro, tez muito clara, que contrastava com os bem aparados cabelos castanho-claros, quase loiros... O bigode – moda na época – dava-lhe um ar aristocrático, embora não pertencesse à nobreza. Vaidoso, vestia-se consoante as últimas tendências na Europa. O jovem sabia como se portar nas altas rodas, pois estudara em Oxford, o que lhe permitira desenvolver sua brilhante inteligência.

"Por que não me sinto verdadeiramente apaixonada por ele?", perguntava-se Olívia. Ele era possuidor de todas as qualidades que uma moça apreciaria em um pretendente. Talvez fosse um pouco presunçoso, o que a desagradava, mas, diante de suas qualidades, isso poderia ser considerado um pequeno defeito.

O que ela teria de errado, que não se sentia feliz como deveria ao ser anunciado o seu casamento? Sentira, não podia negar, certo orgulho, por saber que muitas jovens a invejariam...

Ao pisar no último degrau, seus passos atraíram a atenção de Edwin e Flora.

O noivo, ao vê-la, sorriu e caminhou em sua direção. Beijando levemente seu rosto, afagou-lhe os cabelos e comentou:

– Vejo-a cada dia mais bela, querida! Sinto orgulho em tê-la como minha futura esposa!

Ela pareceu não dar muita atenção ao comentário e indagou:

– Onde está Kate? Pensei que estivesse aqui na sala.

– Foi caminhar no jardim – respondeu a mãe. – Achei-a estranha. Parecia impressionada com alguma coisa.

Olívia se lembrou do que ocorrera durante a tarde.

– Queridos, vou deixá-los sozinhos, pois devem ter muitas coisas para acertar. Aproveito e vejo como estão os preparativos para o jantar.

Edwin segurou a mão de Olívia e conduziu-a com elegância até um grande sofá em couro, onde ambos se sentaram.

A sala primava pelo bom gosto. A tradicional residência pertencia à família havia mais de cem anos, e o estilo sóbrio e estritamente inglês tornava-a agradável, embora em certos momentos transmitisse uma exagerada austeridade.

Foi Edwin quem iniciou o diálogo:

– Estive vendo algumas casas... Imaginei que gostarias de morar em Highgate ou Hampstead.

Olívia respondeu com espontaneidade:

– Deixo a seu encargo esses detalhes, Edwin. O que decidires está bom.

– E quanto ao local do casamento? Preferes aqui ou na residência de meus pais?

– Queres mesmo saber? Prefiro me casar em Kent.

– Kent? Não achas que teremos menos convidados se a festa for no campo?

– Isso não importa! Sabes que adoro Kent. Além disso, casaremos no outono e lá é muito agradável nessa época do ano.

Edwin ia retrucar, mas resolveu mudar de assunto:

– E quanto à lua de mel? Gostaste da ideia do Egito?

Olívia ficou pensativa, como a meditar. Edwin a inquiriu:

– Ouviste o que eu disse, Olívia?

Ela havia se lembrado da advertência de Marie Duplat. Como poderia, no entanto, abrir mão daquela viagem havia tanto tempo desejada? Não se deixaria levar pelas palavras de uma estranha!

Assim, concordou com a escolha de Edwin, respondendo-lhe com um belo sorriso. O rapaz, apaixonado, beijou-a ternamente. Naquele instante, ouviram a voz de Kate, que entrara na sala com o seu habitual estardalhaço:

– Está uma noite agradabilíssima! – Assim que terminou de falar, ela percebeu que interrompera a intimidade do casal. Constrangida, fez menção de se retirar, mas Olívia impediu-a, rindo:

– O que é isso, Kate? Está tudo bem, Edwin acabou de me confirmar o local de nossa lua de mel.

– E onde será? – perguntou a moça, interessada.

– No Egito, é claro! – respondeu Edwin. – Sempre desejei fazer essa viagem também!

Kate trocou um olhar significativo com Olívia. A amiga entendeu sua preocupação, mas ela preferiu mudar o rumo da conversa:

– Vamos para a sala de jantar. Se bem conheço minha mãe, em dois minutos seremos chamadas para a refeição...

Com efeito, o grupo se dirigiu à sala das refeições e, alguns minutos após, ouviram suave sineta, convidando todos para o jantar.

8

Sombras do passado

O jantar correu normalmente, com a ressalva de que, devido à notícia da viagem, Flora se havia exaltado mais ainda; parecia a própria noiva!

As viagens dos europeus ao Egito, naquela época, eram muito comuns, pois com as descobertas de Howard Carter o assunto estava em todas as rodas intelectuais.

Desde 1907, lorde Carnarvon havia se aliado a Carter, financiando suas pesquisas arqueológicas no Egito. Com recursos financeiros mais que suficientes, Carter estendeu suas buscas e, a cada novo sucesso, mais era reconhecido, trazendo à luz relíquias que os milênios haviam se encarregado de sepultar.

Com o assunto em evidência, Flora lembrara que Edward Randall tinha se referido a uma palestra, que seria realizada no Museu Britânico por lorde Chapman no dia seguinte.

Entusiasmada, "convocou" todos para se fazerem presentes ao evento; Olívia quis evitar o compromisso, alegando que estaria envolvida em vários afazeres relativos ao casamento, ao que sua mãe retrucou:

– Pelos céus, Olívia, logo tu, que tanto admiras o assunto!

Edwin também não deixou de estranhar a atitude da noiva:

– O que há, querida? Pensei que fosses me arrastar para o tal museu...
Kate respondeu no lugar da amiga, que permanecia calada:
– Acho que Olívia não aprecia muito os museus. Pelo que sei, sempre os evitou.
– Tolices de moça mimada! Bem, estamos combinados: amanhã, às catorze horas, vamos prestigiar lorde Chapman.

***

Enquanto isso, no outro lado da cidade, na casa de lorde Chapman, um jovem postava-se frente à sua refeição sem muito entusiasmo. Edward mastigava lentamente a deliciosa iguaria. Anne, a esposa de lorde John Chapman, percebendo o desinteresse do rapaz, perguntou:
– Edward, não te agradou o rosbife que nossa Lisa preparou? Se soubesse que não apreciavas, teria providenciado outra coisa.
Edward, voltando de seus pensamentos, desculpou-se:
– Perdão, senhora! Não se trata disso... Apenas não sinto apetite.
A experiente senhora sorriu e tornou:
– Em sua idade, meu jovem, só existe um motivo para a inapetência.
Chapman olhou para a esposa e a repreendeu com carinho:
– Anne, querida, tu não deves te intrometer nos assuntos particulares de nosso hóspede! Peço que a desculpe, Edward!
O rapaz fixou o casal com seus profundos olhos negros e respondeu:
– Não se preocupe, senhor. Considero-os bons amigos e não me ofendo com as palavras da senhora Anne. Ocorre que por vezes a vida nos aproxima das pessoas erradas...
Anne, que já percebera os olhares de Edward para Olívia na casa de lady Mabe Hathaway, arriscou:
– Não quero ser indiscreta, mas trata-se de uma jovem de olhos negros como os seus, não é mesmo?
Surpreso, Edward ia negar, mas a voz não lhe saiu da garganta. Anne prosseguiu, dando um suspiro:
– Conheço a família Willistown há pouco tempo, mas temos algumas amizades em comum que afirmaram ser essa moça muito doente.

A curiosidade de Edward se estampou em seu rosto; entre a surpresa e a expectativa, perguntou:

– O que Olívia tem? Pareceu-me fisicamente disposta e saudável!

Chapman novamente admoestou a esposa:

– Querida, isso não fica bem para ti. Não podemos comentar sem certeza a vida alheia!

Anne retomou o diálogo:

– Não se trata disso, meu amor. Ocorre que gostaria que outras pessoas tivessem um matrimônio feliz como o nosso. Percebo que nosso amigo aqui está se apaixonando por uma jovem de excelentes qualidades, mas que, além de seus problemas de saúde, já está quase no altar!

Edward, interessado, quis saber:

– Por favor, senhora, qual a enfermidade da jovem Olívia?

Anne respondeu, reticente:

– Meu amigo, ninguém sabe ao certo! Alguns dizem que sofre de alguma fraqueza orgânica; outros, que possui uma espécie de... Como é mesmo, querido?

Chapman, paciente, esclareceu:

– Já deves ter ouvido falar do médico alemão, Sigmund Freud... Atualmente, fala-se muito dele. Pois bem, ele classifica algumas doenças desconhecidas, que acometem as mulheres, como "histeria"!

Edward obtemperou:

– Por certo conheço essa teoria, mas não vejo ligação com Olívia.

Anne continuou:

– Edward, apesar de Olívia ser uma moça encantadora, soube que é um pouco estranha. Passa longas temporadas em Kent e aparece apenas esporadicamente na sociedade.

O rapaz replicou:

– Talvez ela não seja afeita a uma vida agitada e prefira a tranquilidade do campo.

– Não se trata apenas disso. As pessoas comentam – uma ex-empregada da residência dos Willistown falou à Lisa, nossa cozinheira – que Olívia tem visões e ouve vozes que os outros não detectam... Isso para não falar dos desmaios!

Chapman, educado, que via a conversa se prolongar sobre um assunto que não lhes dizia respeito, encerrou, dizendo:

– Percebo que não estão interessados em saber detalhes de minha conferência amanhã à tarde. Espero que a apreciem pessoalmente ao menos.

Envergonhado diante da desatenção com seu anfitrião, Edward desculpou-se:

– Sinto muito! Deixei-me levar por um assunto pessoal e acabei sendo ingrato e deselegante.

Chapman deu uma boa risada e exclamou:

– Que nada, rapaz! Estava apenas tentando chamar a atenção para a minha causa. Bem, mas vamos ver...

Assim, o resto da noite foi dedicado ao assunto a ser apresentado no dia imediato no Museu Britânico.

***

O movimento do imponente prédio indicava que o assunto era de grande interesse.

As coleções, cuidadosamente apresentadas por temas, chamavam a atenção do mais distraído turista.

Guardadas em mostruários próprios para a observação detalhada das relíquias, ouviam-se a todo o momento exclamações de todos os lados.

Olívia, acompanhada de Edwin, Flora e Kate, caminhava pelas galerias; ela sempre se esquivara de ir pessoalmente ao museu, fosse por lazer ou estudo.

Pálida, a jovem permanecia séria e olhava distraidamente ao redor. De repente, seu olhar cruzou com os conhecidos olhos negros de Edward. Leve estremecimento abalou seu corpo delicado. Ele se aproximou e os saudou.

Edwin retribuiu o cumprimento e provocou:

– O que achas de nossa coleção egípcia? Não é admirável o tratamento que nós, ingleses, damos ao teu patrimônio histórico?

Edward pareceu não ouvir e retrucou:

– Senhor Edwin, devemos nos dirigir à sala de conferências, pois o professor Chapman já está nos aguardando.

Edwin não se deu por vencido:

— Tens razão, Edward; mas, quanto à Pedra de Roseta, não concordas comigo que é a maior preciosidade que temos aqui?

Edward fitou Edwin e Olívia; a seguir, perguntou à moça:

— Qual a sua opinião, senhorita? Gostaria de saber.

Olívia respondeu à meia-voz:

— Não tenho uma opinião formada, senhor...

Edward contrapôs:

— Respeito o cuidado que os ingleses dedicam ao legado de meus antepassados, mas creio que, se essas peças tivessem vida, gostariam de estar no Egito.

Olívia olhou ao redor e percebeu que estava rodeada de peças egípcias. Pela primeira vez, deu-se conta de que aquele acervo, na realidade, fora trazido de outro país, desrespeitando na verdade os direitos e a própria soberania de um povo. Condoída com a situação, manifestou-se:

— Realmente, senhor Edward, este patrimônio não nos pertence. Sinto como se lamentassem o exílio de sua pátria!

Naquele momento, Flora e Kate se aproximaram e os apressaram para se instalarem logo; Edward, surpreso com a resposta de Olívia, não escondeu sua satisfação com as palavras dela.

No salão, todos se sentaram e o professor John Chapman se dirigiu à tribuna, onde começou a discorrer sobre a XVIII dinastia, com seus enigmas e mistérios.

À medida que ia falando, Olívia sentia indefiníveis emoções abalarem-na profundamente. A palavra fácil e elucidativa de Chapman levava os presentes a voltarem o pensamento para mais de três mil anos atrás e, quanto mais era discorrido sobre o assunto, mais aumentava sua sensação de já ter conhecido aquela civilização.

Em determinados momentos, lágrimas furtivas caíam de seus olhos; então, discretamente, ela as enxugava com delicado lenço.

Naquele instante, Chapman propunha aos presentes:

— Meus amigos, conforme dito até agora, o grande mistério, que ainda estamos longe de esclarecer, é sobre a relação entre o grande faraó Tutmés III e a rainha Hatshepsut... Teria o sobrinho e enteado da admirável rainha esperado quase vinte anos para se vingar por ter tido seu trono usurpado? Alimentaria Tutmés a ira dos sacerdotes contra uma das raras mulheres – para alguns única naquelas condições – faraós do Egito? E o talento que Hatshepsut tinha para governar? Teria o rapaz esquecido as qualidades da tia?

A pergunta ficou no ar. Aproveitando a expectativa reinante, Chapman prosseguiu:

– Por outro lado, do ponto de vista de Hatshepsut, quais seriam seus sentimentos em relação ao sobrinho-enteado? Precisamos entender que Tutmés III era filho de uma esposa secundária, Ísis, que na verdade era considerada uma concubina por Hatshepsut. Essa concubina gerou o único filho homem do faraó, que por essa razão recebeu o direito à sucessão.

"A princípio, ele não poderia governar sem que uma filha da casa real lhe legitimasse o trono. Essa era a ideia da rainha ao designar a princesa Neferure como primeira Esposa Real. Quais os reais sentimentos que os conduziram pelas aleias e pelos corredores do palácio tebano?

"Quantas intrigas foram acobertadas no jogo pelo poder e que definiram a XVIII dinastia como uma das mais empolgantes da história egípcia?

"Não me atrevo a falar em Tutmés III, pois isso seria um capítulo à parte; poderia discursar por muito tempo sobre as grandes realizações desse magnífico homem; felizmente, com a descoberta de sua múmia há alguns anos, nossos estudos poderão nos esclarecer sobre uma série de questões.

"Um dia, espero, seja descoberto os restos mortais da grande rainha – isso seria fundamental – e da princesa, que sumiu sem deixar vestígios.

"Amigos, devo dizer-lhes que um grande drama se desenvolveu sob o sol escaldante do deserto, e o segredo que se cala sob as areias do Egito talvez jamais seja revelado aos olhos da humanidade.

"Os egípcios se notabilizaram por buscar a eternidade, vencendo a morte, e o legado deles ainda nos surpreenderá por muito tempo.

"As grandes realizações de Hatshepsut e Tutmés, a dedicação de Senenmut, chegaram até nós ignorando a passagem do tempo. Teria alguém interferido na vida desses personagens, para lhes modificar o destino? Quem conspiraria contra o grande faraó? O que dizer do casamento da princesa? Teria ela aceitado o plano de sua mãe e se casado, para se livrarem de Tutmés?"

Ao proferir as últimas palavras, a atenção dos ouvintes se voltou para um som estranho, vindo do grande salão. Olívia, que se emocionara desde o princípio com os comentários de lorde Chapman, a certa altura não pôde mais se conter. Invadida por sentimentos confusos, sofria por acontecimentos ocorridos havia mais de três mil anos.

Edwin, percebendo que a noiva perdia o controle, amparou-a até uma sala contígua, pedindo desculpas aos presentes. Imediatamente, Flora se levantou e foi em busca de alguém que pudesse providenciar um copo com água.

Apesar das atenções, o pranto de Olívia não cessava. Sentia-se tomada por uma emoção além de suas forças, que parecia esmagá-la. Ainda nos braços de Edwin, falou, soluçante:

– Não! Não! Isso não é verdade!

Assustado, Edwin perguntou com ternura:

– Do que estás falando, minha querida? Ninguém aqui está te acusando de nada!

Chorando, Olívia dizia:

– Não foi assim como ele disse! Não houve casamento!

Edwin ia falar alguma coisa, quando os olhos da jovem se fixaram em um ponto da sala em que se encontravam.

Pálida, ela viu que, por trás de uma imagem da época em questão, surgia uma nuvem etérea, que se condensava e assumia forma humana.

A seguir, uma bela mulher, vestindo um traje egípcio, aproximou-se e disse algumas palavras em uma língua ininteligível, mas que Olívia, sem saber como, registrou o significado:

– *Só te libertarás do remorso que carregas quando fizeres justiça, Merytre! Temos débitos com esses espíritos que hoje residem em planos que por ora não podemos conceber! Eu, Kya e Asterion estaremos ao teu lado, na esperança de cumprires com tua promessa e te libertares das algemas do passado...*

Flora retornava com a água quando Olívia, não resistindo, perdeu completamente os sentidos nos braços de Edwin.

***

Ao ver a noiva desfalecer, Edwin prontamente a segurou, evitando que se ferisse. Flora acorreu e, como a conferência havia terminado, Kate e Edward vieram em seguida.

Pálida ao extremo, Olívia foi aos poucos recobrando os sentidos. Ao ver o olhar preocupado de Edwin, sussurrou:

– Estou bem... Mas preciso ir embora deste lugar!

Segurando a jovem pela cintura, o rapaz reclamou:

– Não devíamos ter vindo aqui hoje! És muito impressionável, minha querida! Estas histórias de múmias abalaram tua sensibilidade!

– Não se trata disso, Edwin! – contrapôs Olívia. Ia revelar a estranha visão que tivera, mas percebeu que ele não a levaria a sério.

O rapaz sempre se revelara solícito e compreensivo, porém evitava falar de seus problemas; parecia ignorá-los propositalmente, agindo como se fossem fruto da imaginação fértil de Olívia.

Flora, que se havia acercado da filha, concordou com Edwin, dando o assunto por encerrado:

– Minha filha, na realidade, te excedeste hoje; eu deveria ter imaginado que isso poderia acontecer. Vamos para casa, para que possas repousar.

Edward, que a tudo observava, adiantou-se e falou, atencioso:

– Espero que a senhorita esteja bem. Poder-lhe-ia ser útil em alguma coisa?

Olívia fitou-o e respondeu de forma lacônica:

– Estou bem, foi apenas um mal-estar.

Lorde Chapman permanecia ocupado, conversando com os presentes, mas vez por outra lançava um olhar de soslaio em direção ao grupo. Não compreendeu de imediato – como a maioria dos que ali estavam – o que ocorrera. Aos poucos, as pessoas foram-se retirando e Olívia e seus familiares voltaram para casa. Ao chegar, Olívia se despediu de Edwin e subiu para o quarto. Flora pediu a Kate que permanecesse na casa, pois sabia que a presença da amiga tranquilizava a filha.

Edwin se aproximou da futura sogra e questionou:

– Eu já havia presenciado algumas crises de Olívia, mas nunca a vi dessa forma!

Uma ruga de preocupação surgiu na testa de Flora. A seguir, indagou:
– Isso te assusta, Edwin? Deves pensar a respeito...

O rapaz fitou Flora e respondeu, perturbado:
– Não se trata disso, Flora! Apenas estou preocupado com a saúde de minha noiva. Jamais desistirei de Olívia.

John Willistown havia chegado e inteirara-se dos últimos acontecimentos. Sem disfarçar a preocupação, perguntou à mulher:
– Soube que Olívia desmaiou no museu. Vou ver como ela está...

Flora o interrompeu:
– Não te preocupes, querido. Ela irá repousar agora; mais tarde pedirei a Margot que lhe leve o jantar.

Willistown concordou e foi preparar o seu tradicional *drink* antes da refeição.

Flora convidou Edwin para ficar, mas ele alegou ter de realizar uma pequena viagem no dia seguinte e foi para casa.

No quarto, Olívia permanecia deitada com os olhos fechados. Kate preferiu aguardar que ela se manifestasse sobre o que acontecera.

Cerca de meia hora mais tarde, Olívia quebrou o silêncio:
– Vamos, podes perguntar...

Kate pulou para a cama da amiga e deixou que sua curiosidade extravasasse:
– O que aconteceu, Olívia? Por que disseste aquelas palavras? Fala logo, por favor!!!

– Não lembro exatamente o que disse. Só sei que queria que aquele homem parasse de falar.

– Ora, Olívia! Havia dezenas de pessoas ali só para ouvi-lo! Tu é que devias ter saído antes!

Olívia baixou o olhar e tornou:
– Eu não conseguia me mexer, Kate. Aquilo parecia um tormento! Senti uma emoção muito forte, algo que me subjugava!

– E depois? O que houve? Tive a impressão de que tinhas visto um fantasma!

– Como sabes? Também o viste? – perguntou Olívia, mais animada.

Kate prontamente esclareceu:

– Claro que não! Só pensei nisso pela sua expressão de horror.

Olívia, então, narrou o que vira:

– Quando comecei a chorar, Edwin, provavelmente temendo algum escândalo, levou-me para o outro salão. Eu estava me recuperando quando vi uma mulher.

Kate ouvia com os olhos arregalados; Olívia prosseguiu:

– Era uma mulher bela, ainda jovem, e usava vestes egípcias. Falou-me sobre um débito, algo que preciso resgatar para me libertar!

Kate estava perplexa; acreditava no que a amiga lhe contava.

Olívia prosseguiu:

– Não entendi o que quis dizer. Apenas lembro que tive uma sensação muito desagradável.

Enquanto ouvia, Kate pensava no que fazer. Aquilo tudo, para ela, tinha de ter um sentido... Sabia que existiam fatos que desafiavam a razão e o conhecimento.

E se Olívia realmente visse coisas ou seres invisíveis aos olhos da maioria? E se sua amiga tivesse um dom incomum e divisasse o mundo dos mortos? Um calafrio percorreu todo seu corpo.

Decidida, Kate pensou em procurar Pierre e Marie Duplat o mais breve possível.

9

Em busca de socorro

No dia imediato, alegando ter necessidade de fazer algumas compras, Kate se ausentou. Olívia dormiu até mais tarde e estava ainda no quarto quando Flora foi vê-la.

Ao perceber o aspecto abatido da filha, comentou:

– Como estás, minha querida? Não quis te perturbar ontem falando sobre o episódio do museu.

Olívia respondeu, pensativa:

– Não teria muito o que dizer, mãe. São as mesmas coisas de sempre!

Flora acariciou os sedosos cabelos da filha e comentou:

– Não quis fazer alarde sobre o acontecido para que seja logo esquecido; dói-me ver teu sofrimento sem que possa te ajudar.

Olívia não conseguiu conter as lágrimas:

– Não sei o que há comigo, mãe! Tenho medo do que poderá acontecer no futuro.

Flora concordou e acrescentou:

– O que me preocupa é até quando Edwin irá suportar essa situação. Talvez ignores o quanto esse casamento é importante para o teu pai; tu já devias ter se casado.

Olívia fitou a mãe e a inquiriu:

– Não entendo... Pensei que a única preocupação de meu pai fosse a minha felicidade. Existe alguma outra razão que eu desconheça? Estão preocupados por eu estar solteira ainda?

Flora ia responder quando a governanta se aproximou e a interrompeu:

– Lady Willistown, o senhor Chapman deseja lhe falar!

Flora agradeceu e atendeu a ligação em seus aposentos. Alguns minutos depois, retornou dizendo:

– Querida, lorde Chapman perguntou sobre tua saúde e demonstrou interesse em ver-te pessoalmente; convidei-o para o chá hoje à tarde...

Olívia fez um ar de enfado e respondeu:

– Não desejo falar com ninguém hoje. Gostaria de ficar no jardim, sozinha. – Lembrando-se da conversa, que fora interrompida minutos antes, quis saber: – Fale, mãe, qual o interesse de meu pai nesse casamento?

Flora arrematou, enquanto se retirava:

– Esquece, não devia ter mencionado esse assunto. Acima de tudo, teu pai deseja a tua felicidade, Olívia. Ah! Havia esquecido de dizer que o senhor Edward virá também!

As últimas palavras de Flora fizeram o coração de Olívia disparar. Isso mudava tudo! A presença de Edward a perturbava inexplicavelmente.

Não saberia dizer exatamente quais eram os seus sentimentos em relação ao jovem egípcio. Ao mesmo tempo que sentia medo e apreensão diante de sua presença, ansiava por vê-lo... Nunca sentira isso antes; estava acostumada com a presença de Edwin, e sua chegada não lhe despertava qualquer emoção diferente. O noivo era como um irmão, conhecia-o desde a infância.

Edward, no entanto, fazia o seu coração bater descompassado; gostava de provocá-lo, embora soubesse que ele igualmente se divertia ao lhe fazer pequenos enfrentamentos.

Sorriu ao pensar em Edward. O que diria sobre o que acontecera no Museu Britânico?

***

Enquanto isso, Kate foi à procura do casal Duplat.

Tendo ligado logo cedo para o hotel em que estavam, combinou de almoçar com eles. Na hora aprazada, encontraram-se em tradicional restaurante, por sugestão de Kate. Após os cumprimentos, a jovem foi direto ao assunto:

– *Monsieur* e madame Duplat, embora tenhamos conversado poucas vezes, tenho confiança em lhes revelar minhas preocupações com Olívia...

Marie concordou positivamente e ajuntou:

– Também me preocupo com *mademoiselle* Olívia...

– Bem – prosseguiu Kate –, ontem fomos a uma conferência de lorde Chapman no Museu Britânico...

– A jovem Olívia passou mal? – indagou Marie.

– Além de praticamente interromper a conferência com seus soluços, ao ser levada para uma outra sala, aconteceu algo ainda pior!

Pierre ouvia atentamente. Diante da pausa de Kate, perguntou:

– Quem estava com ela?

– Edwin, seu noivo, eu e Flora. Ocorre que, ao ver algo no local, Olívia desmaiou. Mais tarde, em casa, Olívia me disse ter visto uma mulher que ela achou ser uma egípcia, a julgar pelos trajes; esta lhe disse algumas coisas estranhas...

Concentrada na história que lhe era relatada, Marie comentou:

– Sim, isso é verdade. Olívia viu mesmo esse espírito, mas ela também viu outro há alguns dias. Acho que o nome dele era Asterion.

Impressionada, Kate concordou:

– Sim, ela me falou desse estranho nome! Mas como podes ter conhecimento disso, se apenas nós duas sabíamos?

Pierre sorriu e disse com serenidade:

– Ambas possuem dons semelhantes, senhorita Kate; Marie trilhou caminhos parecidos com os de Olívia. Foi pelo estudo e conhecimento da Doutrina Espírita que conseguiu equilibrar sua mediunidade e fazê-la um instrumento de auxílio ao próximo.

Kate não compreendia muito bem as palavras de Pierre, mas de uma coisa tinha certeza: ele e Marie poderiam ajudar Olívia! Assim, confiante, narrou alguns fatos da vida da amiga: as dores de cabeça, as insônias, as frequentes indisposições. Depois, ansiosa, perguntou:

– E então? Acham que ela está ficando louca?

Pierre e Marie ouviram com serenidade e atenção. A seguir, Pierre comentou:

– Os fenômenos que a jovem Olívia registra são antiquíssimos. Desde que o homem caminha sobre a Terra foi-lhe facultada a ligação com outros planos. Encontramos em todas as civilizações a manifestação mediúnica e cada uma a interpretou da forma que seu entendimento sobre a vida permitia. Se não, vejamos: os egípcios, que estão sendo tão estudados atualmente, possuíam alto grau de conhecimento e iniciação nas realidades espirituais; os babilônios; os gregos, com suas pitonisas; os profetas da Bíblia; todos eles trouxeram manifestações sublimes de abençoados instrutores da humanidade em todos os tempos. Ocorre que a humanidade se desenvolveu espiritualmente a partir de três revelações divinas: o advento de Moisés, que trouxe a crença no Deus único; a vinda de Jesus, que tinha como principal ensinamento o amor universal; e o Espiritismo, organizado pelo venerável Allan Kardec, ilustre professor lionês, que codificou a Doutrina Espírita.

Percebendo a ansiedade de Kate, Pierre fez uma pausa para que a moça se manifestasse.

– Essas afirmações são profundas e gostaria de conhecer melhor o assunto. Devo dizer-lhe, contudo, que não entendo a ligação de Jesus Cristo com essa doutrina. Parece-me que se contradizem!

Marie sorriu e comentou:

– Sim, querida, essa dúvida surge, porque não apreendemos, a princípio, o alcance das palavras do Mestre. Por exemplo, a referência que Jesus faz a João Batista, revelando que ele era o profeta Elias, ou quando disse a Nicodemos ser necessário nascer de novo para entrar no reino dos céus, tudo isso na realidade são menções claras à reencarnação! Assim como as passagens em que expulsava os "demônios", que nada mais eram do que irmãos que ainda jornadeiam nas esferas inferiores, perturbando os desavisados. A Doutrina Espírita permite um novo entendimento sobre a verdadeira missão de Jesus na Terra e descerra o véu que por muito tempo permaneceu acerca de seus ensinamentos, conforme o Evangelho.

Kate perguntou, impressionada:

– Quer dizer que não foi sempre assim?

Marie respondeu:

– Não, minha filha. Os ensinamentos de Jesus foram deturpados e adaptados de forma a ficarem enclausurados em dogmas e mistérios, para servirem aos interesses dos homens. Muitas vezes, ficaram completamente incompreensíveis.

Kate permaneceu pensativa, depois perguntou:

– E quanto a Olívia? Como poderemos ajudá-la?

Marie respondeu:

– Olívia trouxe grandes questões do passado para esta etapa de sua existência; ela mesma solicitou a oportunidade de reparar suas ações. Asterion, a quem me referi antes, é um espírito de grandes aquisições que, juntamente com o guia espiritual de Olívia, vai auxiliá-la na superação dos obstáculos. Devo dizer-lhe, em nome dos laços que as unem, no presente e no passado, que essa jovem poderá ter uma jornada admirável, mas que necessitará de muita coragem e fé para cumprir sua tarefa...

Os olhos de Kate se encheram de lágrimas. Seu inconsciente sabia da programação de vida da amiga; as palavras de Marie apenas haviam reavivado, em forma de sutis lembranças, o que ela já sabia dentro de si.

Marie segurou as mãos da jovem e declarou:

– Tenhamos fé, querida! Jesus confia em nossas forças e não nos desampara!

Kate comentou com sinceridade:

– Não entendo por que me sinto responsável por ela!

Marie respondeu convicta:

– Os laços que nos unem uns aos outros são insondáveis! Se os conhecêssemos, por certo teríamos nossa passagem pela Terra dificultada!

10

Sentimentos que se revelam

Enquanto Kate retornava à mansão dos Willistown, Olívia se preparava para a chegada dos convidados para o chá. Na realidade, ela possuía um encanto que não se revelava apenas por seus traços. Os olhos eram profundos e negros, a boca pequena, o nariz levemente arqueado, mas ainda assim em harmonia com o rosto. Seus cabelos longos e compridos formavam uma imagem agradável; no entanto, ela mesma era obrigada a reconhecer que havia muitas jovens mais belas do que ela.

Por que então se destacava das outras? Por que até mesmo em relação a Kate, que era possuidora de uma beleza clássica, chamava mais atenção?

Era como se tivesse um ímã, algo que fazia os olhares convergirem para ela. Pensativa, prendeu os cabelos em delicado penteado do qual deixou pender alguns cachos sobre a nuca e, passando um pouco de pó de arroz sobre o rosto, finalizou o trabalho, beliscando as bochechas para torná-las mais rosadas. Colocou um vestido de passeio de cor clara e aguardou; não queria dar a impressão de que estava ansiosa com a visita.

Passado um quarto de hora, Raquel, a governanta, lhe avisou:

– Senhorita Olívia, os convidados acabaram de chegar! – E fez um pequeno comentário: – Meus parabéns! Há muito não a via tão bela! O senhor Edwin virá mais tarde certamente!

Olívia se voltou para Raquel e comentou:

– Edwin, como sempre, está viajando a negócios, Raquel.

– Ah, entendo...

Raquel se retirou e Olívia a seguiu. Desceu a escadaria e se dirigiu à sala onde seria servido o chá. Ao entrar, saudou os convidados. Lorde Chapman levantou-se e foi ao seu encontro:

– Menina Olívia! Como estás passando?

Olívia procurou demonstrar tranquilidade:

– Bem melhor, lorde Chapman! Acho que a intensidade de suas palavras me impressionaram um pouco.

Edward, que se encontrava um pouco atrás, curvou-se e, beijando a mão de Olívia, comentou:

– Lamento o ocorrido, senhorita. O assunto trouxe uma energia um pouco pesada, reconheço. Mas, como admiradora da matéria, deve saber que existem belas histórias em torno dos meus antepassados.

Olívia concordou e obtemperou:

– Sem dúvida, senhor Edward, já tive a oportunidade de ler alguma coisa a respeito.

Edward procurou desviar o assunto:

– Tem visto o casal francês? Gostaria de lhes falar mais uma vez.

– Infelizmente não. Na verdade, a senhora Marie me assusta um pouco; não os vi mais.

Flora, que se aproximava, ouviu as últimas palavras e completou:

– Também os aprecio, Edward, mas não sei por quanto tempo ainda ficarão em Londres.

Naquele instante, Kate entrou no recinto. Ao saber do assunto que era tratado, falou:

– Soube que o senhor Pierre irá falar sobre a nova doutrina na próxima semana!

Flora, curiosa, indagou:

– Gostaria de conhecer mais a respeito. Não desejaria ir vê-los, Olívia?

Olívia não gostava daquele assunto; sentiu indescritível inquietação, uma espécie de calafrio lhe perpassou o corpo:

– Não sei, mãe. Talvez seja melhor não ir a essas reuniões.

Edward a contemplou demoradamente e falou:

– Acredito que a melhor forma de vencermos nossos medos é enfrentando-os. Caso contrário, estaremos alimentando-os, até se tornarem invencíveis!

Olívia sabia que ele tinha razão, mas, para não ter de se explicar, devolveu a pergunta:

– O senhor, certamente, não os possui, não é mesmo?

Edward, um pouco desconcertado, respondeu:

– Já enfrentei muitos deles, senhorita. Até agora venci todos, mas talvez ainda não tenha encontrado o maior de todos!

– E qual seria? Posso saber?

– Sim, não vejo motivo para não lhe dizer. Tenho medo de amar e não ser correspondido...

Olívia tentou a custo disfarçar a emoção que aquelas palavras lhe causaram. Pensava ainda no que dizer, quando Flora os convidou para se sentarem à mesa.

Após se acomodarem, a anfitriã indagou:

– O senhor fará outras conferências aqui em Londres, lorde Chapman?

– Talvez mais uma ou duas, cara senhora; dentro de quinze dias deverei ir à França para ministrar algumas palestras; a seguir, terei de me encontrar com Howard Carter para planejarmos a próxima expedição.

Flora sorriu e, voltando-se para Edward, perguntou, curiosa:

– E quanto ao senhor? Acompanhará lorde Chapman?

– Creio que ainda terei a oportunidade de realizar uma conferência na França; depois, retornarei ao Egito.

– Isso será uma pena, senhor Edward. Gostaríamos de ter o prazer de sua presença por mais tempo – comentou Flora.

Kate quis saber:

– Quanto tempo pretendem ficar na França?

– Não pretendemos nos demorar, pois um árduo trabalho nos aguarda. Sei que nosso amigo nutre muita simpatia pelo país de Napoleão e talvez estenda sua permanência por lá... – disse Chapman, sorrindo e piscando o olho para Kate.

Kate sorriu com a irreverência do professor e comentou:

– Também nutro grande simpatia pela França; poderia viver lá sem maiores dificuldades. Acho que Olívia também pensa assim, não é mesmo, querida?

Olívia, cujo pensamento estava distante, respondeu de modo vago:

– Sim, aprecio muito Paris. Gostaria de voltar...

Edward, que a observava, insinuou:

– Talvez o assunto em questão agradasse mais à senhorita Olívia se estivesse em companhia do senhor Edwin; afinal, Paris é a cidade dos apaixonados. – E, sem esperar a reação da jovem, continuou: – Meu afeto pela França está relacionado ao meu trabalho, embora reconheça os prejuízos que os franceses causaram à minha terra. Devo considerar, entretanto, que devemos a dois franceses uma boa parcela do interesse que nossa história tem despertado no mundo: Champollion, que foi o responsável pela decodificação da escrita hieroglífica, e Napoleão, que não mediu as consequências de suas ações, mas, de qualquer forma, trouxe alguns benefícios.

Lorde Chapman prosseguiu:

– Não podemos esquecer que o grande faraó Tutmés III tem sido comparado a Napoleão. Foi um conquistador e, como tal, ampliou as fronteiras do Egito de forma incomparável! Nenhum de seus antecessores ou sucessores conseguiram tal feito.

– Nem Ramsés? – indagou Kate.

Edward sorriu e respondeu:

– Ramsés é mais conhecido. Foi uma faraó admirável, com grandes conquistas, mas o papel de Tutmés III foi o de um desbravador. Abriu caminhos, foi um grande construtor e, sem dúvida alguma, um homem de grande caráter!

Kate comentou, impressionada:

– Realmente é admirável lidar com o passado, como os senhores. Nós vemos apenas múmias ressequidas que o tempo não conseguiu destruir.

– Nós vemos as vidas de seres que passaram pela Terra e deixaram indelevelmente suas marcas, senhorita Kate – interrompeu Edward, entusiasmado. E prosseguiu: – E a senhorita Olívia, o que pensa a respeito?

– Penso que podem existir elos entre o passado e o presente.

Flora, que se mantivera calada até então, comentou, conforme sua natureza despreocupada:

– Ora, Olívia, são apenas múmias! Não existe nenhum tipo de ligação com a nossa vida! Deixaram rastros que a história reconstitui, mas em nada nos afetam. Por sinal, esse bolinho que a Margot fez está uma delícia. Não é mesmo, lorde Chapman?

– Sim e não, lady Willistown; primeiro, sim, realmente o bolinho está delicioso. Não quanto à sua opinião em relação à história... Ela só tem sentido se interferir na vida dos homens, para que suas lições sirvam de norte para o futuro da humanidade. Infelizmente, até agora, os homens constroem impérios, chegam ao ápice em termos de civilização, para depois a verem ruir e se perder no tempo, repetindo os mesmos erros que seus antepassados.

Olívia se atreveu a perguntar a Edward:

– Senhor Edward, não acha estranho que um povo que viveu no meio de um deserto tenha chegado a tal desenvolvimento, a ponto de construir estruturas que o homem moderno está longe de fazer?

– Para tudo existe uma explicação lógica, senhorita Olívia. O que posso lhe afirmar, sem medo de errar, é que os mistérios de meu povo ainda levarão séculos para serem desvendados em sua plenitude.

Olívia ficou pensativa. Quantas histórias estariam reservadas para a posteridade, quando os segredos e mistérios do Egito viessem à luz?

Edward, percebendo que a moça se calara, tornou:

– O que a deixou tão absorta, senhorita? Tê-la-ei impressionado com minhas palavras?

Olívia externou seus pensamentos:

– Talvez, senhor. Sinto em cada objeto, imagem e fatos sobre o Egito algo diferente, que não sei explicar; é como se soubesse de coisas sem que ninguém me dissesse.

A conversa ainda seguiu animada por algum tempo, até que os dois homens se retirassem.

Na saída, Edward fez um convite a Olívia:

– Se for a Paris, terei grande prazer em encontrá-la em minha palestra. A propósito, gostaria de ver o casal Duplat. Por acaso a senhorita não tem o endereço deles?

– Infelizmente não.

Edward insistiu:

– Acho que madame Marie poderia ajudá-la muito, senhorita. Ela possui um conhecimento ao qual os meus antepassados já se referiam e que só agora está sendo estudado...

Enquanto lorde Chapman se despedia da moça, Kate se aproximou de Edward e lhe colocou pequeno papel nas mãos.

O jovem o guardou e, ao lê-lo, já na condução, viu que se tratava de um endereço: o do casal Duplat.

11

A visita ao casal Duplat

Intrigada com as palavras de Edward, Olívia se recolheu cedo. Kate permaneceu ainda em conversa com lorde Willistown e só subiu uma hora mais tarde. Ao entrar no amplo aposento, observou que Olívia ainda não dormira e perguntou:

– O que está acontecendo? Vejo que estás ensimesmada com alguma coisa.

– Não entendi o que o professor Edward quis dizer hoje, enquanto se despedia de mim – respondeu Olívia.

– Do que se trata?

– Segundo ele, o casal francês possui conhecimentos que remontam aos egípcios antigos. Qual a ligação entre essas duas coisas? A senhora Marie me deixa nervosa e amedrontada com suas palavras!

Kate respondeu, convicta:

– Lembras quando estudamos sobre arte egípcia na escola? Segundo me recordo, os egípcios tinham a morte como tema de sua vida e acreditavam na sobrevivência do espírito; apenas não sei se concebiam a possibilidade de retornarem à vida física... Além disso, dizem que os sacerdotes ou iniciados possuíam grande conhecimento sobre a alma.

Olívia deduziu o resto:

– É mais ou menos o que os Duplat estudam, eu acho. Mesmo assim, tenho medo e tudo isso me amedronta!

Kate sorriu maliciosamente e comentou, mudando de assunto:

– Eu, no seu caso, me assustaria mais com o olhar do senhor Edward. Pelos céus, Olívia, eu diria que o jovem egípcio encontrou mais do que esperava em nosso país!

Olívia deu um meio sorriso. Kate prosseguiu:

– Vejo que percebes algo; às vezes tenho a impressão de que não esperas ser feliz.

Olívia se lembrou das palavras de Edward, quando ela perguntara o que ele temia: "Tenho medo de amar e não ser correspondido...".

Uma sensação de alegria e ao mesmo tempo de tristeza se apoderou de Olívia. Começava a ver Edward com outros olhos; a figura determinada do jovem guardava um coração terno, que buscava um amor que fosse correspondido.

Rapidamente, avaliou a condição de Edward. Apesar da posição que possuía em seu país, sendo respeitado por seu conhecimento, na Inglaterra não passava de um personagem interessante, exótico, pois era originário de um povo considerado inferior, colonizado e dominado politicamente. "Meus pais jamais aceitariam uma união minha com Edward!", pensou.

Kate, que a observava, comentou:

– Estarei enganada ou temos novidades que eu ainda não sei em relação ao belo egípcio?

Olívia fixou o olhar na amiga e encerrou a questão:

– Não existe nada de novo, Kate! Nem haverá!

Kate silenciou-se, com a certeza de que muitas coisas ainda haveriam de acontecer antes de aquela história terminar.

***

No dia seguinte, Edwin retornou e, logo ao chegar, foi posto a par da visita do dia anterior.

Não gostava de Edward e achava que a família de Olívia fazia mal em recebê-lo. Contrariado intimamente e sem esconder seus sentimentos, comentou com Flora:

— Reconheço a conhecida hospitalidade e a fama que os Willistown possuem como excelentes anfitriões, mas acho que não deveriam aceitar a presença deste egípcio com tanta frequência.

— Ora, Edwin, ele veio acompanhado de lorde Chapman! Foi uma gentileza virem à nossa casa depois do que aconteceu no museu.

— Sim, mas aos poucos eles – principalmente Edward – vão ficando íntimos da casa e isso não me agrada; não devemos esquecer a origem desse homem.

Flora, percebendo o que estava ocorrendo, esclareceu:

— Edwin, tu não deves te preocupar com isso. Olívia está destinada a ser tua esposa e nada poderá impedir que isso aconteça!

Edwin fitou a futura sogra e arrematou:

— Assim espero, Flora.

***

Edwin e Olívia tinham combinado de almoçar na cidade e depois se encontrar com Kate e Flora para tratarem dos preparativos do casamento.

Tão logo ficaram sozinhos, Edwin falou:

— Senti muito tua falta, Olívia. Todos os meus projetos de vida envolvem minha união contigo!

Olívia ouviu aquelas palavras como se fossem proferidas de muito longe. Seus pensamentos pairavam em lugares distantes. Com esforço, respondeu:

— Edwin, estamos com o casamento marcado, é só uma questão de tempo.

Ele segurou as mãos dela e falou com emoção:

— Olívia, nosso casamento é a realização de um sonho. Gostaria de te sentir mais alegre com nosso enlace... Existe algo errado que eu não saiba?

Olívia respondeu, surpresa:

– Por que perguntas isso?

O rapaz continuou:

– Desejaria ver-te mais envolvida com os preparativos; soube que tua mãe e Kate têm estado muito ocupadas com essas tarefas, mas tu me pareces alheia a tudo!

– Não sejas injusto, Edwin! Hoje mesmo me encontrarei com elas para vermos alguns detalhes; apenas me sinto cansada, não tenho dormido bem e isso me prejudica nas atividades diárias.

Edwin fitou a mulher que havia muito tempo jurara lhe pertencer. A cada dia ela se lhe afigurava mais bela, e a própria tristeza que trazia no olhar parecia torná-la ainda mais atraente.

Os olhos negros de Olívia encontraram os seus e a moça sorriu docemente. Foi o suficiente para que Edwin esquecesse todas as suspeitas que lhe atormentavam a alma.

Durante a tarde, Olívia, Flora e Kate se dirigiram às compras, para completarem o enxoval. Em determinado momento, Olívia comentou:

– As peças que vimos são muito bonitas; não tenho dúvidas, mas gostaria de adquirir alguma coisa em Paris também.

Kate exultou com a ideia, mas Flora, inesperadamente, foi mais comedida. Estranhando a atitude da mãe, Olívia questionou:

– Pensei que te entusiasmarias com a ideia, mãe! Sempre preferiste a moda parisiense à nossa! Sabes muito bem que um enxoval com peças francesas agradaria muito a Edwin.

Flora ficou pensativa e afirmou:

– Falarei com teu pai, Olívia. Vamos ver o que ele decide.

Assim, Olívia teve a certeza de que, em breve, veria Edward. Seu pai jamais lhe negara nada, mesmo que fosse um capricho, por exemplo... ir a Paris fazer compras!

***

A resposta de John Willistown só veio no dia seguinte. Sim, Olívia poderia ir à luminosa cidade, mas, como Flora tinha de organizar a recepção e havia muita coisa a fazer, ficou combinado que Kate a acompanharia. Entusiasmadas, as meninas prepararam a bagagem e partiram.

Kate observava a amiga e percebia um brilho diferente em seu olhar. Evitou comentar a respeito, mas, no dia imediato à sua chegada, resolveu falar:

– Olívia, querida, por que não visitamos o casal Duplat? Não achas que seria agradável poder vê-los, já que estamos aqui?

Olívia concordou:

– Está bem, afinal, nada tenho contra essas pessoas.

Kate então se encarregou de entrar em contato com Marie, avisando-a de que estavam na cidade e gostariam de revê-la. Combinaram a visita para a tarde do dia seguinte.

Chegada a hora aprazada, leve apreensão tomou conta de Olívia. Angustiada, desculpou-se com a amiga:

– Sinto muito, mas creio que não poderei te acompanhar. Não estou me sentindo bem.

Kate, que esperava algo desse teor, pediu:

– Por favor, Olívia, peço que faças esse sacrifício! Pela nossa amizade, que é tão profunda, rogo que não te deixes vencer neste momento. Sê forte e me acompanha à casa desses bons amigos!

Um tanto contrariada, Olívia acabou por concordar:

– Está bem, Kate, mas não vou me demorar.

Sorrindo, Kate beijou seu rosto e disse:

– Obrigada, querida. Sou, mais uma vez, grata por tua amizade!

Desse modo, as duas moças se dirigiram à harmoniosa e tranquila residência dos Duplat. Em alguns minutos, o veículo parou diante de pequena casa. Humilde em suas linhas, mas com agradável aparência, a casa dos Duplat era convidativa por si só.

As jovens se aproximaram de pequeno portão e, após baterem, uma mulher muito simpática as atendeu rapidamente e as convidou para entrar.

Curiosas, ambas viram um pequeno jardim com flores de variadas espécies que, junto ao verde das árvores e do tapete que a grama úmida formava, criavam a atmosfera de um verdadeiro sonho.

Olívia sentia o perfume das flores e o ar que sorvia lhe dava uma sensação muito agradável. A certo ponto, parou extasiada diante de uma flor desconhecida. Sentindo uma atração inexplicável pela delicadíssima obra da natureza, aproximou-se, como se estivesse hipnotizada. Com as mãos trêmulas, tocou levemente a nívea flor.

Naquele momento, ouviu a voz de madame Duplat a lhe dizer:

– Ela é belíssima, não é mesmo? Vejo que não a esqueceste, Olívia.

Olívia se voltou e comentou, emocionada:

– Essa flor está sempre presente em meus sonhos. É como se ela fizesse parte de mim.

– Chama-se flor de lótus e era muito conhecida no antigo Egito; muitos povos a adoraram como um símbolo de pureza, perfeição e espiritualidade. Esta que tens diante de ti é a mais rara, porque possui oito pétalas. Alguns acreditam que ela detenha poderes mágicos, mas assevero que a magia verdadeira está em nos reencontrarmos com o passado e reconhecê-lo, não importa quanto tempo tenha transcorrido.

Olívia a ouvia atentamente; sabia que Marie, apesar de lhe infundir certo medo, poderia ajudá-la.

***

Ao entrar na casa, Olívia observou cada detalhe do recinto. Na entrada, no pequeno hall, havia um móvel para guardar chapéus e casacos; com mobiliário simples e de bom gosto, a sala tinha um sofá, duas poltronas, um piano e um mesa pequena, que ficava em um canto, com um delicado vaso com flores.

Convidadas a se sentarem, Olívia e Kate se acomodaram no sofá. Marie sentou-se em uma das poltronas, que ficava mais próxima de Olívia.

Diante do silêncio que se fizera, Pierre comentou:

– Ficamos muito felizes ao receber a notícia de sua passagem por Paris, e mais ainda quando nos avisaram de sua visita.

Marie completou:

– Nossa viagem à Inglaterra foi muito profícua e nos propiciou o restabelecimento de antigos laços.

Percebendo que Olívia a olhava sem entender o alcance de suas palavras, Marie explicou:

– Senhorita Olívia, se me permite, devo lhe perguntar se nunca ouviu falar em reencarnação.

Olívia respondeu sem muita convicção:

– Sim...

– Pois é a isso que me refiro. Na última viagem, Deus me permitiu reconhecer alguns companheiros de antigas lutas. Infelizmente, no passado, todos cometemos muitos enganos!

Kate, mais acostumada com o assunto, comentou:

– Madame Duplat, gostaria que nos explicasse mais sobre isso.

Marie concentrou seu pensamento e começou a explanar:

– Minhas jovens, esse é um dos pilares da Doutrina Espírita, mas, antes dele, convém esclarecer alguns pontos... Inicialmente, temos de reconhecer que Deus é a causa primeira de todas as coisas; que a Ele atribuímos a obra da Criação e que, sendo infinitamente justo e misericordioso, tudo o que acontece está sob a égide de suas leis sábias e inderrogáveis.

"A seguir, devemos ter bem clara a ideia de que somos espíritos imortais em ascensão para Deus; estamos submetidos à lei do progresso e o nosso fim é a perfeição. A evolução se dá por vários estágios pelos quais o espírito passa na matéria ou fora dela, adquirindo aprendizado e experiência e vencendo a ignorância e inferioridade; e tudo isso ocorre mais eficazmente quando imerso na matéria, por meio das reencarnações sucessivas...

"Os espíritos ou 'desencarnados' podem se comunicar com os vivos ou 'encarnados', trazendo notícias da pátria espiritual, auxiliando-os em sua passagem pela Terra com conselhos salutares, ensinamentos e advertências, que os norteiem no caminho.

"Muitas vezes, no entanto, nosso contato não se restringe aos espíritos mais evoluídos; percebemos espíritos que ainda não se desligaram completamente da matéria e permanecem presos aos sofrimentos a que outrora foram submetidos; é então que se apresentam desfigurados, andrajosos, revoltados e com aparências até mesmo repugnantes, infelizmente..."

Olívia ouvia as palavras de Marie sobre o que ela jamais ouvira alguém discorrer. No entanto, facilmente aceitava aquilo tudo como a mais pura verdade. "Sim, era tudo verdade!", pensava.

Havia lógica naquele raciocínio e ela era a prova viva daquilo tudo. Sem conter a curiosidade, perguntou:

— Mas qual a finalidade de algumas pessoas os verem e outras não? Por que uns devem carregar esse fardo? Sim, porque só posso classificar isso como um peso a carregar!

Marie sorriu e explicou:

— Minha querida, os médiuns estão na Terra em tarefa de auxílio, como colaboradores de Jesus, servindo de meio de comunicação entre dois planos completamente distintos entre si em termos de densidade de matéria, o que impossibilita o contato normal e corriqueiro, como o que se dá entre nós, aqui, por exemplo.

— Não temos direito de escolha, por acaso?

Pierre se antecipou e respondeu:

— A escolha foi feita antes de volvermos a este mundo, senhorita. Possivelmente, ao assim decidirmos, alguns débitos específicos do passado poderão ser resgatados.

Olívia argumentou:

— Se não lembro do meu passado, como posso saber que realmente fiz isso ou aquilo?

— Em primeiro lugar, se já adquirimos uma fé raciocinada, baseada na lógica de conceitos que concorrem para a compreensão da justiça e bondade de Deus, logo nos ocorrerá que todo efeito precisa de uma causa. E como imaginar que Deus poderia permitir que algo injusto nos acontecesse? Como sofrer o efeito de uma causa pela qual nenhuma responsabilidade tivemos, em tempo algum? Por outro lado, da mesma forma, não há como pensarmos em justiça sem vincularmos seu conceito a vidas pregressas, já que desde o berço estamos todos atrelados a fatos sem explicação pela visão de uma única existência terrena. Por que sofrer isso ou aquilo se não fizemos nada para merecer tal vivência? Por que recolher frutos de semeaduras que não realizamos? Não, isso não se coaduna com a ideia de um Deus cuja perfeição é absoluta...

Kate voltou a indagar:

— Como podemos saber qual será a nossa missão? Por exemplo, Olívia tem faculdades mediúnicas, disso não tenho dúvidas, mas e quanto a mim?

Naquele momento, uma senhora entrou com uma bandeja que continha chá e bolinhos.

Após servir, Marie prosseguiu:

— Difícil dizer que somos desprovidos de sensibilidade mediúnica: todos a possuímos em maior ou menor grau. Todavia, cada um tem uma tarefa, de acordo com o seu mérito e as conquistas já realizadas em seu caminho evolutivo; ademais, não é apenas na mediunidade que estão concentradas nossas possibilidades de auxílio, pelo contrário! Esta é apenas uma delas! A base de todo o ensinamento de Jesus é a caridade, e esta, todos podemos e devemos exercitar!

— Sim – aquiesceu Olívia –, mas e se eu resolvesse ignorar a mediunidade e me dedicasse somente à prática da caridade?

Pierre respondeu:

— A mediunidade é uma caridade! O importante é fazer o bem acima de tudo, senhorita. Contudo, quando nos é oferecido um dom que permite amplas possibilidades de auxílio na esfera espiritual, também é justo reconhecer que "a quem muito foi dado, muito será pedido". Isso significa que, quanto mais recebemos, proporcionalmente mais responsabilidades temos com a vida!

Olívia ficou em silêncio. Não desejava aquela incumbência; preferia ajudar de outra maneira. Marie colocou a mão em seu ombro e declarou:

— Querida Olívia, não renuncies a esse mandato que Jesus colocou em teu caminho! Deixa-o desabrochar, educar-se com a prática, e poderás controlá-lo pelo estudo e conhecimento das leis que regem o mundo visível e o invisível.

Olívia resolveu perguntar:

— Acreditas que, se eu estudasse e pudesse auxiliar de alguma forma outras pessoas, esse "mal-estar" passaria? Não teria mais medo do que vejo e ouço?

Marie sorriu e respondeu:

— Esse caminho já foi por mim trilhado e muitos dos que virão na retaguarda terão de passar por essas experiências também; isso se deve ao fato de que precisamos entender o que está acontecendo e raciocinar, para conquistar uma fé inquebrantável na justiça divina. As lágrimas que derramamos servem para nos fortalecer no ideal, arrojando de nossa alma o orgulho e a vaidade. O sofrimento nos ensina o quanto somos falíveis e que, dependendo de nossa conduta, poderemos voltar a sofrer, chegando mesmo a perder as faculdades que nos distinguem... E aí teremos de recomeçar a lição. No teu caso, querida, posso te antecipar que existe um débito milenar, que apenas agora poderás resgatar. Tal existência se passou em um lugar cercado pelo deserto... onde os ventos curvam as palmeiras...

Olívia, que possuía uma secreta intuição da origem do seu problema, tornou:

– Está relacionado ao Egito, não é mesmo? Tenho uma estranha ligação com esse país desde criança. Edwin, sabendo disso, quis me presentear, escolhendo para nossa lua de mel o Egito.

Marie concordou e, um tanto indecisa, anuiu:

– Sim, eu te havia falado a respeito. Perdoa minha interferência, querida. Apenas quis te advertir sobre o que poderá acontecer ao retornares a um lugar que te é tão marcante.

Ante o olhar de estranheza de Olívia, Marie se apressou em dizer:

– Sei que estás providenciando os preparativos para tuas núpcias e só isso deverá te ocupar no momento; mas ora a Jesus e confia em Sua infinita misericórdia... O espírito Asterion, que te protege, muito te auxiliará no cumprimento do teu destino, Olívia.

A conversa prosseguiu em torno do casamento e dos preparativos. No íntimo, Olívia se culpava por não estar tão feliz quanto seria de se imaginar. Por que essa inquietação a lhe rondar os pensamentos?

O senhor Duplat a interrompeu, inquirindo:

– Amanhã iremos, a convite do professor Edward, assistir à sua palestra. Certamente as encontraremos, estou certo?

Kate e Olívia responderam ao mesmo tempo, apenas com o detalhe de que cada uma deu uma resposta: a de Kate foi afirmativa e a de sua amiga, negativa.

Marie, que sabia de antemão de alguns detalhes do porvir das jovens, falou com delicadeza ao marido:

Ante o silêncio das esfinges

— Ora, meu querido, Olívia está às vésperas de seu casamento e com muitos afazeres; não encontrará tempo para ir a essa palestra!

Olívia sorriu e disse:

— Madame Duplat tem razão. Amanhã preciso ver alguns detalhes do enxoval e creio que não será possível comparecer a essa palestra, embora o assunto me agrade muito!

Marie segurou suas mãos e completou:

— Não permita que nada desvie a atenção de teu casamento, querida. Este é um compromisso muito sério e dele dependerá tua felicidade! Lembra-te que não és a única a reencarnar com esta tarefa! Na Inglaterra, por exemplo, viveram as brilhantes Cora Poldge e Emma Britten, entre outras, que se dedicaram à sagrada tarefa da mediunidade.

Olívia fitou Marie como se quisesse dizer alguma coisa, que morreu em sua garganta. Marie fez sinal para que silenciasse e revelou:

— Não é preciso que fales, minha filha. Sei o que vai em teu coração e te afirmo: teu caminho é outro. Se seguires esse chamado, sofrerás muito! Receba, como prova de amizade, estas obras codificadas por Allan Kardec... Um dia, poderão ajudar-te a compreender a vida e a superar a provação.

Os olhos de Olívia se encheram de lágrimas. Naquele momento, Pierre e Kate, que se encontravam mais adiante, aproximaram-se:

— Talvez não seja possível ouvir o professor, mas, antes de partir, gostaríamos muito que visitassem nossa casa de estudo e oração aqui em Paris!

Kate adorou a ideia e prometeu que iriam com prazer. Na saída, as duas se despediram, lamentando terem de retornar ao hotel, pois a casa dos Duplat era muito agradável.

Por alguns momentos, Olívia se sentiu aliviada, sem a angústia e a melancolia que sempre a acompanhavam.

Kate, tagarela como sempre, não parava de falar das impressões que tivera do admirável casal.

Mas, enquanto a amiga discorria sobre os Duplat, o pensamento de Olívia pairava sobre outra pessoa...

12

Encontro em Paris

No dia seguinte, logo pela manhã, Olívia e Kate foram à elegante loja que vendia e confeccionava vestidos de noiva. Fazia duas horas que ela experimentava os modelos, mas não encontrava nada que lhe agradasse; ora eram muito simples e despojados, ora com muitos detalhes.

Kate procurava opinar, mas percebia que a amiga estava desinteressada e que sua insatisfação não era propriamente em relação ao vestido.

Passado mais algum tempo, Kate se pôs a pensar e sugeriu:

– Olívia, querida, precisas escolher um modelo! Embora não seja totalmente do teu agrado, escolhe um desses e vamos modificá-lo de acordo com o teu gosto!

Por acaso, ao se virar, Olívia deparou com um bastante simples, mais parecendo uma longa túnica, com bordados no decote e nas mangas; colocou-o à sua frente e, olhando no grande espelho, falou:

– Não gosto desses bordados. Mas o modelo ficaria mais interessante se tivesse algum drapeado na frente, a partir da cintura, e se a parte de cima fosse feita com mangas mais abertas e drapeadas também.

A proprietária da *maison*, que viera conferir pessoalmente o atendimento à cliente, resolveu o assunto, sorrindo:

– Ora, querida, posso mandar fazer um modelo de acordo com o teu gosto. Faz um desenho e encaminharei imediatamente para as nossas costureiras, para que não percamos tempo.

Kate perguntou, preocupada:

– Quanto tempo isso levará?

A madame lhe respondeu:

– Podemos lhe prometer para daqui a quinze dias; estamos com muitos pedidos e não conseguirei aprontar antes disso.

Kate e Olívia se entreolharam sem nada falar. Após saírem, já na via pública, Kate perguntou:

– Não tens receio de que o vestido fique pronto somente às vésperas do casamento?

– Não haverá problemas. Eu estava pensando nas palavras de madame Marie. Acreditas mesmo que fiz alguma coisa horrível no Egito?

Kate, séria, respondeu:

– Acho que eras muito ambiciosa e isso te tornou uma pessoa capaz de praticar o mal.

Um calafrio percorreu o corpo de Olívia. Angustiada, questionou novamente:

– Mesmo? Achas que fui tão má assim?

– Estou brincando, sua boba! És a melhor pessoa que conheço, não consigo te imaginar fazendo qualquer coisa que prejudique a outrem!

– Isso não é verdade, Kate. Às vezes me surpreendo tendo pensamentos verdadeiramente malévolos!

– A respeito de quem? Quem poderia despertar esse tipo de pensamento em ti?

– Não sei exatamente por que, mas tenho aversão por algumas pessoas; por exemplo, o pai de Edwin, lorde Fletchers... Não consigo gostar de meu sogro! E a jovem sobrinha de lady Mabe, a senhorita Vitória...

Kate riu mais um pouco e completou:

– Olívia; não és a única. Todas as pessoas de nossas relações não apreciam lorde Fletchers nem a jovem Vitória. Isso deveria ser considerado uma virtude de tua parte!

Olívia olhou o relógio e viu que já passava das doze horas; resolveram, assim, almoçar em um pequeno bistrô no centro da cidade. Sentaram-se e tiravam os chapéus quando alguém se aproximou da mesa.

Olívia levantou o olhar e, antes que visse o rosto moreno, cujos olhos a fitavam intensamente, sabia a quem pertenciam: era Edward.

Sem saber o que dizer, ela permaneceu em silêncio; Kate, que também estava surpresa, exclamou:

– Senhor Edward! Que coincidência! Não imaginávamos encontrá-lo aqui!

Edward se curvou e, pedindo permissão para se sentar, completou:

– Mais que isso, é uma grata surpresa encontrá-las hoje, quando tenho um compromisso tão importante daqui a algumas horas. Atribuo isso ao destino, à força que move o universo e determina a aproximação das pessoas!

Olívia o fitou e tornou com certa amargura:

– Pelo que sei, essa mesma força também as afasta...

Edward sorriu e asseverou:

– Temos o livre-arbítrio, senhorita Olívia; na verdade, somos donos de nosso destino.

Kate aproveitou e interveio:

– Estivemos ontem na casa do casal Duplat. São pessoas maravilhosas, com muito conhecimento, e nos falaram sobre esses assuntos; ocorre que temos algumas dúvidas, senhor Edward. Gostaria de saber o que pensa a respeito. Por exemplo, existe um destino predeterminado ou podemos modificá-lo de acordo com a nossa vontade? Até que ponto estamos condicionados à vontade superior, seja o nome que derem a ela, Deus, Alá, Javé etc.? Qual a sua opinião sobre o assunto?

– Penso que cada ser é responsável por seus atos. Deus nos criou para a felicidade e cabe a cada um buscá-la sem interferir na esfera de ação de seu semelhante, evidentemente; à medida que transgredimos as leis divinas, agimos contra nós mesmos, criando um desequilíbrio no andamento do universo em relação à nossa própria caminhada... No Antigo Egito, esse equilíbrio era chamado de *maat*, um conceito que abrangia várias instâncias da vida e que estava relacionado à justiça e à verdade.

Kate o interpelou novamente:

– Sabemos, professor, que seu campo de atuação está relacionado à religião egípcia. Há algum tempo, eu e Olívia comentamos que a religião que *monsieur* Duplat e sua esposa professam tem alguma ligação com certas crenças do Egito. Estaremos erradas?

Edward respondeu prontamente:

– Não conheço profundamente o Espiritismo – é assim que esta nova religião se chama –, para responder de modo definitivo sua questão, senhorita Kate. Devo dizer-lhe, no entanto, que, de certa maneira, podemos concordar. Os antigos egípcios acreditavam na sobrevivência da alma, no seu retorno ao mundo dos vivos, mas em corpo de animal, o que diverge da Doutrina Espírita, pelo que me consta; apenas nas esferas dos sacerdotes, faraós e alguns elementos da nobreza havia um conhecimento de mistérios, que ainda estamos longe de conhecer. Dentre as semelhanças, podemos citar a crença no chamado *ka*, que era o corpo espiritual, ou, para os espíritas, o perispírito; *ba* seria a alma propriamente dita; e *xa*, o corpo físico...

Kate se apressou em perguntar:

– Mas o senhor não é muçulmano? Pelo que sei essa é a religião dominante no Egito.

– Não esqueça, senhorita Kate: fui criado na Inglaterra. Minha mãe era inglesa e, portanto, tive uma formação cristã; com o passar do tempo e os estudos que venho realizando, estou cada vez mais convencido de que ainda temos muito a aprender no que se refere ao Espírito; minha passagem por Paris também me abriu novos horizontes.

Olívia se surpreendeu com as palavras de Edward, pois não esperava que o jovem professor tivesse uma opinião formada sobre o assunto. Encorajada pela posição franca de Edward, objetou:

– Discordo em relação ao que o senhor chama de livre-arbítrio. Se assim fosse, professor, teríamos plena liberdade de ação e os desígnios divinos não nos atingiriam.

Edward sorriu e, pousando o olhar em Olívia, retorquiu:

– Ocorre, senhorita, que nossa liberdade é relativa, como tudo o que existe! Sempre estamos agindo em relação a alguém ou alguma coisa. No caso do destino de cada um existem forças divinas que agem para que leis se cumpram; porém, sempre dispomos de certa liberdade de ação.

Kate, que se entusiasmara com a conversa, observou:

– Senhor Edward! Deveríamos ter tocado nesse assunto há mais tempo! Vejo que possui ideias muito interessantes sobre a vida. Admira-me, sobretudo, que, sendo o senhor um homem da Ciência, venha a aceitar ideias como essas!

– A Ciência um dia caminhará ao lado da religião, senhorita Kate. – E, dirigindo um olhar de repreensão a Olívia, mudou abruptamente de assunto: – Suponho que esteja em Paris para adquirir o enxoval.

Leve rubor assomou o rosto pálido da jovem noiva. Procurando não revelar sua emoção, ela respondeu:

– Sim, professor. Ainda há pouco estava experimentando meu vestido de noiva.

O semblante de Edward se modificou. Sério, olhou o relógio e, voltando-se para Kate, comentou:

– Perdoem-me, senhoritas, mas tenho um compromisso!

Kate, espontânea, indagou:

– Se não me engano, hoje o senhor fará uma conferência, não é mesmo? Seria esse o compromisso?

– Sim, é verdade. Já as havia convidado, mas, considerando que a senhorita Olívia deve estar ansiosa para adquirir os mimos de seu enxoval, não gostaria de atrapalhar seus planos com meus estudos estéreis.

Olívia, antevendo o rumo que a conversa tomava, sentiu-se esmorecer. Kate, que adivinhava o que ocorria, retrucou, solícita:

– Engano seu, professor. Olívia tem estado às voltas com os preparativos do casamento e creio que seria ótimo poder se distrair com tão agradável assunto. Não é mesmo, querida?

– Sim, é claro. Apreciaria muito assistir à sua palestra, professor.

Dessa forma, os três seguiram para o local da conferência.

***

Faltava pouco mais de meia hora para o início dos trabalhos quando eles chegaram ao local do evento.

Ante o silêncio das esfinges

Logo na entrada, Edward foi recebido por vários homens e algumas mulheres, que se acercaram do jovem professor com interesse.

O próprio lorde Chapman foi recebê-lo com grande alegria:

– Então, meu jovem? O que nos preparou para esta bela tarde parisiense?

Edward sorriu com tristeza e disse:

– Ora, meu amigo, sou seu discípulo e não lhe trago nenhuma novidade; só posso falar, além do que se sabe no meio científico, das minhas impressões, que não se confirmaram completamente ainda...

Chapman olhou para Edward e, preocupado, falou:

– Estás aborrecido, rapaz! O que está acontecendo? E o entusiasmo idealista que sempre encontrei em tua alma?

Edward deu de ombros e comentou:

– Assim que terminar estas conferências, retornarei ao Egito, professor. Aguardarei em minha terra a próxima expedição de Carter.

Naquele momento, Olívia e Kate se aproximaram; lorde Chapman percebeu que Edward estava pouco à vontade. Resolveu então convidar Kate para olhar algumas peças que se encontravam expostas no local.

Olívia ia acompanhá-los, mas Edward postou-se à sua frente. Ela pediu licença, porém ele permaneceu onde estava e, com visível emoção, inquiriu:

– A senhorita realmente acredita que foi por obra do acaso que saí do Egito e vim conhecê-la às vésperas do seu casamento?

Olívia fixou os olhos em Edward sem saber o que dizer. Temendo trair seus sentimentos, balbuciou:

– Não sei... ao certo. Tenho a impressão de tê-lo conhecido antes. Não sei quando, não consigo lembrar.

Edward sorriu com tristeza:

– Temo que o dia que lembrar seja tarde demais! Também não me recordo de fatos, mas sei que um dia a amei tanto quanto a amo hoje!

Olívia quis interrompê-lo, mas Edward prosseguiu:

– Não suportarei vê-la unir-se a outro homem! Tão logo terminem os meus compromissos nesta cidade, retornarei ao Egito.

As lágrimas deslizavam quentes sobre o rosto de Olívia; ela gostaria de dizer tantas coisas, mas não podia; estava com o casamento marcado. Após alguns segundos, sussurrou:

– Não diga mais nada! Por favor!

Naquele exato momento, Edward foi chamado para assumir seu lugar à mesa de trabalhos da conferência.

Cabisbaixo, ele não era nem sombra do que fora antes de conhecer Olívia. A segurança e a autossuficiência cederam lugar a certa melancolia e abatimento. Se ao menos Olívia o amasse... Poderia ter alguma esperança! Teria pelo que lutar. Arregimentaria forças e provaria seu valor à família dela. Mas as atitudes da moça o confundiam e, preso ao turbilhão de pensamentos, sentia que o melhor a fazer era retornar ao Egito.

Depois de seu nome ser anunciado, Edward se aproximou da tribuna e passou a discorrer sobre a cosmogonia egípcia e seus significados secretos. Na realidade, ele fazia interessante paralelo sobre a religião egípcia, os astros e a influência de seus mitos nas religiões posteriores.

Interessada, Olívia bebia-lhe as palavras. Apesar de nunca ter estudado o assunto a fundo, percebia a lógica da explanação do rapaz. Tudo fazia sentido!

Sem perceber como, repentinamente sentiu que leve torpor a envolvia. Olhou para o lado e vislumbrou a presença de um homem de meia-idade, alguém que já havia visto antes: era Asterion.

Com expressão preocupada, ele se pronunciou:

– *Deves retornar para casa, Olívia! Não cedas aos impulsos do teu coração. Só agora tu e Edward possuem condições de resgatar um passado delituoso. Tens compromisso com Edwin, a quem já abandonaste depois de cativar seu desequilibrado coração. Deves ser forte, pois esta é a tua prova de fogo! Dela não sairás vitoriosa se cederes somente a teus sentimentos!*

Passado o fenômeno mediúnico, Kate indagou:

– O que houve, Olívia? Por que não me respondes? Estás pálida!

Olívia olhou para Kate e respondeu com lágrimas nos olhos:

– Ah, Kate! Como sou infeliz!

– O que dizes, Olívia? Estás às vésperas de teu casamento!

Chorando, Olívia tornou:

– Não quero me casar com Edwin, Kate! Não o amo!

– Por que isso agora? O que houve? – a amiga quis saber.

Olívia se levantou:

– Preciso ir embora. Não posso mais ficar aqui!

Assim, as duas saíram discretamente, sendo a ausência percebida com indisfarçável decepção por Edward. Para ele, essa atitude era a resposta que Olívia lhe dava, após sua declaração de amor alguns minutos antes.

Retornaria ao Egito o mais breve possível.

13

Ante o testemunho

Ao chegar ao hotel, Olívia não quis falar mais sobre o assunto, apesar da persistente insistência da amiga. Inconformada, Kate desceu para o elegante restaurante sozinha. Olívia tomou um banho na esperança de relaxar o corpo dolorido. Em seguida, recolheu-se ao leito, buscando concatenar as ideias.

Sem conhecer os benefícios da oração, ela se debatia diante de um problema que, para ela, não tinha solução. No entanto, lembrando-se das palavras de Asterion, fez um apelo desesperado.

O simples ato de rogar ao Criador, direta ou indiretamente, permitiu-lhe sintonizar o pensamento com seus benfeitores espirituais, que permaneciam a postos, apenas aguardando a oportunidade de lhe trazer o socorro necessário.

Ao orarmos, estabelecemos, pelos fios invisíveis do pensamento, um canal de comunicação e acesso aos planos superiores, recebendo dessas esferas, pela infinita Bondade de Deus, a força e os elementos necessários para recobrarmos o ânimo diante das lutas da Terra.

Nesse sentido, as palavras de Jesus "Pedi e obtereis; batei e abrir-se-vos-á; pois quem pede recebe e quem procura acha..." nos convidam a buscar o auxílio junto à Misericórdia de nosso Pai, com o intuito de recolhermos forças e esperanças, para a restauração de nossas energias, combalidas pelos embates do caminho.

Certamente, as leis que regem o Universo e sua estabilidade não podem ser derrocadas em função de nossos caprichos, mas podemos obter a coragem necessária e a inspiração para decidirmos o melhor caminho diante das dificuldades.

Sem uma fé verdadeira, que de fato a amparasse naquele momento, Olívia adormeceu, ainda tomada de angústia e aflição.

Após algumas horas de sono conturbado, ela se viu novamente no salão onde Edward proferira sua explanação. Observava que o ambiente se modificara. Os objetos pareciam emitir certa luminosidade... Subitamente, viu Edward à sua frente.

Angustiada, quis lhe falar, mas, com um pequeno sinal com a mão, ele pediu que esperasse. Embora sem compreender, Olívia aguardou. Edward fechou os olhos, parecendo se concentrar em algo. Inesperadamente, suas feições se modificaram. Olívia deu um passo para trás. Não podia ser verdade! Diante de si via um jovem vestido com trajes do Antigo Egito, possivelmente um militar. Ao vê-lo, ela deixou escapar de seus lábios sem se dar conta:

– Amenakht!

O jovem respondeu com visível tristeza:

– Sim, Merytre! Sou eu quem te saúda! Agradeço aos céus por me permitir estar ao teu lado novamente!

Movida por um impulso espontâneo, ela se lançou em seus braços, dizendo:

– Não sei o que está acontecendo, mas sei quem és! Há quanto tempo anseio por este encontro, Amenakht!

– Minha querida, como já desconfias, nós realmente vivemos no Antigo Egito! Agora me vês como eu me apresentava na época.

Olívia sabia que aquilo era verdade e não apenas um sonho. Lembrando-se dos acontecimentos do dia anterior, perguntou:

– O que faremos? Não posso me casar com Edwin!

O rosto de Edward se anuviou e, revelando profunda dor, respondeu:

— Não podemos nos unir na atual existência terrena, meu amor! Possuímos grande débito do passado e é necessário resgatá-lo, para que possamos nos unir aos nossos amados!

Em lágrimas, ela revidou:

— Não poderei viver sem ti, Amenakht! Basta o tempo que fiquei afastada do teu amor! Por favor, perdoa-me!

— Fizeste tua escolha no passado, te afastando do meu coração! Perdoei-te, voltamos inúmeras vezes juntos, mas agora não podemos nos unir. Meu tempo será curto na Terra e ficarás à mercê daqueles que não te amam realmente...

Olívia chorava, enquanto ele prosseguia:

— Também não sei se terei forças para vencer, minha amada! Preciso que me ajudes, cumprindo com teu dever.

— Não posso! Não quero! — bradou Olívia, inconformada.

— Um dia saberás o que houve no passado. Tu me envolveste numa trama que levou à separação de dois seres que se amavam muito e, embora nos tenham perdoado, nossa dívida persiste.

Enquanto ouvia as palavras de Edward, Olívia percebeu a presença de Asterion.

Aproximando-se, o venerável mentor lhe disse:

— Ouvi teu chamado e o Senhor me permitiu propiciar-lhes este encontro, a fim de que tomem a decisão adequada desta vez. Contudo, está na hora de retornar, minha filha. Não lembrarás de tudo o que aqui ouviste, mas guardarás as lembranças que se fizerem necessárias ao teu aprendizado. É importante que saibas que, haja o que houver, estarei a teu lado. Eis que surge o momento de teu testemunho e, dependendo do rumo que os acontecimentos tomarem, terás diminuídas ou exacerbadas as provas solicitadas antes de reencarnar.

Olívia repetiu as últimas palavras sem entender o alcance delas:

— O senhor disse "solicitadas"? Creio que deve haver algum engano!

Asterion sorriu e explicou com paciência:

— É isso mesmo, Olívia. Oportunamente terás os esclarecimentos imprescindíveis; por ora, ambos devem retornar ao corpo, pois temos um desfecho importante para a vida de vocês no dia que amanhece. Não quero interferir mais. A decisão pertence aos dois.

Naquele instante, Olívia abriu os olhos no confortável quarto em que estava hospedada em Paris. Olhou ao redor e se lembrou de ter sonhado; Kate dormia tranquilamente no leito ao lado.

Transpirando muito, levantou-se e tomou alguns goles d'água. Esforçando-se para lembrar o que sonhara, não percebeu que o dia amanhecera. Eram seis horas, quando Kate a viu sentada diante da janela do quarto e a chamou:

– Olívia, o que estás fazendo a essa hora aí sentada? Aconteceu alguma coisa?

Olívia se voltou e esclareceu:

– Tive um sonho, Kate. Vi Asterion e Edward, e ele me fez uma revelação que explica todos os fatos que têm ocorrido em minha vida...

– Conta o que sonhaste, por favor!

Olívia narrou o sonho, sem, no entanto, lembrar todos os detalhes. Lembrou-se de que Edward fazia parte do seu passado milenar, que ambos haviam prejudicado outras pessoas e que seria necessário tomar uma decisão...

No fim, chorando, revelou:

– Kate, não sei o que fazer! Edward declarou o seu amor por mim ontem à tarde!

Kate permaneceu em silêncio; a seguir, indagou:

– O que pretendes fazer? Isso muda alguma coisa, Olívia?

– Não posso mais negar! Também o amo, Kate! Não quero me unir a Edwin!

Kate se sentou lentamente em seu leito. Temia pelo que poderia acontecer dali por diante... Tentando manter a calma, tornou:

– Escuta, Olívia, não podes cogitar a possibilidade de romper com Edwin! Ele te ama e há muito a espera para se casar! Soube aguardar por todos esses anos, até que tua saúde estivesse recuperada...

Olívia obtemperou:

– Kate! Pensei que fosses me apoiar! Descobri há algum tempo que o que sinto por Edwin não é amor. Estimo-o como a um irmão, não o desejaria magoar jamais! Mas não o amo!

– O que pretendes fazer? Sabes que és como uma irmã para mim e nunca te abandonarei.

Olívia a abraçou e disse chorando:

– Ainda não sei, mas preciso falar com Edward. Tenho de encontrá-lo!

Kate informou, reticente:

– Ontem, lorde Chapman me falou que estava hospedado no mesmo hotel que o professor. Eles estão no Stella.

Olívia levantou-se e, indecisa, ainda pensou por alguns momentos. Percebendo que não teria outra oportunidade, pegou uma roupa e seguiu para o banho. Sabia, no íntimo, que jamais se esqueceria daquele dia em Paris. Nervosa, preparou-se para sair.

Kate ainda tentou dissuadi-la:

– Olívia, por favor, espera! Receio que acabes tomando alguma atitude impensada, da qual te arrependas!

– Não posso mais manter essa farsa, Kate. Preciso falar com Edward e lhe dizer o que sinto.

Pegou sua bolsa e saiu; assim que chegou à rua, tomou um táxi para o centro da cidade. Com o coração aos pulos, não via a hora de se encontrar com Edward. Finalmente poderia abrir seu coração e falar de seus sentimentos. Lembrou-se novamente do sonho que tivera. Edward fazia parte de seu passado, e estava de volta para recomeçarem uma nova vida.

Ao mesmo tempo, veio-lhe à mente a imagem do rapaz afirmando-lhe que não se poderiam unir nesta encarnação, em vista de débitos contraídos há muito tempo...

"Ora", pensou Olívia. "Não temos o livre-arbítrio para decidir nossa vida? O que nos impede de sermos felizes agora? Por que abriria mão de minha felicidade, se nem ao menos lembro o que ocorreu no passado? Se é que realmente isso tudo é verdade!"

Com o pensamento fixo em sua possível felicidade, Olívia não percebia a presença de uma entidade ao seu lado. Era alguém que a conhecia profundamente, pois lhe inspirava pensamentos que iam diretamente ao encontro de seus desejos. Sorrindo, o espírito, envolto em fluidos densos, fortalecia seu desejo de mudar os rumos de sua existência a qualquer preço.

Cerca de quinze minutos mais tarde, Olívia desceu do veículo apressadamente. Ao chegar à portaria do hotel, perguntou por Edward Randall. Vendo a ansiedade da moça, o gentil funcionário respondeu, desapontado:

– Lamento, senhorita, mas o senhor Edward partiu hoje, há algumas horas...

Sentindo que não poderia conter as lágrimas, Olívia se afastou lentamente, quando ouviu uma voz gritar seu nome:

– Senhorita Olívia!

A jovem se voltou rapidamente, deparando com lorde Chapman. Ao vê-la, o distinto cientista se aproximou; vendo que os olhos de Olívia estavam marejados de lágrimas, explicou:

– Perdoe-me, senhorita, não quis ser indiscreto, mas não fiquei admirado por vê-la aqui. Edward desistiu de todos os seus compromissos e retornou ao Egito. Lamento, pois sei o que o motivou a isso. Pelo que Edward me disse, não chegaram nem ao menos a se despedir.

Olívia, dando vazão à sua dor, começou a chorar. Com dificuldade, perguntou a lorde Chapman:

– Gostaria de falar mais uma vez com o professor Edward. Se ao menos soubesse o seu rumo!

Lorde Chapman, profundo conhecedor da alma humana, disse:

– Bem, acho que ele não se importará se eu lhe disser que ele pretendia pegar o trem para Marselha.

Olívia o fitou com um olhar agradecido, e Chapman aconselhou:

– Não percas tempo, minha filha. Vá em busca de teu destino!

Segundos depois, ela estava novamente na via pública à procura de um táxi. Após intermináveis minutos, conseguiu avistar um veículo sem passageiros.

Rumou em direção à estação de trem de Paris, solicitando ao chofer que se apressasse o máximo possível. Quanto mais avançavam, mais rapidez pedia ao cauteloso motorista. Preocupado com a ansiedade da moça, em determinado momento, ele lhe disse:

– *Mon Dieu, mademoiselle*! É impossível ir mais rápido!

Olívia resolveu permanecer em silêncio. "Haverei de conseguir; o destino conspirará em meu favor!", pensou.

Ao chegar, atravessou a grande distância que a separava dos guichês de atendimento; a multidão que ia e vinha, uns apressados, outros caminhando sem pressa, constituíam-se obstáculos verdadeiramente intransponíveis para ela.

Quando solicitou a informação desejada, a resposta que recebeu fez suas pernas cambalearem:

– O trem para Marselha está partindo neste momento, senhorita! Acabou de soar o último sinal.

Recobrando o sangue-frio, Olívia dirigiu-se à plataforma de embarque. Correndo, localizou o trem onde Edward se encontrava.

Quando ia se aproximar, o veículo soltou grande quantidade de fumaça e, lentamente, começou a se movimentar.

Apesar de seu esforço, em poucos segundos a máquina a venceu. Em ritmo cadenciado, o trem para Marselha partiu com Edward sem que Olívia lhe pudesse falar.

Desesperada com o desencontro, ela se deixou cair no primeiro banco que encontrou. Observava, ao longe, o trem que partia. Sentindo que suas forças esmaeciam, chorando muito, conjeturou ingenuamente: "Terei de lutar contra um passado milenar e contra as forças do próprio destino, se quiser ficar ao lado de Edward".

14

Quando as palavras ferem

Lentamente, Olívia se ergueu e retornou para o hotel.
Ao vê-la, Kate compreendeu o que ocorrera. Com carinho, abraçou a amiga.

— Olívia querida, Deus sabe o que faz. Como tu mesma ouviste no sonho, não deverás te unir a Edward nesta vida!

Olívia fitou a amiga e, desalentada, tornou, enquanto se sentava em seu leito:

— Acho que tens razão, Kate. Devo encarar os fatos como são. Terei de esquecer Edward por causa desse sonho...

— Deves te concentrar em teu casamento, Olívia. Edwin não é merecedor de teu desprezo. Vamos esquecer este incidente e prosseguir nos preparativos do teu enxoval.

— Está bem, farei o que desejas.

Assim, Olívia aceitou, aparentemente, aquilo que lhe fora reservado pelo destino. Após alguns dias, retornou a Kent com várias peças do enxoval, inclusive o próprio vestido de noiva, comprados. Admirou-se ao ver que em sua casa todos estavam finalizando os preparativos para o evento.

Ao reencontrá-la, Edwin parecia não caber em si de felicidade e, cobrindo-a de beijos, disse:

– Olívia, minha querida, finalmente nosso sonho está prestes a se realizar! Não vejo a hora de receber-te como esposa!

Olívia sorriu e, delicadamente, afastou o noivo. Sem compreender, Edwin insistiu:

– Sei da pureza de teus sentimentos, querida, mas estamos prestes a nos tornarmos marido e mulher; não vejo nenhum problema em dar vazão a meus sentimentos...

Olívia o fitou, pensando no quanto seu futuro seria difícil. Deveria permanecer ao lado de um homem que não amava, enquanto todos os seus sonhos de felicidade haviam partido para uma terra que sempre amara, sem nunca a ter conhecido.

Uma ideia, no entanto, começou a tomar forma em sua mente.

***

Kate retornou para sua casa em Londres. Encontrando-a fortuitamente na casa de uma pessoa de suas relações, Flora a interpelou:

– Kate, querida, tenho notado algumas diferenças no comportamento de minha filha. Percebo, em alguns momentos, uma grande tristeza em seu olhar, e não foram poucas as vezes em que a surpreendi secando alguma lágrima furtiva. Não entendo o que está acontecendo! Dize-me se aconteceu algo em Paris que eu não esteja sabendo.

Kate engoliu em seco e respondeu:

– Não, Flora. Não houve nada de extraordinário. Acredito que sejam as emoções diante do casamento!

– Não sei... Olívia nunca foi dada a grandes demonstrações de emoção, mesmo quando está feliz; mas agora acho que há algo errado. Principalmente com Edwin... Ela sempre o tratou com certa distância, exagerada para o meu gosto, mas atualmente o tem evitado abertamente. Devo te revelar que estou preocupadíssima!

– Creio que não há motivos para tanto... Essa mudança deve ser em razão do casamento. Não podemos esquecer que, depois de tudo pelo que Olívia passou, este é o período mais feliz de sua vida.

– Pode ser, Kate. Talvez tenhas razão...

Tão logo se afastou de Flora, Kate foi à procura de Olívia. Encontrou-a nos jardins, em um canto, chorando. Ao vê-la, Olívia secou rapidamente os olhos com o pequeno lenço que carregava em suas mãos.

Kate foi logo dizendo:

– É assim que a "noiva feliz" passa seus dias às vésperas do casamento?

– Não posso evitar, Kate! Tenho me esforçado, mas há momentos em que as energias me faltam!

Kate, penalizada, aproximou-se da amiga e, passando a mão delicada sobre os cabelos de Olívia, advertiu-a:

– Sei o quanto isso está te custando, querida. Deves ter mais cuidado. Tua mãe já está desconfiando!

– O que posso fazer? Tenho pensado e acho que a única solução será contar tudo a Edwin!

– Isso acabará com a vida dele!

– Será a melhor forma de evitar a infelicidade de três pessoas. Se Edward ainda me aceitar...

– Seja lá o que for que tenhas em mente, dize-me, por favor. Sempre fui tua amiga. Somos como irmãs! Não me escondas nada!

Olívia correspondeu ao olhar franco de Kate e tornou com sinceridade:

– Ainda não sei exatamente. Perdoa-me, mas preciso resolver este assunto sozinha!

Kate balançou a cabeça, preocupada. Assim, permaneceram em silêncio até que foram chamadas para o jantar.

***

Aquela manhã de verão deixava a paisagem de Kent adorável. A bela cidade campestre resplandecia com sua vegetação muito verde, contrastando com um céu azul que ostentava o astro rei como valiosa peça de ouro.

Olívia acordou cedo e já estava praticamente pronta, aguardando a chegada de Edwin. O rapaz viria para o almoço e depois ambos fariam um passeio pelos arredores.

A ideia fora de Olívia, que havia alguns dias se preparava para a difícil tarefa que tinha pela frente.

A jovem a não comeu quase nada durante a refeição, o que chamou a atenção até de seu pai, normalmente preocupado apenas com os negócios.

– O que há, pequena lady Willistown? Estás muito magra e se não te alimentares serás uma noiva raquítica!

Olívia sorriu e respondeu, para tranquilizar o pai:

– Prometo que jantarei melhor. Ando um pouco indisposta, pai.

Flora interveio, sorrindo:

– Espero que seja ansiedade natural de noiva. Mas não deves te preocupar, minha filha, pois já está tudo arranjado!

Edwin colocou sua mão sobre a de Olívia e asseverou, carinhoso:

– Não deves te preocupar, querida. Logo iniciaremos uma vida juntos e tenho certeza de que seremos muito felizes!

Ao ouvir as últimas palavras do rapaz, Olívia não conseguiu sopitar suas emoções. Os soluços lhe sacudiram o peito e um choro incontido a levou a se retirar da mesa em direção aos jardins.

Preocupado, Edwin pediu licença aos sogros e a seguiu. Olívia correra para longe, como se daquela forma pudesse se distanciar da situação. Ao alcançá-la, interpelou-a:

– Olívia! Podes me dizer o que está acontecendo? Tenho feito vistas grossas sobre teu comportamento, mas agora basta! Fala de uma vez por todas o que está havendo!

Olívia não conseguia se controlar. Aos poucos, procurou se acalmar e falou:

– Tens razão, Edwin! Há algo acontecendo... Não podemos nos casar!

Estupefato, o rapaz bradou:

– O que estás dizendo? Isto está fora de cogitação!

Com o olhar súplice, Olívia pediu:

– Por favor, Edwin, liberta-me deste compromisso! Não posso ser tua mulher; amo outro homem!

À medida que ela falava, a aparência em geral tranquila de Edwin se modificou. Extrema palidez se apossou de seu semblante e, com a voz rouca, ele falou:

– É o tal professor, não é mesmo? Eu deveria ter imaginado que gostarias de te unir à plebe!

Ofendida, Olívia redarguiu:

— Sei que consideras as pessoas pelo que possuem, Edwin. Isso, no entanto, não me importa mais. Desejo apenas que me deixes seguir meu caminho!

— Achas que, depois de suportar todos esses anos os teus ataques, tuas doenças, apenas pela felicidade de poder ter em meus braços a mulher que sempre desejei, abrirei mão de tudo? És muito ingênua, Olívia! Serás minha mulher, queiras ou não!

Ofendida, Olívia, impensadamente, lançou mão de um artifício que lhe custaria muito caro:

— Ouça-me, Edwin! Edward e eu já nos amamos... Sou mulher dele e não me arrependo do que fiz! Pretendes te casar nestas condições?

Vivendo em uma época em que a severidade das regras sociais não admitiam determinados comportamentos, pelo olhar de Edwin, Olívia avaliou o impacto de suas palavras.

A princípio estupefato, ele não conseguiu dizer nada; depois se sentou em um banco e, com a cabeça entre as mãos, chorou.

Olívia percebeu o que havia feito; no entanto, não tinha como recuar. Aos poucos, Edwin foi-se recobrando do choque recebido e passou a explanar com frieza:

— Existem alguns fatos que desconheces, Olívia. Ignoras, por exemplo, que teu pai está falido; que tua família não possui mais nada; que estás vivendo à custa dos empréstimos feitos no banco de minha família... E que, se até agora nada havia sido cobrado, como deveria, foi por minha causa!

Pálida, Olívia sentia as pernas fraquejarem; preferiu, no entanto, enfrentar a situação:

— Minha família nada tem a ver com nosso rompimento! Seria injusto tu prejudicares meu pai por minha causa!

— Falas em justiça? O que há de justo nisso tudo? Esperei-te por anos, dediquei minha juventude, larguei a vida social para ficar ao teu lado. Quando tinhas teus ataques, tuas loucuras, procurei te compreender e te proteger, como se fosse algo precioso, que merecia cuidado e carinho! E agora me descartaste, me atiraste ao lixo, como se não valesse nada! Desprezaste um amor sincero por um aventureiro, um estrangeiro sem berço, sem nome, um qualquer! Não tiveste nem ao menos piedade, consideração, remorso pelos anos de dedicação de minha parte! Pertenceste a outro homem, esquecendo que tu eras o sonho da minha existência! Não, Olívia! Não te darei a liberdade! Ficarás comigo, ao meu lado, como a senhora Edwin Fletchers, até que eu não deseje mais!

Sem compreender, Olívia questionou:

– Queres que eu seja tua mulher depois de tudo o que falei?

Edwin continuou com aparente serenidade:

– Vejo que não entendeste, minha querida. Serás minha esposa, não minha mulher! Jamais tocarei em um fio de teus cabelos, pois o que sinto por ti agora é desprezo! Não vales mais do que a poeira dos meus sapatos! Ficarás comigo para teu castigo! Caso passe em tua cabeça qualquer coisa, aviso-te desde já que de ti dependerá minha paciência com as dívidas de teu pai...

Finalmente, Olívia compreendeu. Edwin revidara com armas contra as quais não podia lutar! Quase sem forças, começou a caminhar lentamente de volta à mansão. Concluiu, então, que estava tudo acabado...

15

As núpcias de Olívia

Naquela noite, haviam-se reunido lorde Fletchers, Edwin e John Willistown, pai de Olívia. O último, transpirando muito, parecia se sentir mal. Com frieza, Fletchers declarou:

— Sabes que tenho tido muita paciência e só não tomei nenhuma atitude por prezar a felicidade de meu filho acima de tudo. Quis o destino que Edwin desejasse se unir à filha de um dos meus maiores devedores!

Edwin, muito pálido, apenas ouvia o que seu pai falava. Secando o suor que lhe escorria pela testa, Willistown objetou:

— Senhores, pela amizade que nos une, peço-lhes que deixemos esse acerto para depois da cerimônia.

Fletchers riu e comentou:

— Todos os devedores preferem sempre adiar seu ajuste de contas; não foges à regra, meu amigo! Devo dizer, no entanto, que o assunto urge e prefiro acertar algumas coisas neste exato momento! Edwin me fez postergar esta conversa até o dia de hoje, mas creio que não há mais motivos para adiá-la!

Willistown deu um suspiro, conformado. Aguardou que Fletchers prosseguisse:

— Bem, como eu havia dito, tua dívida para com meu estabelecimento bancário soma quase um milhão de libras, mais precisamente setecentos e setenta mil libras!

— Lembro de ter tomado emprestado uma soma bem menos considerável... – interveio Willistown.

Fletchers riu novamente e tornou:

— Esqueces que os juros bancários são altos e que existem as taxas de empréstimo? Devo dizer que, graças a Edwin, não cobrarei as despesas do rico enxoval que Olívia comprou em Paris! Na verdade, tenho sustentado tua família há muito tempo, John! Negócios são negócios e, se eu te der mais tempo, terei muitos prejuízos!

Willistown fez uma tentativa desesperada para adiar o acerto:

— Peço, Fletchers, por nossa amizade e pela felicidade de nossos filhos! Edwin fará parte de nossa família e nossa desonra se estenderá a ele! Poupa esta casa, que é tão cara a todos nós, principalmente a Olívia.

Edwin resolveu se pronunciar:

— Isso não acontecerá, lorde Willistown, pois toda Londres sabe de sua situação. Acreditam, inclusive, que o casamento faz parte do nosso acerto. Eu também aprecio muito esta casa; gostaria de tê-la como minha propriedade.

Willistown sentiu o sangue ferver em suas veias; com o coração batendo descompassado, olhar congestionado, ergueu-se e, caminhando em direção a Edwin, sussurrou:

— Edwin! Não te reconheço, filho! O que está havendo? Para que tipo de homem vou entregar minha filha?

Edwin ergueu-se e falou com proposital ambiguidade:

— Não se preocupe com Olívia, pois ela terá o tratamento que merece. Não costumo misturar os negócios de minha família com assuntos pessoais.

— Mas foste tu que me sugeriste recorrer a teu pai! Tu que me orientaste quanto aos empréstimos, facilitando as operações! Asseveraste que resolveríamos tudo entre as famílias, com base em nossa amizade! Lamento que seja tarde e que não possa voltar atrás no consentimento que dei a esse matrimônio!

Edwin ia dizer algo, quando Willistown colocou a mão no peito, demonstrando sentir profunda dor.

Fletchers observou:

– Acalma-te, homem! Se não controlares tuas emoções, não assistirás ao casamento de tua filha!

Willistown procurou sentar-se em uma poltrona. Depois, buscando se asserenar, balbuciou:

– Senhores! Comprometo-me a resgatar as apólices assim que este malfadado casamento tenha-se efetivado. Peço-lhes, como cavalheiros que são, que me deixem sozinho por alguns minutos, a fim de que possa me refazer.

Fletchers e Edwin se entreolharam e saíram.

Ao se encontrar sozinho, Willistown deu um longo suspiro. Levantou-se com alguma dificuldade e se aproximou de uma janela. Sorvendo a longos haustos o ar puro da noite, sentiu suas forças se revitalizarem e, pegando algumas folhas de papel na escrivaninha, sentou e começou a escrever. Depois de algum tempo, colocou as folhas em um envelope e, lacrando-o, redigiu: "Para Olívia Willistown". A seguir, aprumou-se e foi para o salão, onde Flora e Olívia os aguardavam para o jantar.

***

Dois dias depois, na hora da cerimônia, Flora estava no encalço do marido:

– Francamente, o que houve, John? Eu estava à tua procura e não te encontrei. Fiquei preocupada! Onde estavas na hora do casamento de tua filha?

Willistown olhou para a esposa e disse em tom distraído:

– Eu estava tomando algumas providências, Flora...

Na realidade, o casamento de Olívia se tornara um fardo pesado demais para Willistown. O remorso por ter assumido compromissos que lhe colocavam nas mãos de Edwin o estava consumindo.

Sem saber que Olívia havia precipitado os acontecimentos com sua inconsequência, Willistown se desesperava. Flora, agitada como nunca, não prestou atenção às palavras do marido.

A residência dos Willistown contava com alguns alqueires de terra e era cercada por vastos campos cuidadosamente mantidos pelos empregados da casa.

Para aproveitar o frescor da manhã, Olívia havia sugerido que o casamento fosse realizado ao ar livre. Assim, foi montado pequeno altar, onde o reverendo anglicano tomou lugar para celebrar o casamento.

Reunida a estirpe da nobreza inglesa, muitos deles falidos, assim como Willistown, aglomeravam-se para ver Olívia surgir em pequena carruagem.

Inexprimivelmente bela, a jovem estava envolta em um vestido branco com variados plissados, que criavam um efeito sensual e lhe modelavam as formas. O longo véu que a envolvia a fazia parecer uma ninfa etérea que se materializava naquele momento. Na cabeça, pequenos lótus serviam de grinalda, onde o véu era preso.

Olívia não poderia parecer mais bela! O olhar, no entanto, revelava aquilo que aos olhos mais afoitos passaria despercebido... Uma inconfundível apatia lhe dominava o semblante, que a custo de muito esforço procurava sorrir.

Após a cerimônia, que se desdobrou tranquilamente, os noivos foram receber os convidados às portas do salão da imponente residência. Entre os convidados estava o casal Duplat; Marie se adiantou e, fixando Olívia com os olhos úmidos, demonstrou sua preocupação:

– Olívia querida, que Jesus ilumine o teu caminho! Sei que estarás amparada, mas deves estar muito vigilante em tua viagem de núpcias!

Olívia a fitou com surpresa e exclamou:

– Novamente a senhora me aflige com essas palavras? O que poderá me acontecer em minha lua de mel, madame Duplat?

– Sabes muito bem a que me refiro, Olívia. Asterion, aqui presente, me pede que te diga que permaneças vigilante... Estás terminando uma etapa e os que te amam desejam vê-la, finalmente, livre de alguns compromissos.

Monsieur Duplat, que a tudo ouvia em silêncio, considerou:

— Minha jovem, não desejamos assustá-la em um dia tão especial. Mas minha Marie não teria sossego se não lhe falasse. Creia-me, nossa intenção é apenas ajudar!

Naquele momento, Edwin se aproximou e abraçou cordialmente o casal. Em seguida, convidou Olívia a acompanhá-lo até o lado oposto do salão; seu pai iria dizer algumas palavras aos noivos.

***

Willistown sentiu que as forças lhe faltavam e se afastou com discrição. A seguir, procurou Kate. A jovem ainda ouvia os últimos comentários de Fletchers, quando percebeu que Willistown lhe fazia um sinal. Ao se aproximar, percebeu que algo estava se passando. O aspecto alterado dele a preocupou. Sem dizer nada, o homem a segurou pelo braço e se afastou a uma distância razoável do resto dos convidados. Em seguida, falou de modo misterioso:

— Kate, tenho-te como uma filha! Preciso que me prestes um favor. É um assunto de vida ou morte!

Assustada, mas entendendo a gravidade do assunto, Kate assentiu:

— Sim, lorde Willistown, estou à disposição!

— Pois bem, trata-se de algo que não te poderei revelar agora, mas logo saberás. Não confio em ninguém mais, Kate!

— Por favor, diga logo, lorde Willistown.

— Preciso que entregues para Olívia uma carta e alguns papéis, quando de seu retorno desta maldita lua de mel!

Desconfiada, Kate o acalmou:

— Sim, como o senhor quiser! Mas por que o senhor mesmo não o faz? Olívia ficará apenas um mês fora!

O olhar de Willistown pareceu perdido em um tempo que não veria... E ele recomeçou, esclarecendo:

— Não posso lhe adiantar mais nada, minha boa Kate. Peço-te apenas que entregues o envelope a Olívia. Ela saberá o que fazer.

Kate concordou e se afastou. Ao se aproximar de Olívia, ouviu que Flora a repreendia:

– Por favor, Olívia, ao menos disfarça! Os convidados irão perceber tua infelicidade e sairão falando que te obrigamos a te unires a Edwin!

Olívia permaneceu em silêncio. Kate, procurando auxiliá-la, se interpôs:

– Olívia está muito cansada, Flora. Vou acompanhá-la a seus aposentos para que se recupere um pouco. Logo estaremos de volta.

Flora, irritada, aquiesceu:

– Está bem, vai descansar um pouco. Logo terás uma grande viagem para fazer e deverás estar com uma aparência melhor.

Ao chegar ao quarto, Olívia se atirou sobre a cama e desatou a chorar. Kate se aproximou e, passando com delicadeza a mão sobre os cabelos da amiga, comentou:

– Sei o que estás sentindo, mas, se o teu amor por Edward é tão grande, por que não desististe antes? Por que aceitaste esta união? Isso não é do teu feitio.

Olívia a fitou e respondeu:

– Não posso te revelar agora o que aconteceu há alguns dias, Kate; saiba, entretanto, que estou casando por outros motivos!

– Mas, se não tens força para tal, como pensas começar uma vida ao lado de um homem que não amas?

Olívia secou as lágrimas e, sentando-se no leito, comentou:

– Não podes compreender, mas terei de ficar ao lado de Edwin!

– Tens um bom coração, Olívia. Confio em ti. Agora, vamos descer, pois os convidados já devem estar à tua procura.

Assim, Olívia se refez e retornou à sua festa de casamento. Levava no íntimo apenas amargura, por ver seus mais recônditos sonhos de mulher se dissiparem, como se fossem castelos de areia levados pelas impetuosas águas do mar.

De acordo com as leis equânimes que sustentam o equilíbrio do universo, a injustiça não consta do mecanismo do equilíbrio da vida. Olívia, que já possuía débitos com Edwin, viu despertar de seu inconsciente a antiga dívida, agravando-a com uma mentira inconsequente. Teria, a partir de agora, no lugar de um marido apaixonado, um homem que se sentia desprezado e que aguardaria, com paciência, o momento da vingança.

16

Sonho ou recordação?

Naquela noite, Olívia partia rumo à terra a que se sentia tão intimamente ligada. Tal qual Edward, iriam de trem até Marselha para, de lá, embarcarem em um navio para o Cairo.

Sentimentos contraditórios tomavam conta do coração da moça. Ao mesmo tempo em que ansiava por ver aquela terra distante, que tanto a fascinara por toda a existência, sabia que seria difícil suportar a ideia de começar uma vida com um homem que não amava mais, se é que um dia isso ocorrera. Lembrou-se de que, na despedida, Kate e madame Duplat a haviam abraçado comovidamente, e que percebera no olhar de ambas um temor indefinível. Teriam elas adivinhado o que lhe iria acontecer? Poderiam ler em sua alma os reais motivos de sua resignação com aquela situação? As palavras de madame Duplat haviam sido muito claras: "Olívia querida, que Jesus ilumine o teu caminho! Sei que estarás amparada, mas deves estar muito vigilante em tua viagem de núpcias! Sabes muito bem a que me refiro, Olívia. Asterion, aqui presente, me pede que te diga que permaneças vigilante... Estás terminando uma etapa e os que te amam desejam vê-la, finalmente, livre de alguns compromissos".

Madame Duplat! Sempre com palavras misteriosas, místicas e proféticas! Na realidade, Olívia a admirava pela sua fé e por reconhecer nela a existência de dons dos quais ela mesma partilhava, porém jamais seria como ela... Não se sentia apta a viver uma existência com tanta renúncia! Considerava a mediunidade um fardo que trouxera para a vida atual e não pensava viver em razão de espíritos. Acreditava na existência deles, mas não queria se envolver nessas questões religiosas. Tinha esperança de que um dia isso passasse e, como Asterion havia lhe dito, ele a protegesse e ajudasse.

Assim, Olívia adormeceu ao som característico dos trens em movimento, que a aproximava a cada segundo de seu destino na terra dos faraós.

***

No dia seguinte, o embarque no navio ocorreu sem maiores percalços. Ao entrarem na cabine, Olívia percebeu o luxo e a ostentação do local.

Em um canto discreto, notou que havia uma poltrona muito simples e, mesmo achando estranho, por não condizer com o resto da mobília, nada comentou.

Após serem ali depositadas as malas, o olhar costumeiramente terno de Edwin se modificou, ao que ele declarou:

– Eu esperei muito tempo por este dia, Olívia, não posso negar... Mas, diante do teu comportamento, não posso agir de outra forma! – E, apontando para a poltrona, ordenou: – Dormirás ali. Não desejo partilhar meu leito com uma mulher como tu!

Resignada, Olívia perguntou:

– Por que insististe neste casamento, Edwin? Nós dois seremos infelizes, como já te disse. O que ganharás com isso?

Edwin passou a mão pelo bigode e respondeu:

– Também já te falei sobre isso... Terei o prazer de saber que não podes mais te casar com o egípcio! Estás presa a mim para sempre. Se acabaste com a minha felicidade, eu também acabarei com a tua!

Assim, para o mundo, dali em diante Edwin passaria a representar o papel de marido feliz e apaixonado; sozinho com Olívia, entretanto, seria frio, irônico e até mesmo cruel. O sentimento que alimentara por tanto tempo, que o tornava mais humano e compreensivo, havia se transformado em um amargo desprezo.

***

Edwin passou a ridicularizar Olívia; vez por outra, lembrava dos desmaios e das visões, dizendo que não admitiria mais aquelas "encenações" e que, se aquilo voltasse a se repetir, tomaria uma atitude.

Pela primeira vez, Olívia sentiu que madame Duplat poderia ter razão...

Um dia, enquanto o navio deslizava placidamente pelas águas tranquilas, aproveitando a ausência de Edwin, Olívia procurou descansar. Sentiu indescritível sonolência e em alguns instantes se viu caminhando em um local desconhecido. Usando vestes estranhas, andava por entre as colunas do que julgava ser um templo, em direção a um terraço. Era vítima de profunda dor e sofria por alguém que amava muito! Era uma concubina do harém e não poderia disputar um lugar com a princesa! Ele, o faraó, era filho de uma concubina do harém de seu pai. Por que ela também não gerara um filho homem? Por que deveria aceitar aquele destino cruel que os deuses lhe haviam destinado? Seus sentimentos tornavam-se cada dia mais fortes. A ideia de perder Tutmés para sempre a enlouquecia!

Envolvida em pensamentos motivados pelo ciúme, sofria e estabelecia forte ligação com as faixas vibratórias inferiores da vida.

Caminhando apressadamente, lembrou-se do motivo que a levara ao templo de Amon... "Como falarei ao escriba sobre meu intento?", perguntava-se.

Atravessou a grande alameda e, subindo as rampas que davam acesso ao interior do templo, aproximou-se do local onde se encontraria com alguém que a esperava.

– O que o velho Userptah deseja de mim? – uma voz perguntou-lhe com arrogância. Os olhos do homem brilhavam estranhamente. De repente, um sorriso inspirado em seus nefastos planos surgiu-lhe nos lábios. Com a voz grave que lhe era peculiar, disse:

– Aproxime-se, Merytre, filha de Mutnefer!

Merytre, que estava disposta a qualquer coisa para acabar com a felicidade de Neferure, caminhou em direção ao sacerdote. O homem disse-lhe que tinha seus temores em relação a um casamento. Dizia não acreditar que a rainha desejasse entregar algum dia o trono a Tutmés, o herdeiro por direito.

– Conheço-te desde criança e reconheço que soubeste usar teus dotes para permaneceres no harém real. Estou disposto a te ajudar, pois também tenho as minhas contas... Sabes que o casamento real ocorrerá em menos de uma lua; essa união, porém, não deverá ocorrer! Caso contrário, teremos uma tragédia no Egito!

Com serenidade, Merytre declarou:

– Apenas desejo vingar-me da princesa. O resto não me interessa!

– Deves ter consciência do perigo que corres!

Com um olhar frio, Merytre afirmou:

– Sim, sei o que me sucederá se vierem a descobrir. Mas, repito, farei o que for necessário!

***

Agitada, Olívia abriu os olhos; à sua frente viu o olhar frio de Edwin.

Chorando pelas emoções que o sonho provocara, procurou se refazer. Edwin então observou, irônico:

– Tiveste outro pesadelo? Já te avisei que deves terminar com tuas esquisitices!

Olívia, no entanto, não conseguia se acalmar. Uma sensação dolorosa permanecia em sua alma e as palavras que dissera – sim, ela era a jovem do sonho! – ecoavam em seus ouvidos, transmitindo-lhe uma angústia indescritível.

A reação de Edwin só servira para atormentá-la e piorar seu estado de ânimo. Como haveria um jantar de gala no navio, Edwin exigiu que esquecesse o ocorrido e se aprontasse, pois em uma hora deveriam estar no salão.

Olívia tentou se esquivar do compromisso, alegando estar indisposta com o ocorrido, mas Edwin foi categórico: não poderiam se furtar ao convite.

Assim, ela se curvou às suas novas obrigações de esposa de um rico banqueiro.

17

O acaso não existe...

Os dias se passaram e, apesar de aparentemente tudo correr bem, Olívia havia ficado muito impressionada com o sonho que tivera. Não comentou o assunto com Edwin, mas lembrava-se a todo momento das cenas que vivenciara e, principalmente, do ódio que sentia por aquela moça.

Os fatos lhe vinham à mente e a sensação de os ter vivido era absolutamente real. O que mais a intrigava era a familiaridade que tinha com as pessoas com quem sonhara. Sabia que conhecia aquele homem de olhar sinistro do templo, o escriba Any.

De repente, sentiu um calafrio lhe percorrer o corpo. Amenakht! Esse nome não lhe era estranho também! Quando o ouvira? Olívia pensava nisso, intrigada, quando Edwin se aproximou, convidando-a para entrar no carro de aluguel. Dirigiam-se ao Museu do Cairo, onde veriam as mais preciosas relíquias da arqueologia egípcia. Ela e Edwin pouco conversavam quando estavam sozinhos, apenas trocavam algumas frases; na presença de estranhos, contudo, Olívia era obrigada a ser uma esposa atenciosa, sob pena de sua família sofrer retaliações de ordem financeira. Sofria também com a ideia de perderem a mansão Willistown.

Assim, sua atenção se fixou na paisagem, enquanto o automóvel se dirigia para o museu. Sentia algo no ambiente que a comovia profundamente. Apesar da pobreza reinante, apreciou o clima seco e quente e a vegetação composta por palmeiras esguias, que eram embaladas pelos ventos cálidos que vinham do Nilo. O veículo seguiu seu curso, até que estacionou diante do imponente museu.

Olívia sentia o coração bater descompassado, mas evitava transmitir suas impressões a Edwin. Ele jamais compreenderia!

Diante da realização de um de seus sonhos mais caros, Olívia se sentia sozinha e infeliz. Olhava as peças com indescritível emoção, mas não podia demonstrar seus sentimentos, pois Edwin a repreenderia.

Apesar do pouco tempo de casada, as condições peculiares em que se encontrava a levavam a evitar contradizer o marido, pois inevitavelmente ele a ofenderia e lhe lançaria no rosto palavras cruéis, que a magoariam.

Jamais pensara que pudesse ferir tanto alguém! Via nas atitudes dele as consequências do seu gesto, da sua mentira! Sem se dar conta, estava sozinha em uma das salas do museu. Vários objetos estavam dispostos de forma organizada e curiosa. Olívia resolveu investigar mais proximamente. Desejava tocar, sentir aquelas joias magníficas que o vidro protegia. Inconformada, apoiou a testa no vidro, diante da impossibilidade de tocá-las. Ouviu, então, uma voz que reconheceria em qualquer lugar do mundo:

– Eu também gostaria de possuí-las!

Olívia se voltou e, vendo Edward à sua frente, com um sorriso melancólico, gaguejou:

– Não, eu estava... Bem, apenas gostaria de tocá-las!

Edward se aproximou e beijou com delicadeza sua mão. Olívia, procurando disfarçar a emoção, perguntou:

– É aqui que o senhor trabalha?

Edward respondeu de cenho fechado:

– Sim, senhora, mais precisamente no segundo andar, onde realizo meus estudos... Creio que deva estar em lua de mel...

Olívia baixou o olhar e concordou:

— Sim, Edwin cumpriu sua promessa. Chegamos há dois dias.

O olhar de Edward pareceu mais melancólico quando disse:

— Estou um pouco atarefado, senhora, desculpe-me! Seu marido deve estar à sua procura. Quando retornar a seu país, leve minhas lembranças a seus pais e à senhorita Kate!

Compreendendo a situação, Olívia, a custo, concordou:

— Sim, eu o farei...

Ao ver a figura esguia de Edward se afastar, Olívia não se conteve e começou a chorar. Instintivamente, saiu e, tentando disfarçar, buscou um lenço em sua bolsa. Ouviu, então, a voz de Edwin a censurá-la:

— Por onde andavas, Olívia? Por que te afastaste do grupo? Cansei de te procurar!

Olívia procurou responder com naturalidade:

— Ora, Edwin, sabes o quanto este lugar me fascina. Detive-me mais atentamente em uma galeria e, quando percebi, estava sozinha.

Edwin balançou a cabeça e ambos retornaram para o hotel sem se falarem.

***

A poucos metros, no museu, Edward procurava se concentrar em seu trabalho. Olhava as peças sobre sua mesa e buscava fazer relações entre o artefato e o homem que provavelmente o teria usado alguns milênios antes; as ideias, não obstante, lhe fugiam, não lhe permitindo chegar a nenhuma conclusão.

Irritado, levantou-se e caminhou em direção a uma grande janela, que lhe permitia divisar o pátio na frente do museu. Conseguiu, ainda, ver a silhueta de Olívia e Edwin se afastando em direção à avenida.

Com indescritível dor, considerou que perdia a única oportunidade que tivera na vida de ser realmente feliz.

***

O encontro com Edward possibilitou a Olívia confirmar o amor que julgava sentir pelo rapaz. Um tanto culpada com o rumo que os acontecimentos haviam tomado, concluiu que deveria esquecê-lo, para que sua vida se tornasse pelo menos suportável.

Alguns dias depois, estando Edwin jogando uma partida de tênis, ela lia um livro, distraída, quando percebeu que o marido se machucara: uma torção nos ligamentos do pé o impediria de caminhar por uma semana.

Aborrecida, pois Edwin não lhe permitiria sair sozinha, considerou que sua tão sonhada viagem seria um fracasso total.

Com o auxílio de muletas, a partir daquele dia, ele permanecia longas horas na sala de jogos do hotel, e Olívia buscava na leitura um passatempo que lhe permitisse vencer as horas enfadonhas e quentes.

Absorta em suas leituras, sentiu repentinamente a presença de um espírito, que já tinha visto no museu de Londres. Era uma bela mulher, com vestes egípcias, que lhe sorria com benevolência; ao lado dela, percebeu a presença de Asterion. O amigo e mentor se aproximou e disse:

— Tua tarefa com Kya começa agora, minha filha! Gostaria que fosse de outra forma, mas as condições não permitem. Que Jesus nos proteja! Logo terás as orientações necessárias!

Imediatamente, Olívia sentiu que seu braço adormecia. Como se uma corrente elétrica lhe percorresse os músculos, tinha a impressão de ter perdido o controle sobre a mão direita. Viu que a jovem se aproximou e falou:

— Esse trabalho nos compete, Olívia! Precisamos contar essa história juntas!

Impulsionada por uma força desconhecida, ela buscou algumas folhas de papel e um lápis. Sentou-se diante da escrivaninha do confortável quarto e começou a escrever. Passadas duas horas, a força que lhe movia os membros cessou. Alheia ao que escrevera, Olívia observou, curiosa, a grafia, que lhe era estranha. Passou a ler e, impressionada, não conseguia explicar o que se sucedera. O que significava aquilo? O que estava acontecendo?

Angustiada, pensou em falar a Edwin, mas desistiu, pois ele a ridicularizaria... Mas o que fazer?

Edward! Sim, ele poderia ajudá-la, pois conhecia aqueles fenômenos! Como poderia encontrá-lo sem que Edwin desconfiasse? Lembrou-se de que, no dia seguinte, haveria um grupo de novos amigos que visitaria Deir el-Bahari[2]. Pediria para acompanhá-los e, durante o passeio, falaria com Edward. Se alguém lhe fizesse alguma pergunta, diria que acabara de conhecer o rapaz. Dessa forma, escreveu um bilhete e pediu ao mensageiro do hotel que entregasse em mãos, no Museu do Cairo, para o seu destinatário.

***

Durante o jantar, os comentários animados sobre o passeio propiciaram o ensejo de que Olívia necessitava. Um casal inglês, que se afeiçoara a Olívia e também se encontrava em lua de mel, insistiu com Edwin para que lhe permitisse o passeio.

Embora relutasse, ele acabou concordando, pois desejava representar bem o seu papel. Com um olhar significativo para Olívia, acabou cedendo; ela agradeceu, e começaram a combinar as atividades do dia seguinte.

Ela não recebeu nenhuma resposta de Edward e isso a afligia. No dia seguinte, o grupo partiu, entusiasmado, para o passeio. O trajeto era curto, mas o sol escaldante e a poeira do deserto exigiam de todos muito bom ânimo. Apesar de tudo, Olívia sentia como se vivesse um sonho!

A beleza misteriosa do local lhe tocava profundamente a alma. Experimentava a sensação de estar em um lugar que o tempo não lhe apagara da memória!

Amava aquele lugar e sentia um misto de reverência e orgulho ao se ver diante da imponência do templo. Edward, que caminhava a alguma distância, aproveitou a distração do grupo e se aproximou de Olívia, permanecendo a seu lado.

Um guia explicava detalhadamente sua história quando Olívia se lembrou do sonho que tivera há poucos dias. Era o mesmo templo onde se encontrara com o sacerdote!

---

2 Conjunto de templos mortuários e túmulos situados às margens do rio Nilo (N.E.).

Sentimentos confusos lhe perpassavam a alma; amava aquele local, mas ao mesmo tempo uma dor profunda a atormentava, fazendo com que desejasse partir.

De repente, o semblante de Olívia se modificou. Sob profunda emoção, sentiu reconhecer a grande construção; de modo instintivo, tocou as ruínas tão caprichosamente conservadas pelo tempo e comentou:

– Este lugar me inquieta! Lembro que nunca quis visitá-lo, apesar da insistência de meus pais.

Edward observou:

– Ele sempre fez parte de minha vida! Estes blocos de pedra são testemunhas silenciosas de muitos acontecimentos, que talvez jamais venham à luz! – E, contemplando o majestoso edifício, completou: – As paixões ardem, mas se perdem como o pó; são construções passageiras e frágeis! Os grandes elos, que se forjam entre os espíritos, estes sim são eternos e duradouros! Veja estas construções milenares. A crença de um povo e o amor à ideia da imortalidade nos levaram a erigir obras de tamanho vulto!

Olívia deu alguns passos e, a certa distância, deteve-se nos afrescos, que contavam a magnífica história da rainha que ordenara a construção do templo, Hatshepsut. Com os olhos úmidos, voltou-se para Edward e exclamou:

– A grande rainha! Não sei o que está acontecendo. Sinto o coração opresso, uma angústia indefinível.

– Se a teoria da reencarnação é verdadeira, acredito que isso se deva a algum compromisso assumido naquela época...

Olívia se apoiou em uma grande coluna e olhou em derredor; via pessoas de várias partes do mundo transitando e olhando com curiosidade e admiração a grande construção que aquele povo erguera no passado.

De súbito, fixou o olhar com mais atenção. Sua memória, acionada pela forte emoção do retorno ao local que tanto amava, provocava um fenômeno admirável!

As paredes desbotadas pelos milênios pareciam recuperar seu viço. Os tipos humanos haviam se modificado, e ela verificava que o tom moreno da pele predominava entre os presentes!

Extasiada, ouvia uma língua antiga, que buscava compreender com grande esforço. Sabia não lhe ser desconhecida! Era como se a vida houvesse retornado ao grande templo, como se tivesse ficado suspensa havia mais de três mil anos! Com o coração transbordando de emoção, Olívia se voltou e exclamou para Edward:

— Por Deus! Por um minuto tive a impressão de haver voltado no tempo! As paredes pareciam recém-construídas, as pinturas se tornaram vivas e as pessoas aqui presentes eram diferentes! Usavam outro tipo de roupa, e falavam uma língua estranha, mas que me era compreensível!

Como parte do processo das recordações, espontaneamente um nome lhe veio aos lábios:

— Amenakht!

Edward, surpreso, indagou:

— O que disse? Conhece esse nome?

Olívia, confusa, respondeu:

— Não, senhor Edward, não o conheço!

— Por que o mencionou então?

— Preciso lhe falar. Acho que sua pergunta está relacionada a esse assunto.

Solícito, Edward assentiu:

— Sim, estou à sua disposição, senhora Olívia. Poderemos acompanhar seus amigos à distância, para conversarmos, visto que seu marido não se encontra presente.

Olívia explicou o motivo da ausência de Edwin. A seguir, falou rapidamente sobre o sonho que tivera, o estranho fato que lhe ocorrera no dia anterior, culminando com o fenômeno que ele acabara de presenciar.

Impressionado, ele começou a esclarecer:

— Creio que todo esse fenômeno pode ser explicado como um dom, senhora. Vou ler o que escreveu e não tenho a menor dúvida de que a senhora tem uma bela tarefa pela frente. Esse dom pode ser uma forma de caridade, pois pode esclarecer os homens sobre a sobrevivência do espírito e sua necessidade de evolução. Quanto ao seu sonho, acredito se tratar de uma lembrança do passado!

Olívia sentiu as lágrimas lhe inundarem os olhos e disse:

– Acho esse encargo pesado demais, senhor Edward. Não me agrada a ideia de ver coisas que os outros não veem e estar entre dois mundos!

Edward sorriu, compassivo, e comentou:

– Muitos gostariam de estar no seu lugar, senhora. Acima de tudo, sugiro que procure madame Duplat. Ela poderá auxiliá-la, pois conhece a fundo esses fenômenos. Eu posso lhe assegurar que creio na sua existência, mas não me dediquei ao estudo dos mesmos. O que soube, contudo, já me faz crer na veracidade dos ensinamentos que madame Duplat professa.

Olívia admirava o modo de Edward falar. Havia tanta sinceridade e simplicidade em suas palavras!

O grupo se preparava para partir quando Edward completou:

– Lerei com atenção e darei as minhas impressões! Procure ficar tranquila.

Olívia concordou, e se despediram com leve aperto de mãos. No olhar dos dois pairavam sentimentos tão antigos quanto o local que acabavam de ver...

Aparentemente, o diálogo de Edward e Olívia não fora percebido.

Ansiosa, ela aguardava a opinião dele, que logo ao chegar em casa se pôs a ler o pequeno manuscrito. Impressionado, queria conhecer o desfecho da história que Olívia escrevera por meio da psicografia. Conhecedor da história egípcia, Edwin se admirava com os detalhes e o relato de fatos que, seguramente, Olívia desconhecia.

Como ela poderia saber tanto sobre aquele assunto? Olívia possuía uma cultura acima da média, mas somente um estudioso da área poderia escrever com tamanha precisão. Não tinha dúvidas de que se tratava de um caso de reencarnação e que Olívia recebia a inspiração de um espírito. Só isso poderia explicar aquele fenômeno.

Se isso fosse verdade, o amor que sentia por Olívia era muito antigo e, se ela o correspondesse, não saberia dizer se teria forças para resistir.

18

Sem forças para resistir

Naquele dia, Olívia acordou muito cedo, pois dormira mal e estava aflita, aguardando notícias de Edward. Ao amanhecer, resolveu assumir os riscos; vestiu-se e deixou um bilhete para Edwin, no qual afirmava ter saído para dar um passeio solitário.

Na realidade, ela foi direto ao Museu do Cairo. Chegando lá, foi informada por um funcionário do local:

– Senhora, o professor Hashid partirá ainda hoje para uma nova expedição, que se dirige a Luxor. Talvez, se se apressar, possa ainda encontrá-lo!

Desconcertada, Olívia pediu o endereço de Edward. Assim que o obteve, correu em direção à rua.

Dentro de minutos estava em meio a um bairro pobre da grande cidade. A certa altura, o motorista do táxi lhe disse que deveria seguir a pé o resto do trajeto.

Descendo do automóvel, ela se sentiu perdida. Ao ver algumas crianças brincando, perguntou se conheciam o professor Edward.

Um menino, descalço e com roupas surradas, aparentando sete ou oito anos, antecipou-se:

– Sim, senhora, eu o conheço e posso levá-la até ele!

Ante o silêncio das esfinges

Olívia agradeceu e o seguiu. Depois de breves minutos, chegaram diante de um muro branco, cuja passagem se dava por um pequeno portão.

O menino ia se retirar, mas Olívia lhe estendeu uma boa quantidade de moedas. A criança deu um pulo de alegria e lhe agradeceu, saindo correndo para contar aos demais companheiros. Olívia, meio constrangida, não viu nenhum tipo de sineta ou campainha. Resolveu bater palmas para chamar a atenção dos moradores da casa.

Logo surgiu um homem, estatura pequena, magro, que lhe perguntou o que desejava. Ela disse procurar o professor Edward, pois precisava lhe falar.

Os olhos do homem brilhavam enquanto abria o portão:

– Por favor, tenha a bondade, *milady*. Meu patrão está de partida para Luxor!

Com o coração aos pulos, Olívia entrou nos portais da casa. Observou que a maior parte da mobília era destinada a livros e anotações. Em um canto, sobre uma escrivaninha, uma máquina de escrever, muito antiga, e um punhado de reproduções de papiros. Olhava atentamente, mais para verificar se não identificaria um toque feminino no ambiente. Curiosa, pegou algumas cartas que se encontravam envelopadas na prateleira de uma estante; por que Edward não lhe contara que iria partir?

Estremeceu, de súbito, ao ouvir uma voz que lhe era agradavelmente conhecida:

– Costuma examinar a correspondência nas casas que visita? Ou será que tem algum interesse especial nas minhas cartas?

Olívia o fitou sem saber o que dizer; ia retrucar alguma coisa, quando ele se adiantou:

– Como me achou? Não acho recomendável uma jovem senhora em lua de mel visitar um homem solteiro, sozinha!

Trajando camisa azul-claro e calças em linho branco, Edward a observava, admirado.

Enrubescida, ela questionou:

– Por que não me disse que iria partir?

Ele lhe ofereceu uma cadeira e, sentando-se, ignorou sua pergunta:

– Li seus manuscritos e considero-os peculiares. Do ponto de vista histórico estão corretos, mas existe algo mais que me impressionou muito!

– Quer dizer que não os considera uma fantasia, um delírio de minha mente?

– De forma alguma! Tive a estranha sensação de pertencer a essa história...

– Talvez... – Ela se lembrou então do sonho que tivera antes de se casar, logo após ter assistido à palestra de Edward. Recordava-se de Edward ter lhe dito que era Amenakht! Levantando-se, relatou seu sonho.

Edward se aproximou e questionou, desconcertado:

– Se o que dizes é verdade, por que não correspondes aos meus sentimentos? Se algum dia nos amamos, no Egito ou em outro lugar, por que esse amor deixou de existir em teu coração?

Olívia respondeu com emoção:

– No dia em que partiste de Londres fui até o hotel, disposta a partir contigo! O professor Chapman me disse que irias pegar o trem para Marselha e fui à estação, mas já estavas partindo!

Os olhos de Edward se iluminaram. De repente, tudo se modificava, pois Olívia o amava!

Angustiado, perguntou:

– Por que te casaste, Olívia? Por que não me procuraste; eu poderia ir até Kent falar com teu pai! Ainda eras livre, o que poderia nos impedir?

Olívia desatou a chorar:

– Não te contei tudo... – e ela terminou por relatar o que acontecera e a situação em que se encontrava.

Edward apoiou as duas mãos sobre uma mesa, enquanto balançava a cabeça, não acreditando no que ouvia.

Olívia continuou:

– Por que o destino permitiu que nos reencontrássemos? Estou casada, vivendo uma farsa, e não consigo parar de pensar em ti!

Apaixonado, ele abraçou Olívia com força. A jovem tentou recuar, mas não lhe opôs resistência.

Entregaram-se apaixonadamente ao amor que renascia apesar do tempo, das diferenças sociais e dos impedimentos da vida.

**

Depois do arrebatamento amoroso do casal, Olívia a custo conseguiu afastar Edward. Envergonhada por sua fraqueza, falou em pungente lamento:

– Por que devemos passar por esta provação? Qual o motivo para tudo isso?

Ele suspirou e respondeu com aparente resignação, abraçando-a:

– Sabemos, no íntimo de nossa alma, que não deveremos nos unir nesta vida, mas devo dizer-te que não mais terei forças para viver sem ti!

Olívia olhou para o relógio: há muito deveria ter voltado! Edwin deveria estar à sua procura.

Ao perceber que chegava a hora da separação, ele beijou-a longamente, como se desejasse que aquele momento se eternizasse com a doce lembrança de um beijo apaixonado.

Olívia deu um passo e, voltando-se, disse:

– Partirás para Luxor...

– Sim, viajo amanhã pela manhã. Deverei me ausentar por um longo tempo... – disse Edward com amargura.

Olívia o fitou e disse:

– Não sei se conseguirei viver ao lado de Edwin!

– Amo-te, Olívia, desde sempre! Se estás disposta a te unires a mim, tratemos de nosso futuro! Retorna agora ao hotel e leva ao conhecimento de Edwin a nossa decisão. Quem sabe não poderemos anular esse casamento?

Olívia baixou o olhar:

– Não, Edward, isso não será possível; Edwin não concordará. Mas vou falar abertamente, esclarecendo os meus sentimentos; quero que ele perceba que seremos infelizes se prosseguirmos juntos.

Edward demonstrou preocupação. Acostumado a pautar seus atos pela ética, via-se inexplicavelmente subjugado ao sentimento que Olívia lhe inspirava. Reconhecia que não teria forças para retroceder depois daquela manhã. Quando percebera, ainda na Europa, que Olívia era a mulher de sua vida, fugira, pois sabia que não resistiria aos seus encantos. As diferenças sociais lhe haviam tirado todas as esperanças e, mesmo que Olívia viesse a amá-lo, pelo seu entendimento, não julgava acertado tirá-la da condição privilegiada em que vivia, para lhe oferecer tão pouco. Olívia pertencia a uma aristocracia decadente, mas ainda assim tivera sempre tudo que desejara, sendo atendida em todos os seus caprichos. Ele, Edward, havia crescido com todas as necessidades que uma criança pobre pode ter. A falta de uma mãe, pois a sua falecera muito cedo, e as dificuldades que o pai havia encontrado para criá-lo fizeram com que Edward lutasse muito para que pudesse chegar à posição em que estava. A possibilidade de estudar e sua dedicação o haviam distinguido dos demais e lhe proporcionado a mudança de seu destino.

Olívia, agora, lhe acenava com uma promessa de felicidade que jamais pensara ter! Como abrir mão daquele amor que significava o bem mais precioso que conquistara na vida?

Por mais que relutasse, Edward acabou vencendo seus escrúpulos:

– Amada de minha vida, parto amanhã no trem das oito. Aguardo-te na estação para partirmos para Luxor! Insisto, no entanto, para que tenhas uma conversa franca com Edwin, apesar desta estranha situação.

Olívia o abraçou e, aconchegando-se em seus braços, arrematou, feliz:

– Estarei lá, querido, custe o que custar!

19

Quando o amor se transforma em ódio

Passava do meio-dia quando Olívia retornou ao hotel.
Irritado, mais do que preocupado pela demora, Edwin a questionou:
— Onde estiveste, Olívia? Sabes que te proíbo de saíres sem minha companhia ou de nossos amigos! Estou à tua espera desde cedo! Quero que fique claro desde agora que não vou permitir essas inconveniências de tua parte!

Antes do casamento, Olívia nunca presenciara uma cena daquele teor. Durante todos aqueles anos em que o conhecia, Edwin se portara como um verdadeiro cavalheiro em sua casa e com as pessoas de suas relações; desde que revelara seus sentimentos por Edward, entretanto, a mudança em sua personalidade era tão singular, que se perguntava se somente ela seria culpada.

Assustada a princípio, observando Edwin e, na perspectiva de viver um inferno ao lado daquele homem, armou-se de coragem:
— Edwin, preciso te falar!
— Do que se trata? Não estás satisfeita com tua lua de mel? – perguntou, irônico.
— Sabes que o meu ideal era outro! A propósito disso, desejo te falar sobre essa farsa que estamos vivendo.

— Esse é o resultado da tua leviandade! Se tivesses te portado como uma mulher do teu nível social, terias outro destino.

— É exatamente sobre isso que desejo falar, Edwin! Se consideras que não estou à tua altura, que não possuo moral para ser tua mulher, por que não me libertas? Poderemos anular esse casamento!

Afrontado, Edwin tornou:

— Sabes que o teu castigo será precisamente este, Olívia! Poderás amar o teu professor medíocre até o fim dos teus dias, mas jamais te aproximarás dele! Ficarás ao meu lado, vendo a tua juventude se acabar, sem a oportunidade de ser feliz!

Irritada, Olívia disse intempestivamente:

— Se eu quiser, vou até o fim do mundo no encalço de Edward! Não me terás por muito tempo, Edwin!

Olívia ia se retirar, mas o marido a pegou com força pelo braço e disse com raiva:

— O que queres me dizer, Olívia? Estás diferente, me afrontando!

De repente, ele se deu conta de que Olívia poderia ter se encontrado com Edward. Enfurecido, empurrou-a sobre o leito e ia lhe bater, quando algo o deteve.

Ela notou que Asterion lhe segurava o braço agressor. Extremamente pálido, Edwin se afastou. Cambaleando e se recostando em um móvel, afirmou:

— Quase perco a cabeça por tua causa, infeliz! Tu não mereces isso, não mereces nada! És um fardo que vou carregar até o momento em que... Até o momento em que eu decidir o contrário!

Soluçando sobre o leito, Olívia ouviu o que mais a iria ferir:

— Partiremos ainda hoje desta terra maldita! Jamais voltarás ao Egito... Prepara as malas, pois não voltarás a ver o teu amante!

Assim, Edwin saiu batendo a porta.

Chorando muito, ela se ergueu, pensando em uma forma de avisar Edward de que partiria; solicitou um mensageiro, mas na recepção lhe disseram que lorde Edwin Fletchers não lhe dera permissão para esse serviço.

Automaticamente, começou a organizar seus pertences; Edwin não lhe permitia tocar em seus objetos pessoais.

Como poderia avisar Edward? O que pensaria ele quando percebesse que ela não o acompanharia? Certamente, imaginaria que ela desistira... Olívia se desesperava ao ver a sua derradeira oportunidade de ser feliz se perder daquela forma... Por que tanto sofrimento? Não tinha ela dons que a tornavam uma pessoa diferente? Por que motivo, então, a felicidade lhe escapava das mãos novamente? Como fazer os outros felizes se ela mesma não conseguia sê-lo?

Olívia ouviu o barulho da chave na porta e viu que Edwin retornava com uma camareira que viera auxiliá-lo com a bagagem.

Colocou o chapéu, pegou a bolsa, segurou a mala e, dando um último olhar sobre o quarto, voltou-se e, quando ia sair, Edwin a impediu:

– Ficarás aqui até seguirmos para o navio! Não a deixarei sozinha nem por mais um minuto sequer!

Em silêncio, Olívia olhou pela janela. Dentro em breve partiria da terra que tanto amava, deixando para sempre o seu grande amor.

***

O trem já sinalizara que dentro em breve partiria. Preocupado, Edward olhava em todas as direções à procura de Olívia. Lembrava com emoção o olhar apaixonado da moça e agora sabia que ela também o amava; vira o brilho do seu olhar, a felicidade em seu belo rosto...

O que teria acontecido?

Mais uma vez, o maquinista fez soar o apito do trem, preparando-se para partir. Edward sentia um vazio no estômago, o gosto amargo da decepção.

Certamente, Olívia havia pensado melhor e chegado à conclusão de que não poderia viver sem o luxo a que estava acostumada. As diferenças sociais, segundo pensava, haviam sido maiores que o amor que ela dizia sentir! Amargurado, encaminhou-se para o trem, deixando para trás a única mulher que realmente amara.

***

Após deixar Olívia no hotel, Edwin resolveu saber o que realmente ocorrera. Lembrou-se de que Edward havia dito trabalhar no Museu do Cairo. Como pudera esquecer? Por outro lado, Olívia nunca ficara sozinha durante todo o tempo em que ali tinham permanecido... a não ser no dia em que visitavam o museu!

Eram três horas da tarde. O sol fustigava o solo da admirável cidade. Edwin entrou no museu, sabendo que ali encontraria a resposta que definiria sua vida. Dirigiu-se a um posto de informações e perguntou pelo professor Edward. Novamente, tal como ocorrera com Olívia, o funcionário respondeu:

– O professor partiu hoje em uma expedição!

– Posso saber para onde? – perguntou, desconfiado.

– Sinto muito, mas o professor Edward não me autorizou a revelar seu destino. O senhor sabe, são expedições científicas, há muito interesse nelas!

– Está certo, entendo. Gostaria de lhe fazer mais uma pergunta: por acaso esteve aqui hoje pela manhã uma bela mulher inglesa à procura do professor?

O homem sorriu:

– Não esqueceria aquela mulher, senhor. Sim, eu mesmo dei a informação que agora lhe dou.

Edwin agradeceu e saiu. Sentia-se, mais uma vez, humilhado e vencido pelo destino. No entanto, esse não era o seu caráter. Saberia vingar-se, mesmo que dedicasse toda sua vida a isso!

Retornou para o hotel para terminar de arrumar seus pertences com o auxílio da camareira.

Era hora de partir... Nada mais o prendia ao Egito.

***

Ao retornarem à Inglaterra, enquanto Olívia se entregava a uma melancolia sem precedentes, Edwin, cheio de ódio, alimentava pensamentos de vingança que não o abandonavam um instante sequer.

Em vez de revelar seus sentimentos, resolveu se calar e agir por conta própria. Antes de sair do Cairo, tinha feito uma ligação para seu pai contando o que ocorrera; a conselho deste fora instruído a não contar, a princípio, a verdade aos familiares de Olívia.

Quando do seu regresso, disse aos pais de Olívia que a moça adoecera e que, por precaução, resolvera retornar a Kent antecipadamente. Kate não conseguia aceitar a história contada por Edwin; questionava e exigia maiores detalhes sobre a doença de sua amiga. Edwin, representando um papel que muito lhe agradava, repetia:

– Kate, minha cara, entendo tua preocupação com Olívia! Isso era de esperar, mas o caso é mais grave do que eu imaginava! Temo pela lucidez de minha esposa.

Flora, desesperada, caminhava de um lado a outro e, inconformada, dizia:

– Pelo amor de Deus, Edwin! Precisamos encontrar um tratamento! Olívia estava bem quando saiu daqui, e agora vens me dizer que ela está perturbada? Isso não tem sentido!

Furioso, Edwin a interrompeu:

– O que queres insinuar, Flora? Que tenho algo a ver com tudo isso? Para o teu bem, aconselho-te a te calar, antes de dizeres coisas das quais te arrependerás amargamente!

O pai de Olívia tentava concatenar as ideias. O que poderia ter acontecido?

Não conseguia precisar exatamente o que, mas sentia em seu coração que algo grave ocorrera. Sabia, também, que uma nuvem se aproximava da residência dos Willistown!

Talvez fosse melhor que Olívia não estivesse lúcida quando os terríveis acontecimentos que estavam por vir se dessem! Tomado de infinita angústia com mais este golpe, sentiu uma dor aguda no peito. Exausto, recolheu-se ao leito, de onde jamais sairia.

A partir de então, Edwin, como parte de sua vingança, passou a evitar que Olívia mantivesse contato com as pessoas que mais amava.

Instalado na mansão Willistown, comunicou a Kate que sua amiga tivera os nervos abalados no Egito e que necessitava repouso absoluto!

Mesmo Flora mal conseguia ver a filha, pois, além de tudo, estava às voltas com a saúde do marido. Percebendo que Olívia sofria, ela quis saber a razão, mas a moça nada lhe falou. Preocupada, resolveu partilhar com Edwin suas angústias.

O que fariam em relação a Olívia? Edwin não iria chamar um médico? Olívia se mostrava apática, desinteressada e seguidamente era vista chorando.

— Preciso saber, Edwin: o que aconteceu no Egito? — exigiu Flora.

— A realidade é que não conheces tua própria filha, Flora! Viveste apenas para os teus caprichos, sem perceber que criavas uma mulher sem escrúpulos e doente!

Estranhando a posição do genro, Flora exclamou:

— Sinceramente, Edwin! Pensei que realmente a amasse! Tu sabias que Olívia não era uma moça como as outras.

Edwin a fitou e o azul de seus olhos, antes tão límpidos, adquiriu um tom cinza, em virtude da cólera que revelou ao dizer:

— Não quero mais saber de tuas desconfianças, Flora! Já estou farto! Sabes muito bem o quanto amei tua filha e que quase sacrifiquei minha herança e a boa vontade de meu pai por causa desta ordinária!

Pálida, Flora não era capaz de pronunciar qualquer palavra. Com a voz trêmula, conseguiu ainda arguir:

— O que dizes? Como te atreves a ofender minha filha dentro de minha casa? Quero que te retires, Edwin! Saia desta casa agora! Anularemos este casamento!

Edwin começou a rir desabridamente. Gargalhava, como se algo ou alguém tornasse incontrolável o seu gesto. Nervosa, Flora levantou o tom de voz:

— Não quero mais te ver em minha casa! Garanto que ainda descobrirei o que aconteceu com Olívia! — E acrescentou: — Suponho que a verdade te incomode muito, não é mesmo?

O riso de Edwin estancou. Com os olhos fixos na sogra, caminhou em sua direção e, apesar do medo que ela sentiu naquele momento, manteve a dignidade. Ele se aproximou e sussurrou:

— Devo te dizer algumas coisas, minha cara sogra! Não sei se te agradarão, mas é preciso que saibas, antes que saias por aí a dizer coisas indevidas. Em primeiro lugar, a verdade sobre Olívia é que *te* incomodará!

Os olhos de Flora o fitaram, receosos. Edwin prosseguiu:

— É isso mesmo! A tua querida filha, quando se casou comigo, já era amante do tal egípcio! Apesar dos cuidados que tomei, mesmo assim, ela foi direto para os braços daquele desclassificado, em nossa própria lua de mel!

— Não é possível! Olívia jamais faria isso! — bradou Flora, sem muita convicção.

— É a pura verdade, minha adorável sogra! Tua filha abusou da minha confiança e aproveitou nossa viagem para se encontrar com o maldito! — disse Edwin, ocultando uma parte dos fatos.

Flora desabou em uma poltrona, sem forças; não queria ouvir mais nada!

Edwin, no entanto, prosseguiu:

— Em segundo lugar, não podes me mandar embora desta casa. Ela me pertence! Teu marido já devia ter te dito que no dia de nosso casamento meu pai cobrou uma pequena parte da dívida que lorde John Willistown tem com nosso banco. Assim, quem deve se retirar desta casa são vocês, e não eu!

Os olhos de Flora se encheram de lágrimas. Porém, oriunda de uma família tradicional, em que o orgulho predomina mesmo nas situações difíceis da vida, retrucou:

— Entendo o teu ódio, Edwin. Minha filha sempre nos deu muitos aborrecimentos. Devo dizer, no entanto, que não esperava por isso. Que vergonha! Se é assim, ela escolheu seu destino! Peço-te, não obstante, que aguardes um pouco, até John recuperar a saúde. Permita-nos sair desta casa com alguma dignidade...

Edwin não pensou duas vezes ao responder:

— Como queiras. Teu marido não irá viver muito mesmo...

Impressionada com a frieza de Edwin, ela arrematou:

— E quanto a Olívia? Irás abandoná-la?

Edwin deu de ombros e respondeu:

— Achas que lhe daria liberdade para que ela fosse feliz ao lado do egípcio? Jamais! Isso nunca acontecerá! Olívia ficará presa a mim até que eu decida outro castigo mais condizente com sua traição sórdida!

Flora ia se retirando e, já na porta da grande sala, finalizou:

— Obrigada, Edwin, por não ter feito um escândalo com a atitude de Olívia. Logo que John estiver melhor, iremos embora.

O que Flora desconhecia era que um período de duras expiações se iniciava para os Willistown.

***

Por alguns dias, John permaneceu entre a vida e a morte. Inconsciente, não se permitia partir diante da situação extremamente delicada em que deixava Flora e, mais que isso, da angústia de não saber o destino de Olívia.

Sem saber que rumo tomar, Flora procurou lady Mabe, tia e madrinha de Edwin. A gentil anfitriã de outrora se revelou apenas polida, sem a rumorosa alegria de outros tempos. As convenções sociais e o preconceito prevaleceram no coração da velha senhora.

Devido à insistência de Flora, que parecia não lhe reconhecer as atitudes, declarou, cautelosa:

— Flora, querida! Gostaria muito de te ser útil neste momento, mas deves convir que meu irmão se aborreceria muito se eu atendesse a teu pedido. Não posso te ceder nenhuma das minhas propriedades sem que isso cause um problema familiar.

Flora tentou arguir:

— Por favor, Mabe! Por nossa amizade... Não te peço um favor por tempo indeterminado, mas até que eu possa dispor de minhas joias e me seja possível comprar uma residência digna!

Lady Mabe, que havia se sentado em agradável poltrona, ergueu-se e não se conteve:

— Francamente, Flora! Depois do que tua filha fez com o meu sobrinho, admira-me a tua coragem em me pedir favores!

Flora empalideceu. Não imaginara que a família de Edwin se utilizaria desse recurso para impedir que encontrasse ajuda. Seria uma vingança muito baixa da parte de Edwin!

– Imagino que Edwin lhe tenha contado os pormenores da doença de Olívia... – disse, desalentada.

– Sim! – respondeu a altiva senhora. – Eu, que tinha em Olívia uma das moças mais conceituadas de nossa sociedade e que até forcei uma aproximação de meu sobrinho com ela, tenho de lamentar essa deplorável história!

Flora, antevendo que seria convidada a se retirar, pediu desculpas pelo incômodo e partiu. Sentia como se o mundo que tanto amava, e que sempre lhe parecera retribuir esse sentimento, fosse ruir estrondosamente.

Sozinha, retornou para a casa que não mais lhe pertencia, mas que por mais de cem anos pertencera aos Willistown.

Ao entrar no espaçoso hall, notou os olhos vermelhos de Kate e de sua governanta. Não foi preciso que ninguém lhe dissesse o que ocorrera... John Willistown tinha deixado o mundo havia alguns minutos.

Flora subiu as escadas lentamente e se dirigiu ao quarto que dividira por trinta anos com aquele homem que agora jazia ali, no leito. Aproximou-se e acariciou a face lívida do marido; beijou-o e, abraçando seu corpo inerte, chorou copiosamente.

– Ah, John! O que farei agora? – exclamou aos prantos.

Como resposta, apenas o indefectível silêncio da morte...

20

Quem semeia, colhe!

Edwin sequer esperou as cerimônias de sepultamento do sogro para começar a agir. Convidou Flora a se retirar da mansão imediatamente e, antes que qualquer providência fosse tomada, exigiu até o ressarcimento dos custos do funeral; como Flora não dispusesse de nenhum recurso em mãos, abriu mão de suas joias. Desesperada, procurou Kate. A jovem, que lhe era extremamente cara, não se intimidou com as reprimendas de sua mãe, que não queria ver a filha envolvida com a família de Olívia, pois também soubera do escândalo.

A jovem, no entanto, prontamente se dispôs a ajudar Flora. Juntou uma soma considerável e colocou nas mãos da mãe de Olívia, dizendo:

— Isto é para te manteres por algum tempo. Creio que existe uma pessoa que poderá ser útil neste momento...

Flora a fitou e perguntou ansiosa:

— Diga-me, quem poderia ser? Não me lembro de mais ninguém que se disponha a me socorrer!

— Tenhamos esperança, Flora! Nem tudo está perdido. Por acaso esqueceste de tia Harriet?

— Tia Harriet? Aquela esquisita, que sempre se manteve longe da família?

— Sim, ela mesma! Pelo que sei, ela possui um bom coração e sempre gostou muito de Olívia!

Flora deu um suspiro de desânimo, mas concordou com o alvitre. No dia seguinte, ambas se dirigiram para Londres; em um bairro afastado, chegaram a uma pequena residência.

De aspecto simples, mas embelezada pelas madressilvas que a circundavam, Kate e Flora, descendo do carro de aluguel, vislumbraram a casa singela. Tocaram a campainha e uma criada lhes veio atender.

As duas se identificaram e a jovem foi correndo avisar a patroa. Não demorou muito e ela retornou, afirmando que a patroa dissera não conhecê-las...

Novamente, Kate se pronunciou:

— Diga-lhe que é a mãe de Olívia Willistown!

A moça retornou e, desta vez, uma senhora de avançada idade apareceu na soleira da porta.

O portão foi aberto e as duas se aproximaram. Tia Harriet franziu o cenho e, apertando os olhos para ver melhor, resmungou:

— Não és Olívia Willistown!

Kate sorriu e explicou que era a melhor amiga de Olívia; a seguir, Flora se aproximou:

— Tia Harriet! Há quanto tempo não a vejo!

Harriet olhou para Flora e disse de forma irônica:

— Por certo, Flora! Deve fazer cerca de trinta anos! Para vires até minha casa, deve ter acontecido algo muito grave.

Flora engoliu em seco; sabia que Harriet não escondia o que pensava. Aliás, esse era o seu grande defeito: a franqueza em excesso...

Retomando o diálogo, Flora disse com visível tristeza:

— John faleceu! Faz uma semana que ele partiu!

— Sinto muito, Flora. Ele me parecia um bom homem. Um tanto iludido com as coisas do mundo, mas era um homem correto. Bem, vamos entrar, pois esta aragem ainda vai me levar para o túmulo também!

As três entraram na pequena sala, com poucos móveis. Flora, a princípio, ficou olhando o ambiente, muito diverso do que estava acostumada.

Harriet, perspicaz, comentou:

– Parece pobre, não é mesmo? Acredita, no entanto, que vivo muito bem aqui. Tenho tudo de que necessito, meus poucos amigos são verdadeiros e me furto às intrigas dessa nobreza falida, da qual já fiz parte!

Sem pensar e movida pela curiosidade, Flora perguntou:

– Diga-me, tia, como conseguiu deixar tudo para trás... – Antes, porém, de terminar a frase, lembrou-se de Olívia; as lágrimas a impediram de prosseguir.

Desconfiada, Harriet perguntou pela sobrinha-neta. Como nenhuma das duas se atrevessem a falar, começou a se afligir.

Kate tomou a iniciativa e explicou:

– Bem, tia Harriet, Olívia se casou com um jovem muito rico...

– Que pena! Esperava mais daquela menina! Mas e então? Onde está ela?

– Ocorre que ela partiu em lua de mel para o Egito. E, bem... Algo deve ter acontecido, pois, segundo seu marido, ela está perturbada.

Tia Harriet pareceu preocupada:

– Olívia sempre me pareceu incomum, mas daí a dizer que está perturbada! Vocês falaram com ela?

– O marido não permite, tia Harriet! Ele não parece o mesmo Edwin que conhecemos. O pior é que John estava falido e o marido de Olívia é filho de nosso principal credor. Edwin me tirou tudo: a mansão, nossa casa de campo, a residência de Londres, joias, tudo... – disse Flora chorando.

– Flora, querida! Nunca te havia visto chorar! Benditas lágrimas, que te mostram que a vida é bem mais do que as aparências!

Flora secou as lágrimas com o pequeno lenço que levava na bolsa. A seguir, disse com sinceridade:

– Sei que a senhora sempre me condenou pelo meu estilo de vida. Mas o que fazer se aquela era a existência que eu aprendi a viver? Todos a criticavam, dizendo que a senhora era extravagante, que enlouquecera... Nunca soube ao certo por que se afastou da família!

Harriet a fitou, surpresa, e indagou:

– Tua mãe nunca te contou nada? Pensei que minha irmã tivesse o coração mais sensível! Bem, mas isso de nada adianta agora. Quanto a Olívia, estás me dizendo a verdade, Flora?

Flora trocou rapidamente um olhar com Kate, que se adiantou:

— Creio que devemos contar a verdade para tia Harriet, Flora. O que sabemos é que Olívia teria encontrado, durante a viagem, alguém que conhecemos na casa de lady Mabe há algum tempo. Trata-se de um jovem pesquisador egípcio, e Edwin insiste em que ela o traiu.

Um sorriso triste surgiu no semblante de Harriet, que deu alguns passos marcados pelo som da bengala no assoalho de madeira e, sentando-se, exclamou:

— Pelos céus! A história se repete! A pobre Olívia teve de aceitar um casamento arranjado para salvar o nome da família! Aposto que Mabe te virou as costas, não é mesmo, Flora?

Flora baixou a cabeça, concordando. Harriet se levantou e, aproximando-se da sobrinha, único familiar que ainda lhe restava, além de Olívia, diligenciou uma solução para o caso:

— Flora, não posso te oferecer dinheiro, pois não o possuo. Sabes que não partilhei da herança de meus pais, que me foi negada por minha atitude na mocidade. Tenho apenas o meu modesto lar para te oferecer, pelo tempo que quiseres! É uma residência muito simples para o teu gosto, mas aqui existe muita paz!

Flora se ergueu e, abraçando a tia, agradeceu:

— Obrigada, tia Harriet! Creio que não precisarei ficar aqui por muito tempo, pois logo que Olívia melhore irei morar com ela.

— Olívia precisará de todo o nosso apoio, pois creio que se encontra em sérios apuros. Sei que a família do marido é muito vingativa.

— Sim! — disse Kate. — Edwin mudou muito nos últimos tempos. Às vezes, parece que planeja alguma coisa inimaginável.

Uma ruga surgiu na testa de Harriet:

— Precisamos ter cautela e cuidado com ele, pois, segundo me parece, não deixará essa história terminar assim. Agora, minhas queridas, peço que me acompanhem no chá, que já está servido.

Assim, as três mulheres continuaram trocando impressões sobre o rumo que a vida de Olívia havia tomado.

21

Olívia engravida

Desde que retornara de viagem, Olívia fora afastada da família. Edwin, a título de preservar sua saúde, não permitia a aproximação de ninguém. Precisava ganhar tempo para poder agir sem nenhuma interferência.

A primeira medida foi afastar Flora e Kate do convívio da esposa; o isolamento agiria de forma negativa sobre seus nervos, que ele sempre considerara abalados.

Olívia, por sua vez, desalentada desde que deixara Edward, chorava muito. Lamentava a situação que se criara e desesperava-se por não ter partido com ele.

O que seria de sua vida? O que Edwin estaria planejando? Uma sensação de impotência, aliada a um desânimo terrível, a invadiam, proporcionando-lhe extremo sofrimento.

Indubitavelmente, seu comportamento agravara a situação de modo considerável. Se não tivesse mentido a Edwin, sua vida poderia ser pelo menos suportável.

Apesar disso, Asterion se aproximava e procurava consolá-la, exortando-a a confiar em Jesus. Lembrava-lhe de que o Mestre de Nazaré amparava a nós, sofredores e aflitos do caminho, sem nos julgar! Que Ele não viera à Terra para atender aos sãos, pois "não são os que gozam saúde que precisam de médico"... Somente Ele poderia curar-lhe as dores, mas para isso era necessário confiar e prosseguir! Sua angústia deveria ser revertida em serviço, em trabalho aos semelhantes desafortunados, pois ela estava em débito com as Leis Divinas e necessitava agir no bem, para se reequilibrar com sua consciência!

Olívia assimilava inconscientemente os conselhos esclarecedores de seu amigo espiritual, e isso lhe dava relativo alívio.

A esperança renascia em seu coração, e ela se entregava à sublime tarefa que havia começado no Egito. Mediante uma influência desconhecida, escrevia longas páginas de uma história que lhe parecia muito familiar.

Conhecia os lugares descritos, revia e revivia as cenas, como em uma tela de cinema; como uma história da qual fizera parte algum dia!

Em outras oportunidades, adormecia e sonhava. Nessas ocasiões, retornava ao Egito e sentia-se integrada à paisagem desértica, cuja brisa perfumada a fazia sempre aspirar longos haustos, como se há muito desejasse sentir novamente aquele perfume, que somente dela era conhecido.

O calor, os odores, a atmosfera a inebriavam, como se retornasse ao paraíso que, por algum motivo, perdera.

Certa tarde, após meditar sobre o que deveria fazer dali em diante, adormeceu; em poucos minutos, viu-se ao lado de Asterion, que a guiava, dirigindo-se a um local que ela desconhecia.

Em fração de segundos, percebeu que se encontrava em um sítio arqueológico no Egito; pensou em Edward e resolveu procurá-lo. Ao entrar em um tenda, deparou com um homem ainda jovem, de origem inglesa, pele clara, bigode e um chapéu semelhante ao que Edward usava.

Ao vê-la, o homem, que estava sentado diante de uma pequena mesa, fazendo algumas anotações, parou de escrever e lhe deu atenção. Olívia perguntou onde poderia encontrar Edward, e ele prontamente respondeu, apontando-lhe as escavações.

Olívia ia se retirar quando, por motivo desconhecido, observando as anotações que o homem fazia, afirmou:

– Em teu destino far-se-á presente a maior de todas as descobertas!

A seguir, ela saiu, deixando o inglês perplexo. Retirou-se e foi em busca de Edward. Ao vê-lo, ela se atirou em seus braços, explicando que não o acompanhara porque Edwin a detivera e que sofria intensamente.

Edward a envolveu carinhosamente:

— A princípio julguei que me havias abandonado, mas suspeitei depois de que algo tinha acontecido, minha querida!

— Perdoa-me, Edward? Acreditas que sempre te amarei?

— Sim, não duvido do teu amor! Não percas a esperança, pois um dia nos reuniremos e ficaremos juntos para sempre! Agora precisas ir, minha amada! Não temas, mesmo que as dificuldades pareçam insuperáveis!

— Ainda nos reuniremos nesta vida, Edward? Poderemos nos casar um dia?

O rapaz ia responder, mas Olívia acordou. A sensação de haver estado nos braços de Edward a inundou de alegria e esperança! Com a ajuda de Raquel, a governanta, enviou um recado para Kate. Pediu que a amiga viesse visitá-la o quanto antes.

Normalmente, Edwin ia para o trabalho pela manhã e voltava no meio da tarde. O almoço de Olívia era servido pontualmente às onze horas e ao meio-dia o chofer ia à cozinha para almoçar.

Olívia sabia que durante o período do almoço do empregado ela poderia falar com Kate sem que despertasse nenhuma suspeita.

Percebera, agora sem surpresa, que seu marido tinha um temperamento agressivo e poderia feri-la cruelmente, caso ela o provocasse. Sabia que sua estrutura psíquica não suportaria qualquer agressão física.

Ao receber o recado, Kate se lembrou do envelope que o pai de Olívia lhe havia confiado e resolveu levá-lo.

Na hora aprazada, a jovem bateu levemente a sua porta. Ao se verem, abraçaram-se e choraram longamente.

Kate lhe acariciava os cabelos:

— Minha querida, o que aconteceu? O que significa essa atitude de Edwin? Não o reconheço mais!

— Edwin não é o homem que imaginávamos, Kate! Devo dizer que errei ao mentir sobre mim e Edward, mas pago até hoje por esse erro. Minha vida tem sido um inferno! — E Olívia narrou tudo o que tinha ocorrido desde sua partida para o Egito.

– E quanto à tua doença? Edwin nos fez acreditar que estás gravemente enferma!

– Queres dizer louca? Sim, ele quer que todos creiam que estou perturbada. Acredito que esteja planejando algo!

– E quanto a Edward? Não soubeste de mais nada?

– Sonhei com ele há alguns dias!

– Minha querida amiga! Como tudo isso pôde acontecer? Esta casa não é mais a mansão Willistown de outros tempos!

– O que aconteceu com minha mãe? Raquel disse que meu pai... – e Olívia desatou em soluços.

Kate, surpresa com a omissão daquele fato por Edwin, tornou:

– Seu pai estava muito doente e não resistiu. Flora foi morar com tia Harriet.

Abatida, Olívia comentou:

– Pobre pai! Talvez tenha sido melhor não presenciar os fatos que estamos vivendo! Queria tê-lo encontrado uma vez mais! Não sei o que poderá acontecer comigo daqui por diante. Mas preciso te contar algo.

Kate permaneceu em silêncio. Lembrou-se do envelope que o pai de Olívia lhe havia entregado no dia do casamento da amiga. Sem ter certeza sobre o estado de saúde de Olívia, resolveu aguardar os acontecimentos, evitando assim emoções que poderiam agravar a situação.

Olívia secou as lágrimas e revelou com tristeza:

– Não tenho certeza, Kate, mas creio estar esperando um filho.

Surpresa, sua amiga não sabia o que dizer. Tentando concatenar as ideias, indagou:

– Suponho que seja de Edward!

– Sim, é filho de Edward! Felizmente, Edwin jamais tocou em mim.

Diante da gravidade do fato, Kate pensava na situação da amiga. O que poderiam fazer?

Olívia comentou enfaticamente:

– Não poderei esconder por muito tempo, já que meu corpo começa a se modificar. Não consigo comer quase nada, pois tenho estado enjoada. Logo Edwin perceberá, e não sei o que poderá me ocorrer, Kate! Quero que saibas que estou correndo perigo, mas não deves avisar Edward!

— Pretendes lhe omitir sobre a criança também? — perguntou Kate, incrédula.

— Sim, Kate, ele não deverá saber, pois poderia vir para a Inglaterra, e, certamente, Edwin se vingaria dele, assim como se vinga de mim!

Kate percebeu que sua grande amiga estava em uma situação difícil. Procurando acalmá-la, ponderou:

— Edwin se sentiu traído e está agindo dessa forma porque te amava, Olívia. Quem sabe se no futuro não voltará atrás?

Olívia, admirada, questionou:

— Acreditas mesmo nisso? Depois de tudo o que te contei, crês que ele poderia me perdoar? Tal sentimento não existe no coração de Edwin! Não me preocupo com minha segurança, mas com a da criança que estou gerando. Longe de Edward, a vida não tem muito sentido, Kate!

Percebendo o sofrimento da amiga, Kate esclareceu:

— Sim, entendo como te sentes. Deves, contudo, ter fé, pois sabes que não carregamos cruzes mais pesadas que nossas forças!

As duas se abraçaram, emocionadas. Algo parecia lhes dizer que o destino as separaria por um longo tempo.

***

Depois de sair da mansão Willistown, Kate foi para casa e buscou na prece inspiração para ajudar Olívia. Lembrou-se então de madame Duplat e resolveu escrever-lhe, narrando os fatos ocorridos no Egito. Revelou-lhe também suas preocupações e incertezas quanto ao futuro de Olívia.

Algum tempo depois, ao ler a carta, madame Duplat, mostrando o conteúdo ao marido, declarou:

— Aconteceu o que eu já previra, Pierre! Eles não conseguiram vencer o antigo amor, apesar de trazerem para esta vida outros compromissos.

Pierre concordou e continuou:

— Sabemos o quanto é preciso lutar em um caso como este; os reencontros do passado acontecem às dezenas, diariamente, mas nem sempre é possível voltar à antiga condição de proximidade. O fato de ser um reencontro, por si só, não legitima a aproximação e o rompimento com os compromissos da presente encarnação.

– Sim! – concordou Marie. – É preciso muita força moral e fé para vencer uma situação como essa. Desde o início percebi que o laço que unia Olívia e Edward era de um passado longínquo; Olívia induziu Edward a ser conivente com um crime que há muito tempo contribui para seu desequilíbrio espiritual.

– Os problemas do amor, seus enganos e desenganos, a meu ver, ainda levarão muito tempo para serem mais bem entendidos na Terra; as pessoas ainda vivem enclausuradas no egoísmo e poucas se prestam à renúncia.

– É verdade, querido. A maior expressão do amor na Terra, o amor em sua essência e pureza, foi exemplarmente demonstrado por Jesus. É o amor que leva as almas à renúncia, como dizes, e à abnegação! Infelizmente, raramente isso é visto por aqui. A verdade, no entanto, é que somente um sentimento desse nível terá o poder de nos libertar definitivamente dos grilhões de nossos milenares enganos.

– Sim, Marie! O que importa é que o amor verdadeiro é o que aspira, antes de qualquer coisa, ao bem do ser amado, mesmo que para isso seja necessário abdicar do privilégio de viver ao lado dessa pessoa. O que pretendes fazer em relação aos nossos amigos?

Marie pareceu refletir por alguns instantes e continuou de forma lúcida:

– A única forma de ajudá-los será lhes propiciar um conhecimento que possa garantir elementos para o enfrentamento das provas que estão por vir. As leis que Olívia e Edward transgrediram não são apenas desta vida; o fato maior se encontra em tempos passados. Nossos amigos há muito se reencontram pelos caminhos da vida, mas, se tivessem respeitado os compromissos assumidos, teriam evitado muitos dos dissabores vindouros!

– Tens razão, querida. Eles precisarão de entendimento e humildade para aceitarem a fase de reajuste, seja ela qual for. É preciso que saibam que a Lei Divina age pela misericórdia, sem esquecer as palavras de Jesus, que nos ensina que todas as nossas boas ações têm a força de cobrir "uma multidão de pecados"!

Marie sorriu com tristeza e completou:

– Sim, sempre temos atenuadas as nossas faltas, quando aceitamos a corrigenda. No caso de Olívia, será a chance de vencer uma antiga batalha travada no passado. Vou enviar a Kate as obras básicas de nossa Doutrina, que poderão ajudá-la a compreender a situação e, dentro do possível, auxiliar Olívia.

Assim, os bondosos Duplat prepararam, com extremado carinho, um pacote, no qual seguia a resposta para a jovem.

***

Os dias passavam e Olívia procurava evitar a presença de Edwin, que vez por outra ia a seu quarto a fim de atormentá-la. A perspectiva de reencontrar o marido a tornava agitada e infeliz. A jovem esquecia os conselhos que tantas vezes recebera de seus amigos: manter a fé e a confiança.

Sintonizando com as faixas inferiores do pensamento, tornava-se alvo da influência de espíritos que se mantinham nesses ambientes, criando um círculo vicioso de realimentação de ideias e prejudicando seriamente o seu equilíbrio. Nessas ocasiões, rebelava-se contra seus dons mediúnicos, desejando jamais ter conhecimento das realidades espirituais.

Asterion, na espiritualidade, procurava sempre lhe insuflar pensamentos de fé e esperança: "Não devemos duvidar jamais da bondade e justiça divinas, Olívia! Deus é Pai misericordioso e confere o melhor aos seus filhos! Temos de partir do princípio de que, se nos desviamos do caminho justo em harmonia com as Leis Divinas, estamos incursos na Lei de Reparação. Precisamos nos convencer de que, se hoje somos cobrados por nossos irmãos menos felizes, é porque ontem, certamente, causamos-lhes algum prejuízo".

Olívia percebia a presença de Asterion e pensava: "Deus permite que eu veja os que me perseguem, mas também me oferece o consolo de divisar os que me protegem! O que devo fazer? Como me libertar desses espíritos sofredores que, pelo que posso deduzir, me acompanham há muito tempo, sem me outorgarem a bênção do perdão?"

Prontamente Asterion respondeu:

"Deverás perdoar, por tua vez, os que te ofenderem, indefinidamente, como nos ensinou Jesus. A caridade é o caminho, pois tem o poder de apagar de nossa consciência os erros cometidos! É quando ela 'cobre a multidão de pecados!'."

Infelizmente, Olívia não se dispunha a encarar o dom que possuía como uma forma de modificar profundamente a essência de sua vida.

***

Se na espiritualidade soara a hora do reajuste de Olívia, aqui na Terra forças não menos poderosas estavam em movimento para agir no sentido de uma reparação.

Percebendo que ela evitava sua presença, Edwin resolveu verificar o que de fato estava acontecendo.

Olívia detestava sua presença, pois, além dele mesmo, registrava pela vidência as entidades espirituais que o cercavam.

Podia perceber algumas vezes até as vestes rotas, a expressão cadavérica, por entre a sombra que o perispírito doente daqueles irmãos infelizes refletia.

Assustava-se com a aproximação de Edwin, e isso o tornava ainda mais irritado, pois considerava que a jovem deveria estar realmente perturbada.

Não lhe passou despercebido, também, o abatimento físico de Olívia. Ao obrigá-la a acompanhá-lo ao jantar, notou que ela estava muito pálida. Após insistir para que comesse algo, ela, ao ver a refeição à sua frente, pediu licença, levantou-se e correu em direção ao quarto.

Edwin, desconfiado, seguiu-a e constatou o que já desconfiava: Olívia estava grávida!

O ódio concentrado em seu coração o levou a pensar inicialmente em matá-la; mas de que lhe serviria vê-la morta? De que adiantaria matá-la se isso, segundo o seu ponto de vista, terminaria com seu sofrimento?

Para ele não havia a menor dúvida de que tudo acabava com a morte. As bobagens dos religiosos, as "visões" de Olívia, tudo não passava de imagens produzidas por um cérebro enfermo.

Por que se casara com ela, então? Edwin pensava e se lembrava da primeira juventude, quando conhecera Olívia.

Sim! Ela era diferente! Tinha um porte nobre, o olhar sonhador e uma beleza instigante. O aparente desleixo ao prender os cabelos, a tez clara e os olhos negros, tudo isso lhe havia despertado o interesse.

Pedira à sua madrinha e tia, Mabe, que o apresentasse a ela. Logo estava frequentando a casa de Olívia. Apesar da visível indiferença da jovem, soube conquistar sua confiança, mostrando-se dedicado e compreensivo; amara Olívia, mas à sua maneira! Queria tê-la como um capricho, um objeto, algo que seria seu para o resto da vida. Desejava mostrá-la à sociedade, enfeitá-la, tê-la a seu lado sempre que quisesse, e achava que ela seria uma boa mãe. Olívia gostava de crianças e era muito amável e cuidadosa. Com o tempo, tinha convicção de que suas crises terminariam. Ela, porém, o havia traído miseravelmente com aquele estrangeiro! Humilhara-o, relegando-o à posição de um verme, que ela quis descartar as vésperas do casamento...

"Não!", pensava, "Olívia terá muito o que pagar!"

22

Diante da provação

Na ampulheta da existência, a areia escoava sem trégua, como se a vida de nossos amigos passasse e os acontecimentos se precipitassem de forma incontrolável.

Logo depois de descobrir sobre o estado de sua mulher, Edwin comentou com lady Mabe que estava seriamente preocupado com a situação de Olívia.

Disse-lhe que temia pelo pior; desejava perdoá-la, mas não vislumbrava qualquer possibilidade de recuperação da esposa.

Omitiu propositalmente a gravidez de Olívia, pois isso poderia prejudicar seus planos. A orgulhosa senhora não hesitou em aconselhar:

– Edwin, és jovem e não mereces viver infeliz por causa dessa mulher! Lamento o dia em que, atendendo a um pedido teu, te apresentei Olívia Willistown! Se eu pudesse adivinhar o que iria acontecer! Falei com tua mãe e ela me disse que não vê outra saída a não ser a internação de Olívia.

Ao ouvir aquilo, Edwin balançou a cabeça negativamente, exclamando:

– Não posso fazer isso, tia Mabe, não tenho coragem! Sempre amei Olívia e não suportaria interná-la em uma casa de saúde.

A aristocrática senhora o convidou para se sentar:

– Essa não foi uma escolha tua, meu filho. Olívia adoeceu e não é justo que carregues esse fardo pela vida afora. Deverás, daqui a algum tempo, pedir a separação.

Edwin insistia em representar o papel de marido sofredor. Colocou as mãos na cabeça e foi definitivo:

– Não voltarei a me casar jamais! Desejo viver sozinho para o resto de minha vida!

– És um homem de grandes virtudes e certamente encontrarás alguém que o mereça, querido!

Edwin abraçou a tia e saiu radiante, pois conseguira exatamente o que queria: o consenso da família de que o melhor a fazer era internar Olívia em um lugar de onde ela jamais sairia! Se dependesse dele, ela e o estrangeiro não se reencontrariam. Ele tomaria as providências para que isso não acontecesse.

***

Enquanto isso, Olívia dormia em casa. Depois de um tempo que não saberia determinar, percebeu que estava novamente em Luxor.

Olhava ao redor, sentindo uma saudade intensa de Edward; começou então a chamá-lo, a gritar o seu nome.

De repente, viu um homem alto, de cabelos grisalhos, aproximar-se: era Asterion. Olívia correu ao seu encontro e perguntou por Edward.

Asterion colocou a mão sobre seu ombro e esclareceu:

– Minha filha, Edward está bem, mas não foi possível sua presença hoje. Peço-te que ores muito, porque a hora da reparação se aproxima...

Olívia sentiu o coração se confranger. A seguir, perguntou:

– O que devo fazer, Asterion? Tenho muito medo! Não sei se conseguirei suportar tanto sofrimento sem Edward ao meu lado!

– Chegou a hora da colheita, Olívia. Confia em Nosso Senhor Jesus Cristo para amealhares as forças necessárias para o cumprimento de teus deveres! Desde o princípio do orbe terrestre ele nos governa, soberano a tudo! Nossos destinos estão a ele ligados por laços de misericórdia e gratidão! Quando porventura teus pés não mais puderem caminhar, feridos pelos impiedosos espinhos do caminho, lembra que ele palmilhará ao teu lado cada passo teu, mesmo nos vales da dor e do sofrimento, na certeza de que te reajustarás com a Lei Maior! A prova que te espera é resultado de muito desequilíbrio, sequela de pensamentos de ódio e vingança em relação aos semelhantes ao longo de várias encarnações. Tem paciência, fé e confiança, pois não te abandonaremos! Rogaremos para que um dia retornes aos caminhos percorridos de alma erguida, superando o desequilíbrio que ora te visita! Não te esqueças: jamais estarás sozinha! Estaremos sempre contigo, embora nem sempre registres a nossa presença. Isso será parte de teu aprendizado e servirá para conquistares a verdadeira fé, a fé raciocinada! Fé raciocinada, minha filha, é aquela que tem em suas bases a dedução, o pensamento. Deverás continuar com tua tarefa de levar à humanidade sofredora o testemunho da verdade que já conheces! Lembra que Jesus falou: "Não ponhais a candeia debaixo do alqueire"!

Ao acordar, Olívia de nada se lembrou; a única coisa que lhe acorria à mente era a sensação de haver ouvido Asterion lhe prevenir sobre algo que lhe aconteceria.

***

Quando Edwin chegou, comunicou-lhe que iriam a Londres. Intrigada, ao indagar o motivo, ouviu de forma seca:

– Quando chegar a hora, saberás!

Assim, o reluzente Ford se afastou de Kent, indo em direção à grande capital. O verde característico da vegetação inglesa não foi suficiente para tranquilizar o coração de Olívia. Algo lhe dizia que alguma coisa estava errada.

Depois de algum tempo de viagem, chegaram à cidade. Ao entrarem no local, o automóvel passou por um grande portão, e Olívia conseguiu ler na entrada o nome do hospital.

Angustiada, perguntou para Edwin o que estava acontecendo; ele sorriu de modo enigmático e pediu que se acalmasse.

Assim que o carro estacionou, um grupo de enfermeiros se aproximou e, antes que Olívia pudesse esboçar qualquer reação, abriram a porta do veículo e puxaram-na para fora, sem primar pela educação!

Compreendendo o que ocorria, Olívia começou a gritar e a se debater, desesperada! Edwin apenas comentou com o médico responsável:

— Como eu lhe havia dito, doutor, ela tem alguns momentos de apatia, intercalados com crises terríveis! O senhor verá, doutor Whintall, que nesses momentos ela pode se tornar muito perigosa!

O médico observou Olívia por alguns momentos e declarou:

— Esses casos são normais em nossa clínica, senhor Edwin. As neuroses conversivas e a histeria parecem ser o mal deste século! Não se preocupe, cuidaremos muito bem de sua esposa. Ela ficará sedada o mínimo possível; precisamos ter cuidado com a criança!

Edwin fitou-a e observou, estampada em seu rosto, a decepção aliada ao supremo desespero que a situação suscitava.

Olívia, chorando e aos gritos, suplicou:

— Peço-te, Edwin, não me deixes aqui! Perdoa-me! Sei que errei, mas não me deixes neste lugar, por favor!

Edwin acendeu um charuto e, retomando a conversa com o médico, comentou:

— Fico desolado, pois amo muito minha mulher, doutor! Não posso, porém, deixá-la em nossa casa dessa forma!

Whintall colocou a mão no ombro de Edwin e falou, conselheiro:

— Não se preocupe. Trataremos de sua esposa com todos os recursos disponíveis. Logo veremos a melhora!

— Gostaria ainda de lhe pedir um favor, doutor. Devido à nossa situação social, a estada de minha esposa aqui deverá ser mantida em segredo. O senhor entende, sou um homem de posição na sociedade, e isso seria um escândalo muito desagradável!

— Se não for de sua vontade, ninguém jamais saberá da presença de sua esposa em nossa clínica — assegurou-lhe o facultativo.

Edwin ainda presenciou Olívia ser conduzida pelos enfermeiros para dentro da clínica. Um sorriso vitorioso tomou forma em seus lábios e, com a satisfação que o mal provoca em espíritos acostumados com essas faixas da existência, murmurou para si mesmo: "Ah! Valeu a pena esperar, Edwin! A vida desta miserável está acabada! E desse infeliz que ela está gerando também!".

O motorista do carro, ao perceber que Edwin falara alguma coisa, perguntou:

– O que o senhor disse? Devemos retornar?

Enquanto observava o grande parque em frente à clínica, Edwin respondeu:

– Sim, vamos para o centro da cidade.

***

Quando Olívia acordou, não sabia dizer onde estava. Com as pálpebras pesadas, pôde apenas notar que se encontrava em um hospital.

Tentou se levantar, mas não conseguiu, pois seus braços e pernas estavam entorpecidos e amarrados à cama. Desesperada, debateu-se no leito até ficar exausta.

Percebendo a situação em que se colocara, desatou a chorar em desespero. Em pouco tempo, perdera tudo o que tinha! A casa, a família, a posição social. Edward lhe dera esperança e segurança diante daquele mundo desconhecido que tanto a assustava. Ele fora capaz de lhe acenar com uma felicidade que nunca tivera nesta vida. Agora estava internada em um hospital! E por quanto tempo? O que Edwin estaria planejando? Certamente deveria ficar ali até a criança nascer! O que aconteceria depois?

De novo, Olívia tentou se movimentar, mas não conseguiu; sentiu a boca seca e gritou, pedindo que alguém lhe desse água, mas não foi atendida. Cansada, o corpo dolorido, sentiu as lágrimas quentes molharem o seu rosto. Há quanto tempo estaria ali? Já teria anoitecido?

As janelas fechadas não lhe permitiam ver o que acontecia do lado de fora. Lembrou-se de Asterion e pediu-lhe auxílio; como ele pudera deixá-la naquela situação, se lhe havia prometido proteção e assistência incondicionais?

Ao contrário do que imaginava, a jovem não percebeu a presença do mentor amigo; apenas uma infinita sensação de paz lhe invadiu a alma naquele momento e leve reconforto a envolveu.

Com as mãos sobre sua cabeça, Asterion orava em pé ao seu lado. De seu coração bondoso, à feição de precioso diamante que a dor – sublime mestra! – talhara por meio de lutas e provações, partia safirina luz, que lhe penetrava a cabeça exaurida.

Depois, concentrou suas energias na região do abdômen da filha de seu coração e, com infinito amor, rogou ao Senhor:

– *Pai de infinita bondade, Senhor da Justiça e da Perfeita ordem do universo!*
Tu, que és a suprema bênção de nossa vida, ampara-nos o coração, para que não nos apequenemos diante da prova!
Tuas leis são justas e sábias e tu nos garantes o fardo de acordo com as forças por nós já amealhadas!
Rogamos-te, no entanto, que essa irmã encontre no teu seio as forças para a colheita necessária!
Diante do querido irmão que retorna à carne em circunstância dolorosa, pedimos-te que sustente as energias dessa mensageira da vida, a fim de que seu destino se cumpra!

Com infinita bondade, finalizou:
– Os desacertos de nossa filha se perdem nas brumas dos milênios! De nossa parte, apenas te rogamos piedade, Senhor! Jesus, mestre dos mestres, luz de nossa existência, perfume de nossa vida, guarda-nos em teu coração, como o pastor acolhe suas ovelhas! E que esta, em particular, retorne logo ao aprisco divino, para que possamos, unidos, entoar hosanas à tua glória e misericórdia! Abençoa a todos os que sofrem neste local de provação, vítimas do desamor ao próprio semelhante; que um dia o iluminado conhecimento do espírito possa trazer luz superior a todos os que transitam nas faixas dos transtornos e desequilíbrios da mente! Que a tua vontade se cumpra.

Quando Asterion terminou, Olívia dormia tranquilamente. A luminosidade que envolveu o ambiente se estendeu aos outros dormitórios, fazendo com que naquela noite houvesse uma estranha sensação de alívio e uma profunda paz para aquelas almas sofredoras.

***

Alguns dias se passaram sem que Olívia obtivesse respostas para suas insistentes inquirições.

Algumas vezes ao dia, uma enfermeira pouco amigável vinha conferir seus sinais vitais e, sem nada lhe dizer, após o exame, retirava-se.

Perdida em dúvidas e já beirando o desespero, ela ouvia, vez ou outra, gritos lancinantes que a apavoravam; outras vezes, via as entidades que a acompanhavam, há muito, rirem e se divertirem.

Naqueles momentos, a saudade de Edward realmente parecia enlouquecê-la! A falta de respostas e o isolamento acabaram por lhe criar um estado de apatia e prostração.

Vendo que a vida da criança poderia estar em perigo, o médico, Whintall, foi visitá-la.

Certa de que a vingança que Edwin lhe impunha seria exemplar, Olívia evitava responder; nada mudaria o seu destino! A única coisa que lhe interessava era saber quanto tempo ficaria naquele lugar.

A pretexto de ser gentil, Whintall aproximou uma cadeira de seu leito:

– Senhora Fletchers, como tem passado? Espero que esteja apreciando esse período de repouso em nossa clínica!

Olívia evitava fitá-lo; Whintall prosseguiu:

– Entendo como se sente. Não se preocupe, saberei esperar por suas respostas!

Olívia respondeu com impaciência:

– Apenas desejo saber quando poderei sair daqui! Edwin pretende me punir e isso eu entendo, mas o senhor não pode me prender aqui!

– Está enganada quanto a seu marido, senhora Fletchers. Ele não deseja puni-la, apenas está preocupado com suas crises, que poderão prejudicar o seu filho!

Olívia, levantando-se, exasperou-se:

– Esse filho é meu e nada tem a ver com Edwin!

Whintall, acostumado com as manifestações delirantes dos pacientes, tornou:

– Acalme-se, por favor! Saiba que não retornarei aqui até que queira me falar sobre sua situação, senhora Fletchers! O seu marido me colocou a par de seus problemas!

– Problemas? O que Edwin lhe falou? – indagou Olívia, preocupada.

– Sei que apresenta delírios, referindo-se a supostas vozes... E tem visões, seguidas de desmaios!

Indignada, Olívia retrucou:

– E o senhor acreditou? Não quis sequer me ouvir e aceitou as palavras de Edwin?

Impassível e demonstrando um inequívoco ar de superioridade, que algumas vezes encontramos em nossos irmãos que se dedicam ao sagrado mister de curar, Whintall respondeu:

– Minha senhora, não foi preciso colocar em dúvida a palavra de seu marido: eu mesmo presenciei uma de suas crises algum tempo atrás.

Percebendo o olhar de curiosidade no semblante de Olívia, o médico prosseguiu:

– Estávamos assistindo a uma palestra no Museu Britânico... Foi a primeira vez que vi seu marido. No dia seguinte, ele veio me procurar e falamos a seu respeito. Há algum tempo, eu e o senhor Fletchers temos nos encontrado para falar de suas preocupações. Aconselhei-o a interná-la, a fim de que pudéssemos lhe ministrar o tratamento adequado. Ele se preocupa com a senhora e com o filho que está esperando.

Olívia entendeu o que estava se passando. Calada, retornou para o leito e se deitou, encolhendo-se tanto quanto lhe permitia a sua proeminente barriga.

Whintall deu um suspiro e pensou: "Pobre senhora! Esse será um caso de difícil solução!"

23

Edward desencarna

Edwin justificou o desaparecimento de Olívia com sua internação e, a julgar pelos boatos que havia fomentado propositalmente e pela própria história da jovem, sua atitude pareceu normal a todos.

Apenas Kate não se conformava, por saber o que realmente estava acontecendo. Inconformada, procurou Edwin no banco em que ele trabalhava.

Ele a recebeu em sua sala com cavalheirismo e educação. Kate foi logo ao ponto:

— Edwin, te conheço há muito tempo, assim como Olívia, e não entendo como pôde interná-la!

Edwin, com o semblante entristecido, esclareceu:

— Sim, Kate, eu te compreendo, mas nossa querida Olívia necessita de um tratamento sério para que possa retornar ao nosso convívio.

— Por que afastá-la do lar? Por que não fazer o tratamento em casa? Não creio que Olívia necessitasse ser separada dos que a amam, para qualquer tratamento.

Edwin observou Kate detalhadamente. Pela primeira vez, esquecia Olívia e se detinha em sua melhor amiga. Na realidade, Kate era uma bela jovem. Os cabelos negros e a aparência determinada eram invariavelmente ofuscados pela delicadeza e suavidade de Olívia.

Percebia que ela possuía belos traços e, o que era mais interessante, era a única herdeira de uma das mais promissoras fortunas do país.

Sabendo que não poderia permanecer sozinho por muito tempo, e antes que lhe arranjassem outro casamento, comentou:

— Sabe, Kate, percebi, em nossa lua de mel, que Olívia jamais me amou! Entendi que o sentimento que nutria por mim era quase fraternal e reconheço que não pude aceitar de pronto isso. Não estava preparado, pois acalentei o desejo dessa união por muito tempo!

As disposições de Kate se modificavam pouco a pouco. Sempre amara Edwin, apesar de negar o fato para si mesma, por saber que a escolhida fora Olívia.

Evitara comentar o assunto com sua atribulada amiga, pois isso a tornaria ainda mais infeliz.

Edwin era um homem de aparência agradável. Os cabelos castanho-claros, a pele clara e seu farto bigode revelavam um típico jovem inglês da época.

Por que Olívia não o amara? Por que se deixara envolver pelo egípcio, tão diferente de si própria? Talvez madame Duplat tivesse razão e todos eles estivessem se reencontrando!

Edwin, que percebia o silêncio de Kate, prosseguiu:

— Não sei o que farei de minha vida, Kate! Vou procurar ajudar tua amiga, mas não tenho mais esperanças para o futuro!

Ele então tornou-se mais persuasivo:

— Não sei se tiveste oportunidade de vê-la após nosso retorno, mas não sabes a verdade. Não contei a Flora, pois isso só iria piorar as coisas. Olívia está desequilibrada; passava os dias escrevendo no Cairo, sem razão alguma; era algo compulsivo, como se algo a induzisse a isso!

Kate, que desconhecia esse fato, permaneceu em silêncio. "E se Olívia tivesse se inspirado no Egito, visto que sempre sonhara com aquela viagem? E se estivesse escrevendo um diário?"

Sabia que Olívia não estava nas condições que Edwin descrevia. Procurando descobrir até onde Edwin era capaz de mentir, questionou:

— Ora, Edwin, isso não é motivo para que ela fique indefinidamente em um hospital!

Edwin balançou a cabeça negativamente e insistiu:

— O médico não me deu um bom prognóstico. Devemos aguardar e pedir ajuda a Deus!

Kate se retirou e resolveu tomar outras providências; a primeira foi escrever para Edward contando tudo o que estava ocorrendo.

***

Passado quase um mês, no Cairo, uma situação preocupante se configurava. Havia duas semanas que Edward apresentava estranhos sintomas. Nunca adoecera; era um homem forte, robusto, mas, a cada dia que passava, ficava mais debilitado.

Uma senhora, sua vizinha, chamara um médico das redondezas, mas ele acabou não dando um diagnóstico preciso.

Sozinha, com poucos recursos, ela não sabia o que fazer. Jahid, seu filho, lembrou-se das escavações... e ela foi até lá.

A boa mulher comentou algo sobre Edward e logo lorde Chapman estava à sua frente para saber do que se tratava; na ocasião, entregou a carta que Kate havia enviado para o distinto pesquisador e amigo do rapaz.

Ao tomar conhecimento dos fatos, lorde Chapman foi decisivo:

— Não podemos perder mais tempo! Vamos levá-lo ao hospital da cidade!

Edward foi levado ao hospital da região, acompanhado pelo amigo.

O movimento incomum na pequena casa chamou a atenção de alguém. Um homem vestido à moda árabe acompanhava ao longe a remoção de Edward. Certo de que algo acontecera, aproximou-se do pequeno Jahid e, oferecendo-lhe algumas moedas, perguntou:

— O que está acontecendo naquela casa? Percebi o movimento!

O menino respondeu, solícito:

— É o meu amigo, o senhor Edward; ele está muito doente!

O homem em questão tornou a perguntar, interessado:

— É mesmo? O que ele tem?

Jahid ficou sério e contou:

– Vou lhe dizer, mas minha mãe disse para eu ficar quieto sobre isso! Ela disse que ele tem a febre das tumbas!

– Febre das tumbas?

– Sim! Ela disse que tem uma febre que já matou muitos homens e que o senhor Edward vai ser o próximo!

O homem deu um sorriso e foi embora.

***

No hospital, a situação de Edward se agravava. Lorde Chapman, em um momento de lucidez de Edward, leu a carta a ele endereçada.

Com imensa tristeza, ele comentou:

– Minha Olívia! Não poderei estar ao seu lado neste momento difícil! – E prosseguiu: – E meu filho, lorde Chapman? Não o conhecerei! Quanta infelicidade, meu Deus!

Chapman, com o intuito de tranquilizá-lo, assegurou:

– Não desistas, Edward, e não te preocupes, meu filho! Prometo que assim que retornar à Inglaterra procurarei saber do paradeiro de Olívia e darei toda a atenção aos dois!

Agradecido, Edward segurou as mãos de Chapman. O velho amigo fora, antes de qualquer coisa, um pai que lhe abrira inúmeras portas. Agora, a prova de amizade, que acabara de lhe dar, calara fundo em seu coração.

Chapman baixou o olhar, pois não conhecia ninguém que houvesse sobrevivido àquelas estranhas febres, que por vezes atacavam misteriosamente os que, de algum modo, aproximavam-se das tumbas.

Não há dúvida de que muitas dessas mortes foram causadas por fungos que haviam sobrevivido por milhares de anos dentro das tumbas; porém, sobre tal mister, não podemos ignorar o conhecimento aprofundado que os egípcios detinham sobre o magnetismo, seus componentes e suas várias manifestações, até sua manipulação, com finalidades diversas. Os elementos espirituais não eram novidade para esse povo.

Alguns anos mais tarde, quando Carter encontrou a tumba de Tutancâmon, desconsiderou a maldição escrita sobre a entrada da tumba; as inúmeras mortes que se seguiram e que foram consideradas "coincidências" foram atribuídas na época à maldição do faraó.

Mais tarde, foi constatada a presença de fungos, mas não em todos os casos... Pessoas morreram a milhares de quilômetros de distância, sem nunca terem entrado na tumba.

Edward, no entanto, sabia que soara a hora do retorno à pátria espiritual.

24

A vingança de Edwin

Edward desencarnou, lamentando seu afastamento precoce, segundo seu ponto de vista, de Olívia e do filho que ela esperava.

Acolhido na espiritualidade por Asterion, permaneceu algum tempo em recuperação, readquirindo o equilíbrio para poder auxiliar Olívia e a criança.

O afastamento do corpo material causa inequívocos transtornos ao espírito que vinculou em demasia sua existência à matéria e aos bens perecíveis.

Edward possuía algum conhecimento sobre a existência do espírito, mas o que realmente lhe valia naquela hora era a sua consciência tranquila, consolidada em uma existência digna e reta.

Não resistira ao amor por Olívia mais uma vez... Lamentava o rumo dos acontecimentos e se propunha a diminuir suas consequências, se Deus o permitisse.

***

Na clínica, Olívia se questionava sobre se Kate teria comunicado a Edward o que estava acontecendo. Estranhava a ausência do rapaz e da amiga... Teria Edwin omitido a todos sua internação?

Os meses iam se passando e Olívia resolveu aceitar, aparentemente, a situação; tinha certeza de que, assim que Edward soubesse de tudo, iria buscá-la.

Sozinha, sabia que o dia do nascimento de seu filho se aproximava. Talvez Edwin se compadecesse de sua situação!

Dois dias antes do parto, debruçada sobre o bordado de delicada peça de roupa, destinada àquele sobre o qual ela depositava todas as suas esperanças para continuar vivendo, Olívia acabou dormindo e sonhou estar na casa de Edward, no Cairo. Consciente da situação, sentiu que algo a impulsionava para Deir el-Bahari. Tinha certeza de que encontraria Edward naquele local.

Em poucos segundos, estava diante do imponente templo. Caminhou rapidamente, mais uma vez, pelo trajeto que tão bem conhecia. Chegou a um dos terraços do segundo andar, e a emoção costumeira retornou. De súbito, viu que aquele a quem amava acima de tudo estava ali, à sua frente, a lhe sorrir!

— Edward! — gritou Olívia. E se atirou em seus braços!

— Minha querida! Olívia, meu amor! Esperava-te já há algum tempo!

Abraçando-o e dando vazão a seu desespero, ela exclamou:

— Edward, ajuda-me! Estou presa em um manicômio! Edwin me mantém lá por vingança!

O rosto de Edward transparecia visível emoção. Procurando se controlar, afirmou:

— Eu sei de tudo, querida. Peço-te que confies, que tenhas fé! Não te abandonarei jamais!

— Oh, Edward! Não sei se suportarei tantas dores! Quero ficar contigo para sempre!

O olhar de Edward se dirigiu para a outra margem do lendário Nilo. Beijando o rosto de Olívia, confortou-a:

— Não tenhas dúvida de que nos reuniremos novamente um dia! Precisas completar esta etapa, meu amor. Eu e Asterion ficaremos ao teu lado, porém possuis tarefas ligadas a teus dons e assumiste um compromisso com alguns de nossos irmãos, que não deves menosprezar!

Olívia permaneceu em silêncio, enquanto Edward prosseguia:

– Lembra-te de um presente que o casal Duplat nos enviou quando tiveste um episódio mediúnico?

– Sim! Isso aconteceu depois do episódio no museu em Londres!

Ele passou a mão em seus cabelos e falou com muito carinho:

– Querida, essas obras te poderão assegurar consolo e esclarecimento sobre muitas coisas!

Angustiada, Olívia perguntou:

– E quanto à criança? Está prestes a nascer!

Confiante, Edward segurou as mãos de Olívia e asseverou:

– Deves confiar em Jesus e entregar nosso filho à sua proteção! Aviso-te que mais uma grande provação te aguarda, mas, para que o nosso valor seja aferido, é preciso entrar na refrega! É hora de darmos o testemunho de nossa fé!

Sem compreender o sentido daquelas palavras, ela indagou:

– Quando virás me buscar? Não vejo o momento de iniciarmos uma vida juntos!

Edward respondeu com visível tristeza:

– Tem paciência, pois esse dia chegará, querida! Não esmoreças, porque estou sempre ao teu lado.

Olívia ainda sentiu o roçar dos lábios de Edward nos seus e abriu lentamente os olhos. Uma sensação de felicidade incontida se apoderou de sua alma.

Sim! Tinha sonhado com Edward! Lembrava-se de tê-lo visto com vestes claras, belo como um príncipe! Ouvira sua voz, tocara em seu rosto, sentira o calor de sua pele! Tinha certeza de que estivera com ele! Um sentimento de paz a envolveu e ela voltou a bordar a roupinha com as iniciais AWH, de Albert Willistown Hashid.

Dali a dois dias, Olívia deu à luz um robusto menino. Quando se preparava para amamentar o filho, a enfermeira encarregada de lhe prestar atendimento, senhorita Sarah M., entrou no quarto e, tomando-lhe o menino, afirmou:

— Lamento muito, senhora Fletchers, mas seu marido acabou de chegar. Veio ver a criança...

Com dificuldade, ela tentou se sentar no leito e falar alguma coisa, mas Sarah se afastou rapidamente. Chegando até a porta, Olívia tentou alcançá-la, mas não conseguiu.

Pela primeira vez, Sarah demonstrou possuir algum sentimento; retornou e, colocando o menino no colo de Olívia, disse:

— Eu não deveria fazer isso... Se o doutor souber, estarei desempregada. Direi que está amamentando e que voltarei daqui a meia hora – disse Sarah, saindo logo em seguida.

Olívia olhou o rosto moreno do filho e apertou-o de encontro ao peito. Em um transbordamento de amor, beijou-o repetidas vezes, acariciando o rosto que, apesar da tez morena, se parecia muito com o dela.

Enquanto amamentava o filho, ela o acariciou e fez uma promessa que o destino se encarregaria de cumprir:

— Viverei por ti, meu filho! Um dia saberás da história de teus pais, do grande amor que os uniu e do preço que pagamos... – Em seguida, deu vazão a seus mais íntimos sentimentos: – Peço que sejas forte diante das dificuldades da vida sem seres arrogante; humilde, pois o caminho da simplicidade é o escolhido pelas grandes almas! Sê sábio e bom como teu pai, pois um dia nos reuniremos a ele. E, acima de tudo, continues a ser a luz da minha vida, pois és minha esperança de felicidade!

Alguns instantes depois, Sarah retornou. Olívia agarrou fortemente a criança de encontro ao peito e implorou para ficar mais algum tempo com ela.

Movida pela intuição, desejava evitar que Edwin visse a criança. Diante de sua relutância, Sarah retirou o menino de seus braços e se encaminhou em direção à porta.

Olívia tentou tirá-lo de suas mãos, mas Sarah se esquivou e saiu apressadamente. Na tentativa de reter o filho consigo, Olívia, por seu estado de debilidade, acabou caindo e, pressentindo que não voltaria a ver o menino, começou a gritar e a bater desesperadamente na porta.

Ao ouvirem seus gritos, enfermeiros correram até ela e, vendo seu estado, chamaram o dr. Whintall, que considerou que o caso de Olívia se agravara em razão do difícil período pós-parto.

Como não conseguiam levar Olívia para o leito, pois ela não deixava ninguém se aproximar, Whintall deliberou sedá-la. Olívia gritava, na esperança de que alguém pudesse ouvi-la! Desesperada, falava coisas que, para os demais, pareciam desconexas, fruto de uma mente conturbada:

– Por favor, não deixem Edwin levar meu filho! Ele não é o pai dele! Está se vingando por eu tê-lo traído! Ele me odeia! Ele roubará meu filho! Eu sei! – vociferava, enquanto lágrimas abundantes a sufocavam.

Com uma manobra rápida, a equipe de enfermagem conseguiu imobilizá-la e lhe aplicar um forte sedativo. Em alguns minutos, Olívia adormeceu, a alma atormentada e tomada de profunda dor.

***

Edwin representava o papel do marido desolado pela doença da esposa. Demonstrando constante preocupação, dizia não entender seu comportamento.

Afirmava nunca ter feito nada que justificasse tanta mágoa e ódio...

O médico de Olívia, Whintall, conhecendo a origem e a reputação de Edwin Fletchers, rico herdeiro, solidarizava-se com o rapaz.

Sabendo que precisava conquistar o médico para conseguir os seus propósitos, Edwin resolveu contar à sua moda como os fatos se haviam dado:

– O senhor tem sido mais do que um médico, dr. Whintall, e por essa razão preciso lhe relatar alguns fatos.

– Não te preocupes, meu rapaz; posso fazer ideia do que devas ter sofrido diante da doença de tua esposa!

– Mesmo assim, faço questão de lhe contar, para que o senhor compreenda minhas ações.

– Por favor, não é preciso lembrar fatos tão dolorosos!

– Saberei me controlar, doutor. Olívia sempre foi a razão de minha vida, embora soubesse que desde criança ela apresentasse algumas esquisitices. Apesar disso, nunca tive sonho maior do que ser seu esposo, poder ficar ao lado dela pelo resto de minha vida! No dia de nosso casamento julguei ser o homem mais feliz da face da Terra! Embarcamos logo a seguir para o Egito, onde no início tivemos uma lua de mel maravilhosa! Depois de algum tempo, seu comportamento começou a se modificar. Falava que via e ouvia vozes, passou a não dormir e, quando conciliava o sono, tinha sonhos terríveis! Passou a escrever coisas estranhas... Temendo que ela fugisse em uma de suas crises, resolvi interná-la em sua clínica, considerada excepcional nesses casos, certo de que ela teria todo o acolhimento e os cuidados necessários.

Tocado em sua vaidade, Whintall concordou, orgulhoso:

– Recebemos pacientes de toda a Europa!

Edwin continuou:

– Dói-me profundamente levar nosso filho para longe da mãe, mas não creio que ela tenha condições de criá-lo neste lugar. Se ao menos houvesse uma melhora significativa, com previsão de alta!

Whintall o fitou por meio de suas grossas sobrancelhas, respondendo:

– Lamento, meu filho, mas o prognóstico de sua esposa não é bom. Em seu caso, por já apresentar um problema mental grave, julgo, por dever profissional, assegurar-te que o melhor para a criança é ficar longe dela; não sabemos até que ponto a doença poderá se manifestar, apresentando perigo para a integridade do menino.

Intimamente sorrindo, Edwin perguntou com ar sofrido:

– Quer dizer que terei de levar meu filho embora para sempre? Pensava em vê-lo apenas!

– Não posso permitir que Olívia fique com ele. Conforme for, se houver alguma evolução no quadro, te avisarei, e poderás trazer o menino, para que ela o veja sob supervisão, entendeste?

Aparentemente desolado, Edwin abraçou o médico:

– Não sei o que faria sem o senhor, doutor. Muito obrigado por tudo o que tem feito por nós!

O médico, sensibilizado, respondeu:

– Aceitas um conselho de pai, meu rapaz?

Edwin o fitou com os olhos molhados e fez um movimento afirmativo com a cabeça:

– Trates de reconstruir tua vida! Sua esposa não voltará! Essas doenças são insidiosas; haverá momentos de lucidez e muitos de loucura! Logo a lembrança do filho será apagada de sua memória ou restará apenas uma vaga lembrança. Procure uma boa moça para reconstruir sua vida. Devido às circunstâncias, poderei fazer um laudo, declarando ser sua doença incurável!

Edwin fingiu estar profundamente chocado com o que ouvira. Agradeceu e se retirou com o garoto no colo; dali seguiria direto para o orfanato, onde planejara deixar o filho de Olívia e Edward. Satisfeito, ele via sua vingança se completar.

Dois dias após, recebeu a notícia que mais o alegraria: a morte de Edward. Convicto de que Olívia não resistiria à série de desgraças que se desencadeariam em sua vida, pensou, irônico: "Se, como dizem, colhemos o que plantamos, Olívia está em plena colheita!".

O infeliz Edwin apenas se esquecia de que não nos cabe agir como instrumentos da Justiça Divina. Ela sempre se cumpre, independentemente de nossas ações.

***

Depois do nascimento do filho, Olívia dormiu por um longo tempo. Ao acordar, as lembranças foram retomadas e a dor que antes lhe atingia as mais recônditas fibras da alma ressurgiu com todo seu vigor.

Mais uma vez, o desânimo lhe dominou as energias. Com esforço, tentou se levantar, mas voltou a cair; viu que a camisola estava úmida e verificou que o leite que deixara de dar ao filho lhe intumescia os seios, transbordava, molhando suas vestes.

O que fazer? E se, como suspeitava, Edwin lhe tivesse tirado em definitivo a criança? Tomada de profundo sofrimento, deixou-se levar por forças negativas que há muito desejavam sua queda.

A debilidade física, aliada ao novo choque sofrido, lhe roubou as últimas resistências. Olívia se isolou da vida, vivendo em uma atmosfera psíquica diversa da realidade física. Corpo e mente manifestavam-se em sítios diferentes.

Desenvolviam-se na Europa pesquisas relativas a novos tratamentos e, nos anos seguintes, Olívia passou por uma série de tentativas de "recuperação".

Graças à interferência de Asterion e Edward, com a permissão de Jesus, os danos ao seu psiquismo foram minimizados; quanto ao corpo físico, este ficara seriamente prejudicado.

Com o tempo, Edwin deixou de visitá-la, apesar de continuar cobrindo as despesas de sua internação. O sofrimento, por sua vez, carreou-lhe algumas modificações no espírito, mais importantes do que qualquer prejuízo físico que se possa imaginar.

O ódio, o desespero e a revolta que lhe haviam dominado a princípio deram lugar à aceitação das circunstâncias, ao fato determinante de que algo maior que sua vontade se lhe impunha.

Não que não houvesse lutado! Por muito tempo tentou localizar alguém que pudesse ajudá-la, forçara situações, usara de alguns artifícios para fugir... Tudo em vão! Conseguira apenas que a vigilância fosse redobrada e a medicação, aumentada.

O tempo passava e a vida prosseguia para Olívia entre a tristeza e a conformação.

***

A notícia da morte de Edward trouxe grande satisfação a Edwin, pois tudo caminhava melhor do que planejara.

Devia, antes de tomar a atitude que há muito almejava, iniciar o processo de anulação de seu casamento.

Sabia que reuniria com facilidade os elementos necessários. A pedido de seus advogados, obtivera o laudo atestando a doença de Olívia.

Os experientes causídicos não viram maiores dificuldades na ação de Edwin. Segundo eles, tudo deveria transcorrer a contento, principalmente por ele ser um homem de posição.

O caráter obstinado de Edwin lhe permitiu aguardar o término dos trâmites legais. Sua próxima atitude foi procurar Olívia. Logo ao chegar, ele a observou detidamente.

Sim, Olívia mudara! O olhar belo e jovial parecia agora, apesar de límpido, infinitamente triste. A elegância cedera lugar à excessiva magreza, e o brilho da juventude, à maturidade precoce.

A moça não entendeu o motivo daquela visita inesperada; evitava fitá-lo, pois lutava contra o sentimento que tomara vulto em seu coração. Infelizmente, não se sentia em condições de perdoar Edwin.

Odiava-o! Não suportava ficar em sua presença. Procurando evitar o mal-estar que se criara, indagou:

– O que desejas ainda? O que mais me podes tirar? Levaste até meu filho...

Edwin sorriu e disse:

– Calma, minha querida. Vim vê-la, saber como se encontra a minha "amada" esposa...

As palavras irônicas do rapaz a aborreceram profundamente. Reconhecendo que não deveria provocá-lo, tornou:

– Quando permitirás que eu saia daqui, Edwin? O que tens a ganhar mantendo-me presa neste lugar? E meu filho? Preciso vê-lo! – disse em lágrimas.

Edwin aproveitava a oportunidade para se vingar do desprezo de Olívia. Aproximou-se e falou em tom ameaçador:

– Precisas entender uma coisa, minha querida: verás teu filho quando eu permitir! Apenas de ti dependerá a felicidade dele!

– O que queres dizer? Explica-te, Edwin!

Edwin sentou-se em uma poltrona e comentou:

– Vejo que ficaste bem instalada aqui. Eu poderia ter te colocado na ala dos indigentes, mas sou um bom homem, tanto que vou te tirar daqui mais cedo do que imaginas!

Sem compreender, Olívia o fitou com atenção. Edwin prosseguiu:

– Ouviste bem, Olívia. Pensei a respeito e não desejo que morras aqui. Se bem que o mereças! Daqui a algum tempo, falarei com o dr. Whintall.

Uma avalanche de pensamentos invadiu a mente de Olívia. Duvidando do que ouvia, perguntou:

– O que significa isso, Edwin? Achas que podes me perdoar? Poderei seguir minha vida?

Edwin riu e disse:

– Evidentemente, minha querida! Estarás livre de nosso compromisso, pois nosso casamento será anulado.

Emocionada, Olívia exclamou:

– Agradeço tua atitude. Confesso que não esperava...

– Não deves me agradecer, Olívia. Faço isso para cumprir a promessa que fiz a mim mesmo: vingar-me! Estás livre, mas jamais te unirás ao homem pelo qual me trocaste, pois ele está morto! Edward morreu no Cairo há alguns meses, de uma febre desconhecida. Teve o fim que merecia, pois traiu aqueles que o receberam como amigo.

Olívia sentiu que as forças lhe faltavam. Tinha a impressão de que a vida se lhe esvaía, enquanto Edwin prosseguia:

– Casarei com Kate e não quero que te aproximes dela, ouviste? Poderei mudar de ideia se ousares nos perturbar a paz. Espero que me obedeças, pois caso contrário jamais encontrará teu filho. Por tudo isso te disse que de ti depende a felicidade do menino.

Atônita, Olívia ouvia as palavras de Edwin como se lhe fosse lançada uma sentença de morte. Sentia-se enlouquecer de dor e desespero! Perdera sua última esperança de vida ao saber da morte de Edward.

Ia falar algo quando sentiu as pernas cambalearem e perdeu os sentidos.

Edwin ficou alguns instantes observando a ex-esposa ali, estendida no chão, e se retirou. Sua palavra fora cumprida.

25

Compreendendo Jesus por meio de Kardec

O episódio fez com que a permanência de Olívia na clínica fosse prolongada. Novamente a depressão que sobrevinha às grandes provações por que passava lhe acarretava sérios prejuízos à saúde física e mental.

Os desequilíbrios mentais ou as obsessões são provas que muitas vezes o espírito não pode, carmicamente, evitar; no entanto, na maioria das vezes, poderiam ser atenuadas com o conhecimento espírita.

A maioria dos distúrbios psíquicos se manifesta nos médiuns em desequilíbrio, pois a mediunidade, quando esclarecida e bem orientada pelos luminosos ensinamentos de Jesus, torna possível o reequilíbrio dos espíritos encarnados e desencarnados envolvidos na prova.

Considerando que, na etiologia dos distúrbios mentais, do ponto de vista espiritual, obsessor e obsedado, perseguido e perseguidor encontram-se unidos por fortes ligações psíquicas, quase simbióticas, nas quais as ações de um repercutem sobre o outro, as terapias baseadas nos variados tipos de choques usadas nos pacientes de então até surtiam algum efeito, embora passageiro.

A medicação age na química cerebral, dificultando ou bloqueando a atuação do espírito nos processos de longo curso ou crônicos, mas verificam-se sequelas no corpo físico; a diferença é que a matéria se danifica e deteriora seu funcionamento, mas o perispírito, ao drenar fluidos originados em atos menos dignos do passado espiritual, liberta-se, renovado, para a conquista de novos valores.

Cabe lembrar as palavras de Jesus, quando nos ensinou o roteiro para a superação de nossa inferioridade e libertação espiritual: "A caridade cobre a multidão dos pecados".

Como chave libertadora em qualquer plano da vida, haja vista sua consonância com a lei maior de amor ao próximo, por meio dela resgatamos nosso passado culposo, ao nos libertarmos das vibrações deletérias que acumulamos em nosso perispírito, colocando-nos em sintonia com o Criador.

O bem que praticamos nos beneficia de forma muito mais salutar e profunda do que imaginamos, visto que liberta as nossas consciências e passamos a vibrar em padrões característicos das esferas superiores.

***

Certa feita, Olívia, ao acordar, lembrou que sonhara e que era o mesmo sonho de anos atrás. Com o desenrolar dos acontecimentos, acabara esquecendo que, às vésperas de dar à luz, sonhara com Edward e que ele lhe falara no presente de madame Duplat.

Com o tempo, Sarah, a enfermeira, passou a lamentar sua participação no episódio da separação de Olívia de seu filho. Acabou tomando-se de remorsos e se afeiçoando à Olívia. Ao lhe falar do sonho com Edward, a jovem lhe falou sobre as obras que recebera havia muito tempo. Em seguida, levantou-se e, procurando em seus pertences, localizou um embrulho que, por seu aspecto, parecia nunca ter sido aberto. Abriu com cuidado e retirou de dentro do pacote alguns livros em francês.

Um a um, foi lendo os títulos, e, a cada palavra que pronunciava, parecia que Edward lhe sussurrava aos ouvidos: "Lê, querida, não os desprezes! Poder-te-ão esclarecer muitas coisas!".

Sarah, que não entendia o idioma, perguntou:

– Do que se trata, Olívia? Sabes que o dr. Whintall não permite certas leituras...

Olívia respondeu prontamente:

– Não te preocupes, Sarah. São inofensivos.

A enfermeira deu meia-volta e se retirou. Olívia ficou pensativa: "Por que Edward me pediu para ler estes livros na véspera do nascimento de meu filho? E por que acabei esquecendo?".

Intuitivamente, ela entendeu que talvez aquele não fosse o momento certo; se para tudo na vida havia um tempo, talvez fosse então chegada a hora... Assim, ela tomou um dos exemplares e se sentou em uma cadeira próxima à janela de seu quarto. Abriu a capa e leu o título: *Le livre des Esprits* (*O Livro dos Espíritos*).

***

Cerca de quase dois anos depois, apesar da relutância de Whintall em liberar Olívia, Edwin considerou que ela recebera o castigo que merecia.

Em casa de Harriet, com o auxílio de Flora, Olívia foi pouco a pouco se recuperando.

Evitava falar do passado e sua única esperança se concentrava na perspectiva de encontrar o filho. Lembrava-se de ter bordado a pequena veste às vésperas de seu nascimento! Ele deveria se chamar Albert Willistown Hashid... Que nome o seu menino teria?, perguntava-se. Como estaria ele? Estaria parecido com Edward ou com ela? Olívia passava os dias divagando e pensando no que poderia ter sido sua vida.

O espírito, ao reencarnar, traz em seu planejamento de vida o programa de experiências pelas quais deverá passar para desvincular sua consciência dos desacertos do passado. Cabe, no entanto, a cada um de nós, por meio do livre-arbítrio, tornarmos essas experiências menos dolorosas e mais eficazes em seu caráter educativo.

Podemos sempre erguer nossas frontes e olhar o horizonte, convictos de que não estamos abandonados pela misericórdia divina, ou nos mantermos abatidos e derrotados, como seres miseráveis. De nossa atitude frente às situações que a vida nos oferece dependerá o fim das circunstâncias difíceis que vivemos.

Olívia, em um primeiro momento, deixara levar pela autopiedade, esquecendo os grandes recursos que possuía para vencer sua provação.

No momento em que compreendeu que não podia mudar os fatos e que lhe cabia modificar sua atitude, encontrou o auxílio que a levaria à superação de seu sofrimento.

A leitura da obra de Allan Kardec lhe revelou um mundo que em parte ela já conhecia, mas procurava ignorar, além da convicção de que não enlouquecera, pois chegara a dar razão, a certa altura, aos médicos que a examinavam.

A dor, apesar de existir, parecia ter-se fragmentado com o tempo...

***

Kate havia se casado com Edwin logo após a anulação de seu casamento com Olívia. Apesar de saber que ela não o amava, sentia-se constrangida por haver desposado o homem que tanto infelicitara a amiga.

Olívia, por sua vez, desejava manter distância de Kate, por saber que Edwin poderia prejudicar seu filho. Ele, no entanto, não se sentia seguro em relação ao cumprimento da promessa de Olívia e resolveu acabar de vez com o assunto, criando uma farsa sobre o desaparecimento de Olívia; precisava garantir que Kate não a procurasse jamais!

Certo dia, ao chegar do trabalho, revelou um proposital abatimento, chamando a atenção da esposa. Preocupada, ela lhe perguntou o motivo daquela tristeza.

– Lamento, querida, mas aconteceu algo terrível e precisarás de todas as tuas forças para superar este golpe!

Aflita, Kate pediu-lhe que revelasse o que acontecera. Ele não se demorou a lhe dizer:

– Olívia teve uma crise muito séria e tirou a própria vida!

Kate soltou um grito e, cobrindo o rosto com as mãos, começou a chorar.

Edwin procurou consolá-la e a seguir completou:

– Sofreste demais por causa de Olívia e sua família, minha querida. Desejo e espero que me atendas, que te afastes de uma vez da família

Willistown! Esquece Olívia – que Deus a proteja! – bem como Flora e a velha tia de Londres... Viveremos em Kent, com o filho que um dia me darás, para completar nossa felicidade!

Kate negava-se a acreditar no triste fim de sua amiga querida. Procurando obter mais informações, perguntou:

– Quando e como isso aconteceu? Por que não me constaste para que eu pudesse me despedir de Olívia? Tenho um débito para com o pai de Olívia... – sussurrou Kate, lembrando-se do envelope que John Willistown lhe dera no dia do casamento da amiga.

Incomodado com a conversa, Edwin encerrou o assunto:

– Ora, Kate, fizeste tudo o que estava ao teu alcance por Olívia e sua família! Não quis que presenciasses os funerais, para evitar essa última impressão de Olívia, minha querida. Ela se enforcou em um momento de descuido da enfermagem.

Kate desatou em pranto. Percebendo o golpe que ela sofrera, Edwin a abraçou e a beijou com ternura.

O carinho do marido venceu a resistência de Kate, que considerou que o melhor a fazer seria orar por Olívia.

26

Voltas que a vida dá

Enquanto Olívia reencontrava a paz e o equilíbrio, por meio das provas reparadoras, mudanças aconteciam na vida de nossos amigos.

Casada há pouco mais de dois anos e sem esperança de ter filhos, Kate resolveu falar com Edwin sobre o assunto.

Implorou ao marido que adotasse uma criança, para que a vida de ambos tivesse algum sentido; cansara de esperar por uma gravidez que nunca acontecia.

A princípio, ele não lhe quisera dar ouvidos; não admitia que um bastardo pudesse usar o seu nome e, o que era pior, ser seu herdeiro.

O tempo passava e Kate se tornava visivelmente infeliz, vendo frustradas todas as suas tentativas de ser mãe.

Edwin se ausentava cada vez mais, atribuindo aos deveres profissionais as repetidas viagens; Kate via-se isolada e abandonada pelo marido. Quando resolvia lhe dizer alguma coisa, Edwin respondia impaciente, considerando-se vigiado por Kate.

Sentindo possuir alguma culpa no comportamento da jovem esposa, ele por fim anuiu com a ideia da adoção. Deixou sua mãe e Kate responsáveis pelo assunto.

Com o coração transbordando de felicidade, Kate foi em busca da criança, de quem desejava cuidar como se fosse seu próprio filho.

Ao chegar a conhecido orfanato, entre as diversas crianças que lhe foram apresentadas, uma lhe chamou a atenção em especial.

Tratava-se de um menino de tez morena e expressivos olhos negros. Imediatamente, Kate soube que aquele menino teria de ser seu filho.

Curiosa sobre sua origem, indagou:

– De onde veio essa bela criança?

A responsável lhe respondeu:

– Provavelmente de um dos hospitais de Londres, senhora. Como deve saber, todos os dias alguma jovem dá à luz uma criança indesejada. Normalmente as próprias famílias se encarregam de se desfazer do indesejado fardo.

– Como alguém pode considerar um fardo uma criança bela como esta? Provavelmente a mãe deve ter morrido ou algo assim.

– Quem sabe? Apenas cumpro meu dever de aceitá-las e procurar encaminhá-las a algum lar – respondeu a mulher, indiferente, prosseguindo: – Deseja ver mais alguma criança? Posso lhe garantir que este menino é muito forte. Está conosco desde o nascimento.

– Qual a idade dele?

– Fará três anos no próximo mês, senhora.

Kate olhou para a sogra, lady Rosalyn Fletchers, e declarou:

– Minha escolha está feita! Esta criança tem algo diferente que me chamou a atenção!

Rosalyn voltou-se para a criança e a segurou entre os braços. Os olhos expressivos do menino pareciam lhe pedir amparo e proteção. Sua tez morena, no entanto, fazia a mãe de Edwin vacilar.

Do outro lado da vida, Asterion e Edward procuravam lhe sensibilizar o coração materno ao lhe falarem sobre o carinho que deveria ser dispensado àquela criança.

Com os olhos marejados, Rosalyn sorriu e, voltando-se para Kate, confirmou:

– Sim, este é o menino que viemos buscar!

Kate se lembrou, então, de perguntar:
— Suponho que ele já tenha um nome...
A responsável lhe respondeu:
— Colocamos o nome de Kevin, em homenagem a um antigo trabalhador de nossa casa, apesar de que entre suas roupas encontramos uma camisa bordada com as iniciais AWH... Como não tínhamos a menor ideia do que significavam, não levamos isso em conta.

Pelos laços que as circunstâncias cármicas haviam tecido, o filho de Olívia e Edward retornou ao grupo familiar com o qual se comprometera antes de sua encarnação.

Sem saber, Edwin recebia como filho o fruto da traição de sua ex-mulher.

***

Treze anos se passaram e, naquele período, as experiências trouxeram exatamente as lições de que nossos amigos precisavam.

O caráter vivaz e afável de Kevin acabou cativando a todos. Kate, principalmente, o adorava!

Edwin, a princípio, mostrou-se reticente, pois havia algo no menino que o inquietava. Com o tempo, o interesse de Kevin pelos negócios do pai adotivo fez com que ele o amasse sem reservas.

As constantes preocupações e a vida um tanto desregrada de Edwin acabaram trazendo consequências: adquiriu séria doença pulmonar.

O hábito de fumar lhe trouxe um enfisema, fazendo com que tivesse de abandonar suas atividades profissionais.

Resolveu, então, retornar a Kent com Kate e Kevin; desejava passar mais tempo na mansão Willistown.

Por vezes, era assaltado por crises de remorso, quando se lembrava do triste destino a que condenara Olívia.

Como sobrevivera à série de tragédias que ele lhe havia infligido? Sim! Ele a castigara por toda a vida, pela traição que cometera... Fora o mais empedernido dos juízes, quiçá mais duro mesmo que Deus, segundo suas convicções. Como poderia revelar agora o que fizera com o filho de Olívia havia mais de dez anos? O que pensaria Kate a seu respeito se soubesse a verdade?

Com o tempo, o carinho e a dedicação da esposa lhe haviam cativado o coração. Sua ternura constante, mesmo sabendo que ele não lhe era fiel, foi modificando seus sentimentos em relação a ela.

Notava-a mais bela e verificava que tudo em sua vida passava a girar em torno da esposa. O próprio Kevin lhe preenchia a vida de tal forma que admitia não possuir um amigo mais íntimo que o filho adotivo.

A doença se agravava e, à medida que as crises de falta de ar pioravam, Edwin percebeu que tinha pouco tempo de vida!

Se pudesse, pediria perdão a Olívia; sua separação, no entanto, lhe propiciara a descoberta das maiores afeições de sua vida.

Resolveu que contaria tudo a Kate; só assim morreria em paz. Tomada a decisão, Edwin aguardou o dia seguinte para revelar tudo o que fizera alguns anos antes...

Na noite que se seguiu, ele piorou muito. A doença o perturbava havia muitos anos e o médico tinha dito a Kate que chegara à fase terminal.

Apesar de ter acesso a todos os recursos que à época o dinheiro lhe propiciava, Edwin agonizava.

Kate, desesperada, percebia que o marido desejava lhe dizer alguma coisa, mas não conseguia compreendê-lo.

Os esforços dispendidos na vã tentativa de falar faziam com que Edwin se tornasse mais enfraquecido, piorando sua condição geral.

Kate então lhe implorava que permanecesse em silêncio, procurando poupar suas energias.

A certa altura, Edwin fez um gesto de que desejava escrever. Prontamente, Kate buscou uma folha de papel na escrivaninha, e ele, com extremo esforço, traçou alguns rabiscos incompreensíveis e desfaleceu.

Kate chamou a enfermeira que o atendia, que sacudiu a cabeça em negativa ao vê-lo.

Edwin deixava a vida tentando revelar uma grande falta de seu passado.

Após a morte de Edwin, Kate teve de se inteirar dos negócios da família. Kevin, apesar da pouca idade, já seguia os passos do pai adotivo; acompanhara-o em diversas oportunidades, quando Edwin procurava lhe demonstrar como agir no mundo dos negócios.

As atitudes de Kevin revelavam uma maturidade superior à sua idade, e seus juízos sobre diversos assuntos, muitas vezes, desconcertavam seus pais adotivos.

Dotado de um coração generoso, Kevin revelava um caráter reto e voltado aos estudos; curioso, questionava Kate sobre uma série de coisas que ela estava impossibilitada de responder.

Assim, Kate recorria a madame Duplat, que, prontamente, esclarecia as dúvidas dele.

Em uma oportunidade, encontrando-se as duas em Londres, Marie Duplat disse a Kate:

— Estive me lembrando de nossa querida Olívia... É estranho, pois tenho a impressão de que nossa amiga está encarnada...

Kate sorriu com tristeza e argumentou:

— Lembro de já ter me dito isso, senhora, mas como isso poderia ser? Edwin nos mostrou a certidão de óbito de Olívia. Não creio que o meu marido nos tivesse enganado por tanto tempo. Onde poderia estar? Por que não nos procurou em todos esses anos? Por outro lado, também não entendo por que nunca se manifestou em espírito!

Pensativa, Marie tornou:

— Foste ao enterro? Não conheço ninguém de nossas relações que tenha ido! Sei que parece que perdi o juízo, mas algo muito grave aconteceu a Olívia. Algumas vezes, quando orava por ela, tinha a impressão de vê-la em grande sofrimento moral!

Kate tornou melancolicamente:

— Entendi que Edwin desejasse discrição sobre o assunto, preservando a memória de Olívia. Quanto sofrimento ela deve estar passando! Não é esse o destino dos suicidas? Lamentar a oportunidade perdida? Sofri muito com a atitude dela!

– Sim, é inimaginável o martírio dos suicidas... Volto, porém, a insistir: procura-a, Kate, e talvez tenhas uma surpresa!

Kate arqueou as sobrancelhas e contrapôs:

– Se o que diz é verdade, que motivo ela teria para se aproximar agora? Por que não o fez antes?

Enquanto Kate perguntava, seu semblante se modificou. Aflita, perguntou, sem disfarçar o medo que a resposta lhe causava:

– Diga-me, minha boa amiga, Edwin teria algo a ver com a suposta morte de Olívia?

Madame Duplat a fitou com um intenso brilho no olhar:

– Procura saber o que aconteceu com ela, querida, este é o meu conselho! Como vai Kevin? – perguntou, trocando de assunto.

Kate sorriu e comentou:

– Kevin é um rapaz extraordinário! Graças à misericórdia divina, ele entrou em nossa vida trazendo-nos paz e alegria! Às vezes fico a observá-lo e tenho a impressão de que me é muito familiar!

Madame Duplat permaneceu em silêncio e Kate voltou para casa. Ao encontrar o filho, inteirou-lhe sobre o que havia conversado com a senhora.

O jovem a ouviu com atenção e anotou:

– Acho que madame Duplat tem razão. Se a morte de tia Olívia não foi confirmada, devemos descobrir logo. Por que meu pai mentiria sobre algo que um dia fatalmente descobriríamos?

– Se isso realmente aconteceu, meu filho, vamos saber o motivo!

Assim, ficou combinado que no dia seguinte ambos iriam em busca da verdade.

27

A procura por Olívia

Edwin determinara a Kate que esquecesse definitivamente Olívia, desde que começaram o relacionamento.

Kate sabia que ela havia sido internada em um hospital, mas o desejo de não desagradar o marido a levara a aceitar o triste destino da amiga.

A notícia da morte de Olívia, no entanto, fizera-a sentir-se culpada pelo seu procedimento; mas agora, com a morte de Edwin, finalmente podia dar vazão à sua dor. Julgava ter perdido dois espíritos muito caros ao seu coração. Sem laços familiares sólidos, sentia-se sozinha ao lado de Kevin.

O encontro com madame Duplat lhe reavivara a esperança. Não havia, com efeito, nada que sustentasse as palavras da boa amiga; mas e se Edwin tivesse mentido para afastá-la de Olívia?

Por que o marido tomaria tal atitude? Teria agido daquela forma apenas para se vingar de Olívia?

"De qualquer forma", pensava, "devo resolver essas questões para ter um pouco de paz".

Alguns dias depois, conversava tranquilamente com o filho quando foi anunciado Brandon, antigo funcionário de Edwin.

No dia anterior, Kevin havia ficado longo tempo no escritório que fora de Edwin, averiguando alguns pagamentos, procedimento que começara a fazer desde que Edwin adoecera. Ele encontrara em meio aos papéis alguns documentos estranhos. Na realidade, tratava-se de recibos de depósitos bancários e, como havia vários deles, Kevin não prestara muita atenção.

Asterion, no outro plano da vida, incumbira Edward de agir de forma mais efetiva junto ao filho.

Assim, Kevin prosseguia o trabalho, selecionando o que julgava importante, mas algo o incomodava. De repente, fez uma pausa, parecendo-lhe que alguém lhe falava algo que não conseguia entender. Levantou-se, inquieto, caminhou pela sala e novamente voltou a se sentar.

Edward, expressando ativa concentração, lhe dizia:

"Kevin, meu filho, presta atenção nos recibos! Descobre que recibos são estes! Olha as datas!".

Ele voltou sua atenção aos recibos e verificou que a maioria eram depósitos que reportavam ao período em que Olívia estivera hospitalizada; havia, no entanto, uma considerável quantia de comprovantes que iam além daquele período.

"Por que meu pai seguiria pagando o hospital depois da morte de tia Olívia?", perguntou-se.

Profundamente intrigado, ligou para Brandon, homem de confiança de Edwin, e, como este se mostrasse reticente, pediu que fosse até Kent, para falarem pessoalmente.

Assim, embora surpresa, Kate o recebeu e convidou-o para tomar uma xícara de chá, dizendo:

– Senhor Brandon! Há quanto tempo não vem à nossa casa! A que devo sua visita neste dia tão frio?

O homem, cujos cabelos encanecidos precocemente lhe davam um ar de cansaço, cumprimentou-a respeitosamente e explicou:

– Devo-lhe desculpas por não ter avisado, mas o menino Kevin havia solicitado minha presença hoje e, apesar de estar bastante ocupado, não pude deixar de atendê-lo.

Kevin se adiantou e esclareceu:

– Ocorre, minha mãe, que estive averiguando despesas de meu pai e encontrei alguns recibos dos quais papai nunca me havia falado. A princípio não me interessei, mas algo me intrigou. Pode o senhor me dizer do que se trata?

Brandon passou a mão pelo rosto e, apesar do frio reinante lá fora, parecia transpirar.

– Por favor, sente-se e fale sem rodeios – pediu Kate.

– Se a senhora assim o deseja... – Brandon se sentou a pequena distância e começou: – Posso apenas lhe afirmar que sou um funcionário do banco e sempre cumpri as ordens do senhor Edwin. Fazia os pagamentos, mas nunca me atrevi a questionar nada!

Kevin perguntou, incisivo:

– Sem rodeios, senhor Brandon! Desejo saber a que se referem aqueles recibos, apenas isso.

– Acredito que o senhor Edwin, com sua generosidade, passou a auxiliar o hospital por benevolência, senhor... – disse, tentando encerrar o assunto.

– Não acredito nisso! Preciso saber o motivo de meu pai ter feito esse tipo de doação!

Brandon, que não disfarçava o mal-estar, continuou:

– Creio ser muito difícil obter essa informação, pois isso aconteceu há muito tempo, senhor.

Percebendo que havia alguma coisa errada, Kevin disse, categórico:

– Lamento, pois, queira o senhor colaborar ou não, acabaremos descobrindo. Tenho amigos que poderão me auxiliar com mais disposição!

Brandon acrescentou, receoso:

– O senhor é muito jovem, senhor Kevin. Deveria procurar se distrair, aproveitar o berço que Deus lhe deu. Esqueça essa história!

Kevin fixou Brandon com seriedade e respondeu, taxativo:

– Agradeço-lhe o conselho, mas agirei de acordo com minha consciência; se eu descobrir que essa soma foi para auxílio do hospital, muito bem, o assunto está encerrado.

Brandon arregalou os olhos e não desistiu de dissuadi-lo do intento.

– Peço que esqueça isso, senhor. Faz muito tempo que aconteceu e não há razão para vasculhar o passado!

Edward, presente no ambiente, aproximou-se de Kate e, insuflando-lhe energia renovada, incitou-a a se manifestar:

— Peço-lhe, pela memória de meu marido, que nos revele neste momento a que se referem estas despesas! Edwin já não está neste mundo e, seja o que for que tenha feito, imploro-lhe que esclareça esta situação!

Suando muito, Brandon começou:

— Falarei o que sei, minha senhora. Há quase vinte anos, quando o senhor Edwin internou sua ex-esposa, deu-me ordens para que fizesse os pagamentos do hospital; algum tempo depois, soube da morte trágica da senhora Olívia, mas os pagamentos continuaram!

Kate e Kevin se entreolharam, curiosos. "Por que Edwin manteve os pagamentos?", perguntaram-se em silêncio.

Intrigado, Kevin prosseguiu:

— Saberia o senhor me dizer exatamente até quando meu pai pagou esse hospital?

— Como já lhe disse, o pagamento foi feito muito tempo após a morte da senhora Olívia.

Preocupado, Kevin deu o assunto por encerrado e se propôs a acompanhar Brandon até a porta.

Na saída, segurou o braço de Brandon e lhe perguntou à queima-roupa:

— Esses depósitos eram para o hospital realmente ou para alguém em especial?

Surpreso, a princípio, Brandon respondeu, contrafeito:

— Isso era algo sério e por vezes vi o senhor Edwin olhando por muito tempo para esses recibos...

Kevin falou, decidido:

— Descobriremos, seja lá o que for!

— Farei o possível para ajudar, senhor. Acho que esse mistério deve ser desvendado! Não tenho nada a perder a essa altura.

28

Interferência da espiritualidade

O tempo passou. Naquele dia em especial, Olívia lembrava-se muito do filho que lhe fora roubado por vingança.

Sentada em seus aposentos, pensava em como estaria seu pequeno àquela altura. "Por certo deve ser um belo jovem!", cogitava, orgulhosa.

Percebendo o olhar lacrimoso de Olívia, Flora amenizou sua expressão normalmente amargurada e perguntou:

– O que houve, Olívia? Há muito tempo que não te via assim chorosa!

Ela secou as lágrimas com as mãos e declarou:

– Mãe, tudo o que aconteceu em minha vida, tenho aceitado, por entender que havia um plano traçado para que assim ocorresse. No entanto, no que diz respeito a meu filho, a saudade me tortura! Sei que mal pude aconchegá-lo em meus braços, mas mesmo assim meus sentimentos são tão intensos! Tenho certeza de que ele já fez parte do meu passado.

Flora não pôde conter as lágrimas. Procurando se controlar, indagou:

– Quando decidirás ir à sua procura, minha filha? E quanto a Kate? Já a perdoaste por ter se casado com Edwin, sabedora de tudo o que ele te fez?

Olívia passou a mão pelos cabelos brancos de Flora e disse com tristeza:

– Não culpo Kate por ter sido enganada por Edwin! Todos foram, e talvez eu mesma não saiba até que ponto ele chegou para levar adiante sua vingança. Ele sempre foi muito infeliz e quis partilhar sua infelicidade!

– Nunca sentiste desejo de te vingares? E quanto a Sarah? Não entendo como a recebes nesta casa! – comentou Flora, interessada.

Sorrindo, Olívia respondeu:

– Entendo, mãe, que tua formação não te permitas aceitar de pronto a ideia de perdoar. Esse é um esforço que faço diariamente!

– Mas por que é tão difícil entender a Bíblia? Sou cristã, porém não sei se conseguiria perdoar um algoz como Edwin!

– A Doutrina dos Espíritos me esclareceu muitas coisas, minha mãe. É uma doutrina consoladora acima de tudo, que explica as causas dos males a que estamos sujeitos aqui na Terra. Também tive muitas dúvidas, embora pudesse ver os espíritos e ouvi-los; não adiantaram os conselhos de amigos tentando me alertar de que, se eu não buscasse estudar e entender o que acontecia comigo, acabaria me desequilibrando! Acho que fiz isso tarde demais!

– E quanto ao que escreves? O que pretendes fazer?

– Esse assunto me traz recordações que prefiro deixar enterradas no passado, quando ainda tinha muitos sonhos. Não creio que deva levar adiante essa experiência. Seria ridicularizada e, provavelmente, internada em um hospital de novo!

– Entendo o que sentes, minha filha. Edwin não permitiria que levasses isso adiante!

– Não desejo que ninguém saiba disso, mãe. Gostaria que esse assunto ficasse apenas entre nós.

– Tenho orgulho de ti, Olívia; não te preocupes, pois não falarei nada. O que achas de me acompanhares no chá?

Olívia sorriu e, dando o braço à mãe, caminhou para a sala de jantar.

***

Enquanto isso, no mundo espiritual, Asterion e Edward, acompanhados por outros espíritos, pareciam concentrados em algo de suma importância.

Asterion tomou a palavra e traçou as diretrizes:

– Meus queridos irmãos! Há algum tempo acompanhamos deste plano a existência de nossa Olívia, querida filha do coração, que necessita mais uma vez de nosso auxílio!

Edward, emocionado, acrescentou:

– Devemos agir com presteza, pois o tempo de Merytre está acabando na Terra!

Asterion concordou e tornou:

– Sim, nossa ação deverá ser precisa! Roguemos a Jesus que nos permita trabalhar com eficácia em seu auxílio, visto que ela precisa terminar sua tarefa.

Edward demonstrou preocupação e exclamou:

– Olívia está determinada a abandonar sua tarefa mediúnica! Diz que foi tudo uma ilusão e jamais aceitou minha partida!

Asterion concordou e esclareceu:

– Mesmo assim, faremos tudo o que nos compete. Não podemos esquecer, contudo, que Olívia possui seu livre-arbítrio! É um compromisso que ela assumiu com Mutnefer e Kya há muito tempo e faremos todos os esforços para que ela o cumpra.

Edward se aproximou e, visivelmente emocionado, declarou:

– Não tenho palavras para agradecer tua dedicação, meu irmão! Principalmente ao lembrar a grande dívida que eu, Olívia e os demais contraímos no passado...

Asterion sorriu e, colocando a mão suavemente sobre o ombro de Edward, disse:

– Meu caro Amenakht, o problema a que te referes foi esquecido na poeira do tempo! Como te disse em outra ocasião, os que foram mais diretamente atingidos estão trabalhando pela redenção espiritual dos que ainda se encontram nas paisagens terrenas. O nosso maior anseio é que, sob a tutela amorosa de Jesus, todos possam resgatar o passado, para dar novo rumo à sua existência!

Edward aproveitou a pausa:

– Reconheço que sem o amparo de Jesus falharíamos novamente; assim tem sido há muito tempo! O preço que nossa consciência tem nos cobrado transcende em muito aquilo que as leis divinas realmente nos impuseram.

– Sim! – completou Asterion. – Normalmente é isso o que ocorre. A mente culpada revive o mal praticado e a cada lembrança se envolve cada vez mais em fluidos deletérios, próprios da ação encetada contra a ordem perfeita que sustenta os mundos, que tão bem conheces... Cria-se, assim, um círculo vicioso de remorso e culpa, do qual só nos libertamos ou com a vivência de circunstâncias similares, que nos façam compreender a Lei, ou por uma ação constante nos círculos da caridade ativa, capaz de nos modificar o estado perispiritual.

Edward sorriu e acrescentou:

– O nosso antigo *maat* era o princípio de nossas crenças! Trouxemos esses conceitos há tanto tempo para a Terra e, no entanto, os homens estão descobrindo agora nosso passado, Asterion. Chegará o dia em que entenderão quem realmente fomos?

Com um sorriso que iluminou seu rosto, Asterion respondeu:

– Ah! O tempo! Para nós, caro Edward, o tempo é a eternidade! Não nos apressemos e deixemos os encarnados seguirem a trajetória que lhes é apropriada. Surgirá o dia em que tudo se esclarecerá e os homens terão uma maior compreensão sobre uma série de coisas. Por ora, é preciso que desenvolvam novas tecnologias, que lhes permitam sondar outras realidades que ainda não conseguem divisar nem em sonhos! Aguardemos com paciência, pois é preciso que se cumpram alguns ditames, para que o homem possa adquirir méritos que lhe deem acesso a novas e mais altas conquistas. A ação educativa e terapêutica que o tempo exerce em nossa vida é uma bênção que não podemos desdenhar; aliando-se a ele a experiência e o conhecimento, poderemos usar adequadamente os recursos que a misericórdia divina coloca em nossa vida. Lamentavelmente, enquanto o homem erguer a mão para ferir seu semelhante, seja por meio das guerras ou pelos dardos peçonhentos do pensamento doentio, o conhecimento do espírito permanecerá restrito a uma pequena parcela. Trabalhemos, pois, para que o dia da libertação chegue e a Terra possa ser uma morada de espíritos regenerados.

Dando por encerrada a conversação, Asterion, Edward e os demais rumaram para a Terra, mais precisamente para uma residência específica em Londres.

29

A verdade é revelada

Decididos a desvendar o mistério da morte de Olívia, assim que foi possível, Kate e Kevin retornaram a Londres. Chegaram ao anoitecer e resolveram aguardar o dia seguinte. Kate quase não dormiu, pois a perspectiva de que sua amiga pudesse estar viva deixou-a em grande excitação.

Ao mesmo tempo em que desejava saber o motivo daquela despesa de Edwin, temia o que iria descobrir. Algo em seu íntimo lhe dizia que acontecimentos muito graves haviam-se dado sem o seu conhecimento.

A presença de Edward e de espíritos ligados a Olívia a fazia relembrar a amiga, que julgava desencarnada. Por que Olívia nunca lhe enviara nenhuma notícia? Sonhara algumas vezes com ela, mas eram sonhos confusos. Invariavelmente, ao acordar, sentia uma angústia indescritível.

Enquanto absorta naquelas lembranças, recordou as palavras de madame Duplat, insinuando que Olívia não tinha de fato morrido.

"Meu Deus! É isso!", pensou. "Olívia está viva!"

Emocionada, chamou Kevin e, com a voz embargada, contou-lhe o que julgava ter ocorrido.

O rapaz procurou acalmá-la:

— Sim, essa história pode ter sentido. Meu pai mentiu e tia Olívia deve ter permanecido no hospital além do período que ele afirma.

Lembrando que Kevin desconhecia os detalhes do casamento de Olívia e Edwin, bem como o passado dos dois, Kate falou:

— Edwin deve ter ameaçado Olívia por algum motivo...

Kevin a abraçou e comentou com carinho:

— Entendo, minha mãe, sua emoção por causa de tia Olívia, mas deves descansar e amanhã descobriremos o que realmente aconteceu, está bem?

Kate concordou e voltou ao quarto. O sono, porém, não veio, e foi com o coração aos pulos que aguardou que o dia amanhecesse.

***

Na manhã seguinte, no setor de ingresso de pacientes do hospital, Kate mostrava os recibos dos depósitos realizados e aguardava uma resposta. Kevin a abraçou:

— Podemos esquecer isso tudo e retornar, minha mãe. Se meu pai nunca nos falou sobre esse assunto, talvez tenha sido para nos poupar de alguma tristeza!

Kate, intuída por Edward, declarou:

— Não tenho receio em descobrir o que há por trás desse mistério, Kevin, seja lá o que for. Agora que chegamos até aqui, vamos prosseguir!

Cerca de vinte minutos mais tarde, quando a impaciência tomava conta de seus nervos, um homem de meia-idade se aproximou dos dois com uma ficha nas mãos:

— Por favor, queiram me acompanhar...

Kate olhou para Kevin e, decidida, seguiu o homem.

Entrando em uma sala onde havia várias escrivaninhas, sendo presumivelmente o setor administrativo do hospital, eles foram convidados a se sentar.

Não podendo mais permanecer em silêncio, pois uma grande agitação lhe invadia a alma, Kate perguntou:

— Por favor, meu senhor, diga-me: a quem se destinavam esses depósitos? Olívia suicidou-se algum tempo antes...

O homem olhou para Kate e Kevin e, verificando a ficha que trazia nas mãos, esclareceu:

— Deve haver algum engano, pois essa paciente não morreu. Recebeu alta dois anos após a data que a senhora me informou.

— Não é possível! Por que Edwin mentiria dessa forma?

Kevin, intrigado, perguntou:

— O senhor confirma o nome que minha mãe lhe deu?

— Sim, é claro. Chamava-se Olívia Willistown Fletchers.

— Existe algum funcionário que trabalhe no hospital daquela época? – perguntou Kevin.

— Segundo consta em seu prontuário, ela foi tratada pelo dr. Whintall, que não trabalha mais conosco. Existem algumas anotações de uma enfermeira, a senhora Sarah M., também aposentada.

Kate, entre lágrimas, indagou:

— Olívia não se suicidou! Mas por que não me procurou, Kevin?

— Descobriremos, minha mãe, tenha calma! Amanhã mesmo procuraremos a tal enfermeira.

Desolados e abatidos, Kate e Kevin se retiraram. Havia, no entanto, uma certeza no coração deles: estavam diante de fatos que precisariam ser esclarecidos custasse o que custasse.

***

Após obterem o endereço de Sarah, Kate e Kevin se dirigiram ao modesto bairro em Londres.

Curiosa, uma jovem os recebeu e informou que iria chamar a mãe. Em alguns minutos, surgia uma mulher de uns sessenta anos, caminhando com dificuldade.

Kate se adiantou:

— É sobre uma paciente que esteve internada há muitos anos no hospital. Não sei se a senhora vai se lembrar...

Sarah os observava atentamente:

— Acho difícil, pois passaram centenas de pacientes por minhas mãos. Qual o nome da paciente?

— Olívia Willistown Fletchers.

Extrema palidez cobriu o rosto de Sarah e ela deixou cair a bengala que a amparava.

Olhando fixamente para Kate e Kevin, perguntou:

— Por que estão em minha casa? O que desejam saber?

Kevin, educadamente, conduziu Sarah a sentar-se e esclareceu:

— Senhora Sarah, Olívia foi a primeira esposa de meu pai, Edwin Fletchers. Devido à sua doença, o casamento foi anulado e ele se casou novamente com Kate, minha mãe.

Kate interrompeu, completando:

— Com a morte de meu marido, descobrimos, por acaso, que Edwin continuou a pagar o hospital algum tempo depois de nos ter falado sobre a morte de Olívia. Estamos procurando saber o que realmente aconteceu. A senhora se lembra de Olívia?

Sarah deu um suspiro e disse:

— Sim, lembro-me. Como poderia me esquecer? Se existe uma pessoa que jamais esquecerei, é Olívia!

Kate e Kevin trocaram um rápido olhar, demonstrando não entender o que Sarah queria dizer.

A mulher prosseguiu:

— Olívia sofreu muito no período em que permaneceu no hospital. Era uma paciente incomum e me pareceu ser vítima das terríveis circunstâncias que cercaram sua vida.

Kate, intrigada, questionou:

— A que a senhora se refere?

— Olívia foi internada grávida e deu à luz no hospital! O senhor Edwin determinou que a criança lhe fosse tirada dos braços pouco depois do nascimento... — Sarah desandou a chorar convulsivamente.

Perplexa e emocionada, Kate se aproximou:

— Vejo que a senhora também estimava minha grande amiga. Quando recebi a notícia de sua morte, quase enlouqueci! Edwin me disse que Olívia havia se suicidado há quase vinte anos!

Sarah secou as lágrimas:

— Lembro-me de Olívia ter saído do hospital por volta de 1910. Não sei o que aconteceu depois... — mentiu Sarah.

Kevin insistiu:

— Senhora, sua informação é de extrema importância! Precisamos localizar tia Olívia, saber se continua viva, para corrigirmos os erros de meu pai!

Sarah desculpou-se, dizendo:

— Lamento, mas não poderei ajudá-los em mais nada. Falei tudo o que sabia.

Kevin tirou um cartão do bolso e lhe entregou:

— Se a senhora se lembrar de algo, por favor, entre em contato comigo ou com minha mãe. Devemos permanecer em Londres por algum tempo, para esclarecer este assunto.

Sarah pegou o cartão e os conduziu até a porta. Ao fechá-la, colocou as mãos no peito, pois se sentia sufocada. Precisava ir imediatamente à casa de Olívia.

Quem sabe Deus lhe permitiria consertar o passado?

***

Naquele ano, o inverno castigava impiedosamente a Europa, e Londres foi atingida por uma grande nevasca no período em que Kevin e a mãe estavam lá.

Olívia, cuja saúde inspirava cuidados, recebia-os do dr. McKain, médico que Sarah lhe havia indicado após sua saída do hospital.

Os tratamentos a que fora submetida no período de sua internação haviam deixado sequelas, principalmente em seu coração.

O frio, neste caso, possuía um efeito negativo, piorando sua já debilitada estrutura física.

Ao contrário de Whintall, seu antigo psiquiatra, McKain demonstrava grande interesse em seu caso e dedicava sincera afeição a Olívia.

Enquanto repousava, ela se lembrava de que, pela mediunidade, no caso a vidência, pudera perceber os dramas que se desenvolviam além da

Ante o silêncio das esfinges

esfera carnal e que determinavam as obsessões dolorosas que atingiam outros pacientes no hospital.

Sabia que a maioria dos que ali se encontravam podiam, muitas vezes, divisar, como ela, além das percepções dos sentidos ordinários. Sem o conhecimento que ela possuía da Doutrina Espírita, entretanto, eles passavam por desequilibrados ou loucos.

Entendeu que o assunto só poderia ser compreendido com a aceitação do princípio espiritual; que a questão filosófica e religiosa precisariam acompanhar a ciência, para um correto esclarecimento.

Não vislumbrava, porém, qualquer compreensão a esse respeito por parte dos homens, ainda por um bom tempo, para a solução desses intrincados problemas.

Olívia refletia sobre essas questões quando Flora entrou em seus aposentos acompanhada por Sarah.

Sem compreender o motivo daquela visita, frente a um clima tão inóspito, Olívia perguntou:

— Aconteceu alguma coisa, Sarah? O que a traz aqui em meio a uma nevasca?

A enfermeira se aproximou e explicou:

— Precisava te contar, Olívia. Recebi duas pessoas que acho que são do teu conhecimento!

Olívia demonstrou estar atenta.

— Era um jovem de mais ou menos dezessete anos e uma senhora que deve ter a tua idade. Deixaram este cartão.

Sarah entregou o cartão para Olívia. Ao lê-lo, duas grossas lágrimas caíram de seus olhos.

— O que lhe disseram? Qual era o nome da senhora?

— Chama-se Kate e foi casada com o senhor Edwin; do rapaz não me lembro o nome, mas está no cartão que lhe entreguei.

Olívia o observou novamente e exclamou:

— Kevin Fletchers! Que coincidência, Kate também tem um filho!

— O que Kate queria, Sarah?

— Estão à tua procura, Olívia! O senhor Edwin tinha dito a Kate que tu tinhas te suicidado pouco tempo depois do casamento deles. Ela não te procurou por pensar que havias morrido! Agora, com a morte do marido, resolveu esclarecer o assunto!

Olívia permaneceu em silêncio. Deveria retornar e desmascarar Edwin? Se não o fizesse, como poderia procurar seu filho? E se Kate a auxiliasse? Pensando na alegria de encontrar o filho que tanto amava, disse:

— Conte a Kate o que aconteceu, por favor, Sarah. Diga-lhe que estou viva e morando com minha mãe na casa que pertenceu a tia Harriet.

***

Assim, Sarah entrou em contato com Kate, pedindo que retornasse à sua casa, e relatou tudo o que sabia sobre o passado de Olívia. Com dificuldade, confessou sua participação no episódio do afastamento da criança.

— Não tenho desculpas para o meu ato, senhora Kate! Durante todos esses anos, o único consolo que recebi foi da própria Olívia, que tem me mostrado uma nova forma de ver a vida!

Surpresa com a confissão de Sarah, Kate apenas se limitou a dizer:

— Olívia sempre foi uma pessoa admirável! Se ela a perdoou...

— Talvez este seja o meu maior castigo, senhora! Havia dias em que preferiria não vê-la, pois o remorso me dilacerava a alma!

De súbito, Kate sentiu um frio no estômago! O modo como havia encontrado Kevin, sua tez morena...

Lembrou-se da informação que obtivera no orfanato, quando quisera saber sobre a origem de Kevin: "Provavelmente de um dos hospitais de Londres, senhora. Como deve saber, todos os dias alguma jovem dá à luz uma criança indesejada. Normalmente as próprias famílias se encarregam de se desfazer do indesejado fardo".

Aquelas palavras ressoavam em sua mente, como se repetissem uma verdade que ela não queria ouvir.

Como se lhe adivinhasse os pensamentos, mas sendo intuída pelos espíritos ali presentes, Sarah prosseguiu:

— Estive no orfanato para onde o menino foi levado e apenas me informaram que uma família rica o havia adotado.

— Não existem tantas famílias ricas em Londres adotando crianças, não é mesmo, Sarah? – disse Kate, com a voz embargada.

– Sim, é verdade. Principalmente morenas... assim como Kevin!

Hesitante e sabendo o que poderia representar em sua vida aquela revelação, Kate perguntou:

– Poderia me dizer o nome do orfanato?

Sarah baixou o olhar e disse:

– A criança foi levada para o Hanwell... – Naquele momento, Sarah percebeu que algo inusitado estava ocorrendo. – Senhora Kate! Perdoe-me a intromissão, mas o seu filho é adotado, não é?

Revelando profundo sofrimento, Kate concordou:

– Sim, Sarah, Kevin foi adotado, pois não pude ter filhos. Encontrei-o no Hanwell...

– Não é possível! Será que ainda poderei reparar o mal que fiz? O que pretende fazer?

– Não sei ao certo, preciso pensar a respeito. Agi pelo impulso de meu coração e casei-me com o algoz de Olívia! Se o que estamos pensando é verdade, talvez tenha chegado a hora de devolvermos a Olívia o que Edwin lhe tirou!

– Se Deus me der essa oportunidade, poderei morrer em paz! De todo o mal que pratiquei no decorrer de minha vida, esta falta foi a que mais me faz sofrer!

Resignada, Kate anuiu:

– Os erros fazem parte de nossa caminhada, Sarah. O importante é não repeti-los e aprendermos com a experiência. Possuímos sempre a possibilidade de escolher; quando fazemos as escolhas erradas, respondemos por elas. Deus permitiu que eu me reaproximasse de Olívia para pedir-lhe perdão e a senhora, para consertar o mal praticado. Cumpramos com a nossa parte!

As duas mulheres se separaram com um forte sentimento de que, por caminhos misteriosos, a Justiça Divina se cumpria.

30

O reencontro

Kate considerou que seria melhor encontrar com Olívia sem Kevin. Sabia que aquele momento seria intenso e, conforme Sarah lhe havia falado, o coração de Olívia apresentava arritmias constantes. Foi combinado que as duas iriam à casa de Olívia em alguns dias.

No dia aprazado, Olívia procurou se tranquilizar por meio da prece, e ela e Flora organizaram a casa com redobrado cuidado.

No fim da tarde, Kate chegou com dois grandes buquês de flores. Olívia foi recebê-la à frente da singela casa que fora de Harriet. Permaneceram em silêncio, abraçadas e chorando por longo tempo, pois sabiam que palavras não expressariam o que sentiam.

Kate tocou no rosto da amiga e lhe disse:

– Vim te pedir perdão, Olívia! Por ter acreditado em Edwin por todos esses anos!

– Não deves te culpar de nada, Kate! Passamos pelas experiências que nos cabiam! Vem, vamos entrar, pois Flora te aguarda impaciente!

Entraram em casa e foi a vez de Flora abraçar Kate.

Lágrimas abundantes não cessavam de cair de seus olhos cansados. Depois de se acomodarem, Kate se pronunciou:

— Como devem saber, Edwin faleceu há alguns meses. Meu filho, que vinha auxiliando o pai na contabilidade de nossas despesas, verificou que havia alguns recibos do hospital em que Olívia se encontrava, mas iam além da data de sua suposta morte... Resolvemos investigar o assunto e acabamos descobrindo que Edwin mentira vergonhosamente!

Olívia procurou desviar o assunto:

— Deixemos Edwin com suas dificuldades de lado, Kate. Já basta-lhe o sofrimento em que se encontra.

Kate enxugou os olhos e confessou:

— Apesar de tudo, nunca deixei de amá-lo!

Olívia segurou a mão da amiga e lhe disse:

— O teu sentimento é verdadeiro e tuas preces o auxiliarão muito. Vamos tomar um chá, enquanto prosseguimos com nossa conversa.

A seguir, Kate considerou:

— Estamos morando sozinhos na mansão, Flora, o que acham de ir morar conosco?

Surpresa, a mãe de Olívia exclamou:

— Jamais pensei em retornar à mansão Willistown! Essa casa ficou por cem anos em nossa família... Perdê-la foi uma dura provação!

— Ela nunca deixou de ser tua, Flora. Os pais de Edwin, ao morrerem, deixaram-na para o filho, e agora ela me pertence; portanto, poderão retornar a ela no momento em que desejarem.

Flora olhou para Olívia e aguardou que ela se manifestasse. Emocionada com a atitude de Kate, convidou-a para darem um passeio.

Curiosa, Kate a acompanhou e, após alguns passos por entre as roseiras de tia Harriet, Olívia desabafou:

— Kate, minha boa amiga! Não sei se retornar à mansão me fará bem. São muitas recordações!

— Não quis tocar no passado, mas agora devemos fazê-lo. Olívia, por que não me procuraste durante todo esse tempo? Eu te julgava morta, mas tu poderias ter ido ao meu encontro!

Olívia derramava sentidas lágrimas. A seguir, esclareceu:

— Lembras da conversa que tivemos antes da minha internação? Eu realmente estava grávida e, ao saber, Edwin decidiu levar-me para o hospital psiquiátrico, como sabes. A criança nasceu e, por meio de Sarah, Edwin a levou embora.

— Sarah me contou algo a respeito. Procuraste saber do paradeiro de teu filho?

— Nunca mais vi a criança, mas Edwin me garantiu que estava em segurança. Algum tempo após a morte de Edward, Edwin me tirou do hospital, visto que eu não poderia mais me unir ao homem que amava. Naquela época, vocês já haviam se casado.

Kate não pôde conter as lágrimas. Olívia prosseguiu:

— Sim, Edwin me deu a liberdade, mas o preço deveria ser o meu afastamento de ti, Kate! Não poderia jamais me aproximar de sua "nova" família, caso contrário, ele prejudicaria o meu filho!

Kate compreendeu o que Edwin tentara falar antes de morrer. Desejava, por certo, revelar tudo o que fizera contra Olívia e sua família!

Como outrora, segurou as mãos da amiga e declarou:

— Olívia! Sinto-me em falta contigo e com tua mãe! Faço absoluta questão de tê-las em nossa casa, pois agora ela se tornou um fardo para mim. Tu e Flora serão sempre as verdadeiras proprietárias da mansão Willistown.

Olívia não sabia o que pensar. Voltar à casa onde nascera e vivera a maior parte de sua vida lhe traria pungentes recordações. Por outro lado, negar à sua mãe essa alegria, talvez a última, parecia-lhe crueldade.

Ao verificar a sincera expectativa de Kate, considerou pensar no assunto:

— Está bem, Kate. Prometo que pensarei a respeito!

***

Kate voltou para casa com a alma feliz. Sempre havia amado Olívia como uma irmã e tinha certeza de que essa amizade remontava a muito tempo, algo além das fronteiras desta vida. Nos dias que se seguiram, observava que Kevin andava pensativo e ensimesmado; procurava o silêncio de seu quarto ou do escritório, onde permanecia por longas horas. Tentando sondar o que lhe ia à alma, ela resolveu perguntar:

– Kevin, querido, percebo que nos últimos dias não posso compartilhar de tua agradável presença. Posso saber o que te preocupas?

Kevin pousou seus belos olhos negros em Kate e respondeu:

– Há certas coisas que não entendo, minha mãe! Não ouso lhe perguntar para não magoá-la...

Kate colocou a mão sobre seu ombro e, conduzindo-o para um sofá próximo, indicou para que se sentasse. O rapaz obedeceu e, após fazer o mesmo, Kate sorriu e lhe inquiriu:

– Dize-me o que te aflige, meu filho.

Sentindo-se à vontade, Kevin tornou, encorajado:

– Mãe, qual era realmente a ligação de meu pai com tia Olívia? Sei que se casaram e que o casamento não durou muito, mas gostaria de saber mais detalhes.

Kate fixou o olhar em um ponto qualquer do espaço e começou a falar:

– Edwin e Olívia se conheceram na casa de lady Mabe, que, além de tia, era madrinha dele. Na época, Olívia era pouco mais que uma criança. Lady Mabe fazia questão de que a amizade se transformasse em romance e não poupava oportunidades de aproximá-los.

– E a senhora? Já os conhecia nessa época?

– Sim, éramos amigos inseparáveis! Principalmente eu e Olívia; éramos como irmãs!

– E então? O que aconteceu?

– Bem, escuta com paciência... Olívia sempre teve a saúde prejudicada, com problemas que a medicina não resolvia.

– O que havia com ela? Meu pai nunca me permitiu falar o nome dela...

– Na época, não se sabia ao certo o que ela tinha. Só mais tarde, por meio de madame Duplat foi possível entender o que estava ocorrendo. Na realidade, ela possuía faculdades especiais, que muita gente tem, mas em Olívia elas eram em grau superlativo e em desequilíbrio, o que tornava minha amiga vítima de frequentes problemas.

– Do que se tratava? Estou ficando curioso!

— Ela possuía dons mediúnicos! Tinha a capacidade de ver espíritos e ouvi-los algumas vezes; em outras, sentia a presença deles. Nem sempre esses espíritos eram bons, o que fazia com que Olívia se sentisse muito mal seguidamente.

— O que fizeram então?

— Na época, nada! Flora não deu ouvidos aos conselhos do casal Duplat!

— E quanto à tia Olívia? Ela procurou algum auxílio?

— Olívia, como muitas nessa situação, tinha muito medo de falar sobre o assunto. Ao mesmo tempo em que acreditava, permanecia presa às velhas convenções religiosas e, quanto mais provas recebia da continuação da vida após a morte, mais procurava se distanciar do assunto!

— Lembro de ouvi-la conversar com madame Duplat sobre essas coisas, mãe. Devo dizer que, para mim, é como se já soubesse disso tudo!

— Sim, eu sei, querido. Sempre procurei te incutir essas ideias, pois acredito fervorosamente na bondade divina. Deus não nos criaria com tantas capacidades, para que tudo terminasse em um túmulo gelado!

— Por favor, continue falando sobre tia Olívia!

— Teu pai sempre foi apaixonado por ela, apesar de Olívia não lhe demonstrar muito afeto; Edwin a cumulava de atenções e carinhos, o que fez com que ela aceitasse os sentimentos dele. Alguns meses antes de se casar, Olívia conheceu um professor egípcio que havia vindo à Inglaterra com um eminente pesquisador para proferirem algumas palestras...

— Que história interessante!

— Sim, Kevin! Percebi que, desde o momento em que se conheceram, Olívia começou a mudar. Vestia-se com mais apuro, o sorriso lhe vinha aos lábios com mais facilidade, o olhar parecia mais intenso... Mas ela nunca admitiu que o amava.

— Qual era o nome desse professor?

— Chamava-se Edward Randall Hashid! Era um belo homem, pele morena, com uma inteligência invulgar!

Leve comoção se apoderou de Kevin:

— Tive uma sensação estranha ao ouvir este nome. Deve ser por ter grande admiração pelo Egito, assim como a senhora e tia Olívia.

Inspirada por Edward e Asterion, Kate comentou:

— Acredito que temos alguma ligação com aquele país, Kevin. Um dia gostaria de ir lá em tua companhia!

— Certamente iremos, minha mãe. Por favor, continue!

Assim, Kate falou do casamento de Olívia e de sua lua de mel, da qual retornara doente.

Naquele momento, Kevin a interrompeu:

— O que ela tinha?

— Não creio que estivesse realmente doente, como teu pai queria fazer crer, Kevin. O que sei é que, logo ao retornarem, ele a internou em um hospital.

— E lorde Willistown? O que fez?

— Logo após o retorno de Olívia, ele adoeceu gravemente, vindo a falecer; na época, estava falido e teu pai era seu principal credor; assim, seus bens — como esta casa, por exemplo — ficaram em seu poder.

Ensimesmado, Kevin perguntou:

— E quanto ao seu casamento com papai?

Kate relatou com resignação:

— Após a internação de Olívia, teu pai se aproximou de mim. Devo dizer que sempre amei Edwin e, quando o vi desesperado pela terrível provação que estava vivendo, não hesitei em aceitá-lo. Tinha a esperança de fazê-lo esquecer o insucesso de seu primeiro casamento.

— Creio que atingiste teu objetivo, pois o sentimento que meu pai te dedicava era verdadeiro!

— Teu pai tinha muitos defeitos, mas notei alguma mudança nos últimos tempos; foi um pai exemplar. Não tenho do que me queixar...

Assim, deram a conversa por encerrada.

Kevin, porém, pressentiu que aquela história ainda teria um desfecho inesperado.

31

O retorno à mansão Willistown

Ao ver a paisagem belíssima que se descortinava, enquanto o veículo percorria a distância que separava Londres de Kent, lágrimas abundantes inundaram os olhos cansados de Olívia.

Havia quase vinte anos que deixara a adorável mansão Willistown para ser internada.

Tudo o que vivera desde então seria difícil de descrever em palavras... As lembranças ressurgiam, como se as comportas da memória se tivessem descerrado: a internação como louca, a gravidez difícil, a angústia da solidão, a desesperança! Os anos que passara apartada de tudo e de todos, como se estivesse morta. Agora percebia melhor a extensão da dolorosa prova que vivera!

Como tivera forças? Sim, sabia a resposta... Aprendera, enfim, a lição, à custa de muita dor e muito sofrimento, após cair na descrença e sentir-se abandonada e infeliz, com a consoladora Doutrina Espírita.

Amava Jesus com todas as suas forças e tinha para com Allan Kardec uma devoção especial. Mas e agora? O que ainda lhe reservaria o destino? Não saberia dizer...

Cerca de uma hora mais tarde, o carro entrou na alameda que levava à mansão Willistown. Olívia não podia mais conter as lágrimas e deixou que o pranto inundasse seu rosto. Não havia mais motivos para represar a saudade e a dor de ter deixado aquele lugar que amara tanto! Finalmente, estava de volta à casa onde nascera e da qual se apartara há exatos dezessete anos!

***

O carro parou diante da grande porta da mansão. Um belo rapaz, moreno, veio ajudá-la a descer, segurando com firmeza o seu braço. Sem poder desviar o olhar de Kevin, ela entrou na mansão, sendo conduzida para o grande salão. Ao entrar naquele amplo ambiente, Kate foi ao seu encontro e a abraçou entre soluços:

– Olívia, minha irmã do coração, seja bem-vinda à sua casa!

Olívia, mal conseguindo falar, tornou em um sussurro:

– Kate, esta casa ficará melhor em tuas mãos!

Naquele momento, Flora, que a antecedera, entrou na sala. Alquebrada pela idade e pelas duras lutas que vivera desde o casamento de Olívia, caminhou em direção à filha.

Abraçadas, ambas não conseguiam falar; as palavras se transmutavam em lágrimas de alegria e contentamento.

Ao mesmo tempo que o retorno de Olívia enchia o coração delas de felicidade, a imagem de Edwin se maculava, causando imenso sofrimento a Kevin. A justiça, finalmente, estava sendo feita; contudo, a imagem de seu pai desmoronava!

Ao perceber o estado de espírito do rapaz, Olívia se adiantou e disse:

– Deves ser Kevin, o filho de Kate!

– Perdoe-me, tia Olívia, mas sempre a considerei uma pessoa muito próxima, embora não me conheça. Vou chamá-la de tia.

Kate aproveitou a oportunidade para corrigir sua desatenção:

– Sim, Olívia, este é Kevin, meu filho... – E, procurando mudar de assunto, considerou: – Creio que Olívia deverá descansar até o jantar. O dr. McKain nos disse para evitarmos excessos.

Todos concordaram com o alvitre e Kate acompanhou Olívia até os aposentos que lhe haviam pertencido.

Admirada, ela percebeu que nada mudara! Kate mantivera o seu quarto da mesma forma como o deixara havia longos anos! Emocionada, abraçou a amiga e exclamou:

— Obrigada, Kate, por tua dedicação!

— Sempre quis te agradar e mantive todo o respeito por tua memória!

— Estou viva e quero participar da vida nesta casa. Não quero que me consideres uma hóspede!

Kate balançou a cabeça e respondeu:

— És dona desta casa e de tudo o que Edwin tirou de tua família. Kevin deseja devolver esta casa e os outros bens que Edwin furtou de vocês.

Olívia deu de ombros, dizendo:

— Ora, Kate, isso não me importa mais! Finalmente consegui me despojar de uma série de coisas. A vida naquele hospital me mostrou o que realmente tem importância em uma existência.

Uma sombra passou pelos olhos de Kate:

— Se quiseres, poderás me contar um dia o que aconteceu nesses anos; se por outro lado isso te magoa, podemos esquecer.

— Não te preocupes, Kate. Tive a lição que merecia e, apesar de tudo, não me queixo. A proteção de Jesus e dos amigos espirituais que me acompanham abrandaram meu sofrimento.

— E quanto a Edward? Alguma vez pôde divisá-lo em espírito?

— Sempre que lhe é possível, vem me ver. Jamais me arrependi do que fiz naquela época.

Mais tranquila, Kate aconselhou:

— Agora deves descansar. Reuniremo-nos no jantar.

Ao descer, Kate ainda encontrou Kevin na sala e comentou:

— Pobre Olívia! Quanto sofrimento e decepção para uma vida apenas!

Kevin olhou para aquela que julgava ser sua mãe e salientou:

— Mãe, o dr. McKain me disse que devemos ter muito cuidado com a tia Olívia... Ela está bastante enferma e deveremos poupá-la ao máximo, pois seu coração está enfraquecido!

— É verdade. Estou muito feliz com a chegada de Olívia, pois é como se uma irmã retornasse ao meu convívio, mas algo me oprime o coração...

— Do que se trata, minha mãe? – perguntou Kevin.

— É um temor vago, mas persistente, que não me deixa sossegar...

Kevin a abraçou e explicou:

— Isso se deve às preocupações e sobressaltos que tivemos nos últimos tempos. Agora tudo deverá se acalmar com a presença de tia Olívia. Poderemos reparar o mal que meu pai fez!

— Que Deus te ouça, meu filho...

***

Desde que retornara ao seu antigo lar, Olívia se mantinha ensimesmada com um fato. A presença de Kevin lhe era muito grata ao coração. Passava longas horas conversando com o rapaz, mas, a cada dia, uma ideia se plasmava em sua mente.

Não conseguia mais conviver com aquela dúvida. Não tinha coragem de perguntar a Kate sobre a diferença de tom de pele entre ela e Kevin; Edwin, por sua vez, também tinha a pele muito clara!

Aqueles pensamentos a perturbavam sobremaneira. Seria simples coincidência tal fato?

Para ela, quase não restavam dúvidas de que se tratava da mesma criança! O tom moreno da pele de Kevin lembrava Edward... Os olhos do rapaz eram semelhantes aos seus. Teria o destino os reaproximado novamente? Como poderia falar com Kate sobre aquele assunto?

Sentia, apesar da crescente expectativa, que deveria aguardar os acontecimentos.

***

O tempo passava e os dias se sucediam entre recordações da juventude e os relatos de Olívia sobre os anos em que estivera ausente.

Em certo momento, Kate indagou:

– Querida, essas lembranças não te incomodam? Desejamos saber o que se passou nesse período, mas não queremos te magoar.

Kevin, que pedira licença para atender a um compromisso, concordou:

– Isso é verdade, tia Olívia. Perdemos um tempo precioso de nossa vida com esse afastamento, mas não queremos entristecê-la com recordações menos felizes. Vejo-as, mais tarde, no jantar.

Olívia sorriu:

– Estão enganados, meus amados. Essas recordações fazem parte de um plano que já estava traçado. Lembra-te, Kate, de que "não cai uma folha de uma árvore sem que Deus permita"?

Flora obtemperou:

– Mudaste muito, Olívia! Esta submissão às fatalidades da vida não faziam parte do teu caráter!

Olívia se ajeitou na poltrona e voltou ao assunto, de forma que Flora pudesse compreender:

– Aprendi que as dificuldades, o sofrimento, as desilusões pelas quais passei eram necessários ao meu aprendizado. De nada adiantaria transpor tão duras provas se eu não mudasse minha maneira de pensar!

Kate indagou, curiosa:

– Então abraçaste a Doutrina Espírita enquanto estiveste no hospital? Finalmente a aceitaste?

Olívia balançou a cabeça, concordando, e continuou:

– A princípio não. Debati-me por muito tempo entre a negação e a descrença. Eu havia perdido tudo: Edward, meu filho!

Ao pronunciar as últimas palavras, Olívia se calou.

Kate se aproximou e afirmou:

– Vamos, agora, procurar teu filho!

– Sim, Kate. Esse é o meu maior desejo!

– Precisamos encontrar essa criança e que o nome de Edwin seja amaldiçoado para sempre! – disse Flora, alterada.

Olívia se apressou em dizer:

– Não fales assim, minha mãe! Estamos sob o teto de Edwin! Bem ou mal, é a casa dele que nos acolhe. Deixemos sua memória em paz, pois já se debate nas trevas que criou para si mesmo!

Conformada, Kate retomou o assunto:

– Pois bem, Olívia, fala-me dessa criança, para vermos o que poderemos fazer.

Olívia tentava controlar suas emoções. Tomou fôlego e contou:

– Logo ao nascer, como vos disse Sarah, a enfermeira que conheceram, Edwin entregou o menino a um orfanato. Fui enganada! Ele me garantiu que desejava apenas conhecer a criança... e a levou.

Kate, muito pálida, perguntou:

– Nunca mais viste a criança?

– Não, Kate. Sarah ainda o procurou no orfanato, mas ele havia sido adotado por uma família de posses, disse-me ela.

Kate buscou um lugar para se sentar e, lívida, comentou:

– Sarah me disse que a criança foi entregue ao Hanwell...

– Sim! – disse Olívia. – Mas a criança foi adotada com quase três anos. Disseram a Sara que a demora na adoção fora por causa da cor de sua pele! – completou com tristeza.

A expressão desolada de Kate chamou a atenção de Flora:

– O que houve, Kate? Sentes alguma coisa?

Kate tornou, com a voz quase sumida:

– Preciso vos falar algo... Nunca revelei a ninguém, mas Kevin não é meu filho! Implorei a Edwin que adotássemos uma criança, pois éramos casados havia quase três anos e eu não engravidava.

Olívia percebeu o que os misteriosos caminhos da vida estavam lhes revelando naquele momento. Incontrolavelmente, as lágrimas começaram a cair de seus olhos em profusão:

– Não pode ser, Kate! Não é possível!

Temendo a resposta, Kate lhe segurou as mãos e indagou:

– Dize-me, Olívia, havias dado algo à criança que pudesse identificá-la? Qualquer coisa!

Olívia se lembrou da pequena peça de roupa que havia bordado para o filho:

– Sim, lembro-me de ter bordado uma camisa com as iniciais AWH para meu filho. Foi a única coisa que Edwin me permitiu deixar com a criança! Eu havia dito a Sarah que ele se chamaria Albert!

Kate soluçava quando Olívia terminou de falar. Em silêncio, levantou-se e, enxugando os olhos, subiu até seu quarto.

Depois de alguns minutos, retornou e, entregando a Olívia um pequeno pedaço de pano, afirmou:

– Ao adotar o menino, soube que seu nome se iniciava com "A". Quis mudá-lo, para que nunca fosse encontrado por sua verdadeira mãe! Que ingenuidade a minha pensar que poderia mudar os desígnios divinos! Olívia, foi esta peça que bordaste para teu filho?

Olívia segurou entre as mãos trêmulas a camisa de bebê que bordara nos últimos dias de gravidez.

Abraçando-a, derramou sentidas lágrimas, de uma mãe que nunca pudera abraçar o fruto do seu amor.

Compreendendo a situação que se criara, as três mulheres se uniram em um comovido e amoroso abraço, dando vazão à grande emoção que lhes tomava o coração.

Finalmente, Olívia reencontrava aquele que fora a razão de sua vida.

***

A descoberta havia provocado emoções intensas nas três mulheres. A natureza forte de Flora, apesar da idade avançada, fez com que se recuperasse de forma rápida.

Kate, muito abalada, havia-se recolhido ao quarto, para concatenar as ideias. Olívia sentiu de forma irremediável os reflexos da revelação.

Não se cansava de agradecer a Jesus pela dádiva que lhe concedia no ocaso de sua existência.

Reencontrar Albert! Conhecer seu filho antes de morrer! Foi o que sempre pedira ao céus!

Reconhecia que tudo o que passara valera a pena, que tudo se transformava em bagatelas, pois reencontrava o filho que lhe fora tirado dos braços!

Em razão disso, passara por louca ao chorar, gritar, desesperar-se, exigindo que lhe devolvessem o filho.

Com aquela reação, apenas confirmava o que os médicos diziam: era uma histérica, somatizava o que sua mente não conseguia lidar... era uma desequilibrada! Além disso, sua mediunidade mal orientada a fizera servir de instrumento de espíritos infelizes, que só agravavam a situação.

Mas, enfim, estava junto de Albert, ou melhor, Kevin!

No dia seguinte, Flora procurou Kate e lhe disse:

– Querida, sei o que deves estar sentindo, mas peço que permitas a Olívia revelar a Kevin a verdade!

Kate, com os olhos inchados, falou preocupada:

– Temo pelos dois, Flora. Kevin não sabe que foi adotado e Olívia está com a saúde muito debilitada!

– Cabe a vocês duas decidirem o que fazer, Kate. Não vou interferir, mas acho que os dois precisarão de algum tempo juntos!

Kate concordou, e se dirigiram aos aposentos de Olívia. Recostada em uma poltrona, Olívia segurava em suas mãos a camisa que bordara para Kevin. Ao vê-las entrar, sorriu e se apressou em dizer:

– Kate, minha irmã do coração, perdoa-me se te faço sofrer! Não desejaria jamais te causar esta dor!

Kate a abraçou e contrapôs:

– És minha irmã, como disseste, Olívia. Se eu estivesse em teu lugar, sentiria a mesma coisa. Apenas não sei como dizer a Kevin a verdade!

– Acho que nós duas somos mãe dele! Eu pelos laços do sangue e tu por tê-lo criado como teu filho. Que mais eu poderia desejar? Foste a melhor mãe que meu filho poderia ter!

– És uma pessoa maravilhosa, Olívia! Amo-te muito, minha querida – afirmou Kate, chorando.

Flora as interrompeu:

– Queridas, precisamos pensar em como falar a Kevin. Esse rapaz tem se mostrado muito equilibrado, mas, diante de tal situação, preocupa-me saber como reagirá.

Kate e Olívia concordaram e acertaram que veriam a melhor maneira de contar a Kevin a verdade.

32

O filho de Olívia

Havia alguns dias que Kevin sentia estranhas sensações. Estava familiarizado com alguns conceitos espíritas e, quando sua mãe visitava madame Duplat em Paris, acompanhava-a com prazer.

Nessas ocasiões, assistia a palestras públicas, quando ouvia elucidações sobre o Evangelho à luz da consoladora doutrina.

Espírito curioso, investigativo, recebia aquelas lições como um bálsamo que dessedenta o viajor no deserto da vida.

Apesar da pouca idade, Kevin revelava maturidade espiritual acima do normal; evitava as diversões típicas da mocidade rica da época e, em vez de buscar as emoções a que tantos jovens se entregavam, preferia auscultar seu íntimo em busca de respostas para uma série de questões.

Desde que Olívia chegara a sua casa, algo o perturbava. Divisava um homem ou um espírito, com vestes diferentes, que lhe sorria com indisfarçada emoção.

Kevin, um dia, perguntara seu nome, ao que o espírito respondera:

– Edward, meu filho!

Ao ouvir aquele nome, ele sentiu que possuía forte ligação com aquela entidade. Sabia que ela não lhe faria mal algum e se acostumou com sua presença.

Ante o silêncio das esfinges 223

Certo dia, após a prece habitual, percebeu a presença de Edward. Notou que ele desejava lhe falar alguma coisa.

Considerando que deveria se tratar de algo importante, agiu de forma inabitual, dirigindo-se à sua escrivaninha e pegando um lápis e papel.

Percebeu que sua sensibilidade se alterava no braço que comumente usava para escrever, sentindo leve formigamento.

Conhecendo os riscos que envolviam aquele ato, visto que poderia ser instrumento de espíritos menos evoluídos, pois o lar não era o ambiente adequado para aquelas manifestações, Kevin rogou a Jesus sua proteção e aguardou.

Em alguns segundos, percebeu que seu braço se agitava e sua mão traçava algumas frases, das quais ignorava o teor.

Possuidor de uma faculdade que lhe permitia a escrita automática, muito rara, a transmissão da mensagem não era captada pelo cérebro de Kevin.

Escrevia sem o conhecimento daquilo que era escrito. Após preencher uma página e meia, com os batimentos cardíacos levemente alterados, Kevin observou a letra absolutamente diferente da sua e, com alguma dificuldade, passou a ler:

Querido Albert!
Os laços que nos unem são profundos e de um amor intenso.
Se soubesses quando nos vimos pela primeira vez, por certo não acreditarias...
Estou muito próximo a ti e logo saberás a razão. Sei que compreendes os mecanismos da vida e suas leis, mas, diante do que te aguarda, peço-te coragem e entendimento.
Não julgues ninguém, pois os que erraram assim o fizeram por não conhecerem o verdadeiro amor!
Perdoa a todos e auxilia os que te cercam, porque tens preciosa tarefa nas fileiras do Cristo!
Neste lado da vida, muitos te auxiliarão, para que possas vencer a jornada que tens pela frente.

Invariavelmente, te sentirás sozinho e esquecido nos caminhos do mundo, mas lembra-te de que muitos dos que labutaram em nome de Jesus foram esquecidos dos homens.
Deixo o meu abraço afetuoso a ti e a todos os que te cercam, especialmente à minha amada Olívia.

Edward

Ao terminar de ler a carta, algumas indagações surgiram na mente do rapaz. Sentia que aquela mensagem era para ele mesmo, mas, se aquele espírito o conhecia, por que errara o seu nome? E qual seria a ligação dele com Olívia? De que "tarefa" ele estaria incumbido?

Eram muitas questões e era preciso tirar aquilo tudo a limpo.

***

Na sacada de seu quarto, Olívia e Kate pensavam em como falariam a Kevin toda a verdade. Temiam pela reação do rapaz.

Prevendo a situação que se criaria, Edward resolvera intervir e trazer pelo próprio Kevin uma parte da verdade. Assim, elas viram quando o jovem entrou pela alameda que levava à porta de entrada da mansão.

Em poucos minutos, Kevin batia à porta do quarto, pedindo licença para entrar.

Após beijar as duas, Olívia o fitou com carinho e perguntou:

– Aconteceu alguma coisa, querido? Vejo alguma preocupação em teu olhar!

– Tia Olívia! Conheceste-me há tão pouco tempo e já consegues sentir o que me inquieta!

Olívia sorriu e salientou:

– Posso te afirmar que nos conhecemos há bem mais tempo do que imaginas!

– É mesmo? Interessante me dizeres isso, pois ontem ainda alguém me disse algo semelhante.

Kate interveio, perguntando:

– Do que se trata? Estás me deixando curiosa!

Kevin se levantou e afirmou:

– Vocês sabem que sou estudioso da Doutrina Espírita e que dedico boa parte do meu tempo a isso... Ontem, após estudar alguns pontos que me chamaram a atenção, percebi a presença de um espírito que, para mim, é familiar. Tenho viva simpatia por ele!

Curiosa, Olívia interrompeu:

– Como ele se apresenta?

– Vejo-o com vestes egípcias muito antigas. Talvez fosse um militar...

Olívia sorriu e pensou: "É Edward!"

Kevin deu prosseguimento:

– Bem, ontem, após a prece habitual, percebi que esse espírito desejava me falar alguma coisa e me prontifiquei em receber pela escrita uma carta, que não compreendi ao certo.

– Qual é o teor dessa carta, Kevin? – perguntou Kate, interessada.

Kevin se sentou e, tirando um pedaço de papel do bolso do casaco, começou a ler. Logo Olívia compreendeu a intervenção de Edward, no sentido de auxiliar na difícil tarefa que ela e Kate tinham pela frente. Emocionadas, ambas aguardaram o término da leitura.

Percebendo que algo estava acontecendo, Kevin perguntou, indeciso:

– Poderiam me explicar o que está acontecendo? Vejo que esta mensagem faz algum sentido para vocês. Por que esse espírito errou o meu nome, se me conhece há tanto tempo? E qual a ligação dele com tia Olívia?

Kate se adiantou e começou:

– Vou tentar responder a todas essas perguntas! Pensei que este dia nunca chegaria, mas a vontade de Deus prevalece sempre e devemos aceitá-la!

– Por favor, mãe, conte-me tudo, sem omitir nada.

Kate relembrou a conversa que tivera com Kevin sobre o passado de Olívia. Disse-lhe que Edward era o jovem pesquisador egípcio por quem Olívia se apaixonara.

À medida que ia falando, o olhar de Kevin se tornava marejado por lágrimas, que ele não permitia caírem. Olívia e Flora, que acabara de entrar no quarto, choravam baixinho, procurando não interromper Kate.

Com dificuldade, ela procurava prosseguir na narrativa, sem omitir acontecimentos importantes. Por fim, arrematou:

– Bem, meu querido, deves estar compreendendo o que ocorreu. Acabei adotando o filho de Edward e Olívia sem saber... Acho que, apesar de todo o mal praticado por Edwin, a bondade de Deus te trouxe a esta casa, para que usufruísses o que te pertence!

Olívia resolveu intervir:

– Kevin, não quero que penses que vim a esta casa para destruir os laços que foram construídos nas bases do amor legítimo.

Kevin procurava concatenar as ideias. Apesar de procurar agir de modo equilibrado diante das situações, sentia como se tudo estivesse desmoronando ao seu redor.

O pai que tanto amara, na verdade, era um homem pérfido, que causara mal a muitas pessoas. O que mais descobriria ainda de Edwin?

E o seu pai verdadeiro? Quantas lutas haveria passado por ser considerado inferior, sem condições de desposar sua mãe?

Sim, sua mãe! Quantos padecimentos não teria enfrentado em função da escolha que fizera?

Apesar de se sentir esmagado interiormente, Kevin raciocinava. De súbito, perguntou a Kate:

– Por que nunca me falaste nada? Disseste que pretendias ficar em silêncio! Não me julgavas no direito de saber que havias me adotado?

Kate tentou responder, mas, diante da crise de choro que fazia seu corpo estremecer, não conseguiu falar. Flora, que a tudo observava, aproximou-se e, passando a mão envelhecida, mas ainda suave, nos cabelos de Kevin, declarou:

– Meu neto querido! Como eu sonhei poder chamá-lo assim! Agora posso extravasar o amor que sinto por ti, meu jovem!

Comovido, Kevin abraçou-a. A seguir, Flora prosseguiu:

– Acho que compreendo o que se passou com nossa querida Kate. Podes imaginar, querido, o sentimento de uma mulher que não pode gerar um filho almejado por seu marido? Tens ideia do que deve ter sido a vida de Kate ao lado de um homem como Edwin? Olívia, ainda no Egito, vislumbrou o verdadeiro caráter daquele infeliz!

Mais calma, Kate começou a falar:

— É verdade, meu filho, peço que me perdoes! Não conseguirei te chamar de outro modo!

Kevin permaneceu em silêncio, aguardando o que Kate iria lhe dizer:

— Flora tem razão. Edwin era um homem difícil, exigente, não permitia qualquer falha de minha parte, talvez pelo que havia ocorrido com Olívia. Ao ver que não poderia lhe dar um filho, fiquei desesperada. Não sabia o que fazer! Falei com a mãe de Edwin e ela me aconselhou a adotar uma criança.

— E como ele reagiu? — perguntou Kevin.

— A princípio não quis nem me ouvir falar; a seguir, comecei a pensar em uma forma de convencê-lo. Disse a ele que poderíamos dar a notícia de que eu estava grávida, mas que era uma gravidez de risco! Assim eu não precisaria me apresentar à sociedade. Sem nos identificarmos, eu e minha sogra fomos ao orfanato e lá te encontramos! Ao te ver, não tive dúvidas. Sabia que eras quem eu procurava...

As lágrimas impediram-na de continuar. Flora serviu-lhe um pouco d'água. Após tomar alguns goles, Kate continuou:

— Resolvi ignorar aquelas iniciais bordadas em tua roupa, pois tinha medo de um dia encontrares tua verdadeira mãe! Sabia que não encontraria forças para viver se isso ocorresse!

Muito pálida, Olívia interveio:

— Devemos lembrar que não podemos agir como se estivéssemos julgando uns aos outros. Todos temos uma parcela de culpa nos acontecimentos que se deram, frutos desta existência ou de outras; no entanto, agora nos resta perdoar e refazer nosso caminho!

Ao ouvir as palavras de sua mãe, Kevin se lembrou de Edward. Ele tinha pedido para que não julgasse ninguém! Exausto, ainda perturbado com as revelações que ouvira, Kevin pediu licença para se retirar. Todas compreenderam que o rapaz precisava ficar sozinho. Antes, porém, Kevin se aproximou de Olívia e, em silêncio, beijou suas mãos.

Sem poder se conter, ela o abraçou longamente, como se pudesse, com aquele gesto, em alguns segundos, compensar os longos anos de separação.

Kate e Flora se retiraram, e Olívia fez uma prece agradecendo à misericórdia divina por haver permitido viver aquele dia.

33

Uma herança inesperada

Nos dias que se seguiram, Kevin permaneceu reservado, como se precisasse "digerir" aquilo que lhe fora revelado.

Saía ao entardecer e buscava no silêncio da natureza os conselhos que sua alma necessitava. Retornava às vezes muito tarde, quando já havia anoitecido.

Mais uma vez, lembrou-se das palavras de Edward a respeito da tarefa para a qual estava incumbido. O que seria? Era tão incipiente o seu conhecimento! Tinha apenas um grande desejo, o de auxiliar o próximo, servindo a Jesus. Na verdade, ele era um espírito com muitas aquisições. Desde criança sabia que precisava fazer algo mais, que sua passagem pela Terra deveria ser marcada pelo trabalho constante. Agora, sentia pela primeira vez o peso de uma prova inesperada, que o destino lhe colocava nas mãos.

E se Kate não o tivesse adotado? E se ele tivesse permanecido no orfanato, o que teria sido de sua vida? Algo lhe tocava profundamente as fibras mais íntimas ao lembrar que milhares de crianças permaneciam sem lar. Abandonadas, quando não andavam pelas ruas, vivendo como semiescravas, sendo "adotadas" por famílias que as colocavam nas lides mais duras.

Distraído, olhou o céu e percebeu que as estrelas já brilhavam na abóbada celeste. Um grande sentimento de gratidão lhe veio ao coração. Diante de tanta grandeza, sentiu-se amparado e protegido, apesar de se reconhecer muito necessitado em várias coisas. O que era o seu problema ante a magnificência do Criador?

Uma sensação de paz se apoderou de seu coração, como se aqueles corpos celestes lhe sussurrassem do infinito palavras de paz e encorajamento.

Envolto em vibrações reconfortantes, percebia que era preciso prosseguir sem ferir o coração das pessoas que tanto o amavam.

***

Preocupadas, Flora e Kate aguardavam. Infelizmente, a saúde de Olívia havia piorado com as intensas emoções vividas nas últimas horas. Percebendo-lhe a palidez e a dificuldade em respirar, Kate insistia em chamar o dr. McKain.

Olívia, no entanto, pedia que aguardasse, para não preocupar Kevin. Segundo ela, o rapaz já estava sofrendo o suficiente. Naquela noite, ao retornar, Kevin foi direto ao quarto de sua verdadeira mãe. Ao chegar, encontrou Flora e Kate junto ao leito de Olívia. Preocupado, aproximou-se, perguntando:

– Está tudo bem? Por que minha mãe está no leito?

Ao ouvir pela primeira vez a palavra "mãe" ser dirigida a si mesma, os olhos de Olívia se encheram de lágrimas.

Kevin aguardou que alguém lhe respondesse. Em vista da situação, Flora resolveu explicar:

– Querido, tua mãe está cansada e decidimos que seria melhor que permanecesse em repouso. Viemos lhe fazer companhia, para que não se sentisse sozinha.

Kevin se aproximou e falou com seriedade:

– Acho que lhes devo algumas palavras sobre tudo o que aconteceu. Na realidade, não estava preparado para viver essa situação da forma como se deu. Como acredito que nada acontece por acaso, que existem razões para tudo o que nos sucede, não poderia colocar a culpa dos acontecimentos em pessoas que me amam profundamente.

Em silêncio, Olívia e Kate ouviam com extrema atenção. Kevin prosseguiu:

— Meu pai verdadeiro, Edward, pediu-me que não julgasse ninguém. Reconheço que não estou em condições de julgá-las. As duas tiveram duras provações, que só espíritos experientes poderiam vivenciar. Sou imensamente grato a minha mãe, que a tudo enfrentou: família, sociedade, doença, para que eu retornasse a este mundo; e a minha segunda mãe, não posso condená-la, pois seu amor sempre foi incondicional! Contudo, existe um pedido que gostaria de lhes fazer, sem o qual não poderei permanecer com nenhuma das duas.

Ansiosas, Olívia e Kate se entreolharam. A seguir, Kate perguntou qual seria o pedido.

Kevin sorriu e disse:

— Terei que chamar vocês duas de "mãe"! Não conseguirei chamar a minha mãe apenas de tia Kate e, por outro lado, não quero deixar de chamar tia Olívia de mãe...

Diante de tudo, as duas mulheres quase não acreditaram que Kevin encontrasse ânimo para colocá-las naquele dilema.

Percebendo que o rapaz procurava uma forma de tornar o relacionamento entre eles mais fácil, Olívia segurou a mão do filho e disse:

— Teu pai me disse em um sonho que serias um grande homem, meu filho! Graças a Deus pude ver esta predição se tornar realidade! Posso te abraçar agora?

Kevin a envolveu em seus braços fortes e, por um longo tempo, assim permaneceram um nos braços do outro.

Olívia murmurou ao seu ouvido:

— Gostaria que o tempo parasse, para que nunca mais me afastasse de ti, meu filho!

— Estaremos, de agora em diante, juntos para sempre, mãe. Sempre te admirei e sinto a cada momento que os laços que nos unem são eternos e muito fortes!

Kate se aproximou e abraçou os dois, dizendo:

— Meus amados, estou muito feliz, pois sinto que não te perdi, meu filho. Apenas vou repartir o teu amor com a segunda pessoa que mais amo no mundo!

Assim, reunidos e felizes, resolveram jantar ali mesmo, no quarto de Olívia. Afinal, dezessete anos os separavam e havia muito o que conversar!

***

O aguardado reencontro de Olívia, Kevin e Kate se dera em um clima de serenidade, conforme previsto na espiritualidade.

A saúde de Olívia, no entanto, deteriorava-se. As fortes emoções a que fora submetida haviam causado efeitos danosos em seu sistema circulatório, já bastante prejudicado. Os dias subsequentes foram de cautela e cuidados.

Kate havia chamado o dr. McKain e lhe relatado tudo o que ocorrera. Impressionado, o médico avaliava a situação de sua paciente. Demonstrando visível preocupação, McKain pediu para conversar com Kate em particular.

Ansiosa, ela aguardou que o médico iniciasse:

— Senhora Fletchers, o caso de Olívia é muito grave! Creio que só podemos orar a Deus para que prolongue sua estada neste mundo!

Muito pálida, Kate perguntou:

— Podemos levá-la para um hospital... O que o senhor acha?

McKain deu seu parecer:

— Creio que ela não resistiria. Gostaria de sugerir algo, Kate. Posso chamá-la assim?

Surpresa, Kate acenou positivamente com a cabeça.

— Permita que Olívia aproveite o tempo que lhe resta da maneira que a faça mais feliz. Um hospital neste momento lhe acarretaria uma série de aborrecimentos, com o agravante de separá-la dos que ama.

Kate concordou e, agradecendo a McKain, tornou:

— Sou-lhe muito grata por tudo o que fez por Olívia. Se não fosse pelo senhor, talvez ela não estivesse viva.

McKain sorriu, lisonjeado, e acrescentou:

— A vida encontra os seus caminhos! Desde o princípio, afeiçoei-me a Olívia. Isso não ocorre com frequência, mas no caso dela senti uma grande simpatia. Posso ainda lhe pedir um favor?

— Sim, claro, doutor.

— Gostaria que me chamasse a qualquer hora, se achar necessário.

Kate prometeu:

— Está bem, dr. McKain. Farei o que me aconselhou.

Assim, apesar dos cuidados com Olívia, o ambiente na mansão Willistown era de calma e tranquilidade.

Em um fim de tarde, Olívia pediu para jantar à mesa com os demais. Logo foram providenciadas as acomodações no andar de baixo.

Estavam todos reunidos, inclusive Jonathan McKain, quando Kevin ergueu a voz e contou:

— Antes de morrer, meu avô deixou um envelope para a minha segunda mãe, Kate. Quando minha mãe Olívia foi considerada morta, Kate abriu o envelope que agora tenho em mãos... Há poucos dias, ela me entregou, para que eu decidisse o que fazer e talvez evitar lembranças tristes para aquela que me gerou. Hoje, quero falar sobre o assunto a todos que aqui se encontram.

Muito atentos, todos o observavam. Certo de que era ouvido com atenção, ele prosseguiu:

— Infelizmente, somente agora eu soube de algumas atitudes de meu pai adotivo; entre outras coisas, meu avô pede perdão a minha mãe por ter insistido em seu casamento com Edwin Fletchers!

Olívia o interrompeu, dizendo:

— Ora, meu filho, isso é passado. Não vale a pena retomarmos essa triste história!

Sorrindo, Kevin expôs:

— Escuta, mãe. O meu avô também se referiu à maneira como vinha sendo tratado por Edwin e seu pai: as ameaças constantes e a pressão que fez, principalmente nas vésperas do casamento. Assim, sabendo que perderia todos os seus bens, resolveu deixar fora do seu testamento uma propriedade que possuía em Londres.

Ante o silêncio das esfinges 233

No rosto dos presentes estampou-se a surpresa. Quase sem acreditar no que ouvia, Flora indagou:

– Queres dizer que temos ainda uma propriedade?

– Sim, minha avó. Ela foi deixada para Olívia, minha mãe, pois meu avô havia previsto que sua vida seria um martírio ao lado de Edwin. Foi uma maneira de deixá-la à vontade para escolher seu destino. Ele sugeriu a ela que a vendesse.

Olívia, com os olhos úmidos, exclamou:

– Ah! Meu pai querido, como deve ter sofrido diante dessa situação!

Kevin esperou alguns minutos e prosseguiu:

– Gostaria de fazer-lhe um pedido, mãe!

O olhar do rapaz pousou sobre Olívia. Diante de sua expressão interessada, Kevin continuou:

– Gostaria de assumir essa propriedade. Tenho alguns planos para ela!

Interessada nas palavras de Kevin, Olívia perguntou:

– O que desejas fazer, Kevin?

Kevin fitou a mãe com admiração e orgulho:

– A Inglaterra pouco conhece da Terceira Revelação! Penso em criar um local para estudo e atendimento aos sofredores, especialmente os que sofrem da obsessão, que leva a terríveis dramas e traz muito sofrimento.

Olívia aprovou com uma observação:

– Esta casa deverá ser pautada pelos ensinamentos de Jesus e pela consoladora Doutrina, meu filho!

– Tenho estudado o assunto e vejo um campo cada vez mais fértil para plantarmos a semente desse conhecimento.

E, olhando para o outro lado da mesa, prosseguiu:

– Convido o dr. McKain para nos ajudar nessa empreitada!

McKain, emocionado, apenas fez um sinal positivo com a cabeça. Sentia-se inexplicavelmente bem ao lado daquela família.

A conversa se generalizou e Olívia perguntou:

– Sabes a dimensão do trabalho que tens pela frente, meu filho?

Kevin concordou:

– Sim, mãe. Afirmo, no entanto, que possuo energia e coragem para levar adiante este empreendimento. Ademais, sei que serei amparado por Jesus e os espíritos amigos que nos orientam. Entre eles, meu pai!

34

A morte de Olívia

Na semana seguinte, o estado de Olívia piorou; apresentando extremo cansaço, mal conseguia falar.

McKain foi chamado e, penalizado, afirmou serem aqueles seus últimos dias; o médico permanecia por longas horas a seu lado, junto a Kate e Kevin.

Kate insistia para que a removessem a um hospital, mas a medida, devido ao seu estado, poderia precipitar o desenlace.

Olívia, percebendo o impasse, pediu a Kate que a deixasse partir na casa onde havia nascido. Flora não conseguia evitar o choro e foi aconselhada a permanecer com a filha por alguns minutos apenas.

Pressentindo o fim de sua etapa terrena, Olívia percebia que, na mesma proporção que o corpo físico fraquejava, uma porção nova surgia de si mesma.

Via vultos iluminados que atravessavam seus aposentos, diligentes, como se aguardassem algo muito importante. Ao mesmo tempo que observava os olhares úmidos de seus familiares, vislumbrava sorrisos de alegria e esperança na outra dimensão. Especialmente Edward e Asterion demonstravam inaudito contentamento.

Uma tarde, estando sozinha com Kevin, este a ela se dirigiu:

– Mãe, gostaria de lhe fazer algumas perguntas...

Olívia concordou e Kevin continuou:

– Não quero carregar o nome de meu pai adotivo comigo. Gostaria de mudar meu nome também, assim como o meu verdadeiro pai desejava!

Olívia procurou reunir suas forças e disse pausadamente:

– Kevin, teu pai deseja que... permaneças assim. Os caminhos de Deus são misteriosos e o encaminharam para o lugar onde deves estar... O nome que havia bordado serviu para que eu pudesse te encontrar e... tinha essa finalidade.

Kevin concordou, pensativo:

– Pensei em renunciar à herança de Edwin. Esse dinheiro não me fará bem, pois sei como o adquiriu.

– Os recursos são sempre de Deus e, nas mãos certas, transformam-se em... bênçãos, que confortam e... podem diminuir o sofrimento das pessoas, meu filho. Usa o dinheiro de Edwin para... consolar e minorar a dor dos que padecem sem pão, sem remédio... Lembra-te das mães sofredoras que embalam, por vezes, em seus regaços magros e tristes, crianças famintas... Vi muitas dessas crianças na terra onde teu pai nasceu.

Os olhos de Kevin brilharam. Percebendo, Olívia sorriu e salientou:

– Desde que nasci sentia que algo me impelia para o Egito... Agora sei que estamos ligados àquela terra pelos mais profundos laços... de um passado milenar...

– Sim, mãe! Há muito desejo ir ao Egito, mas não era apenas por curiosidade turística. Sentia que algo muito forte me chamava para a "terra negra"!

Olívia continuou com dificuldade:

– Sabes, Kevin, Deus nos empresta os bens materiais, para que sejamos instrumentos da sua vontade, amparando os menos aquinhoados do caminho... No Egito, terás um grande aprendizado, pois sua população é muito necessitada. Aprende a humildade com aqueles que já reconhecem... a sua pequenez diante do universo, a fé com os desafortunados, a esperança com os que já solidificaram a confiança em seu coração...

Chorando, Kevin beijou as mãos da mãe e a abraçou carinhosamente, mantendo-a em seus braços por algum tempo.

O amor que os unira por milênios despertava e enlevava de felicidade duas almas que insondáveis caminhos haviam separado por toda uma existência.

Olívia sorriu e fechou os olhos, serena, pois Jesus lhe permitira conquistar na Terra o seu maior desejo: encontrar o filho, conhecer seus pensamentos e transmitir-lhe conceitos que o ajudassem a trilhar os difíceis caminhos da vida.

Agradecida, completava a sua derradeira tarefa na Terra. Nos dias que se seguiram, o quadro se agravou e Olívia perdeu a consciência.

Apesar da dor e tristeza que invadiram a mansão Willistown, havia uma atmosfera, especialmente no quarto de Olívia, de grande paz, onde fluidos benéficos eram manipulados em favor do grupo.

Todos buscavam na oração o conforto e o refrigério para aquela alma que cumprira dura expiação na Terra e partia rumo à pátria espiritual em busca de refazimento, preparando-se para novas realizações do porvir.

Dali a dois dias, quando Kevin, Kate, Flora e McKain se encontravam junto à nossa Olívia, ela abriu os olhos significativamente, olhou para seus amados ali postados e, com um terno sorriso, fechou-os em definitivo.

Era o fim da existência de Olívia Willistown na Terra. O corpo frágil sucumbia, para libertar um espírito fortalecido nas experiências reparadoras. Silenciosas lágrimas selaram as últimas despedidas do pequeno grupo.

Olívia partia nos braços de Edward, acompanhada de Asterion e inúmeros amigos, que haviam ido recebê-la.

35

O despertar

Após um tempo, que me pareceu longo, mas que não posso precisar, abri os olhos ainda cansada, olhando ao redor e procurando identificar o local onde estava – prosseguiu Nashira em sua narrativa.

Angustiada, pensava ter retornado ao hospital, sem saber como ali chegara. Uma brisa suave soprava brandamente, balançando as cortinas de tecido de textura muito leve, desconhecido para mim, que parecia refletir os raios solares em miríades de tons suavíssimos.

Lembrava-me de haver sonhado com Kevin e Kate, mas depois uma sensação de angústia me envolveu. Sabia que algo grave tinha ocorrido; a impressão que me invadia era de estar longe de minha família; era como se algo se houvesse rompido dentro de mim.

Sentia extrema fraqueza e alguma coisa me perturbava muito; as últimas lembranças me povoavam o cérebro cansado. Era uma desagradável sensação de não senhorear o próprio pensamento. Cenas e situações diversas de minha vida invadiam minha mente, sem que disso tivesse eu qualquer participação.

Minha noção de tempo estava completamente distorcida. Não sei exatamente o quanto fiquei, assim, ali deitada.

Em dado momento pensei me sentir mais forte e tive vontade de levantar do leito e conhecer melhor o estranho local em que estava. Com os pensamentos confusos, perguntava-me se Kate e Kevin haviam ignorado o meu pedido de não ser internada novamente. Talvez, na tentativa de me salvar a vida, tivessem resolvido me internar em alguma clínica desconhecida, quem sabe para fazer um tratamento diferente.

Curiosa, tentei me levantar com dificuldade, quando ouvi uma voz, que ressoou paternal aos meus ouvidos. Com intraduzível carinho, Asterion se aproximou e, me envolvendo em seus braços amorosos, procurou transmitir-me vibrações que me auxiliassem em minha nova vida.

Comovida, não sabia o que dizer. Minha alegria de estar com ele se misturava a um certo temor pela realidade que se me apresentava. Foi Asterion que rompeu o silêncio:

– Convém aguardar mais um pouco, minha filha! Terás muito tempo para explorar tua nova morada! Tenha calma, pois necessitas de repouso e reflexão sobre tua última experiência na Terra; admitimos que foi muito intensa, quando tiveste que te reestruturar em função de pesados débitos com a Lei. Deixemos a Bondade Divina agir em teu favor, propiciando-te as conclusões indispensáveis para o prosseguimento de tua jornada!

Naquele momento não tive mais dúvidas: havia desencarnado! Forte emoção me fez estremecer e derramar sentidas lágrimas; uma sensação maior ainda de vazio se apoderou de mim. Por que aquele sentimento de haver perdido algo, como se tivesse deixado alguma coisa inacabada?

Asterion, conhecendo meus pensamentos, ponderou pacientemente:

– Confia em Jesus. Devemos aguardar sem atropelos teu retorno à plena consciência. Esse processo varia muito de espírito para espírito, pois está relacionado à capacidade de cada um de assimilar o choque do afastamento do corpo material. Tranquiliza-te, pois desencarnaste com razoável lucidez. Permaneceremos com a terapia indicada, orando para que retomes a tranquilidade. Sabes bem quem eu sou. Estarei sempre ao teu lado, para te amparar e conduzir, visto que retornas do plano físico com muitos pontos positivos!

Sem poder conter a emoção, comentei:

– Sim, mas algo me incomoda... Pensei que seria diferente o meu retorno!

Asterion falou com delicadeza:

– Devemos, acima de tudo, agradecer a Jesus! Graças ao Mestre de Nazaré, recebes o amparo de irmãos prestimosos nesse local, junto também aos que te são caros ao coração. – E finalizou a conversa: – Bem, minha querida, não devemos nos estender muito. Teremos bastante tempo para conversar.

Estranhei a ausência de Edward, mas, como não me considerei em condições de questionar, resolvi me calar. Recostei-me no agradável leito e uma enorme sensação de cansaço se apoderou de meus sentidos.

Respirava a plenos haustos, sentindo os benefícios que recebia, como se suave névoa me cobrisse o corpo, fornecendo-me energias reparadoras.

Parecia-me que todo o sofrimento pelo qual passara na Terra desaparecia, embora persistisse aquela sensação de que faltava algo.

A felicidade que tanto almejara não se fazia presente. Adormeci, perguntando a mim mesma por que não encontrara a paz que tanto buscara!

***

Fiz questão de transcrever literalmente a narrativa de Olívia, que voltava de sua existência e começava, lentamente, a retomar sua antiga e mais marcante personalidade de Nashira, como a encontramos no início deste nosso trabalho, para que nossos leitores pudessem ter uma ideia mais completa acerca do retorno ao mundo espiritual.

Ela nos relatou que, após um longo período de recuperação, certo dia, ao despertar, teve uma agradabilíssima surpresa: ao seu lado, sorrindo, percebeu a presença de madame Duplat.

Marie, rejuvenescida, deu-lhe as boas-vindas e cumprimentou-a por encontrá-la em plena recuperação. Com um brilho peculiar no olhar, Marie lhe pareceu muito mais bela do que na Terra.

Nashira não se conteve e comentou:

— Madame Duplat! Como estás bela! Diria que aparentas a metade de minha idade!

Marie sorriu e explicou:

— Nashira, querida, a bondade de Jesus é inimaginável nesse sentido, pois temos aqui valorizadas quaisquer atitudes no Bem que possamos haver encetado no plano físico; o trabalho árduo nos garante a possibilidade de "embelezarmos" nosso perispírito com os valores sólidos do Espírito. À medida que nos tornamos "mais espírito e menos matéria", nossas conquistas no campo da alma se evidenciam. Logo verificarás, também, esse fenômeno em ti mesma, agregando maiores possibilidades e potenciais ao teu coração.

— Agradeço teus esclarecimentos, minha amiga, porém não me reconheço possuidora de nenhum mérito que me possibilite me revelar de outra forma. Não agi como deveria em muitas ocasiões!

— Não estamos falando em perfeição, Nashira. As encarnações dos grandes missionários estão muito distantes de nós, mas, dentro daquilo que nos é possível, estamos lutando contra as imperfeições que, infelizmente, ainda carregaremos por muito tempo. Por ora, aconselho-te o repouso restaurador das energias, para que em breve possamos realizar interessantes e elucidativas excursões pela colônia. Lembra: dependerá de tua conduta encontrares teus maiores tesouros neste plano!

Passaram-se alguns dias e, seguindo os conselhos da amiga, Olívia percebia que apresentava melhoras visíveis, saindo do leito e se aventurando em pequenos passeios pela parte interna do hospital em que estava.

Algum tempo depois, Marie foi visitá-la e cumpriu o que lhe havia prometido, convidando-a a alterar sua rotina diária.

Nashira aceitou e, mudando suas vestes, acompanhou a dedicada amiga.

36

Perante novos desafios

O tempo passou, imperceptível, trazendo de volta a Nashira, aos poucos, parte de seu patrimônio espiritual já conquistado. Refletia sobre seus caminhos, até onde lhe permitia sua memória espiritual naquela oportunidade.

Quanto mais o processo das recordações se mostrava presente, maior angústia se apoderava de sua alma.

Apreensiva, revia fatos, principalmente os de sua última existência. Reconhecia que as provas pelas quais passara haviam sido determinantes e que tudo era absolutamente justo e certo, pois, graças à misericórdia divina, pôde vislumbrar as causas das dificuldades vividas.

Asterion, perscrutando-lhe o íntimo, aproximou-se e a inquiriu:

— Eu já esperava por esse dia, minha filha. Compreendes agora qual deveria ter sido o teu trabalho na Terra?

Com os olhos úmidos, Nashira exclamou:

— Meu Deus, como poderia ter aproveitado melhor minha última existência se tivesse tido mais confiança! Poderia ter auxiliado na difusão da Doutrina Espírita na Inglaterra e me poupado muito sofrimento! Reconheço sua paciência e lhe sou infinitamente grata. Também sinto que um passado distante nos une, mas é exatamente isso que me perturba!

Asterion respondeu com tranquilidade:

– O passado só tem valor quando nos possibilita a modificação positiva do futuro, Nashira. Percebo que realizaste grandes transformações em tuas últimas experiências, mas tinhas uma tarefa importante a desempenhar, com a qual te comprometeste na espiritualidade. Para que te fortaleças e supere os últimos vestígios de tua desencarnação é preciso ter fé e firmeza sedimentadas nas construções que já realizaste. O tempo do espírito é o presente! Aqui não podemos adiar nossos atos nem a reforma do nosso comportamento! O amanhã ou o futuro virão como uma consequência das próprias leis do universo; devemos, contudo, agir no momento atual, na certeza de que não podemos mais adiar nossas realizações. Quando na Terra, costumamos viciar nosso pensamento, protelando para a velhice as edificações do espírito.

Nashira fixou o olhar em Asterion, aflita. Naquele momento, Marie se aproximou e, integrando-se à conversa, ouviu atentamente a explanação de Asterion:

– A lembrança de tua passagem por um lugar em especial ocorreu em virtude de um compromisso assumido com alguns corações que muito amas.

Nashira confirmou as palavras de Asterion:

– Sim, lembro-me de ter toda a minha vida ligada estranhamente ao Egito! Eram muitas coincidências desde criança, até culminar com o encontro com Edward e... – Nashira se calou, pois sabia que entrava em terreno complicado.

Marie comentou com delicadeza:

– Nashira, nenhum de nós palmilhou a estrada da angelitude ainda! Procuramos melhorar nossas atitudes, pautando nossa conduta nos ensinamentos de Jesus; todavia, nossas conquistas são incipientes e seguidamente caímos, vítimas de nossa ignorância e das ciladas que o orgulho, a vaidade e o egoísmo nos pregam.

Emocionada, Nashira falou, demonstrando confiança:

– Rogarei nova oportunidade, pois devo isso àqueles com os quais me comprometi!

– Sim, a misericórdia divina haverá de colocar em tuas mãos o ensejo novamente! – concordou Asterion.

Com profunda tristeza, Nashira asseverou:

– Não posso mais fugir à verdade! Falhei ao duvidar da veracidade dos fatos que escrevia! Dei demasiada importância ao preconceito da sociedade, não tive coragem de enfrentar a opinião do mundo, e o medo de ser internada como louca novamente me fez renunciar à tarefa com Jesus! Bem que vocês me avisaram!

Asterion olhou de modo significativo para Marie, e esta, compreendendo o convite para que falasse, tomou a palavra:

– Sim, filha, mas estava em ação o teu livre-arbítrio. Minha singela interferência era uma advertência de Asterion, para que pudesses evitar o arrependimento atual.

– Como poderei corrigir o meu fracasso? – perguntou Olívia com humildade.

Asterion a olhou ternamente e observou:

– Procura tirar proveito das lições que a vida te proporcionou. Com o tempo e a inspiração de Jesus, saberás o que fazer!

Olívia percebia o quanto a misericórdia divina agira em sua existência, amparando-a e corrigindo os atos impensados que cometera.

Lembrando-se de que Marie lhe falara sobre o equilíbrio íntimo, por meio de pensamentos harmoniosos, orou a Jesus, para que este a auxiliasse no controle de suas emoções.

Não pertencia mais à Terra, era preciso reaprender a viver como espírito!

Certamente encontraria as respostas que buscava e, confiante na intercessão amorosa de Jesus, adotou uma posição mental que lhe permitiria corrigir o caminho.

Curiosamente, além das modificações psíquicas e físicas, retomava antigas impressões guardadas em seus arquivos mentais, que se tornavam conscientes e se incorporavam ao seu cabedal de espírito eterno.

A melancolia, que fora um traço de sua personalidade, dava lugar à serenidade e à confiança.

Atenta às mudanças que iam ocorrendo, Nashira inquiriu Asterion:

– Percebo as preces que Kevin nos dirige, especialmente a mim... Apesar de pouco ter convivido com meu filho, sinto muita saudade! É como se tivéssemos sempre estado juntos e a separação de agora nos fosse particularmente dolorosa!

Asterion a fixou com atenção e comentou:

– Kevin está intimamente ligado ao teu passado, Nashira. Se fizeres um esforço, poderás lembrar de quem se trata.

Nashira buscou em sua memória a lembrança do filho querido e, de repente, percebeu que os traços juvenis de Kevin se modificavam.

Em seu lugar, a imagem de Senuit, um jovem egípcio que fora servo de Amenakht, substituía a de Kevin.

– Meu Deus! Kevin foi Senuit!

– Sim, Nashira, recebeste como filho alguém que te amou muito! Foi por esse motivo que ele insistiu em te encontrar. Apesar de os papéis serem diferentes, o sentimento que os une é muito forte.

Emoções redobradas tocavam o coração de Nashira. Mais uma vez, os laços que se perpetuam entre as almas se tornavam evidentes!

Asterion prosseguiu:

– Logo após a tua partida, Kevin foi ao Egito e, sensibilizado, percorreu locais que lhe sensibilizaram a memória espiritual. Teve a certeza de já ter vivido no local.

Os olhos de Nashira brilharam. Esperançosa, perguntou:

– Kevin não poderia escrever a nossa história? Não poderia, assim, terminar a tarefa que não realizei?

– Os compromissos de Kevin são outros, Nashira. Terás de aguardar o momento adequado para cumprires o que te compete! O trabalho te aguarda, minha filha. Lembras-te das lágrimas que derramaste por não aceitares o mandato mediúnico? Agora necessitarás de paciência, até que a oportunidade surja novamente.

Resignada, ela concordou:

– Sim, não soube valorizar o dom que havia recebido. Creio que a sensibilidade mediúnica me acompanha há muito tempo, mas somente na última existência consegui compreender sua verdadeira finalidade. Mesmo assim, o orgulho e a vaidade me fizeram sucumbir outra vez.

Asterion falou com gravidade:

– Nossas aquisições na esfera do espírito são obtidas proporcionalmente ao esforço próprio despendido. Se desejas realmente corrigir algo em teu caminho, deverás buscar o mérito que te permita novas oportunidades...

***

A sensação da oportunidade perdida, apesar de tanto haver recebido das mãos misericordiosas de Jesus, aos poucos foi se transformando em alegria de servir, quando Nashira se deu conta da possibilidade de trabalhar na conscientização dos irmãos encarnados.

A Terra viverá tempos em que "as línguas de fogo" novamente pairarão sobre as cabeças e os mensageiros do Além trarão aos homens as claridades da espiritualidade.

A esperança e a fé tomarão o lugar da dúvida e da incerteza e, finalmente, o planeta passará pelas transformações necessárias.

Transcrevo aos leitores amigos as palavras de Nashira a mim dirigidas, antes de volvermos juntos a um passado mais distante.

– O meu relato continua e, graças à permissão de Jesus, deixo em tuas mãos esta singular história, caro Eugene. Sei que no momento oportuno ela tomará forma na Terra. Um dia, quando retornar, peço ao Senhor que, se me for permitido, possa agir como o bom servo que multiplicou os talentos em vez de escondê-los... Por ora, o que me resta é contar episódios que envolveram alguns espíritos em plena ascensão espiritual, habitando hoje outros orbes. Naquela ocasião, Kya, minha comparsa do passado, acionou minhas memórias pelo processo mediúnico, para contarmos nossas infelizes experiências, que comprometeram nosso futuro espiritual de maneira lastimável!

Aproveitando a pausa de Nashira, indaguei:

– E quanto a Kya? Por que não está aqui para completar a tarefa?

Nashira balançou a cabeça em negativa e tornou:

— Kya cumpriu sua palavra e realizou aquilo a que tinha se proposto! O fracasso foi meu e, apesar de a querida irmã estar em permanente ligação conosco, encontra-se com outros encargos de grande responsabilidade. Posso avaliar agora o quanto custou para Kya desenvolver o trabalho, principalmente porque, quando começamos, eu estava em lua de mel no Egito, conforme relatei.

"Voltar àquele cenário por certo deve ter trazido sofrimento ao seu coração, apesar de compreendermos a necessidade de tirarmos de nossas quedas a melhor lição possível. A morada terrena apresenta-se-nos ainda com grande necessidade de conhecimento superior, porquanto os homens se voltam apenas à matéria. Lamento que o imenso legado que meu povo deixou tenha se tornado mera curiosidade histórica, sem um estudo mais aprofundado das questões do espírito, conhecimento que já detínhamos há mais de três mil anos!

"Somos admirados pelo nosso grande conhecimento na matemática, engenharia, medicina, arquitetura etc., mas a questão da religiosidade, que norteou nossas conquistas, ficou relegada à curiosidade de alguns pesquisadores, que a consideram apenas mitologia de um povo extinto.

"Sem a chave da reencarnação, jamais poderemos explicar qualquer evento de vida na Terra. É exatamente a esta Terra que, apesar de ter sido para nós um planeta de resgate de nossas falhas, devemos a parcela de felicidade que hoje conquistamos.

"Mais uma vez, o dever nos chama ao trabalho e é necessário que se cumpra, embora tardiamente... Prosseguiremos o nosso relato, caro Eugene, para que melhor compreendas a que me refiro."

37

De volta a Tebas

À medida que Nashira se preparava para nos narrar sua existência no passado milenar, curiosamente seus traços novamente se modificavam.

As feições europeias de Olívia davam lugar a um rosto moreno, suave, e a aparência de uma jovem de vinte anos surgia à nossa frente.

Trajava um vestido de linho branco, cujo cinto em ouro lhe definia a cintura. Um colar de lápis-lazúli lhe enfeitava o pescoço delgado. Nos cabelos, uma peruca egípcia, onde se viam centenas de pedras minúsculas, que a adornavam curiosamente.

Nashira nos parecia muito bela, mas em seu olhar percebia-se a tristeza dos grandes arrependimentos! As lembranças renovavam sentimentos que havia muito desejara esquecer.

A permissão para que ela realizasse este trabalho, na verdade, tinha a finalidade de ajudá-la a se libertar de um passado que ainda lhe marcava indelevelmente a alma arrependida.

Verificamos que as paisagens humanas se modificam em seus aspectos exteriores, mas as recordações que guardamos, por estarem carregadas de vibrações, fazem-nos reviver as experiências de outrora.

No plano físico, muitas vezes, o ato de forçar a recordação de vidas passadas traz sérios prejuízos aos que a ela se entregam. A ação de lembrar não desequilibra apenas quem o faz, mas estabelece ligações psíquicas com os demais envolvidos no problema. Lembrar é reviver, como já foi dito, e, ao reviver, trazemos uma gama de emoções que nem sempre estamos em condições de enfrentar.

O passado está gravado em nossa consciência. Por meio do esquecimento que nos é facultado quando reencarnamos, podemos reconstruir o caminho, tendo a oportunidade de palmilhá-lo de forma diferente, com um novo recomeço, sem os fantasmas da culpa e do remorso...

Convém lembrar, no entanto, que nem sempre é assim que acontece; esses sentimentos, muitas vezes, permanecem em estado latente, causando uma série de distúrbios psíquicos, especialmente nos encarnados que desconhecem a vida espiritual.

Com um longo suspiro, como se desejasse haurir novas energias, Nashira prosseguiu:

— O sol ardia naquela manhã em Tebas. Lembro-me de haver ido ao templo com minha mãe para falar com alguém, mas ela encontrou uma amiga e se esqueceu de suas obrigações. Sozinha, passei a andar pelo templo, distraída. De repente, ouvi quando alguém, às minhas costas, gritou: "Merytre! O que essa menina está fazendo aqui? Vá à procura de sua mãe e diga que venha até aqui imediatamente! Pelos deuses! O Egito está nas mãos de Sekbet! O faraó Tutmés II acaba de partir para o reino de Osíris!". Lembra-te, meu amigo, do sonho que eu tive, quando estava em lua de mel no Egito? Eram as lembranças que me voltavam à mente ao retornar ao local de meus crimes! Ali começaram as minhas primeiras lembranças como Merytre...

Naquele momento, percebi o desdobramento da história de Nashira. Continuei a rever aquele intrigante passado...

***

Sem dizer nada, a menina havia se retirado lentamente, deixando clara a intenção de afrontar o jovem escriba. Correu até o templo de Hathor e, encontrando Mutnefer, sua mãe, disse com sua voz infantil:

– Any quer falar com a senhora, mamãe!

Mutnefer caminhou até a criança e, abaixando-se, perguntou:

– Tens certeza? O que este escriba pode querer comigo?

Merytre fez um esforço, colocando as mãos na cabecinha, e tornou:

– Ele falou do grande deus Sekbet!

Mutnefer passou a mão em sua negra cabeleira, enquanto olhava para a bela estátua de Hathor. A seguir, pegou a mão de Merytre e, em vez de ir ter com Any, desviou-se do caminho, indo em direção aos bairros pobres de Tebas. Entrando por algumas passagens, acabou por chegar a mísero casebre.

Entrou, demonstrando conhecer o local, e se sentou em um banco bem desconfortável. Precisava pensar! "O faraó deve estar com Osíris a esta hora. Talvez os deuses me favoreçam com alguma oportunidade! Quem sabe no próprio palácio real, onde tenho algumas amizades! Vamos ver que proveito poderei tirar desta situação..."

Não demorou muito, uma mulher de meia-idade chegou e, surpresa, perguntou:

– Mutnefer, o que fazes aqui? O amo Apopi te procura há um bom tempo...

Mutnefer pegou uma bilha de cerâmica e despejou o conteúdo em um copo de mesmo material. Sorveu o líquido e convidou Tama e Merytre para tomarem alguns goles.

– É verdade que o faraó já é um belo de um defunto? Os homens da Casa de Purificação já o levaram?

Tama balançou a cabeça:

– Não fales assim do senhor do Egito, Mutnefer! Nosso faraó partiu para o reino de Osíris e precisamos manter a calma para que os deuses nos protejam e lhe assegurem uma travessia tranquila para o outro mundo!

Mutnefer deu de ombros e revidou:

— De que me serve tudo isso? Para mim nada mudará, continuarei lavando os linhos das senhoras de sol a sol. Para mim, a única esperança é esta menina... — E, olhando com ternura para Merytre, prosseguiu: — Tu sabes que o pai dela é um nobre! Temo por minha filha, pois sua esposa desconfia da infidelidade do marido.

Tama, preocupada, ponderou:

— Talvez seja mais prudente afastá-la de Tebas! Inet é uma boa mulher, mas todos sabem do seu ciúme.

— Não, Tama, desejo mais para Merytre! Falarei com Anat, uma das escravas da senhora Ísis.

— Em que estás pensando, Mutnefer? — perguntou Tama, preocupada.

— Não sei ao certo, mas Anat me poderá dar alguma ideia!

Tama se aproximou e avisou:

— Tem cuidado, Mutnefer! Tua mãe era uma boa mulher e desejava a tua felicidade. Precisas, no entanto, tomar juízo, para que os bons deuses te inspirem!

Emocionada, Mutnefer a abraçou, dizendo:

— Só me resta a tua amizade, Tama. Não te preocupes, pois, assim que minha filha estiver fora de perigo, pretendo partir para o Norte.

Tama ia retrucar, mas, levada por estranha intuição, declarou:

— Se este for o teu caminho, minha filha, que os deuses te protejam!

Mutnefer chegou ao palácio de Apopi uma hora mais tarde. A notícia da morte do faraó já havia sido levada ao nobre militar.

Apopi, ao vê-la, a inquiriu:

— Ordenei a Any para que a enviasse à minha casa assim que o faraó partisse para o reino dos mortos! Por que chegaste só agora, escrava?

Mutnefer baixou o olhar e disse com falsa humildade:

— Peço que me perdoe, meu senhor, mas as ruas estão cheias e atravessei a cidade com dificuldade. A morte do filho de Hórus, nosso faraó, me deteve... Fiz todos os esforços possíveis para me desvencilhar e trazer-lhe a terrível notícia... — E começou a chorar e a puxar os próprios cabelos, como era costume em ocasiões extremas, de desespero, como aquela.

Compadecida, a mulher de Apopi, Henut, censurou-o:

– Meu esposo, pelos deuses! Estamos em luto pelo Egito e não é o momento de castigarmos uma pobre escrava, que nada tem a ver com a situação!

Apopi concordou e, com um gesto, ordenou que Mutnefer e Merytre se afastassem. Enquanto se recolhia ao seu humilde quarto, Mutnefer imitava grotescamente a bondosa Henut: "Ora, se isso ficará assim! Eu, *uma pobre escrava, que nada tem a ver com a situação!* Pois fique sabendo, grande dama do Egito, senhora Henut, que um dia esta escrava haverá de lhe dar muito trabalho!"

Assim, Mutnefer acomodou a filha em um leito simples, mas confortável, e adormeceu em companhia de seus pensamentos sombrios de revolta e inveja.

38

Pacto sob as estrelas

No sétimo ano do reinado, imprevisivelmente, acontecimentos surgiram. Na noite cálida de Tebas, quando a aragem fresca da noite balançava a vegetação castigada pelo sol causticante do dia, um homem, apressado, entrou no palácio real.

Tinha a cabeça coberta e, ao fazer um sinal característico aos de sua estirpe, foi reconhecido pelas sentinelas e levado à presença de Hatshepsut, que, acompanhada de Senenmut, aguardava-o em seu salão particular, onde recebia pessoas altamente ligadas à sua administração. O tal homem, logo ao entrar, curvou-se diante daquela que era a maior autoridade na terra de Kemi.

Hatshepsut estava de pé no meio do amplo salão e, após ouvir algumas palavras de devoção ditas pelo sumo sacerdote de Amon, Hapuseneb, pronunciou-se:

– Sei que não desconheces minha linhagem real, das mais puras de nossa história... Como é de teu conhecimento, sou neta, filha, irmã e viúva de faraó! Em minhas veias corre o sangue mais nobre desta terra e, apesar disso, mais uma vez, deve subir ao trono, como senhor absoluto, um filho do harém!

Hapuseneb olhou com frieza para sua rainha e concordou:

– O que dizeis é verdade, e o clero de Amon jamais questionou vossa legitimidade, grande rainha.

Hatshepsut deu um suspiro e prosseguiu:

– Sim, mas também sei que preparam o filho bastardo de meu marido para assumir o trono dentro de algum tempo...

Um brilho perpassou o olhar de Hapuseneb e, sem medir palavras, retrucou:

– O menino é um faraó! No futuro será um dos maiores que o Egito já possuiu! Não podemos esquecer do fracasso do reinado de seu pai, Tutmés II! Preparai-o para que seja a honra e a glória da terra de Amon, Filha de Rá!

O sangue fervia nas veias de Hatshepsut. Senenmut deu alguns passos e, aproximando-se, interveio com decisão:

– Tutmés é apenas uma promessa. O Egito precisa de um braço forte, que o defenda hoje de seus inimigos!

Sorrindo, Hapuseneb tornou:

– ... E o braço forte seria o teu, Senenmut?

Senenmut se aproximou de modo brusco, revelando a antiga impetuosidade militar, contra a qual lutaria durante várias encarnações futuras.

Hatshepsut interveio:

– Senhores! – E, voltando-se a Hapuseneb, prosseguiu: – Isso nunca foi cogitado, sacerdote! O filho de meu marido assumirá o trono um dia, em sua maioridade. Isso é definitivo! Até lá, conto com o apoio do clero para governarmos o Egito com justiça e equilíbrio, para que se torne mais próspero e rico!

Hapuseneb, apesar de sua frieza aparente, amava o Egito e sua posição.

Começava a identificar um futuro glorioso para o clero se, aliados a Hatshepsut, pudessem permanecer por um tempo maior no poder! Refletindo sobre as possibilidades, questionou:

– Como isso se daria, minha rainha? Como o povo aceitaria uma mulher como faraó?

Senenmut novamente se interpôs:

– Não podemos esquecer da crença fervorosa que nosso povo deposita nos deuses e no clero. Se for aceito publicamente que a rainha foi designada por seu pai para ser sua sucessora, isso calaria qualquer objeção!

Hapuseneb balançou a cabeça negativamente e replicou:

– Isso não convencerá a nobreza. Precisamos de algo mais sólido.

Pensativo, o sacerdote caminhava lentamente pela sala. De súbito, um sorriso surgiu nos lábios de Hatshepsut, que demonstrou ter encontrado a solução que desejava:

– Tens razão, Senenmut! Nosso povo é crédulo e me aceitará no poder se acreditar que Amon tomou a aparência de meu pai e seduziu minha mãe, a rainha Ahmósis! Isso eliminaria quaisquer dúvidas sobre minha procedência divina!

Hapuseneb, com expressão grave, contestou:

– O nome de Amon não poderá ser usado em vão! Isso é uma farsa da qual não farei parte!

Hatshepsut obtemperou:

– Desejas então que o menino assuma o poder? Não percebes que estou fazendo isso para que o Egito tenha um representante à altura de sua grandeza? Assumirei como faraó até Tutmés se tornar um homem; assim que isso acontecer, ceder-lhe-ei o trono!

– Cessão essa que é um direito dele, minha rainha! – afirmou Hapuseneb, convicto.

Contrariada, Hatshepsut lhe dirigiu um olhar gélido e prosseguiu:

– Por ironia dos deuses, Hapuseneb, possuo maiores aptidões para ser faraó do Egito, mas, pelo fato de ser mulher, precisarei usar de artifícios que um dia por certo me desabonarão... Tu deves saber, porém, que, se o clero de Amon me apoiar, partilhará da riqueza e glória do meu reinado!

Compreendendo o alcance das palavras de sua rainha, Hapuseneb pediu licença e se retirou. Tinha a sensação de levar nas costas o peso de todo o Egito.

***

Os egípcios traziam um legado de um mundo mais evoluído, o que os tornava muito superiores aos povos que trilhavam os caminhos terrenos na época.

Especialmente nos domínios dos templos, os sacerdotes acumulavam tesouros de sabedoria, estudando com dedicação aspectos do espírito que, ainda hoje, não chegam a ser auscultados pela humanidade.

O conhecimento dos fluidos espirituais, do magnetismo, do perispírito e, principalmente, a consciência de sua condição de degredados na Terra faziam-nos viver com o pensamento voltado para o futuro, no além.

A morte, como presença constante da vida deles, tinha um significado especial, pois representava a libertação e a possibilidade de retornarem para o lugar de onde haviam partido.

No silêncio dos recintos sagrados, os iniciados cultivavam a convicção do Deus único e a certeza de que a Terra seguiria seu curso evolutivo, tal qual seu orbe de origem.

Esse saber, no entanto, não era divulgado ao povo, muito ligado à materialidade dos símbolos e da religião.

De modo inegável, marcaram sua passagem pelo planeta como emissários de um conhecimento superior, até agora não desvendado e compreendido em toda sua essência.

Hapuseneb, espírito de dilatadas aquisições no campo do saber, possuía ainda inequívocos liames concernentes a bens materiais, não tendo se desvencilhado do entorpecimento que a posse do ouro proporciona.

A aliança que fizera com Hatshepsut proporcionara-lhe avultados valores amoedados e o aumento de poder do clero de Amon.

Reconhecia o potencial de Tutmés, vendo germinarem no menino as qualidades que o fariam se tornar um grande faraó no futuro.

Precisava reconhecer, no entanto, que Hatshepsut tinha razão: era preciso garantir a soberania e a integridade do Egito com uma presença divina e carismática no governo.

Infelizmente, o menino faraó ainda não poderia assegurar tal condição...

Sabia que a rainha planejara, desde o nascimento de Neferure, sua ascensão ao poder. Inicialmente, pensara que, casando a filha com Tutmés III, ou seja, transformando-a em esposa real, teria como manipular o sobrinho.

Com o tempo, a rainha percebeu que poderia ter muito mais... Via a continuidade de seu reinado no futuro da filha!

O fato de a rainha-faraó preparar Neferure de modo muito particular, assim como seu pai o fizera com ela mesma, destacando-a na corte e colocando-a sob os cuidados de diversos tutores, preocupava o sacerdote.

A relação de Neferure com a família de Senenmut, cujos irmãos eram seus tutores, despertava atenção na corte, e comentários maldosos não se faziam esperar... Por que motivo Hatshepsut permitia aquela aproximação?

Estaria Senenmut incluído nos planos que Hatshepsut delineava para o futuro de sua filha? O que realmente estaria acontecendo no palácio real?

Precisaria ficar atento, vigiar os passos de Hatshepsut, pois o Egito não aceitaria por duas vezes consecutivas uma mulher a lhe guiar o destino!

Um dia – e quanto a isso não havia dúvidas –, Tutmés III assumiria o seu lugar!

39

O futuro de Merytre

No dia seguinte, Mutnefer aproveitou um descuido de Henut e foi ao palácio real. A morte pairava no ar... A moradia do faraó se fechara em luto e as paredes, outrora tão vistosas e coloridas, estavam cobertas por tecidos negros.

Tudo ali era de molde a transmitir a ideia de que o filho do deus havia partido para o Vale da Morte, indo juntar-se a Osíris, e que o Egito estava órfão.

As carpideiras – mulheres pagas para prantear os mortos – preparavam-se para o dia em que acompanhariam o faraó à sua última morada na Terra.

O Egito ficaria em luto até o dia da "Abertura da Boca", cerimônia na qual o morto iria ter seu *ka* livre por meio de fórmulas rituais pronunciadas pelo sumo sacerdote do templo de Amon.

Mutnefer se embrenhou pela ala dos escravos e logo encontrou a pessoa que procurava.

– Anat! Que bom te encontrar!

Uma jovem negra, cabelos presos na nuca, ela se voltou e exclamou, sorrindo:

– Não via a hora de nos encontrarmos, Mutnefer! Que os deuses te deem saúde e fortuna!

Mutnefer deu um sorriso sarcástico e comentou:

– Acho que os deuses se esqueceram de mim, Anat. A única coisa que tenho nesta vida miserável é a minha filha, Merytre.

– Como ela está? A última vez que a vi notei sua beleza, apesar de ser apenas uma criança...

Mutnefer sorriu e falou com amargura:

– Sim, realmente, Merytre será uma bela mulher! No entanto, se continuar com a minha sina, não passará de um objeto de prazer para os senhores... O pai, que tu bem conheces, o nobre Paneb, ofereceu-me algumas moedas, mas isso não me basta!

A amiga olhou para os lados e, baixando o tom de voz, murmurou:

– Podes lucrar muito com isso ainda, minha amiga! Se não com o próprio Paneb, de outra forma...

Mutnefer sorriu e aguardou que Anat continuasse:

– Vou te dizer algo, mas não deves revelar isso a ninguém, ouviste?

– Sim, fala logo!

– Conheces a minha ama, não é mesmo?

– Sim, é uma das esposas do faraó defunto. E então?

– Ora, Ísis é uma mulher influente, responsável pelo harém, e não foi por acaso que gerou um filho homem para o faraó!

Mutnefer permaneceu em silêncio alguns instantes e de repente exclamou com perplexidade:

– Queres dizer que o filho de Ísis será o sucessor do faraó? – A seguir, dando uma gargalhada, prosseguiu: – Perdeste o juízo, Anat! O menino é apenas uma criança, não deve ter mais do que cinco anos!

Anat balançou a cabeça e ponderou:

– Mutnefer! O menino Tutmés III é o único e legítimo sucessor do faraó! Ouvi a senhora Ísis declarar isso! Provavelmente a rainha ficará no trono até que ele cresça!

Os olhos de Mutnefer brilharam. Olhou de relance para Anat e afirmou:

– Se os deuses destinarem minha Merytre para ser concubina, que seja do faraó!

Anat sorriu e aconselhou:

– Peça a Paneb que a minha senhora permita à pequena Merytre permanecer no palácio. Quem sabe se os deuses não a favorecerão no futuro?

– Sou-te muito grata, minha boa Anat. Se os deuses abençoarem os nossos propósitos, poderei te recompensar!

Dessa forma, as duas amigas se despediram. Logo ao chegar à casa de Apopi, Mutnefer pediu permissão a Henut para deixar Merytre na casa de alguns parentes, pois, segundo ela, a menina exigia cuidados que atrapalhavam seus afazeres.

A boa Henut não se opôs, apenas lamentou o afastamento de Merytre, pois se havia afeiçoado à menina.

Assim, com a interferência do pai, Merytre entrou no palácio do faraó, mais precisamente para o seu harém, local onde viviam as concubinas.

***

Inicialmente, a rainha Hatshepsut, esposa e meia-irmã do faraó falecido, assumiu as funções da regência, de acordo com o estabelecido.

Passado algum tempo, a poderosa mulher revelou que seu pai, Tutmés I, tinha declarado o desejo de que ela mesma o sucedesse ao trono.

Hatshepsut possuía grande admiração pelo pai, com quem convivera mais proximamente nos últimos anos de vida do enérgico faraó.

Com a anuência do clero, no sétimo ano de seu reinado, Hatshepsut assumiu definitivamente a posição de faraó do Egito, vestindo, inclusive, roupas masculinas!

***

Os anos se passaram...

O jovem faraó, Tutmés III, permanecia na corregência, embora fosse designado a atividades administrativas e militares.

Espírito possuidor de inteligência aguçada, cuja superioridade intelectual sobrepunha em muito os que o cercavam, tinha uma inquietude salutar, que o levava a sérias indagações existenciais, despertando-lhe o interesse em aprofundar-se nos enigmas da vida e da morte.

Desde a infância, aprendera os mistérios revelados somente aos escolhidos de Amon. Como futuro faraó, fora iniciado nos enigmas que cercam a existência de todos os homens.

No silêncio do templo, lançava ao infinito as questões dilacerantes que o preocupavam; buscava, então, sinais que lhe satisfizessem os anseios e seguidamente verificava a presença de seus antepassados, que venciam as muralhas da morte para aconselhá-lo fraternalmente, fosse por meio de um sacerdote ou de sua própria sensibilidade.

O menino faraó desenvolvera faculdades psíquicas especiais durante o período em que permanecera no templo ao lado dos sacerdotes de Amon. Como "Filho do Deus", deveria se preparar na mais rigorosa tradição dos iniciados, pois, para exercer suas funções, tinha de conhecer todas as ciências e todos os mistérios.

Assim, desde a morte do pai, ele demonstrou ser o herdeiro legítimo do trono, aquele que deveria cingir a dupla coroa do Alto e Baixo Egito, usar os cinco nomes próprios do faraó e decidir sobre a vida e a morte na Terra Negra.

Era considerado uma grande promessa para o Egito, circunstância que inquietava Hatshepsut, pois, antes de ser sua corregente, era sua tia; como rainha, desejava preservar o bem de seu povo e por essa razão ela resolvera assumir o trono.

Hatshepsut exercia o seu fascínio sobre o Egito por seu caráter forte e inteligência invulgar, o que a levava a conduzir a Terra de Kemi em clima de prosperidade e paz. Era amada por seu povo e venerada como uma legítima representante de Amon.

Sua hierarquia dinástica era das mais puras, sendo neta, filha, irmã e esposa de faraó, descendente da grande rainha Ahmósis Nefertari.

Apesar disso, era preciso deixar claro aos inimigos do Egito que, quando Tutmés assumisse, haveria a seu lado alguém à altura na condução do país.

De que forma poderia permitir que seu sobrinho ocupasse o lugar de seu pai antes do tempo e mostrasse aos outros povos sua vulnerabilidade? Que reino demonstraria força e pujança tendo um menino sentado ao trono?

Hatshepsut sabia que o Egito estava cercado de povos ignorantes e primitivos, desejosos de se estabelecerem no vale verdejante do Nilo, como em outras épocas o haviam feito. Somente graças ao faraó Amenófis e mais tarde com Tutmés I, seu pai, tinham sido expulsos os derradeiros invasores.

Eles vinham do deserto e do Sul, do Oriente e do Mediterrâneo, sequiosos dos tesouros do Egito, preservados nos celeiros e em seus palácios.

O Egito vivera sempre fechado em si mesmo, como se quisesse se preservar do contato com outros povos, especialmente no que dizia respeito aos aspectos culturais.

Aqueles deuses poderosos, que transformavam um pedaço de terra do deserto em um oásis luxuriante, repleto de vida e força, despertavam a inveja e a cobiça dos povos lindeiros.

Os outros povoados não passavam de nômades ou tribos, sem sequer conceberem a ideia de união de seu território! O pai de Hatshepsut, Tutmés I, grande general, defendera até a morte as fronteiras do Egito contra qualquer incursão alheia.

"Sim! A história me julgará! Mas, antes de qualquer coisa, devo obediência a Amon-Rá, o Supremo Doador da Vida, e ele me fala ao coração para permanecer no trono!"

Na terra dos faraós desdobravam-se esses conflitos quando Merytre foi morar no harém com as esposas secundárias do faraó e suas proles. Muitas jovens da nobreza lá permaneciam, aguardando ansiosas pelo interesse do jovem faraó, para serem suas "escolhidas".

Durante o período em que permaneceu no harém real, Mutnefer, a mãe de Merytre, contraiu malária e desencarnou.

A então jovem Merytre lamentou a morte da mãe, jurando que alcançaria o lugar que sua progenitora sonhara um dia para ela. Contava na época dezessete anos, exatamente a mesma idade de Tutmés.

Bela e inteligente, Merytre tentou se aproximar de Ísis, a mãe do menino; totalmente ofuscada por Hatshepsut, que a ignorava, não lhe permitindo nem mesmo andar livremente pelo palácio, apesar de ser a mãe do faraó.

Ser uma esposa secundária pouco representava e, para Hatshepsut, ela não passava de uma concubina. Uma entre tantas outras!

Ísis, no entanto, gerara o futuro faraó e isso a deveria ter colocado em outro patamar na hierarquia do palácio.

A atitude de Hatshepsut criou um ódio nefasto dentro da casa real, pois a desventurada Ísis cultivava a intriga na esperança de se vingar do tratamento a ela dispensado e perturbar a paz da rainha.

Observadora, Ísis reconheceu em Merytre os traços e as atitudes da nobreza. Chamando Anat, perguntou-lhe:

– Quem é esta jovem, Anat? Cheguei a pensar que fosse a princesa em visita ao harém!

Anat respondeu prontamente:

– Não, minha senhora. Os deuses, assim como a senhora, permitiram que a jovem Merytre, filha bastarda da nobreza, crescesse entre as preferidas do harém!

Ísis demonstrou vivo interesse. A seguir, ordenou:

– Quero que esta moça permaneça entre minhas serviçais diretas. Acabo de ter uma ideia... A propósito, quem é o pai de Merytre?

Anat declinou o nome do pai, sussurrando:

– É Paneb, senhora, o nobre dignitário. Mas a menina não sabe! – Anat riu e prosseguiu: – Mas é como se soubesse, pois tem jeito de princesa!

Ísis deu uma gargalhada:

– Sim, lembro-me de alguma coisa! Vejam só, a pobre Inet tem razão em ter ciúmes!

Assim, Merytre somou-se às serviçais de Ísis, auxiliando-a diretamente. Certa feita, estando ela ajudando-a a colocar a peruca, ao vislumbrar o resultado final, Ísis mirou-se no espelho e observou o reflexo da moça; detendo-se por alguns minutos, demonstrou interesse inusitado:

– Diz-me, Merytre, quantos anos tens?

Surpresa, a jovem respondeu:

– Dezessete, senhora.

A bela Ísis se levantou e fitou Merytre mais uma vez com redobrado interesse. A seguir, comentou:

– Estás há muito tempo no harém, Merytre. Meu filho nunca te procurou?

Enrubescendo, a jovem respondeu:

– Não tive a honra de ser agraciada com o olhar do faraó, senhora!

Ísis sorriu e concluiu:

– Daremos um auxílio aos deuses... Tutmés está envolvido nas tarefas corriqueiras de seu cargo, embora não seja o faraó de fato! Sei o que devo fazer para atrapalhar os planos de Hatshepsut!

40

Ísis procura o filho divinizado

Tutmés raramente via a mãe, pois os compromissos de Estado lhe absorviam todo o tempo; apesar disso, ela merecia um tratamento especial. Embora não fosse reconhecido oficialmente como faraó, uma vez que Hatshepsut exercia as funções de soberana absoluta, Tutmés a acompanhava nas cerimônias públicas.[3]

O rapaz estava com dezessete anos e, como sonhara seu pai, tornara-se um homem forte e belo, apesar da pouca idade.

Desde a morte de seu genitor, fora preparado como o futuro sucessor do trono do Egito, e isso significava o cuidado com a formação do corpo e também da alma.

Preparando-se nos exercícios de guerra e no templo com os sacerdotes, Tutmés aliava as qualidades do espírito vivaz com a desenvoltura do corpo ágil e musculoso.

Apreciava as caçadas de leões – esporte preferido dos faraós – e, ao mesmo tempo, deixava-se ficar longas horas estudando os papiros sagrados, nos quais buscava o alimento de sua alma.

---

3 Existem registros em Deir el-Bahari de cenas nas quais Tutmés aparece ao lado de Hatshepsut, demonstrando que a rainha jamais o desqualificou de seu direito ao trono (Nota da Médium).

Certa tarde, um escravo se postou à sua frente, enquanto ele lia atentamente os papiros. Sem ousar lhe dirigir a palavra, o velho escravo aguardou que ele desviasse o olhar do papiro e o fitasse. Após um quarto de hora, Tutmés, que estava em profunda concentração, ordenou que falasse.

– Majestade, vossa mãe deseja uma audiência!

Tutmés havia reconhecido o velho escravo de Ísis. De outra forma, ele jamais teria passado por sua guarda.

– Diz a minha mãe que venha aos meus terraços antes que Rá se despeça da Terra.

Curvando-se e quase tocando o piso com a cabeça, o fiel servidor se retirou, sem dar as costas ao seu senhor.

De posse da resposta, Ísis deu um largo sorriso e se preparou para o encontro com o filho. Tutmés fora um presente dos deuses em sua vida! Ao perceber o interesse do faraó por seus atrativos femininos, lembrara-se de um antigo conhecido de sua mãe que conhecia certos mistérios da natureza... Só o fato de ser a escolhida deveria ser uma distinção de Amon, mas a perspectiva de lhe dar um filho homem... Isso a tornava um ser especial, que teria todas as honras do palácio.

Mas isso foi antes... Hatshepsut, atualmente, a ignorava de tal forma que se tornara uma peça esquecida na engrenagem do palácio. Sua única felicidade era ver o filho se tornar faraó, mas, com o golpe de Hatshepsut assumindo o cargo definitivamente, temia pelo futuro de Tutmés.

Se ele se casasse com a princesa Neferure, iria consolidar sua posição dentro do reino e a princesa daria legitimidade a Tutmés, para que ele assumisse sem contestações o seu lugar de direito... pois fora escolhido por Amon!

Isso garantiria para Hatshepsut o destino da filha, que seria, tal como ela, rainha; porém, algo lhe dizia que a ambiciosa rainha almejava algo mais para Neferure.

Se isso não fosse verdade, por que Hatshepsut tivera tantos cuidados na educação da filha?

Por que tantos tutores, tanto desvelo e tanta importância dedicados a uma criança que, se seguisse o seu destino, seria uma rainha de qualquer maneira?

"Talvez", pensava Ísis, "ela deseje para Neferure a mesma posição que hoje ocupa! E, se assim for, Tutmés corre perigo!" Seria muito fácil eliminar o bastardo, o filho ilegítimo do antigo faraó... "Se Hatshepsut se aliar ao clero de Amon para a execução de seu intento, eu e meu filho estaremos perdidos!", pensava aterrorizada.

Como consequência, Ísis, devido ao medo que Hatshepsut passou a lhe inspirar, começou a esboçar outros planos para garantir seu futuro. Era preciso apenas sondar o que ia na alma de seu filho, para levar adiante seus objetivos: vingar-se de Hatshepsut.

***

Horas mais tarde, uma revoada de rumorosos íbis, dirigindo-se para a margem oeste do Nilo, indicava que a tarde caía e que, dentro em pouco, Rá se recolheria para dar lugar a Nut, a deusa da noite.

Segundo a crença egípcia, quando Nut cobria a Terra, seu corpo trazia a escuridão, cujo efeito sombrio era amenizado por seu manto coberto de estrelas.

Tutmés observava em um de seus terraços o espetáculo que a natureza oferecia aos seus atentos olhos.

O calor era intenso e o jovem pediu a um escravo que lhe trouxesse mais cerveja fresca. As bebidas, na época, eram mantidas em recipientes colocados no fundo de poços, para manterem-se frescas e mais agradáveis.

O dorso nu, os quadris cobertos por uma túnica curta de linho bordada com fios de ouro, presa por um cinto cravejado com pedras preciosas; o grande colar de turmalinas e lápis-lazúli, que lhe cobria o peito, deixava entrever a musculatura desenvolvida pelas campanhas militares e pelos exercícios que a posição lhe exigia; as sandálias, ricamente adornadas com fios de ouro, revelavam luxo e bom gosto. Essa era a imagem de Tutmés.

Ele, porém, sabedor das grandes responsabilidades que lhe adviriam, costumava buscar a solidão, para perceber melhor a inspiração dos mortos que o amparavam.

Sabia da existência de outros mundos mais evoluídos e que seu povo um dia retornaria para um local distante, de onde um dia partira!

Aprendera no templo, com o próprio Hapuseneb, o grande vizir do Egito, que, desde tempos imemoriais, um Deus único, que havia criado tudo o que existe e acima do próprio Amon, iria se revelar aos homens!

"Quando isso ocorrerá?", perguntava-se, inquieto. "Como meu povo, que há milênios acredita na existência de vários deuses, aceitará um único Deus? Como isso será possível? E o ser divino, sobre o qual nos falou em secreto Hapuseneb, que virá à Terra ensinar o caminho aos homens? Quem será ele? Como virá a este mundo inferior em que estamos? Se, como disse Hapuseneb, ele vier como um homem simples e humilde, sem tronos nem palácios, ensinar os caminhos do bem e da justiça, como poderá vencer diante da ignorância humana? Se ainda precisamos usar a força para defender nossos impérios de inimigos, que espécie de homem poderá vencer o coração humano, cheio de sordidez e impurezas, sem utilizá-la?"

Tutmés meditava, inquieto, sem encontrar respostas a tantas questões. Em meio a teses que transcendiam a rotina da vida diária, absorto em suas meditações, percebeu um vulto de mulher que se aproximava com discrição. Ao notar tratar-se de Ísis, sua mãe, fitou-a com serenidade.

O olhar do filho fez com que Ísis baixasse os olhos. Tutmés possuía um magnetismo que perturbava a todos. O jovem fez um sinal para que ela se sentasse em uma almofada à sua frente.

Ísis se curvou, cumprimentando-o, e sentou-se diante do filho, que descansava em uma cadeira com revestimento em ouro.

– O que te traz à minha presença, minha mãe?

Ísis começou tentando tocar-lhe o coração:

– Meu adorado filho e senhor, descendente de Hórus, o deus dos faraós, sobre cujos ombros paira o futuro desta terra abençoada pelos deuses! Quero te falar de minhas apreensões de mãe!

Tutmés fez um sinal para que prosseguisse. Ísis, encorajada, ponderou:

– Sei que estás prometido em casamento para a princesa Neferure. Temo, porém, por esta união, meu filho!

O olhar distraído de Tutmés se fixou na mãe. Franzindo o cenho com preocupação, indagou:

– O que a princesa tem a ver com esta conversa? Ela te disse algo?

Demonstrando humildade, Ísis completou:

— Oh, não, filho meu! A princesa não me dedicaria a dádiva de suas palavras! Ela não frequenta o harém, meu senhor!

— Diga-me, então, do que se trata!

Ísis sentiu confirmar-se sua suspeita: Tutmés guardava um afeto especial pela princesa! Isso complicaria tudo, mas resolveu falar:

— Meu filho e senhor, temo que este casamento seja a tua ruína!

Tutmés deu uma gargalhada e perguntou, sem entender:

— És insensata, minha mãe! Não vês que só poderei ser faraó com este casamento? Só serei legitimado quando me unir à princesa, visto que ela possui uma descendência real, que os deuses me negaram.

Ísis preocupou-se com a discordância do filho:

— Sei disso, senhor! Meu sangue não é puro e conspurca a tua linhagem. Mas também sei que Neferure foi criada com excesso de zelo, como se lhe fosse destinado algo mais do que ser simplesmente a esposa de Rá ou a rainha do Egito. Não temes que Hatshepsut deseje que a filha lhe siga os passos?

O olhar tranquilo de Tutmés se transfigurou. Ísis tocava no assunto que mais o desagradava desde que percebera a posição delicada em que a tia o deixara!

Expressando o mal-estar que aquela conversa lhe trazia, bradou:

— Deixa de ouvir as intrigas do harém, mulher! A princesa ignora isso tudo! É quase uma criança ainda!

Ísis aproveitou e se defendeu:

— Não, meu filho! Neferure não é mais uma criança. Está se tornando mulher e te ignora, tratando-te como um irmão apenas, não como um futuro marido!

— Tenho todas as mulheres que desejo! Possuo várias esposas e essa jovem só me servirá para consolidar minha posição de faraó! Não te preocupes, estou a salvo das intrigas do palácio. Amon-Rá me protege os passos!

— Se é assim que pensas, que os deuses te protejam e te guardem de todo o mal que lhe queiram fazer! Mas, repito: deverá ter cuidado, pois o perigo irá rondar cada minuto de tua vida!

Assim se pronunciando, Ísis se retirou. Deixou na expressão do jovem faraó um vinco de preocupação e desgosto. A questão do casamento com a princesa deveria ser resolvida o quanto antes.

Não deixaria margem para que Neferure se negasse a aceitá-lo como marido. Isso estava determinado desde o seu nascimento; ela aprenderia a tratá-lo como tal! Com sentimentos contraditórios, Tutmés dirigiu o olhar para os aposentos da princesa.

Por que Neferure o desprezava daquela forma, se ele sempre lhe procurara demonstrar seu valor? Jamais evidenciara sua insatisfação por ter sido relegado a segundo plano no reino que lhe pertencia.

Respeitava a tia e cumpriria a promessa que fizera a seu pai, Tutmés II, quando este se fizera visível após a morte e lhe pedira que poupasse Neferure.

Como cobrar seus direitos sem ferir a princesa?

41

Merytre diante do faraó

Ao se aproximar do harém, o alarido que se estabeleceu anunciou a presença do faraó. Tal fato gerava grande alvoroço entre as jovens dali, pois todas aspiravam pelo encontro com seu senhor.

Tutmés, particularmente, revelava traços másculos, que lembravam seus antepassados. Mostrava alguma semelhança com seu pai de mesmo nome, mas havia algo em sua expressão que o tornava verdadeiramente belo.

Rosto marcante, sobrancelhas cerradas, e o olhar de um magnetismo tão marcante quanto o de sua tia, Hatshepsut, envolvia com facilidade as almas femininas.

Além disso, por se tratar de um faraó, considerado um deus vivo ou seu representante na Terra, detinha o dom da vida e morte em todo o reino.

Sua posição secundária, que tanto o constrangia além-muros, era compensada por todas as regalias que um faraó poderia ter em sua passagem pelo mundo dos mortais.

Assim que entrou nos portais do harém, caminhando a passos largos em direção aos aposentos de sua mãe, verificou a presença de uma jovem mulher no salão principal.

Merytre, ao perceber sua presença, manteve-se em pé à sua frente. Tutmés admirou aquele comportamento da jovem e, ao observá-la detalhadamente, surpreendeu-se com sua semelhança com a princesa.

Propositadamente, Ísis havia preparado Merytre com redobrado cuidado, pois, conhecedora do gosto do filho, sabia o que o agradaria!

Ordenara que as escravas a vestissem com diáfano vestido, com detalhes plissados, que destacavam o delicado e bem torneado corpo de Merytre.

Dera a ela um fino colar de ametistas, que lhe cobria o pescoço, e braceletes com a mesma pedra; o cabelo fora preso em um penteado característico das jovens da época, puxado para trás e enfeitado com mechas do próprio cabelo.

A tez morena de Merytre era realçada pelo brilho das joias, e seus lábios róseos tornavam-na detentora de uma beleza singular.

Tutmés, sensível aos encantos de Merytre, a inquiriu:

– Qual o teu nome?

Com o coração batendo descompassadamente, a moça baixou o olhar e respondeu, quase sussurrando:

– Merytre, meu senhor!

Tutmés colocou com delicadeza a mão em seu rosto para observá-la melhor. Impressionado, indagou:

– De onde vens? Por que não te conheço?

Orientada por Ísis, Merytre respondeu:

– Estou sob a proteção da senhora Ísis!

– De minha mãe? Por que ela não me informou de tua presença no harém? Sabes com quem estás falando?

– Não conheço as razões da senhora Ísis. Sei que estou diante do Filho de Hórus!

Tutmés sorriu satisfeito e ordenou:

– Desejo que venhas cantar para mim esta noite. Quero te conhecer, bela Merytre!

Merytre levantou o olhar, fitando o homem que era considerado um deus, mas que na verdade não passava de um jovem da sua idade. Percebendo que aquele momento poderia modificar sua vida, fingiu preocupação:

– Senhor, temo por vossa mãe...

Tutmés sorriu e exclamou:

– Temerás se não me atenderes!

Assim, o jovem faraó mudou seu rumo e retornou aos aposentos reais, enquanto Merytre corria aos de Ísis.

Ao chegar, notou que Ísis apresentava indefectível sorriso nos lábios. Antes que a jovem dissesse qualquer coisa, afirmou:

– Sim, minha menina! Conheço meu filho. Eis que o agradaste duplamente! Tua altivez e o fato de estares sob a minha proteção... Agora vamos dar andamento ao meu plano!

Merytre, ansiosa, questionou:

– O que farei agora, senhora? Ele disse que me aguarda esta noite. Deseja que eu cante para ele!

– Não te preocupes, hoje ainda não servirás ao teu senhor, mas prepara-te para cantar como um rouxinol! Faz jus ao teu aprendizado neste harém, pois chegou o momento pelo qual tanto esperei. Não tardará muito para que meu filho te escolha. Agora, recolhe-te e descansa.

Merytre se curvou e se retirou, enquanto Ísis dirigiu-se aos aposentos do filho.

Sabia que sua atitude lhe poderia custar muito, visto que desobedecer um desejo do faraó era o mesmo que sentenciar-se à morte.

Devido a suas prerrogativas de mãe, resolveu arriscar. A situação era delicada, mas ao mesmo tempo uma chance que não poderia perder.

Merytre era muito bela e poderia vir a repetir sua própria história! Ser mãe de um filho do faraó poderia significar uma perda irreparável para Hatshepsut!

Se Neferure não pudesse gerar um filho para a dinastia, Merytre poderia assumir uma posição destacada, mesmo sendo uma mulher sem títulos; ela mesma não era uma mulher do povo, uma concubina desprezada, que só permanecera no harém por ser a mãe do filho varão do faraó? Pois então! Era preciso apostar em seu plano e confiar nos deuses!

***

Ante o silêncio das esfinges

Antes da hora determinada, Ísis solicitou novamente permissão para ver o filho.

Sem compreender o significado daquela entrevista extraordinária, Tutmés a recebeu a contragosto. Fez um sinal para que se sentasse, mas Ísis disse que seria uma conversa rápida.

Ante o olhar carismático do filho, Ísis começou:

— Abençoado de Amon, estou aqui na condição de tua mãe, para pedir-te que permita que minha Merytre não te pertença ainda!

O olhar de Tutmés se transmudou, indicando sua profunda indignação. A seguir, protestou:

— E desde quando tens o direito de determinar quem devo eu receber em meus aposentos? Então não sabes, mulher, que posso me servir de quem bem me aprouver?

Ísis, que já antevia tal reação, suplicou:

— Sim, conheço teus direitos divinos! Peço apenas por esta jovem, cujo pai é nobre e pediu que eu a protegesse e orientasse! Merytre é inteligente, bela e poder-se-á casar com um jovem que a faça feliz!

Rindo, Tutmés redarguiu:

— Existirá maior felicidade do que servir ao faraó? Se é isso que te preocupa, tranquiliza-te. Saberei fazer a bela Merytre a mais feliz das mulheres...

Ísis se aproximou e completou:

— Até que te canses e a deixes, apaixonada e desesperada, como já aconteceu a tantas outras! Não gostaria de vê-la nesta situação. Conheço tua bondade, meu filho e senhor! Todos falam da grandeza de teu coração, mas, nesse caso, temo pelo futuro dessa moça!

Pensativo, Tutmés atacou:

— Desconheço-te, minha mãe! Nunca te preocupaste com nenhuma das minhas preferidas. Por que este cuidado com esta jovem?

— Como te disse, eu devia alguns favores ao pai desta menina. Prometi em nome de Amon protegê-la e cuidar de sua felicidade...

— Se prometeste em nome do deus a quem sirvo, levarei em conta o teu pedido. Garanto que, enquanto eu for faraó, nada acontecerá a ela. Ninguém lhe poderá atingir. Quanto ao mais, nada posso prometer, porque a desejo a meu lado...

Satisfeita, Ísis agradeceu e se retirou, triunfante; tudo havia saído como planejara.

42

A princesa Neferure

Nos remotos tempos pelos quais navegamos, a poligamia era considerada uma prática natural, especialmente na casa real.

A convivência com várias esposas era aceita com naturalidade, desde o harém do faraó até os altos dignitários, conquanto que as pudessem manter.

Para Tutmés, a atração que sentia pelas jovens que o rodeavam no palácio em nada maculava o sentimento maior que crescia em seu coração e que ele insistia em ignorar.

Desde a infância, acostumara-se com a presença de Neferure, fosse em brincadeiras inocentes ou nos folguedos acompanhados pelas amas.

Na época, Neferure e sua irmã menor, Neferubity, rivalizavam na disputa por sua companhia; invariavelmente, a primeira acabava se sobressaindo e deixando a pequena Neferubity em prantos... Esta última apresentara desde a mais tenra idade uma saúde frágil, o que a fizera partir para a Terra de Osíris ainda na infância.

Neferure, naquela época, estava com catorze para quinze anos, e desde o início do período da puberdade se revelava cada dia mais bela!

A compleição frágil dava lugar às formas arredondadas, revelando pouco a pouco um corpo feminino de raros atrativos.

À medida que crescia, ela passou a desprezar Tutmés e estampar em seu olhar o mesmo desdém de sua mãe por ele.

Tutmés sabia que jamais poderia revelar seus reais sentimentos por ela a quem quer que fosse. Cairia no ridículo, e Hatshepsut jamais lhe devolveria o trono que, por direito, lhe pertencia.

Restava-lhe, no entanto, ocupar-se das jovens que não hesitavam em cair-lhe aos pés, até como tributo a um deus.

O jovem faraó tinha discernimento suficiente para saber que sua posição lhe dava prerrogativas incomuns à maioria dos mortais.

Fora alguns conselheiros como Senenmut, Ineni, que morrera poucos anos depois de seu pai, ou Nehesi, a nobreza ligada a Hatshepsut o ignorava desdenhosamente; apenas entre os generais, alguns membros da corte e sacerdotes se ouviam algumas vozes que pleiteavam – à surdina, evidentemente – sua ocupação do trono.

Assim, aguardava, conforme Amon lhe havia orientado em sonho, "que as areias do deserto devorassem a grande serpente", para se tornar o único e verdadeiro faraó do Egito!

***

Naquela tarde, Neferure retornou ao palácio inquieta e preocupada. Foi para o jardim para refletir sobre sua vida.

Acabou por sentar à beira de um dos lagos artificiais que ladeavam o local. Ela brincava distraidamente com pequeno pedaço de junco na água tépida, quando ouviu a voz suave de Hatnofer, mãe de Senenmut:

– Que os deuses salvem a mais bela das princesas!

Neferure sorriu e respondeu à saudação com um apelo:

– Preciso ouvir teus conselhos, minha boa Hatnofer!

A senhora concordou e respondeu, indicando-lhe um assento na diminuta mesa:

– Senti o chamado do teu coração, minha princesa! Sinto-me honrada pela distinção que fazes por mim entre teus tutores. Senenmut poderá ficar enciumado. Do que se trata? Vejo preocupação em teus olhos!

Os olhos negros de Neferure revelavam um estranho brilho. A seguir, a jovem perguntou:

– Como sabes, tenho grande apreço por teus conselhos. Prezo-te, porque sei que me amas; quanto a Senenmut, não seria conveniente, pois se trata de um assunto feminino...

– Agradeço a confiança que depositas nesta humilde mulher e te compreendo, porque a vida e a idade, com as bênçãos dos deuses, deram-me alguma sabedoria! Mas, pelos deuses, filha de Hathor, o que te preocupa tanto?

Neferure, com um longo suspiro, continuou:

– Existe um jovem que me tem cortejado...

O olhar de Hatnofer a fixou, atento. Neferure continuou:

– É um guerreiro que frequenta o palácio real...

Leve palidez se estampou no rosto enrugado da mãe de Senenmut. Sem esperar pelos detalhes, inquiriu:

– És bela como uma flor de lótus ao amanhecer, princesa, e isso não me surpreende. Mas esse jovem não sabe que estás prometida? Diga-me seu nome.

O olhar incisivo de Hatnofer obrigou Neferure a pronunciar:

– Amenakht... É filho de Apopi e amigo de meu irmão, Tutmés!

Hatnofer fez um sinal afirmativo, demonstrando conhecê-lo. Levantou-se e convidou Neferure a segui-la, conduzindo-a até a ala na qual Senenmut desenvolvia suas atividades no palácio.

Apontou os desenhos que se encontravam sobre uma mesa e questionou-a:

– Sabes o que é isso?

Neferure se aproximou e, observando intrincados rabiscos, que ao fundo traziam uma grande construção, respondeu:

– Acredito ser o túmulo de minha mãe. Reconheço esse tipo de construção.

Hatnofer concordou e, fitando com orgulho o desenho, como se ela mesma fizesse parte da realeza, prosseguiu:

– Sim, Neferure. Trata-se do maior túmulo que jamais alguém viu! Senenmut está prestes a terminá-lo! Meu filho me deu a honra de saber que teremos junto dele um templo dedicado a Amon-Rá, o supremo doador da vida, e à deusa Hathor, tua protetora!

– O que isso tem a ver com o assunto sobre o qual vim tratar? Pensei que me irias aconselhar sobre o que fazer!

Hatnofer sorriu e obtemperou:

– Tens o mesmo sangue de Hatshepsut, disso não tenho dúvidas! A mesma impaciência se revela na jovem princesa! Não os compreendo, mas vossa mãe me disse que esses desenhos falarão de sua grandeza no futuro. Mostrei-te, para que tenhas a dimensão do que representas para este povo! Herdarás o trono e a grandeza de vossa mãe, Neferure! Deves aceitar que não haverá pretendentes para a "Bela de Rá", a "Esposa Real", a "Primeira Sacerdotisa de Amon"... Esse jovem, Amenakht, por exemplo, é uma promessa valorosa para o Egito. Além disso, é filho de um grande colaborador de vossa mãe; desejo, contudo, saber se o tens em teu coração; é a ele quem amas?

Apesar do tom moreno de sua pele, Neferure revelou um leve rubor. Contrariada, respondeu:

– Não sei se o que sinto é amor, Hatnofer!

Sob o olhar perspicaz da ama, procurou dissimular seu real interesse pelo rapaz:

– Ele me agrada, traz presentes e só tem elogios para mim, enquanto Tutmés...

À experiente mulher, não passou despercebida a ingenuidade de Neferure. Convencida de que a jovem escondia algo, retrucou:

– Tens medo do amor, princesa? Por que escondes o que realmente sentes?

Os olhos de Neferure brilharam, orgulhosos. A seguir, retrucou:

– Sabes tanto quanto eu que não devo deixar os sentimentos sobrepujarem à razão. Tenho deveres que não me permitem escolher um marido pelas razões do coração...

Hatnofer prosseguiu:

– O que te garante que vosso marido não será o teu eleito? Nem sempre o dever exclui nossos sentimentos.

– Não pretendo viver de ilusões, minha boa Hatnofer. Se é como dizes, farei o que minha mãe decidir...

Hatnofer já tinha visto história semelhante; a mãe de Neferure abdicara do grande amor de sua vida em razão das convenções sociais...

Ela, que vira Hatshepsut nascer e desabrochar para a vida, também vira suas esperanças se perderem em meio às responsabilidades que tivera de assumir.

Quantas noites solitárias, quantas manhãs tinham encontrado a bela Hatshepsut no anseio de rever o homem que seu coração escolhera?

Ela, Hatnofer, sabia a escolha que Hatshepsut tivera de fazer quando ainda era pouco mais que uma adolescente.

Compreendendo que o coração de Neferure despertava para a vida, sorriu e disse com extremado carinho:

– Amada princesa, teu destino está traçado pelos deuses! Agrada a Amon, pois ele te foi infinitamente generoso!

A seguir, buscou Senenmut para colocá-lo a par de sua conversa com Neferure.

43

A rainha e o conselheiro

Proveniente de família humilde, Senenmut se sobressaíra no exército de Tutmés I, pai de Hatshepsut; participara de algumas campanhas militares e acabara assumindo elevados postos no palácio, por ter-se destacado pela astúcia e inegável inteligência.

Homem de caráter reto e ilibado, suas ações revelavam um apurado senso de justiça que conquistou definitivamente a atenção do faraó.

Com o passar do tempo, a presença da jovem princesa Hatshepsut começou a iluminar-lhe os dias... Ansiava por poder vê-la, ouvir-lhe os gostos, servir-lhe com toda a dedicação possível! Jamais, entretanto, ousara se aproximar.

Certa feita, após visitarem distante região, onde Hatshepsut, já rainha, mandara erguer uma de suas belíssimas construções projetadas por ele, percebeu que ela tinha os olhos úmidos.

Preocupado pela possibilidade de havê-la magoado de alguma sorte, pediu perdão e, beijando a fímbria de sua túnica, rogou que ela o mandasse embora, se ele a houvera ofendido!

Hatshepsut ergueu-se e, colocando as mãos macias em seu rosto, asseverou:

— Esta obra tem mais do que areia e granito... Não é um simples templo feito para tua rainha!

Senenmut estremeceu. Ela descobrira aquilo que guardava como o maior tesouro de sua existência.

A bela rainha prosseguiu:

— Vejo uma grande dedicação de tua parte, mas também percebo admiração e...

— Amor, senhora! Não posso mais calar, embora saiba que serei morto por desrespeitar uma filha dos deuses!

Hatshepsut o fitou, surpreendida, e respondeu com a voz entrecortada:

— Como poderei condenar um homem por me amar? Por ser uma rainha, descendente dos deuses, então não saberei reconhecer onde está o verdadeiro amor? Pois saiba que prefiro abdicar de qualquer trono que possua ou venha a possuir, do que duvidar da sinceridade dos teus sentimentos, Senenmut! Mas e quanto a tua esposa?

O fiel e apaixonado intendente real respondeu com segurança:

— Ahotep foi vítima, tanto quanto eu, de um casamento arranjado. Na minha condição, ela não discute o meu amor pela rainha do Egito!

Desde aquele dia, ele passara a viver momentos de fugidia felicidade, mas que haviam lhe dado forças para enfrentar todo o resto da sua vida!

***

Assim que soube da conversa entre Neferure e Hatnofer, Senenmut não pôde deixar de sentir justificado orgulho, pois Neferure estava cada dia mais bela! A tez morena, com traços perfeitos, demonstrava a linhagem real a que pertencia.

Percebendo que a situação envolvia questões de extrema gravidade, procurou a princesa para se certificar de seus sentimentos.

A princípio, comentou sobre o casamento de Mayati, amiga de Neferure, que acertara o matrimônio com o jovem Ahmés.

Neferure deu um suspiro e comentou:

— Mayati é feliz, pois poderá casar com quem ama!

Senenmut aproveitou a ocasião para abordar o assunto:

– Não sentes nada pelo jovem Tutmés? Vejo-o cercado por muitas jovens!

Neferure empinou o delicado nariz e tornou:

– O jovem Tutmés prefere as bigas, os templos e as caças às mulheres, às diversões de nossa sociedade! E, quanto às jovens da corte, percebo que têm um péssimo gosto!

Ensimesmado, Senenmut continuou:

– Nunca falaram sobre o assunto?

Perceptivelmente irritada, Neferure respondeu:

– Não desejaria tamanho desgosto, Senenmut. Além disso, planos não devem existir em cabeça tão fraca!

– Não te interessa saber o que pensa o teu prometido?

– Não tenho tempo para conjeturar sobre as ideias desse jovem bastardo!

Assim falando, Neferure se retirou.

Senenmut providenciou uma imediata audiência com a rainha; deveriam falar sobre o futuro de sua indócil Neferure. Ele sabia que seria recebido sem delongas por Hatshepsut. Como superintendente real e tutor da princesa Neferure, tinha privilégios outorgados pela rainha.

Tão logo recebeu a anuência para se apresentar diante de Hatshepsut, dirigiu-se à ala do palácio destinada à soberana.

Devido à sua inquestionável inteligência e desenvoltura diante das grandes questões do Egito, as ações de Hatshepsut foram sempre cercadas de sabedoria e sensibilidade.

Com astúcia e perspicácia, tomara as rédeas do governo, fortalecendo o comércio e construindo um país próspero e forte, maior legado deixado para o seu sobrinho-enteado; com sua beleza, soubera seduzir e encantar a quantos a cercavam.

Senenmut, seu principal conselheiro, recebia, sem dúvida, uma distinção especial. Ao saber de sua chegada, Hatshepsut pediu às escravas que se retirassem. Senenmut deslocou-se entre as colunas e, descendo as escadarias que davam para o amplo salão, olhou ao redor, procurando o vulto gracioso de Hatshepsut.

As pinturas nas paredes refletiam-se admiravelmente com a luminosidade das tochas. O ambiente, onde predominavam os reflexos do ouro nos móveis e adornos, demonstrava a grandeza e a opulência da XVIII dinastia.

Ele deu mais alguns passos e sentiu o perfume que inundava o ambiente. Do Nilo, a brisa suave acariciava os delicados reposteiros que davam para o exterior. Encaminhou-se então, decidido, para fora e vislumbrou o semblante ereto de Hatshepsut, próxima a um dos lagos artificiais que ela tanto apreciava.

Senenmut se curvou e, ante um sinal da jovem mulher, levantou o olhar e aguardou permissão para falar. Os olhos negros de Hatshepsut o envolveram, e ela indagou com tristeza:

– Vens a mim como meu superintendente real trazer-me os problemas de Kemi ou como o homem a quem devo minha própria vida?

Senenmut se adiantou e, segurando-lhe as mãos, exclamou:

– Sou teu servo em todos os momentos, minha rainha; serás sempre senhora de meu destino e estarás acima de tudo e de todos!

Hatshepsut sorriu e prosseguiu:

– Para mim, és o amparo do meu coração, Senenmut!

Lamentando abordar assunto tão delicado, o que fatalmente preocuparia Hatshepsut, Senenmut falou em tom grave:

– Trago algumas preocupações a respeito de Neferure devido aos laços que nos unem...[4]

Os olhos da rainha o fixaram, atentos. Demonstrando suas preocupações, Hatshepsut o inquiriu:

– Diga-me, Senenmut, que assunto pode ser tão grave em relação a Neferure? Do que se trata?

– Preocupa-me o fato de Neferure iludir-se com fantasias em relação a Amenakht. Amo-a e desejo a sua felicidade, mas vejo-a infeliz com a perspectiva do casamento. Apesar disso, convém agirmos com rapidez, minha rainha.

– Oh, Senenmut! Amenakht novamente se interpõe em meu caminho! A expedição não lhe serviu de lição? A distância que lhe impus não serviu

---

[4] Senenmut era tutor da princesa Neferure e sua vida esteve intimamente ligada ao seu destino. Atualmente, podem ser vistas dezenas de esculturas, nas quais ambos aparecem em situações corriqueiras, demonstrando a profunda afinidade que os unia (N.M.).

de lição? Tu sabes o que pretendo para minha filha! Não permitirei que nenhum intruso venha prejudicar o destino de Neferure! Precisarei agir novamente em relação a ele!

Senenmut a acolheu nos braços fortes e contrapôs com sensatez:

— Não podemos lutar contra a vontade dos deuses, Hatshepsut! Eles determinarão o que deve ser feito.

Hatshepsut olhou com orgulho para o jovem e questionou:

— Esqueces a minha origem divina? Que possuo sangue real e que, graças a mim, Tutmés II, meu marido, filho de uma concubina, subiu ao trono? E que será pelo sangue de Neferure que outro filho ilegítimo, um descendente de meu marido, poderá, por sua vez, chegar a ser faraó do Egito novamente?

Senenmut fitou-a profundamente e questionou:

— Também estaremos esquecendo algo? E a felicidade da menina?

Os olhos de Hatshepsut se encheram de lágrimas. Controlando a emotividade, ela considerou:

— Tenho preparado minha filha desde sua infância para ser muito mais do que uma esposa real... Foi por tudo isso que te dei a incumbência de a acompanhares como seu tutor. Eu não poderia estar ao seu lado, não tenho o direito de ser mãe! Devo ser a rainha deste povo. Ela foi preparada para ficar no meu lugar, mas para isso deverá se casar com o inconsequente Tutmés III.

Senenmut franziu o cenho. Hatshepsut percebeu e indagou:

— Desaprovas minhas intenções sobre o futuro de Neferure?

Ele falou com gravidade:

— Neferure despreza Tutmés! Temo por sua infelicidade!

O olhar de Hatshepsut parecia estar vislumbrando episódios muito distantes no futuro. A seguir, retomou:

— Talvez estejas enganado, Senenmut. Ela será adorada como uma deusa e, quem sabe, o jovem Tutmés não se curve diante da beleza e inteligência de nossa Neferure?

Senenmut a observou, contrariado. Tinha diante dele, naquele momento, a rainha inflexível que agia em função dos interesses do cargo.

No coração do sagaz conselheiro de Hatshepsut, Neferure tinha um lugar especial, e esse fato mudava muitas coisas em sua conduta.

Aquela não era mais a mulher que amava. Pediu licença e se retirou, angustiado. Algo lhe dizia que a vontade dos deuses poderia pôr à prova os desejos de Hatshepsut.

44

Articulando o futuro

Quando os primeiros raios de sol beijaram com doçura o Nilo, encontraram Hatshepsut acordada ao lado de sua lira, instrumento musical que aprendera a tocar ainda na infância.

Com leve ruga na testa, revelava no olhar o cansaço de ter passado uma noite insone. Havia muito, sabia que esse dia chegaria. Teria de falar com Neferure sobre seu futuro. Preparara a filha desde seu nascimento para ser a esposa real do faraó e preocupava-se com o que lhe contara Senenmut.

Como podia dar ouvidos a um jovem ambicioso, embora de família nobre, mas um homem mortal como outro qualquer, quando ela, Hatshepsut, lhe havia planejado um futuro de honras e glórias ao lado do homem mais poderoso daquela Terra?

No íntimo, Hatshepsut se sentia traída pela filha. Não conseguia entender como a jovem alimentava dúvidas em seu coração, visto que seu destino já estava traçado.

Temia que, tanto quanto ela, Neferure se casasse sem amor. Mas, na sua condição de descendente dos deuses, era necessário abrir mão da própria felicidade pela estabilidade do Egito.

A orgulhosa soberana reconhecia que carregava um pesado fardo, contudo era o preço que deveria pagar pela missão que havia recebido. Também fora jovem e renunciara ao amor...

Desde sua infância, sabia que assumiria pesados fardos como Esposa Real ou rainha; nunca, entretanto, pensara em se tornar faraó do Egito!

"Por que os deuses conspiram contra as mulheres da XVIII dinastia? Haverá alguma maldição pairando sobre nossas cabeças?", perguntava-se a bela rainha.

Apesar de sua energia e aptidão para lidar com os problemas do império, Hatshepsut hesitava. Sua adorável Neferure, a Bela de Rá, a Primeira Sacerdotisa de Amon, era toda a felicidade de sua existência!

Ao vê-la, esquecia-se de todos os desgostos, todas as renúncias, toda a vida que deixara de viver desde os tempos de sua meninice em prol do Egito.

Assumira uma tarefa que, apesar de ser destinada aos homens, exercia com desenvoltura, mas a que preço!

Como desejar esta vida à sua frágil Neferure? Como era costume, tivera de prepará-la para exercer a função de Esposa Real, Amada do Deus. Senenmut, no entanto, a estava orientando desde a primeira infância para assumir algo maior! Quem sabe o destino a colocasse em uma posição idêntica à sua?

"E se Tutmés III, seu sobrinho e corregente, viesse a morrer?", conjeturava a soberana. O jovem Menkheperre, Tutmés III... O terceiro de uma linhagem de filhos bastardos! "Enquanto eu possuir forças, lutarei para resguardar o trono do Egito!", pensava Hatshepsut. "Não o deportei para evitar problemas com o sacerdócio de Amon! Assisti à sua coroação quando ainda era um menino e em nada interferi em sua preparação para se tornar um faraó![5] Ele jamais compreenderá meus receios em relação ao clero, e o respeito que a terra de Kemi impôs aos outros povos não deverá se perder por um capricho de um jovem que se julga traído por sua tutora!"

---

5 Durante a corregência, Hatshepsut aparece em vários locais do Egito, junto a Tutmés: Deir el-Bahari, Karnak e no Sinai (N.M.).

Hatshepsut se lembrou de Neferure e uma nuvem de tristeza assomou-lhe à face expressiva. A enérgica e poderosa rainha lembrava que iria entregar seu maior tesouro ao homem que aguardava o momento de lhe tirar o poder... Como poderia? Sentindo o calor que os raios do sol lhe traziam por uma das amplas janelas do aposento real, Hatshepsut se dirigiu ao terraço do palácio.

O reflexo do sol sobre a água, que deslizava lentamente em direção ao delta, pontilhado com seus pequenos barcos de junco, indicava que um novo dia recomeçava no Egito.

A vegetação luxuriante do vale do Nilo, qual um oásis, fazia Hatshepsut sentir mais ainda que aquela terra era abençoada pelos deuses. A visão era belíssima e ficaria registrada em sua memória pela eternidade!

Entorpecida por seu amor-próprio, a bela rainha considerava... Governava um imenso oásis, que no futuro seria reconhecido como a nação mais importante da Terra em sua época. Sem modéstia, evitou pensar no dissabor de ver Neferure casada com Tutmés III e bradou, voltada para o deus que adorava, Amon:

— Eis aqui tua filha, pronta a servir-te, ó poderoso! Maatkare Hatshepsut se coloca aos teus pés, para que tua vontade se cumpra, divino doador da vida! Darei a mão de minha Neferure para o bastardo que enodoa tua casa com seu sangue impuro! Sacrificarei minha filha, para que teu nome se engrandeça e ratifiquemos nossa fidelidade! Seremos dignos de nosso sangue real, protegendo o Egito, se tua bondade assim o permitir! Todos os deuses se curvam à tua sabedoria, deus dos deuses, Amon! Também eu me curvarei, para que a tua vontade seja cumprida!

Dessa forma, Hatshepsut deliberou dar andamento a seus planos de unir seu sangue ao do filho de uma concubina, que era o terceiro faraó filho bastardo na mesma dinastia. O sacrifício seria necessário, para honra e glória do Egito. Desventurada mãe! Os misteriosos desígnios do Alto, quando estamos em marcha pela Terra, afiguram-se-nos de tal sorte cruéis, que nosso entendimento se oblitera. Mal poderia imaginar Hatshepsut o que os insondáveis caminhos do destino lhe reservavam!

Cabe, no entanto, à Justiça Maior o cumprimento das leis que levam aos reajustes e à paz da consciência. Independentemente da posição em que estejamos na Terra, seja em berço de ouro ou sobre humilde leito, a perda de um ser querido nos atinge como flecha incandescente em pleno coração.

***

Distante do palácio, ao lado de humildes casebres de adobe, uma mulher cantarolava enquanto preparava sua bilha para buscar água em reservatório próximo de onde morava.

Kya, uma atraente egípcia no auge da sua juventude, contava então dezesseis anos e representava o despertar da graça feminina em toda sua exuberância.

Seu tipo físico era delicado e *mignon*, como costumava ser o das egípcias. Os cabelos, longos e negros, estavam presos por grossa trança, que lhe deixava à mostra os ombros nus.

Há muito Kya despertava os olhares dos moços das redondezas, mas a jovem sorria de tal interesse e, dando de ombros, pouca importância demonstrava a seus admiradores.

Usava uma túnica de linho grosseiro, que lhe cobria o corpo até os joelhos e, graças ao clima quente, precisava de pouca coisa mais: uma sandália feita com juncos do Nilo e pequeno amuleto, que levava no pescoço.

Kya não conhecera sua mãe. Vivia com uma tia viúva e a ajudava a cuidar de um sobrinho doente. Sua vida consistia em auxiliar a tia, enquanto ela desincumbia-se de seus afazeres como serva na casa de Apopi, general de Hatshepsut.

Muitas vezes, por permissão da ama, Tama, sua tia, levava alguns mantimentos para casa. Naquelas ocasiões, o jantar melhorava sobremaneira: peixe, legumes, mel e figos para a refeição.

Kya, então, preparava – na cozinha externa à casa – uma refeição com todo o esmero. Enquanto carregava água em seus pequenos ombros, pensava: "Por Hathor! Até quando terei de carregar estas bilhas, enquanto outras moças são transportadas elas mesmas em leitos de ouro? Será que me abandonaste, minha deusa? Onde está a felicidade, o amor, a alegria que prometes a quem te venera?"

Naquele instante, um jovem de ombros largos, tez morena e sorriso límpido se aproximou.

A jovem sorriu e Senuit lhe falou:

— Como pode a mais bela mulher do Egito carregar tal fardo, sem que algum jovem promissor lhe venha ajudar?

Kya respondeu, lisonjeada:

— Enganas-te, Senuit. A mais bela jovem está no palácio e se chama Neferure, a princesa. Estás ao lado de uma jovem órfã... e certamente não tão bela!

Senuit aproveitou a ocasião e arrematou:

— Talvez para os cegos não sejas tão bela! Mas, no que se refere a Senuit... asseguro-te que és muito mais bela que a princesa!

— Já a viste alguma vez? Como ousaste?

Senuit segurou a bilha que havia retirado das mãos de Kya, enquanto falava:

— Sou servo da casa de Apopi, pai de Amenakht, assim como tua tia. E ele, o jovem, pelo que parece, está apaixonado pela bela princesa...

— Como podes saber disso se és apenas um servo? Andas espionando por trás dos reposteiros, Senuit?

O jovem mudou a expressão fisionômica e esclareceu:

— Não se trata disso, Kya. Amenakht e eu temos a mesma idade e sou encarregado de seus cuidados pessoais, que incluem o preparo de suas vestes. Não poderia deixar de perceber que, cada vez que se dirige ao palácio, ele procura se esmerar na indumentária. Sempre conversamos muito e, em uma dessas conversas, ele acabou por me revelar seu segredo!

Surpresa, Kya perguntou, tomada de curiosidade:

— Ele confiou em ti? Disse que a amava?

Sentindo que falara mais do que devia, Senuit lhe devolveu a bilha, enquanto acrescentava:

— Aqui está tua água, minha adorável curiosa. Se quiseres saber mais, terás de me convidar para o jantar!

Ela não se fez de rogada:

– Teus argumentos me convenceram, Senuit. Venha à nossa casa hoje ao entardecer.

Com um belo sorriso, ele se afastou.

Kya ficou a observá-lo e, ao voltar para casa, ao retomar seus afazeres, pensou: "Senuit poderá servir aos meus propósitos, visto que parece estar bastante interessado em mim!". Fixando o horizonte, enquanto preparava alguns legumes, exclamou: "Juro pelos deuses que não morrerei cortando repolhos! Prefiro a morte! Não me chamo Kya se não conseguir entrar na casa do nobre Apopi! Mesmo que minha tia se oponha, não sossegarei até conhecer o nobre Amenakht!".

Os belos olhos negros de Kya brilharam estranhamente, como se antevisse o futuro e nele se colocasse não apenas como mera espectadora, mas como personagem em destaque na vida.

45

O afastamento de Amenakht

O clima quente da região fazia Neferure buscar o frescor da noite, para se aliviar do calor nas águas doces e silenciosas do Nilo. Fazia então deliciosos passeios, acompanhada por suas damas de companhia.

Naquela noite em especial, as lembranças lhe vinham à mente, irrefreáveis. Ao vê-la pensativa, Mayati perguntou, interessada:

– Pelos deuses, Neferure! O que te acabrunha tanto? Pensei que te distrairias com o passeio!

– Estava me lembrando do dia da Grande Expedição! Recordas como me senti infeliz ao ver Amenakht partir?

– Sim, lembro, mas eras apenas uma criança naquela ocasião!

Neferure observava as estrelas com profunda tristeza. Fixando o olhar em um ponto distante do Nilo, afirmou:

– Acredita; desde aquela época vivo em constante apreensão em relação ao meu futuro. Os verdadeiros motivos que levaram Amenakht a integrar a expedição me mostraram que não existe força sobre a Terra que impeça o meu casamento com Tutmés!

– Minha mãe me disse que foi uma das maiores festas que Tebas tinha visto! Lembro-me de ver nossa rainha e faraó chegar com o jovem Tutmés.

Neferure suspirou e confirmou:

– Sim, eu a acompanhei a distância, pois Tutmés a seguia de perto!

O olhar de Neferure demonstrou os sentimentos que lhe iam na alma:

– O "faraozinho" ficou a me fitar, como se nunca me houvesse visto!

Mayati sorriu e comentou:

– Neferure, convenhamos, tu estavas muito bela, apesar do teu mau humor matutino.

Desaprovando o comentário da amiga, Neferure a repreendeu:

– Mayati! Vejo que não és minha amiga! Eu era uma criança, como disseste, e Tutmés já me ironizava e importunava com seus comentários!

Mayati sorriu e provocou:

– Aliás, nosso jovem faraó, se bem me lembro, estava muito atraente! Vestia-se como um verdadeiro filho de Hórus! Seu peitoral, ornado com rubis, que representavam o deus Osíris, caiu-lhe muito bem! E com o nemes,[6] então, deixou muitas jovens da corte apaixonadas!

Aquela insinuação, no entanto, serviu para irritar mais ainda Neferure. Esquecendo-se de sua posição e, por que não dizer, traindo-se em seus sentimentos, falou:

– Pois bem, Mayati! Deverias te casar com ele, já que o admiras tanto! Deves ter esquecido teu noivo, Ahmés!

Mayati parou de rir e arriscou:

– Estás com ciúme, Neferure?

Extremamente irritada, a princesa reclamou:

– Por certo um mau espírito se apossou de ti, filha de Apopi! Na realidade, não sabes de todos os acontecimentos daquele dia.

Curiosa, Mayati se mostrou interessada; Neferure havia-se negado a falar, mas a insistência da moça foi tão grande, que por fim ela cedeu:

– Tutmés estava enfadado, pois aquele tipo de cerimônia o incomodava; quis me provocar e disse que esperava me encontrar desolada. Não percebi de pronto a que se referia e não entendia por que haveria de estar triste em uma festa tão grandiosa no reinado de minha mãe! Não havia dúvidas de que aquele dia iria despertar a inveja de muitos. Insinuei que

---

6 Artigo da vestimenta dos faraós usado na cabeça (N.M.).

Tutmés deveria ser um deles e, quando disse tudo isso, ele respondeu: "Referes-te a mim? Não me conheces, princesa. Nunca me opus ao reinado de minha tia! Mas não me referia a isso... Pensei que lamentarias o afastamento do nobre Amenakht..."

Mayati empalideceu e perguntou:

– O que estás insinuando? O que Amenakht em especial teve a ver com a expedição?

Neferure prosseguiu seu relato:

– Tutmés percebeu a contragosto o efeito de suas palavras em mim. Sem poder resistir ao desejo de perturbar-me com a notícia que iria dar, acrescentou: "Pensei que soubesses; Amenakht está partindo com a expedição! Pelo que sei, talvez não retorne!" Naquele momento, senti minhas pernas fraquejarem. Acredito que tenha ficado pálida, pois Tutmés, indignado, voltou a seu posto. Havíamos chegado ao cais, de onde partiriam as embarcações. Sem perceber o que acontecia à minha volta, acompanhei o cortejo sem nada falar.

Mayati não sabia o que dizer. Afinal, seu irmão havia sido enviado para a longínqua expedição por motivos que ela e sua família desconheciam. Nunca imaginara que Tutmés e a rainha pudessem estar por trás daqueles fatos do passado.

Desde aquela época, a rainha, sentindo o perigo da presença do jovem Amenakht em relação a Neferure, tratara de afastá-lo, para evitar o que mais tarde efetivamente se confirmaria...

Naquele dia, apesar de ser uma menina, Neferure, já consciente do seu papel na linhagem sucessória da dinastia, percebera o poder real em ação.

A multidão extasiada ovacionava o cortejo real que vinha trazer, por meio de Hatshepsut, a bênção dos deuses para que a expedição obtivesse êxito, trazendo das terras distantes especiarias e produtos, frutos das trocas comerciais entre os povos.

Enquanto observava Amenakht ali parado, junto a Nehesi e Ineni, o prefeito de Tebas, ela própria, tomada por um misto de tristeza e decepção, ouviu a voz enérgica de sua mãe perguntar:

– Onde está Apopi? Não deveria estar aqui, já que o seu filho parte em importante missão com destacados mandatários de meu reinado?

Apopi, que se colocara um pouco distante, com a intenção de não deixar transparecer o seu desagrado com a partida do filho, respondeu:

– Aqui estou, Majestade! Tentava consolar minha mulher, Henut, que se desespera com a partida de nosso filho...

Hatshepsut respondeu sem fitá-lo:

– Tua mulher deveria ter orgulho em ver o filho em missão tão extraordinária como esta! Não me agrada este tipo de manifestação em minha corte!

Apopi procurara contornar, desculpando-se:

– Pelos deuses, peço vosso perdão, minha rainha! Fomos pegos de surpresa com a partida de Amenakht! Falarei com Henut, para que retome a tranquilidade.

– Apopi! – bradou Hatshepsut. – Diz ao jovem Amenakht que venha à minha presença agora!

Surpreso e indeciso, o rapaz surgiu em poucos minutos, vencendo o séquito real que rodeava a rainha.

Hatshepsut pousou seu olhar gélido sobre Amenakht. Em seguida, perguntou, enquanto analisava detidamente o sonhador filho de Apopi:

– Sabes que o coloco nesta importante missão por confiar em ti?

Curvando-se, enquanto a saudava, Amenakht tornou:

– Sinto-me lisonjeado, grande rainha! Prometo trazer-vos tesouros que o Egito jamais viu, para engrandecer mais ainda vosso reinado!

– És muito confiante e seguro, meu jovem! Deves ter planos promissores para o futuro! – afirmou Hatshepsut com propositada ironia.

A ironia de Hatshepsut não passou despercebida a Amenakht; Neferure, que se encontrava a alguns metros dali, sentiu um frio gélido lhe percorrer o corpo.

Tutmés virou-se e, olhando em sua direção, declarou:

– Entendes, agora, por que o pretensioso Amenakht vai partir?

– Então é isso! Envenenaste minha mãe para afastar Amenakht! – exclamou Neferure. E, com profundo desprezo, prosseguiu: – Eu devia ter imaginado! Devias envergonhar-te de tramar algo tão baixo! Tu, que serás um faraó, agir de modo tão indigno!

Tutmés se apressou em consertar o que o seu despeito havia acabado de arranjar para ele mesmo:

— Enganas-te! Não fiz nada para que Amenakht partisse! Soube que foi obra de Hapuseneb!

Neferure empalideceu. Teria o sumo sacerdote do templo agido daquela forma?

Naquele momento, ouviram novamente a voz metálica de Hatshepsut:

— Então, jovem Amenakht? O que respondes? O Egito pode contar com tua lealdade?

Pouco à vontade, Amenakht respondeu:

— Sempre estarei à disposição para servir ao Egito, minha rainha, tanto ontem como hoje e, se os deuses permitirem, no futuro também!

Hatshepsut sorriu e deu por encerrada a conversa, concordando:

— Muito bem, é isso que eu desejo: súditos fiéis, com quem eu possa contar a qualquer tempo! Não admito traições, sejam elas quais forem e de onde vierem!

Ela sabia que suas palavras seriam entendidas por Amenakht. Vira que se tratava de um jovem corajoso, mas o destino de Neferure já estava traçado, assim como o dela também sempre estivera, o de sua mãe, enfim, de todas as mulheres que haviam nascido na realeza.

Não era possível para elas, apesar de toda a riqueza que possuíam, escolher o eleito de seu coração. Sabia bem o que isso custava à vida delas, mas não poderia agir contra a ordem natural das coisas; não iria contra o *maat*, o equilíbrio.

Quando Neferure caminhou na direção de Amenakht, Hapuseneb se interpôs e, curvando-se e demonstrando respeitoso interesse, exclamou:

— Que Amon-Rá, o deus a quem sirvo humildemente, te reserve dias de prosperidade e felicidade, princesa!

Neferure olhou-o com desprezo e afirmou:

— Sei que foste tu que envenenaste os ouvidos de minha mãe para afastar Amenakht!

O sacerdote falou com severidade:

— Nobre Esposa do deus, que um dia há de ser nossa rainha, respeito-te como o ser radioso que és e por essa razão quero te preservar de amizades prejudiciais! Em nome de Amon, digo-te para voltar teu olhar para o dever, pois do contrário colocarás um império inteiro em perigo.

Assustada, Neferure procurou se afastar:

– Falarei com minha mãe e tu haverás de lamentar teu procedimento! Por que me assustas? Sei que és poderoso, mas esqueces que sou a princesa, filha da rainha-faraó?

Hapuseneb sorriu e respondeu com frieza:

– A senhora é uma criança mimada e terá muitos avatares pela frente, para que seu *ka* se depure e compreenda o radioso momento que viveu um dia!

Neferure voltou-se, dando-lhe as costas.

O olhar penetrante de Hapuseneb a havia acompanhado até que Neferure se afastasse com o cortejo real.

46

Próximos, mas distantes...

Mayati retornou à sua casa, após a revelação da trama contra seu irmão Amenakht, profundamente preocupada.

Neferure mostrava-se irritadiça e nervosa. Aquela situação abalara seus nervos. Senenmut tinha conversado com a rainha, convencendo-a não haver alternativa em relação à sua união com o jovem faraó.

Apesar da juventude, sabia que, na realidade, Tutmés era o fruto de uma traição de seu pai! "Como a rainha, minha mãe, pôde aceitar semelhante união?", questionava-se.

A cada novo pensamento sentia que a animosidade e o desprezo por seu prometido cresciam. Com essas ideias, chamou duas escravas e ordenou que lhe vestissem imediatamente. Uma das moças lhe trouxe uma túnica leve de linho claro, com bordados coloridos ao longo da barra e interessante drapeado no colo.

A mimada princesa olhou de relance a veste e ordenou:

— Tira esses trapos da minha frente, escrava! Traz uma túnica de seda com bordados em ouro!

A jovem se afastou rapidamente e em instantes trouxe outra peça de vestuário – esta sim – de beleza ímpar. Trêmula, aproximou-se e arriscou com a voz quase sumida:

– Princesa, esta túnica vos realçará a beleza!

Neferure passou rapidamente os olhos pela veste e fez um sinal para que começassem a vesti-la. Enquanto uma das serviçais lhe preparava o cabelo, trançando as laterais com fios de ouro, a outra envolvia seu corpo no suave tecido.

Após a maquiagem, ficou a admirar-se no espelho e saiu do quarto; ordenou a um eunuco que a acompanhasse, para abaná-la, pois o calor àquela altura era insuportável.

Consciente de seus encantos, sua rebeldia e orgulho ainda lhe valeriam grandes dissabores, apesar de mal ter iniciado sua jornada terrena. Não contava com o rastro de ódio que seu comportamento iria espalhar pelo caminho...

Ao sair para os jardins, para se sentar em agradável banco sob frondosas tamareiras do palácio, Neferure percebeu que alguém a observava. Sentou-se e, mordendo uma suculenta tâmara, falou, sem dirigir o olhar a seu observador:

– Então, o jovem bastardo admira a princesa!

Tutmés sentiu o efeito das palavras mordazes de Neferure e não deixou por menos:

– Talvez seja necessária uma pequena correção! O faraó do Egito observa se a princesa que lhe foi prometida é de seu agrado! Devo te confessar que em meu harém provavelmente exista flor mais bela...

Furiosa, Neferure atirou longe a tâmara e, voltando-se para ele, bradou:

– Atrevido! Se depender de mim, jamais tocarás um fio dos meus cabelos! Bastardo!

– Tenho o sangue de teu pai, não esqueças, princesa! O grande faraó também fez a escolha em seu belo harém, em vez de aceitar o que lhe era ofertado!

Neferure o observou de cima a baixo e advertiu:

– Cuidado com o que falas, insolente! Ainda estás muito distante do trono do Egito!

Tutmés deu uma gargalhada e retorquiu com sua costumeira arrogância:

– Pobre princesa Neferure! Terás de te unir a um bastardo para satisfazer a ambição de tua adorada mãe! Que triste sina para uma princesa tão bela!

No auge da irritação, a moça exclamou:

– Amon haverá de permitir que jamais consigas teu intento!

Uma sombra passou pelos olhos negros de Tutmés por vê-la pronunciando o nome do deus, contrariando a sua vontade.

Feliz por tê-lo perturbado, ela continuou:

– Sim, Tutmés! Estou dizendo que este casamento poderá não se realizar. Não deves contar com a presa antes de capturá-la! Sabes que nem o sacerdócio de Amon te poderá manter no trono se não nos unirmos!

A mão forte do jovem cingiu o braço delicado da ousada Neferure. Tentando se desvencilhar, ela o puxou bruscamente; Tutmés tornou a segurar com mais força e, aproximando-se de seu rosto, ameaçou:

– Não ouses, ouviste? Nem penses em arquitetar algo que atrapalhe meus planos, Neferure! Não sei do que seria capaz!

Rindo, ela bradou, provocativa:

– Pelos deuses! O quase ex-futuro faraó depende de uma mulher para subir ao poder! Vamos ver então o que ela irá decidir!

A última palavra foi de Tutmés:

– Serei faraó do Egito, porque isso foi designado por Amon-Rá, está escrito! Não usurparei um trono que não é meu, fazendo-me passar pelo que não sou. Tenho o sangue dos deuses e minha união contigo será, única e exclusivamente, para selar sua vontade!

Ao se retirar, Tutmés permaneceu acabrunhado e irritado; Neferure, por sua vez, teve o humor piorado consideravelmente.

Quando isso acontecia, a jovem princesa tornava o fardo de todos os que a cercavam deveras intolerável.

47

Diante de Neferure

No palácio real, Merytre fora chamada aos aposentos de Tutmés e, constrangida, preparava-se para atender à ordem.

O ar quente e pesado denunciava uma atmosfera opressiva na abastada residência dos faraós tebanos. A distância que separava a maioria dos servidores da casa do faraó de seu senhor era enorme.

Às centenas, servos e escravos iam e vinham, diligentes, cada um encarregado de determinada tarefa, que no fim das contas visava ao bem-estar e à felicidade do deus-vivo que ali habitava.

As paredes, pintadas com cores vivas, davam lugar a representações de cenas da vida diária, em que a adoração constante do senhor supremo do Egito, pelo deus a que se consagrava, era o tema dominante.

O mobiliário em madeira, adornado com ouro e pedras preciosas, os reposteiros delicados e as finas sedas, oriundas das terras além do deserto, criavam a magia que, até os dias de hoje, pulsam em nosso coração ao pensarmos no Egito.

Merytre foi preparada pela escravas de Ísis antes de ir ao encontro de Tutmés. Ansiosa, não sabia o que esperar daquele jovem que, com a mesma idade que ela, era simplesmente o senhor do Egito.

Não fosse o fato de Hatshepsut lhe ter usurpado o trono, ele já estaria usando a dupla coroa. Esse símbolo tradicional da monarquia significava que aquele que a usasse era o senhor do Alto e Baixo Egito.

Antes de se retirar para cumprir seu destino, Ísis se aproximou e lhe falou com firmeza:

— Que os deuses te protejam, minha menina! Deposito minhas esperanças em tua juventude e beleza, para conquistares o coração de meu filho!

— Farei o possível para me tornar a preferida do faraó, senhora!

Confiante, Merytre se curvou e saiu. Mais bela do que nunca, a túnica transparente denunciava suas formas perfeitas, evidenciando-lhe a sensualidade.

Sendo necessário atravessar o vasto salão, para onde convergiam vários corredores das dependências administrativas do palácio, Merytre diminuíra o passo com a intenção de se demorar para chegar a seu destino.

Caminhava lentamente quando ouviu vozes abafadas saírem de trás de um reposteiro. Ia se afastar quando uma jovem levantou a cortina e a fitou demoradamente.

Jamais a tinha visto, e o olhar que a observava lhe pareceu profundamente arrogante.

A jovem, que não era outra senão Neferure, a inquiriu:

— Quem és tu? Como te atreves a escutar, às ocultas, conversas que não te dizem respeito?

Merytre se apressou em dizer:

— Não tive intenção, senhora! Estou me dirigindo a outra ala do palácio e escolhi este caminho.

— Diz teu nome! Nunca te vi antes! — falou Neferure com desdém.

— Chamo-me Merytre e moro no harém...

Neferure riu e comentou:

— De onde vens? Estás vestida como uma princesa! Pensei que fosses uma jovem da corte!

Naquele momento, ao perceber o constrangimento de Merytre, Amenakht interrompeu-a, dizendo:

— Por favor, princesa, deixe-a seguir seu caminho!

Neferure se aproximou de Merytre e perguntou, intrigada:

— Quem te deu permissão para ires à ala dos aposentos reais? Não podes ultrapassar os limites que te são permitidos!

Merytre a fixou com altivez e respondeu:

— Estou cumprindo ordens do faraó!

Desconfiando do interesse de Tutmés em relação à jovem, Neferure tornou-se rubra. A raiva e o despeito tomaram conta de seu coração.

A seguir, gritou, irritada:

— O Egito só possui um faraó, que é a rainha Hatshepsut, minha mãe! Tu, desconhecida, precisas corrigir tua fala grosseira! Quanto a meu irmão, em nada me surpreende seu gosto por mulheres como tu, uma vez que sua própria mãe é uma concubina do harém!

Preocupado, Amenakht obtemperou:

— Neferure! Tu não precisas disso! Não deves te referir assim à mãe do futuro faraó!

Sem podermos precisar se por influência do clima ou da irritação que dela se apoderou, Neferure sentiu leve tontura. Amparada por Amenakht, foi conduzida a seu quarto e entregue às escravas, para ser atendida em suas necessidades.

Merytre aproveitou o ensejo e seguiu para as dependências reais. Jamais havia visto alguém como a princesa Neferure! "Esta é a princesa que Tutmés deverá desposar? Lamento o seu destino!", pensou.

***

O incidente interrompeu o enlevo que as costumeiras palavras de exaltação de sua beleza, provindas de Amenakht, traziam à mimada Neferure.

Apesar de jovem — tinha a mesma idade de Tutmés —, sua experiência, adquirida pela vivência nos campos de batalha, o fazia ver a vida sob um prisma diferente da maioria de seus pares.

As dificuldades e o isolamento que as campanhas militares impunham a seus jovens combatentes, muitas vezes em pleno deserto ou além das cataratas, ensejavam o desenvolvimento de determinados aspectos de caráter que os diferenciavam.

A cena protagonizada por Neferure o deixou bastante preocupado.

O tratamento dispensado a Merytre fora cruel e o que mais lhe chamara a atenção fora o fato de Neferure ter ficado tão abalada e transtornada por Merytre estar indo aos aposentos de Tutmés.

Era sabido por todos o que aquilo significava, mas o detalhe, que não passara despercebido a Neferure nem a ele, era a beleza de Merytre!

Sim! Os deuses tinham sido pródigos com a jovem desconhecida! Dir--se-ia estar ela em pé de igualdade com a própria Neferure, considerada a Bela de Rá!

"Que caminhos estranhos os deuses traçam para nossos destinos?", pensou. "A semelhança entre as duas é visível, no entanto uma é princesa e a outra, simples serva do harém!"

Enquanto voltava para casa, Amenakht considerou: "Jamais esquecerei o olhar daquela jovem! Possui aquilo que falta em Neferure! A paixão!".

48

A nova serva de Apopi

Na noite anterior, Tama havia autorizado o pedido da sobrinha para convidar Senuit para jantar. Kya, exultante de felicidade, havia-se esmerado no preparo da singela refeição. Os egípcios tinham hábitos alimentares simples, embora apreciassem refeições bem condimentadas; naquela época, já utilizavam o alho e a cebola, além do mel, para adoçar os alimentos, e algumas especiarias, pois o Egito fazia parte das rotas comerciais dos países do Oriente.

Sendo o peixe um alimento barato e abundante, o povo costumava utilizá-lo com regularidade em sua alimentação.

Durante a refeição servida, Tama indagou:

– Fala-me, Senuit, nosso Amenakht está mais calmo? Eu o tenho visto chegar muito cedo em casa e estou preocupada com o pobre menino. Sabes o que está acontecendo? Vi Amenakht nascer e muito me desgosta observar seu sofrimento sem nada poder fazer!

Kya se antecipou e afirmou maliciosamente:

– Ora, minha tia, o problema de Amenakht, ao que parece, jamais terá solução!

Tama fitou a sobrinha e, ao mesmo tempo, olhou interrogativamente para Senuit.

O jovem lançou um olhar de reprovação para a moça e comentou, preocupado:

– Esse assunto também me tem tirado o sono, bondosa Tama! Fiz um comentário com tua sobrinha tagarela e já me arrependi! – arrematou Senuit, enquanto mordia um pedaço de pão embebido em vinho de tâmaras.

Tama olhou para Kya e comentou:

– Sim, concordo contigo. Nossa Kya fala mais do que deveria... – E continuou: – Mas esse é um mal das jovens de hoje em dia. São faladeiras demais! A própria menina Mayati, filha de nosso patrão, vive aos cochichos e dando risadas todo o dia! – disse Tama, sorrindo e balançando a cabeça em desaprovação.

Senuit concordou e aproveitou para contar:

– Sim, tanto que a esposa de Apopi, Henut, deseja colocar alguém para vigiar os passos da filha; ela teme pelo que possa ocorrer se a jovem Mayati não se casar logo. Na verdade, os acertos para a união de Mayati a um jovem da nobreza já estão adiantados...

Kya não se conteve:

– Ora, Senuit, por que não me disseste antes? Sabes o quanto desejo trabalhar na casa de Apopi!

Senuit observou o semblante de Kya e comentou, sorrindo:

– Acho que te colocar ao lado de Mayati seria como atirar uma brasa em uma fogueira! Não poderias vigiar a nobre menina porque não consegues vigiar a ti mesma!

Kya ia responder quando a tia interveio:

– Senuit! Não precisas falar dessa forma! Reconheço que Kya às vezes me parece um tanto desmiolada, mas nunca deixou de cumprir com seus deveres. Creio que poderia ser muito útil à senhora Henut!

Senuit ficou olhando para as duas e acabou concordando:

– Está bem, Tama, se assim desejas, falarei de tua sobrinha para o senhor Apopi! Ele e a senhora Henut me encarregaram de levar alguém de minha confiança até depois de amanhã. Acredita, Tama, faço isso por confiar em ti!

Kya deu um salto e bateu palmas ao ouvir a boa notícia. Notou que a solução não agradara plenamente a Senuit, mas, afinal de contas, o que importava?

Dentro de pouco tempo estaria na casa de Apopi, o grande general, e quem sabe? Sentia que sua vida estava prestes a se modificar de forma definitiva! Sempre detestara a pobreza e só a havia suportado porque tinha certeza de que um dia sua sorte mudaria. Eis que chegara o grande dia! A oportunidade estava em suas mãos!

"Amanhã mesmo irei ao templo de Hator sacrificar a Hathor, à boa deusa!", pensou.

Precisaria de todo o auxílio da poderosa Hathor, a deusa da fertilidade e do amor, para atingir seu objetivo. Não perderia tão preciosa oportunidade!

No dia seguinte, Senuit acompanhou Kya até o luxuoso palácio de Apopi.

Desde a entrada, ela não se continha em comentários e exclamações quase infantis, ao observar o fausto e a ostentação da requintada residência.

Ao caminhar em direção à porta principal, pôde ver, extasiada, as pinturas que decoravam a entrada, destacando a posição que seu morador ocupava na sociedade.

Uma brisa leve carregava o perfume das tâmaras, que cresciam não muito distantes dali; tudo parecia um sonho do qual, na verdade, ela não desejava acordar.

Senuit se aproximou do grande salão e, ao encontrar-se na presença de Henut, curvou-se, aguardando a ordem para a aproximação.

Kya permanecia ereta e o rapaz, disfarçadamente, fez com que se curvasse, na tentativa de evitar que Henut percebesse os desajeitados modos da jovem.

Henut, alertada por uma de suas servas, voltou-se e, fazendo um delicado sinal com a mão, que imediatamente foi interpretado por Senuit como uma autorização para que se aproximasse, falou com suavidade:

– Aproxima-te! Vejo que me trazes alguém, como te havia solicitado! Quem é esta jovem que te acompanha?

Com humildade, Senuit respondeu:

– Trata-se da sobrinha de Tama, vossa antiga serviçal. Kya é uma boa jovem e sempre desejou servir à casa de Apopi, tal qual a tia...

Henut arqueou as sobrancelhas, demonstrando interesse. Voltando-se para Kya, a inquiriu:

– Por que queres trabalhar em minha casa, minha jovem? O que há de tão especial na casa de Apopi?

Kya enrubesceu. Mal podia respirar, quando conseguiu responder:

– Sei, por minha tia, de sua bondade, bem como da generosidade e sabedoria do grande Apopi! Foi graças à sua generosidade e à bondade de Amon que Tama me criou!

Henut se aproximou e pôs-se a observar Kya com atenção. Os traços regulares demonstravam determinação e inspiraram-lhe confiança.

Fitou Kya nos olhos e analisou seu delicado perfil. Pequena ruga se formou, quase imperceptivelmente, em sua testa. Ficou pensativa e, após algum tempo, afirmou:

– És bela, Kya!... Talvez demais para minha casa!

Kya ia responder, mas Senuit se antecipou e argumentou:

– Kya necessita de trabalho, minha senhora! Tama a recolheu nos braços quando ainda era recém-nascida. Sua pobre mãe morreu ao dar à luz!

A bela esposa de Apopi analisava a situação. Absorvida em suas lembranças, não percebeu que Mayati entrara no recinto.

A encantadora jovem chamou com doçura por sua mãe, que, a princípio, não a escutou.

Mayati já se impacientava, quando Henut a fitou e despertou do seu pequeno devaneio:

– Onde estavas, minha filha? Mandei vários escravos ao palácio real à tua procura! Teu pai se preocupa com tuas saídas e está prestes a não mais te dar permissão. Se voltar a acontecer, nada poderei fazer por ti!

A atenção da jovem já estava em Kya. Observou sua túnica gasta, mas reparou também que, mesmo em sua simplicidade, Kya era uma presença agradável.

Olhando interrogativamente para a mãe, Mayati perguntou:

– Quem é esta moça? O que faz aqui?

Henut respondeu de forma categórica:

– Esta jovem é sobrinha de Tama e deverá atender aos teus cuidados pessoais. Soube que é muito dedicada e que conhece a arte de embelezar uma mulher. Vais te agradar de Kya...

Mayati a olhou com certa desconfiança, mas, ao perceber um leve sorriso de simpatia no rosto de Kya, não resistiu e concordou:

– Muito bem, Kya, se és da família de Tama e obtiveste a aprovação de minha mãe, não devo opor-me!

Dessa forma, Mayati indicou o caminho para sua nova serva.

Senuit permaneceu aguardando as ordens de Henut. Demonstrando alguma preocupação, a pressurosa mãe arrematou:

– O que Amenakht me poupa em trabalhos, esta menina me consome! Espero que tenha agido com acerto ao admitir essa jovem em meu lar!

Ingênuo, Senuit se apressou em dizer:

– Kya talvez possa parecer um pouco sonhadora, mas é uma boa moça. Está encantada com tudo o que vê e jamais sonhou existir, como este palácio, vestes iguais às suas e de Mayati. Mas, tão logo se acostume, lhe será muito útil.

Henut deu um suspiro, enquanto dizia:

– Que os deuses te ouçam, meu rapaz!

49

Desvendando sentimentos

Egito, símbolo de eternidade! Quantos mistérios e segredos encobertos sob teus desertos? O que tuas areias escaldantes furtam aos olhares da humanidade, absorta em suas lutas cotidianas, afastada das realidades espirituais?

Diante dos teus portentosos monumentos inatingíveis pelo tempo, trazes aos nossos ouvidos a mensagem retumbante da eternidade silenciosa e perene.

O grande povo que cresceu em teu regaço guardou importante missão, ainda no alvorecer do pensamento superior.

Sob a égide de Jesus, sublime Governador deste orbe, desempenhaste a sublime tarefa de trazer à Terra os primeiros laivos do conhecimento do espírito imortal.

De teus templos e palácios, grandes missionários guiaram teu povo, mormente pela paz imorredoura, orientando a existência na perspectiva da vida espiritual.

O imperativo da reeducação e do refazimento frente à lei determinou o exílio temporário, por aqui, do povo que abrigaste!

Ah, Egito! Como compreender teus mistérios sem a luz da Terceira Revelação?

Como interpretar teus sonhos, tua melancolia, teus lamentos, sem conhecer a Lei de Causa e Efeito e a reencarnação, sob as luzes amorosas do Cristianismo? O Evangelho de Jesus lançou divinas claridades sobre teus enigmas milenares, trazendo a lume e desmitificando teu intrigante passado.

O Senhor disse: "Há muitas moradas na casa do Pai", referindo-se aos diferentes mundos habitados no universo.

Como os espíritos, individualmente, os mundos também variam evolutivamente, de acordo com seu grau de adiantamento. Apesar de inferior em relação ao mundo que habitava, teu povo realizou obras vencedoras do tempo e dos obstáculos naturais, apresentando um legado que fez da saudade e das lembranças do passado o seu presente.

Como um lamento perpassando a eternidade, chega em nosso coração um sopro misterioso, que evoca um mundo no qual um dia houve felicidade...

***

A escrava acabara de colocar-lhe a peruca, como de costume. Neferure mirou-se no espelho de cobre que trazia na mão esquerda; deu um leve retoque com a mão direita e observou a maquiagem dos olhos feita com galena. Sim, ela era a mais bela das jovens da corte!

Não fora à toa que recebera o título de Bela de Rá! Satisfeita, dispensou a escrava que a auxiliara na toalete e ajeitou a túnica que lhe encobria o corpo bem delineado.

O sol se recolhia atrás do horizonte, deixando um rastro de reflexos vermelhos e dourados que, confundidos com as derradeiras cores cerúleas, formavam um espetáculo de inenarrável beleza.

Admirada, Neferure refletia na janela do palácio: "Nasci no maior império do mundo, sob a proteção de um deus poderoso! Filha e neta de faraós, gerada pelo útero sagrado da Grande Esposa Real, meia-irmã do futuro faraó e Esposa do deus! Sou bela, jovem e um dia terei todo o poder em minhas mãos! Desde criança soube das intenções de minha mãe. Sabia que ela me preparava para assumir não apenas a posição de esposa real, mas seu próprio lugar como faraó! Como isso se dará?", pensou. "Meu casamento, acertado quando criança... E depois? Minha mãe planejaria a morte de Tutmés?"

Essas conjeturas pareciam perturbar visivelmente a jovem princesa. Sentindo inexplicável mal-estar, saiu apressada de seu quarto. Não queria pensar em tal assunto!

Ia para o templo de Hathor, quando, inesperadamente, Ísis se colocou em seu caminho. Insultada com a afronta, Neferure falou com frieza:

– Como te atreves? Sai do meu caminho, mulher!

Ísis permaneceu imóvel e vociferou, sarcástica:

– Por que te vejo tão nervosa, princesa? Minha presença te amedronta?

Neferure franziu o cenho e respondeu, mostrando sua indignação:

– Como a princesa Neferure, a Bela de Rá, a Primeira Sacerdotisa, temeria uma reles mulher do harém?

Ofendida, Ísis retorquiu:

– Sim, uma reles concubina, porém mãe do faraó, princesa!

Neferure tentou desviar da mulher, mas esta insistiu em ficar à sua frente. Irritada, Neferure a empurrou com força, mas Ísis a segurou pelo braço, ameaçadora:

– Ainda não és rainha e talvez nunca venhas a ser! No que depender de mim, tu e tua mãe estão fadadas à ruína e ao esquecimento! Só o nome de meu filho sobreviverá pela eternidade! Amon é testemunha do que te digo: um dia ninguém saberá quem foi Neferure! Nada restará de tua vida e tua lembrança será destruída, como poeira ao vento!

***

Assim se pronunciando, Ísis se retirou com as veias da fronte latejantes pelo ódio que sentira. Neferure permaneceu parada por alguns instantes e, sentindo que o ar lhe faltava, procurou uma das amplas portas que davam para os jardins internos do palácio. Ao passar por uma sala, onde havia vários papiros espalhados por algumas mesas, o andar trôpego da princesa despertou o interesse do jovem Tutmés, que observava os escribas copiando anotações para o templo.

Chegando próximo a um dos lagos internos, Neferure ainda tremia. As palavras ditas por Ísis e especialmente a intensidade de seus sentimentos – que, Neferure sabia, poderiam ser destruidores – haviam atingido as fibras mais íntimas da alma da jovem princesa.

Para um egípcio, não existia castigo que se comparasse ao esquecimento; isso significaria que o seu *ka* se perderia e não entraria no reino de Osíris.

A ostentação que envolvia o ritual da morte dava-se em função da necessidade de perpetuar a memória do desencarnado, possibilitando assim a conquista da felicidade após deixar o corpo físico.

Seu coração disparou e, mesmo experimentando um ódio avassalador pela concubina de seu pai, não podia negar a realidade: estava com medo!

As últimas palavras da pérfida mulher ecoavam em seus ouvidos como uma maldição. Sentiu naquele olhar, que se tornara frio e perverso, que Ísis falava sério.

O choque vibratório fora profundo, pois a moça vibrara na mesma faixa que Ísis, e a animosidade que Neferure sentia por ela atingira o extremo com as ameaças da mãe de Tutmés.

Neferure não costumava chorar; no máximo deixava cair algumas lágrimas, quando seus desejos não eram satisfeitos ou se sentia contrariada. Naquele momento, contudo, tinha vontade de ir correndo até sua mãe e lhe dizer que sua filha havia sido ofendida e ameaçada!

Sabia, no entanto, que Hatshepsut não lhe daria ouvidos, pois estava totalmente absorvida por seus misteres político-administrativos!

Sentindo-se impotente diante das circunstâncias, Neferure não resistiu e deixou algumas lágrimas rolarem livremente por seu belo rosto.

Impressionado com o que via diante de seus olhos, pois a considerava incapaz de ter atitudes próprias de uma mulher, dada a frieza com que o tratava, Tutmés, que a tudo assistia, aproximou-se e indagou, desconcertado:

– O que aconteceu, princesa? Algo sério deve ter te magoado!

Neferure se voltou e, passando as costas das mãos trêmulas pelos olhos – não sem o cuidado de mantê-los maquiados –, fitou Tutmés e declarou, perturbada:

– Não há nada que eu te possa dizer a respeito! Preciso resolver uma situação delicada.

Tutmés se aproximou e viu que Neferure tremia. Sentiu grande carinho pela jovem, que pela primeira vez deixava transparecer sua fragilidade.

Impensadamente, Tutmés segurou as pequenas mãos de Neferure. Fitou-a com indisfarçada ternura e comentou:

– Sei que não gostas de mim, mas não poderás fazer outra escolha para teu marido. És a filha da rainha e eu o escolhido por Amon para ser seu representante na Terra. Terás de me aceitar e confiar em mim!

Neferure retirou suas mãos e disse sob forte emoção:

– De que me vale ser a princesa se não posso escolher meu marido? Todos desejam apenas o trono de minha mãe, nada sentem por mim! Sou apenas um meio para chegarem ao poder e legitimá-lo! E queres que eu confie em ti? Poderás me aniquilar no dia seguinte ao nosso casamento!

Tutmés ficou surpreso com aquela reação:

– Isso não é verdade! Temos o mesmo sangue, somos filhos do mesmo pai. Não mancharia essa dinastia com um crime! Nosso pai nos escolheu para sermos os futuros reis do Egito há muito tempo! Jamais cogitei semelhante atrocidade, Neferure!

Chorando muito, ela continuou:

– Ainda falarei com minha mãe sobre este assunto. Sei que ela me ouvirá!

Tutmés balançou a cabeça:

– Então não percebeste que Hatshepsut não conseguiu se livrar deste destino, mesmo meu avô, o grande Tutmés I, estando vivo? Apesar de todo o amor que os unia, pois se tornaram inseparáveis após a morte de seus irmãos, Hatshepsut teve de cumprir os desígnios dos deuses... Esqueces que nessa história eu sou a vítima! Já atingi a maioridade e não pude assumir o trono, pois minha tia se intitulou "faraó"! Tenho acatado a posição humilhante em que ela me situou para testar a minha capacidade de submissão! Ao contrário, eu deveria temer pela minha vida, visto que foste preparada desde a infância para tomares o meu lugar!

Neferure fitou Tutmés em silêncio. Sabia que ele falava uma parte da verdade. Irritada, contrapôs:

– Professas calúnias da rainha do Egito? Deverias temer por tua língua afiada!

– Tens alguma consciência do que se trama neste palácio? Do que se confabula pelos cantos, pelos corredores, pelas aleias dos jardins? Não somos mais crianças, Neferure; deves parar de te comportares como tal!

Tutmés voltou-se e se retirou decididamente.

Neferure ficou a observá-lo e, mais uma vez, não pôde deixar de observar outros detalhes da fisionomia de seu meio-irmão.

"Dói-me reconhecer que, se existe um homem no Egito talhado para ser rei, este homem é Tutmés!"

Apesar de considerá-lo, de certa forma, inferior, desprezando-o pela sua origem, Neferure não deixou de sentir certo orgulho em tê-lo ao seu lado no trono.

Falaria com Amenakht sobre seus temores.

50

A perigosa Kya

Neferure se dirigiu a seus aposentos para redigir breve mensagem, na qual pedia a presença de Amenakht nos jardins do palácio.

Nefer, uma de suas escravas de confiança, saiu apressada do quarto da princesa e em poucos minutos estava na via pública. Ao chegar à casa de Apopi, foi recebida por Senuit, que estampou largo sorriso ao vê-la. A jovem escrava corou diante da acolhida calorosa do rapaz e se adiantou, tentando disfarçar a perturbação de que era objeto:

– Que Amon-Rá te saúde, Senuit!

O rapaz devolveu a saudação:

– Que o Deus da vida te beneficie por toda tua existência, Nefer! O que te traz à casa de Apopi?

– A princesa mandou esta mensagem ao jovem Amenakht. Pediu-me que levasse a resposta imediatamente.

Uma ruga surgiu na testa de Senuit. Sabia do interesse do seu jovem amo pela princesa e também da impossibilidade de se concretizar tal intento. Recolheu o pequeno papiro que Nefer lhe estendia, enquanto falava:

– Sabes do perigo que estás correndo ao ajudar a princesa nessa ideia absurda? Tens consciência do que estás fazendo?

Os olhos negros de Nefer brilharam, enquanto a moça respondia:

– Pelos deuses! Quem sou eu para discutir as ordens da princesa? Sabes o quanto é cruel e os castigos que nos reserva se a desobedecemos... Apenas cumpro suas determinações sem discutir!

Senuit mudou o tom de voz ao perguntar:

– Não és feliz no palácio real, Nefer? Pensei que a princesa te tratasse bem!

A jovem deu um sorriso tímido e considerou:

– Há dias bons e outros ruins. Tudo depende do humor da princesa. Hoje, por exemplo, não foi um dos melhores...

– Sabes o que está acontecendo?

Nefer olhou novamente para os lados e falou em tom baixo:

– Não sei do que se trata, mas deve ser algo grave. A princesa está muito abatida!

Senuit ficou pensativo. O que poderia ser? A seguir, para tranquilizá-la, considerou:

– Deve ser um dos ataques da bela princesa. Quanto mais se tem, mais se quer! Quem sabe ela não deseje que Rá também se curve diante de sua passagem?

Nefer não resistiu e começou a rir. Sim, havia dias em que parecia que Neferure desejava isso mesmo!

Senuit também sorriu e prosseguiu:

– Ficas mais bela quando sorris, Nefer! Devo dizer mais tolices, para poder ver novamente este sorriso!

O leve rubor sob a pele morena não passou despercebido ao rapaz. Confiante, arriscou:

– Sei que estás na condição de escrava, Nefer. Achas que algum dia poderás obter a liberdade?

Os grandes olhos negros de Nefer brilharam intensamente. Procurando desviá-los de Senuit, contou, com indisfarçável melancolia na voz:

– Pertenço a uma família de felás. Meus avós foram capturados em uma das campanhas do avô da princesa.

Senuit se aproximou e confidenciou:

– Como deves saber, não sou escravo. Tenho uma pequena propriedade nos arredores da cidade.

Naquele momento, Kya entrou na ampla sala e, intrigada ao ver uma jovem desconhecida conversando com Senuit, falou:

– O senhor Amenakht acaba de chegar e exige a tua presença!

Kya não conseguia disfarçar sua curiosidade diante da jovem estranha. Para evitar maiores explicações, Senuit apenas disse:

– Esta jovem trouxe um recado para mim... – E, voltando-se para Nefer, manifestou-se de modo formal: – Tomarei as devidas providências para atender este caso. Logo que seja possível terás uma resposta!

Surpresa, Nefer agradeceu e saiu rapidamente; Senuit foi ao encontro de seu amo.

Kya ficou na ampla sala, onde eram recebidos os inúmeros comerciantes, artesãos e uma série de operários que prestavam serviços ao senhor da casa.

Profundamente desconfiada por ter ouvido o fim daquela conversa, sentiu sua curiosidade espicaçada diante daquela situação, que julgava inusitada.

"Ora, quem diria? Senuit, o mais ajuizado dos servidores da casa, dirigindo palavras doces a uma desconhecida!"

Sem dúvida nenhuma, algo deveria estar acontecendo; e ela haveria de descobrir!

***

Desde os primórdios, o homem perscruta o universo à procura de respostas para inquirições que têm constituído os enigmas da humanidade de todos os tempos.

A necessidade de saber quem somos e qual o nosso destino são dilemas que assumem aspectos fundamentais na condução de nossa existência.

A convicção de que a vida é um processo contínuo e que a morte não é o fim – mas uma mudança de manifestação de uma mesma vida – modifica completamente nossa percepção da realidade.

Imediatamente nos reportamos a um ser superior, Doador da Vida, que nos oportuniza renovadas situações, para uma evolução espiritual contínua e progressiva.

Se podemos nos considerar peregrinos, estagiando em diversos orbes habitados, a razão nos conduz à premissa de sermos oriundos de algum lugar. Tal fato esclarece a existência de uma bagagem intelectual e moral anterior à vida presente; da mesma forma, explica as enormes diferenças entre todos nós, de todos os matizes.

Nossa consciência – centelha divina! – é a essência e o alicerce de nosso crescimento, que nos possibilita o discernimento entre o que é certo e o que é errado, para que o Bem seja o mote de nossas escolhas na vida; concomitantemente, a ciência da necessidade de reparação do que por nós é malfeito surge contumaz e real, conduzindo-nos a decisões mais responsáveis e atitudes mais retas.

Reportando-nos à parábola dos talentos, faz-se oportuno recordar que é preciso aumentar os dons recebidos, pois "dar-se-á ao que já tem e este ficará na abundância; ao contrário, àquele que nada tem, mesmo o que pareça ter lhe será tirado".

O fazemos do muito que recebemos? Estaremos hoje verdadeiramente nos enriquecendo para a vida do espírito, amealhando recursos imorredouros para nosso porvir na espiritualidade?

O lar, os pais, a família, os amigos, as crenças, a inteligência e as aptidões... tudo isso é talento que temos o dever de expandir e multiplicar, estendendo aos que o possam utilizar para crescimento próprio.

Mas retornemos...

***

O centro da vida egípcia estava intrinsecamente ligado ao aspecto religioso; a consciência da existência de uma vida após a morte do corpo e a preservação do corpo com a mumificação proporcionavam uma sensação de vitória sobre a morte e a decomposição que a acompanhava. O povo cultuava a morte para viver melhor a vida!

Assim que Amenakht recebeu o pequeno rolo de papiro das mãos de Senuit, reconhecendo nele o selo real, pôs-se a ler.

Neferure lhe pedia que se encontrassem nos jardins do templo, em local por ambos conhecido. Preocupado, ele conjeturava sobre o que poderia ter acontecido.

Buscou seus aposentos, a fim de tomar um banho e se preparar para o misterioso encontro.

Vestiu-se com um saiote branco, que deixava o dorso nu, apenas utilizando-se, para cobri-lo, de preciosa joia – um peitoral de ouro. Perfumou-se com uma essência e cobriu a cabeça com uma peruca; nos olhos, Khol, a maquiagem tradicional dos egípcios.

Atravessava o salão de sua residência quando um barulho, vindo de uma das colunas, chamou sua atenção. Voltou-se e, intrigado, percebeu que alguém se esquivava, procurando se esconder. Acostumado com as traições por parte de servos e escravos, e pensando se tratar de um espião, Amenakht ordenou em voz alta que o desconhecido se apresentasse imediatamente. Apavorada, Kya tremia, sem ter coragem de se apresentar. Autoritário e decidido, ele se aproximou e puxou-a pelo braço, com força. Kya segurava uma bandeja cheia de iguarias, que tinha ido buscar para a refeição de Mayati. Com o susto e a força usada por Amenakht, ela a deixou cair de suas mãos, gerando um incidente que poderia ter sido evitado se não procurasse seguir todos os passos do rapaz.

Amenakht a observou e perguntou em tom de voz firme:

– Pelos deuses! Quem és tu? O que fazias me espionando em minha própria casa?

Kya estava trêmula. Procurando se controlar, respondeu com a voz sumida:

– Sou serva desta casa, senhor. Trabalho para sua mãe.

– O que fazias me espionando? – perguntou, contrariado.

Kya se ruborizou. Novamente, buscou o sangue-frio e respondeu:

– Ia levar estas frutas para a jovem Mayati quando o senhor entrou no salão! Preferi aguardar sua passagem, para seguir o meu caminho.

Amenakht começou a achar divertido o incidente. Percebendo o constrangimento de Kya, perguntou:

– Por quê? Por que te escondeste quando me viste? Por acaso te pareço um mau senhor? Tens medo de mim? – perguntou com leve sorriso nos lábios.

Kya detestava se ver em situações como aquela, embaraçosas. O que poderia dizer para que o seu jovem senhor não desconfiasse dos sentimentos que alimentava havia tanto tempo? Pensou e respondeu, com estudada humildade:

– Recebi ordens de sua mãe para evitar sua presença; fui contratada para servir à senhora Mayati.

– Queres dizer que minha mãe te proibiu de falar comigo? Por que ela faria isso?

Kya meneou a cabeça, dizendo:

– Não sei, senhor. Apenas cumpro as determinações de sua mãe.

Amenakht pareceu lembrar o compromisso que o esperava. Virou-se e ia se retirando quando completou:

– Fazes bem em cumprir as determinações de minha mãe. Ela sempre tem razão!

Assim que Amenakht saiu, Kya mordeu os lábios, contrariada. Não desejava ter sido pega daquela forma! "Este tolo e presunçoso pensa que irá se casar com a filha da rainha!" Em seguida, pôs-se a recolher os pedaços dos utensílios que deixara cair no chão.

Acostumada a agir como uma sombra na casa de Henut, para obter alguma informação que lhe fosse útil, caso precisasse, Kya não teve dúvidas quanto ao que deveria fazer! Após levar a refeição a Mayati e, diga-se de passagem, receber uma reprimenda pelo atraso, Kya procurou Senuit.

Ele estava distraído, fazendo algumas anotações sobre um papiro nos aposentos de Amenakht.

Kya se aproximou devagar e falou com suavidade:

– Não tens um minuto de descanso, Senuit? Olha o que te trouxe! – Dizendo isso, Kya ofereceu-lhe uma taça com suco de tâmaras.

Senuit levantou a cabeça. Sorrindo, exclamou:

– Como adivinhaste que eu estava com sede? A propósito, o que fazes aqui? Sabes que não te é permitida a passagem para esta ala do palácio.

Kya concordou e, caminhado lentamente em torno de Senuit, confessou:

– Não sei por que a proibição. Nunca havia visto o jovem Amenakht até o dia de hoje. Jamais me aproximaria do filho de meu senhor!

Senuit levantou-se e afirmou:

– Concordo contigo, minha amiga. Não existe nenhum perigo nessa aproximação, tendo em vista que Amenakht, apesar de saber apreciar a beleza de uma mulher, não tem no momento olhos para ver nenhuma outra beldade a não ser...

– A filha da rainha, não é mesmo? – disse Kya, com os olhos brilhantes.

Senuit continuou:

– Peço-te que guardes este segredo por enquanto. A própria Neferure – que os deuses a protejam! – já falou com seu tutor, Senenmut, sobre o assunto.

Kya ficou pensativa:

– As coisas estão nesse ponto? Certamente, os dois estão apaixonados e devem se encontrar secretamente – insinuou.

Senuit, observando sua curiosidade, advertiu:

– Toma cuidado com o que falas, Kya! Pensei que já soubesses disso tudo. Afinal, estás a serviço de Mayati, que é grande amiga de Neferure!

Kya confessou, quase sussurrando:

– Pelo que sei, já foram mais amigas. Mayati tem os pensamentos todos voltados ultimamente para Ahmés; além disso, algo a preocupa sobremaneira!

Curioso, Senuit perguntou:

– Sabes do que se trata?

Dando a impressão de que também trocava confidências, Kya prosseguiu:

– Desconfio, Senuit! Creio que se refere ao nosso senhor, Amenakht!

Senuit, preocupado, considerou:

– Entendo, mas esse assunto é perigoso! Ninguém deve comentar nada, especialmente em relação à princesa.

– Sei disso e não tem sido fácil, pois me afeiçoei à menina. Assim como tu, que guardas os segredos de Amenakht!

Distraído em relação ao interesse de Kya, Senuit confirmou:

– Achei muito imprudente o pedido da princesa, para que se encontrasse com ela. Infelizmente, como deves saber, eles não ouvem os nossos apelos para que tenham cuidado...

Os olhos de Kya brilharam novamente. Sim, estava absolutamente certa! Amenakht ia se encontrar com Neferure!

– Pelos deuses! – exclamou, fingindo preocupação. – Devo ir, pois Mayati deve estar à minha procura!

– Vai e promete-me não falares a ninguém sobre o que conversamos.

– Juro pelos deuses! – disse Kya, um tanto sem convicção, enquanto se retirava; caminhando apressadamente em direção aos aposentos de Mayati, o cérebro de Kya fervilhava.

Havia algum tempo, ouvira uma conversa que não fazia sentido algum. Henut, a esposa de Apopi, a havia chamado na ala interna da casa. Atendendo à solicitação, ao se aproximar do quarto de sua ama, ouviu Apopi dizer com voz grave:

– A revelação de Mayati sobre o afastamento de Amenakht explica tudo! Não podemos deixar nosso filho fazer uma tolice! Conheces os planos dele em relação à princesa! Se desconfiando de algo a rainha tomou aquela providência, imagina se realmente souber de alguma coisa concreta...

Henut tornou, com a voz preocupada:

– Mayati contou-me que Neferure sabia de tudo! Amenakht não pode ser tão ingênuo! Neferure está prometida desde antes de nascer!

Apopi continuou:

– Nosso filho tem um futuro promissor e nos orgulhamos de seus feitos, mas devemos admitir que é inexperiente e talvez um tanto vaidoso. As atenções da princesa devem tê-lo deixado desconcertado!

– Não sei se deverias ter falado sobre esse assunto com Hapuseneb...

– Por que dizes isso? Ele é o sacerdote de Amon-Rá e tem muito poder! Poderá nos auxiliar no caso de futuras perseguições.

Esfregando as mãos nervosamente, Henut desabafou:

– Não confio naquele homem. Vejo muita ambição em seus olhos! Pode ser o sacerdote que for, acho-o sombrio e creio que exista ali uma alma misteriosa!

Apopi se aproximou de sua mulher e abraçou-a, tranquilizando-a:

– Estás enganada, minha boa esposa! Hapuseneb demonstrou particular interesse no assunto e prometeu tomar providências!

Apopi se retirou após as últimas palavras e, passados alguns instantes, Kya se apresentou:

– Peço que me perdoe, minha senhora, pela demora. Eu estava preparando o banho da jovem Mayati!

Henut fez um sinal positivo com a cabeça e passou a fazer uma série de recomendações sobre o vestuário da filha, pois no dia seguinte chegariam vários cortes de linho e sedas do Oriente.

No íntimo, a mãe de Amenakht sentia certa inquietação que não podia evitar. Sacrificaria aos deuses, para que o mau presságio fosse afastado.

51

Ciúme e intriga

Tão logo Amenakht chegou ao palácio, foi à procura de Neferure nos jardins.

Filho de importante súdito de Hatshepsut e ele mesmo um guerreiro defensor do Egito, não tinha acesso às dependências particulares – a não ser que fosse convidado – mas, devido à proximidade de seu pai com a rainha, transitava livremente pelas alas internas.

Assim, Amenakht ia se aproximando de seu destino quando, ao passar pelo harém, percebeu que uma meiga figura feminina tecia delicada peça de vestuário.

Ao reconhecer Merytre – nunca esqueceria aquele nome! –, ele parou.

Lembrou-se do dia em que ela falava com Neferure e tinha sido humilhada pela princesa.

Interessado no seu aspecto melancólico, aproximou-se e saudou-a:

– Merytre!

A jovem se voltou e, com voz titubeante, falou, curvando levemente a cabeça:

– Sim, meu senhor!

Amenakht se aproximou e, levantando seu rosto com suavidade, comentou:

– Vejo-te triste, Merytre! Seria a recordação das duras palavras da princesa?

Merytre o fitou, surpresa, e esclareceu:

– Oh! Não, senhor! Já as esqueci! Às vezes, um mau espírito se apodera de mim e me deixa triste!

– Já sacrificaste aos deuses? – perguntou, interessado.

– Irei ainda hoje ao templo, senhor. Acredito que a poderosa Deusa haverá de me reconfortar com sua bondade!

Amenakht fitou-a longamente. Onde mais havia visto aquele olhar, que lhe parecia tão familiar?

Observando-a melhor, reconheceu que Merytre tinha alguma coisa que o fascinava, atraía... Teve ímpetos de abraçá-la, beijá-la, mas e quanto a Neferure? O que era aquilo, afinal? O que estaria acontecendo, que reação era aquela?

Envolvera-se em uma situação perigosa, atraindo a atenção da filha de Hatshepsut para si, e agora se via fascinado por uma mulher do harém?

Merytre, por seu turno, estava desesperada, pois se apaixonara por Tutmés! No entanto, sabia que ele estava destinado a Neferure... Teria forças para cumprir com seu papel, mesmo sendo a favorita do jovem faraó?

Dividi-lo com outra mulher seria uma tortura, principalmente por se tratar de Neferure. Pensou que ficaria à mercê dos caprichos do faraó até que ele se cansasse! E quando isso acontecesse? Essa ideia a desesperava. E se Tutmés a mantivesse como concubina após o casamento com a princesa? O pior de tudo, no entanto, que lhe corroía a alma, era a suspeita de Tutmés amar Neferure! Isso ela não suportava!

A atração irresistível por aquela jovem mulher encorajou Amenakht, que arriscou perguntar:

– Diz, Merytre: é do teu desejo servir ao faraó?

Sem se conter, Merytre começou a chorar.

Antes que a jovem respondesse, Amenakht interpretou as lágrimas como a resposta que esperava.

A moça, porém, declarou:

– Senhor, cumprirei com meu dever até que o faraó encontre outra jovem para o meu lugar! Ou uma esposa...

Amenakht teve ímpetos, como era o costume na nobreza egípcia, de levar Merytre embora! Ele era de família nobre, respeitado e admirado por todos. Bastaria obrigar a moça a ceder e esconder o fato do faraó, para que a tivesse em seus braços! Entretanto, ele não era esse tipo de homem. Não trairia o faraó, a quem considerava legítimo filho de Hórus; por outro lado, detestava as humilhações que eram infligidas aos escravos em geral. Assim, com íntima expectativa, tornou a perguntar:

– Amas alguém?

Merytre desviou o olhar e o convenceu de que o sentimento que começava a despertar em seu coração era correspondido. Subitamente, Amenakht lembrou que a princesa Neferure o deveria estar aguardando àquela hora, com os nervos abalados, com certeza.

Visivelmente contrariado, o rapaz se afastou, não sem antes pedir, com o olhar, uma esperança para a desventurada Merytre.

Ao encontrar Neferure, percebeu que ela estava perturbada. Acreditando ter sido o motivo daquele estado de espírito, Amenakht foi logo se desculpando:

– Que os deuses saúdem a mais bela das mulheres de todo o Egito! Peço-te que me perdoes pelo atraso e...

Neferure levantou-se nervosamente do divã onde descansava. Interrompendo o rapaz, exclamou:

– Não há tempo para galanteios, Amenakht! Chamei-te aqui para tratar de assunto da mais alta gravidade!

Atento, Amenakht se dispôs a ouvi-la. Neferure relatou em breves palavras a ameaça velada de Ísis e o temor que se instalara em seu coração.

Ele tentou dissuadi-la:

– Neferure! Esquece as ameaças desta mulher invejosa e infame! Não deves temê-la; se ela perceber que estás com medo, poderá te ferir com mais facilidade!

– Amenakht! Não a conheces! Ísis é ardilosa e má! Como achas que conseguiu seduzir o meu pai e gerar o futuro faraó do Egito?

– Isso é verdade. Teremos de tomar cuidado com ela e tu deves evitá-la, para não te aborreceres mais. Ela se sente desprezada e poderá criar fatos desagradáveis. Deverias falar com Senenmut, que te ama e protege como uma filha.

— Não! Senenmut não me dará ouvidos, vai dizer que são fantasias de minha mente; além disso, está envolvido demais com a construção do templo!

— Se existe alguém com poder para te proteger, esse alguém é Senenmut! Posso falar com ele ou com o próprio Tutmés.

Com o rosto vermelho, Neferure se aproximou e protestou com veemência:

— Jamais aceitarei o auxílio de Tutmés! Ísis me colocou em uma condição humilhante, pois ofereceu uma de suas protegidas para agradá-lo, fato que o deixou extremamente feliz!

Perspicaz, Amenakht questionou:

— Pelo visto, isso te irritou muito... Existe algum fato novo que eu desconheça em relação a Tutmés?

Neferure, em um acesso de raiva, explodiu:

— Não me tortures mais, Amenakht! Detesto tudo o que se refere ao meu irmão! Graças a este arranjo de minha mãe, terei de viver infeliz para sempre, sendo afrontada até mesmo pelas concubinas deste palácio!

Ao vê-la chorando, Amenakht se aproximou e, abraçando-a com ternura quase fraternal, falou com voz aveludada:

— Princesa! És a mulher mais invejada do Egito! Os deuses te privilegiaram com todas as suas benesses, e ainda te consideras infeliz? O que dizes da vida de tuas escravas, que trabalham de sol a sol, correndo para atender a teus caprichos?

A moça respondeu, enquanto enxugava os grandes olhos negros:

— Os deuses decidem os nossos destinos sem que possamos mudá-los. Estou tão presa à minha condição de princesa quanto minhas escravas estão às suas! Que bela peça os deuses nos pregaram!

Amenakht se despediu, levando em seu coração uma sensação de infinita tristeza em relação ao destino de Neferure.

Percebeu, naquela tarde, que jamais poderia desposá-la, não apenas por ser a prometida do faraó... mas porque simplesmente não a amava.

***

Mayati resolveu falar com Neferure, pois a revelação de que anos antes Amenakht fora enviado em uma perigosa missão, para que se afastasse da amiga, a tinha perturbado muito. Levou Kya como companhia, como era o costume.

Ambas entraram no palácio e procuraram localizar Neferure. De longe, vislumbraram a jovem princesa, que parecia preocupada. Conhecendo o espírito impressionável de Kya, ao vê-la, Mayati sorriu e indagou:

– Vês aquela jovem, caminhando junto ao tanque de peixes?

Após a confirmação de Kya, Mayati prosseguiu:

– É a princesa Neferure! A filha da rainha-faraó e futura rainha do Egito!

A atenção de Kya se concentrou na figura de Neferure. Como era bela! Suas vestes pareciam iluminadas por luz diáfana e as joias resplandeciam ante os raios solares!

Imediatamente, profunda inveja se instalou no coração da serva.

Por que os deuses tinham dado tudo a uma única mulher em todo o Egito? Por que ela havia sido beneficiada com a fortuna, a beleza e o amor?

Por que uma princesa, que tinha como destino ser rainha, lhe roubava o que mais amava no mundo? Amenakht!

As lágrimas de despeito que surgiram em seus olhos não passaram despercebidas para Mayati. Ingenuamente, pensando se tratar de emoção causada pela presença de Neferure, Mayati comentou:

– Ela é a mais linda das princesas, não é mesmo?

Voltando a si, Kya concordou, para disfarçar seus sentimentos mais íntimos:

– Realmente! Ela é abençoada pelos deuses e a senhora também, pois tem a honra de tê-la como amiga!

Sorrindo, Mayati assentiu:

– É verdade. Sinto-me lisonjeada por contar com a amizade de Neferure.

Aproveitando o ensejo, Kya perguntou:

– Posso saber por que tão fascinante princesa parece tão preocupada? Que problema poderia ter uma abençoada pelos deuses?

Mayati disse com tristeza:

– Vou te revelar, mas não digas a ninguém. Neferure pode ter tudo, menos o que mais deseja!

O coração de Kya bateu descompassado: eis que a princesa tinha um dissabor!

Achava divertido saber que Neferure tinha algum tipo de desgosto. Fingindo não saber o motivo, perguntou:

– Não entendo... A princesa não ama o faraó, o homem mais poderoso da Terra?

Mayati respondeu:

– Acho melhor ir ter com Neferure, preciso lhe falar!

Percebendo que cometera uma indiscrição, Kya procurou se corrigir:

– Perdoe-me, senhora. Sei que esses assuntos não me dizem respeito.

***

A partir daquele dia, uma ideia passou a atormentar Kya. A beleza de Neferure havia despertado o seu ciúme. Como poderia se interpor entre o homem que amava e a mais bela princesa de que ouvira falar? Ela, uma simples serva, vestida com o mais rústico tecido que existia?

Assim, Kya, ainda um espírito maldoso, tomou uma decisão: aproveitaria a confiança de seus amos para afastar Amenakht de Neferure!

No dia seguinte, tomou coragem e foi ao templo. Atravessou o Nilo absorta em pensamentos conturbados: "E se Hapuseneb se negar a me receber? Poderia me mandar embora e ir pessoalmente até Henut. Se isso acontecer, estarei perdida!", conjeturava.

Após atravessar a grande rampa e se encaminhar ao magnífico templo, considerou: "Não posso cruzar os braços enquanto Amenakht e a princesa se encontram às escondidas, traindo a confiança da própria rainha!"

Assim que chegou, Any a recebeu. Ela lhe disse que trazia uma mensagem da parte de Henut e que precisava falar com o sumo sacerdote.

A princípio, o escriba ficou meio desconfiado; mas a insistência de Kya e o cartucho da família de Apopi, que levava na túnica, fizeram com que ele lhe desse crédito.

O tempo escoava e certamente Mayati daria por sua ausência. Pensava em desistir quando um homem de estatura alta, cabeça raspada e vestes brancas entrou na ampla sala.

Seu olhar gélido fez com que Kya empalidecesse. Sem pronunciar qualquer palavra, a moça se curvou sem ousar levantar os olhos.

Uma voz metálica ecoou no recinto:

– Que mensagem me traz da parte da nobre Henut?

Kya não sabia por onde começar. Como dizer que sua ama desconhecia a sua atitude? Sempre conseguia controlar os nervos quando se fazia necessário. Rapidamente, orou a Hathor, pedindo-lhe proteção! A seguir, exclamou:

– Venerável sacerdote! Que Amon o guarde em seu poder! Venho trazer-vos informações que poderão ser úteis!

As grossas sobrancelhas de Hapuseneb se contraíram. Ele então se aproximou e ordenou:

– Levanta-te! Quero ver teu rosto!

Kya se ergueu lentamente e fitou o sacerdote. Jamais desejaria ver aquele olhar de novo. Hapuseneb continuou com impaciência:

– Vieste roubar o precioso tempo de um homem de Deus? Sabes que incorres em um grave delito, escrava?

Kya respondeu prontamente:

– Não sou escrava de ninguém, senhor! Trabalho para o nobre Apopi e sua família. Contudo, é impossível deixar de ouvir os murmúrios dos que pretendem trair a confiança que a rainha neles deposita...

Mudando a expressão fisionômica, Hapuseneb resolveu observar melhor a jovem mulher à sua frente.

O imponente sacerdote se aproximou e questionou:

– O que realmente pretendes com tua vinda até aqui? Vejo ambição e orgulho em tua alma... Vamos, diz o que desejas.

Kya observou o ambiente e, verificando o luxo e a ostentação do templo, pensou que poderia lucrar mais do que imaginara inicialmente.

Percebeu que o próprio Hapuseneb tinha em seu pescoço valiosíssimo peitoral, com inúmeras pedras preciosas a lhe cobrir o peito; os anéis que usava, o linho de qualidade superior da sua túnica...

Calculando o efeito de suas palavras, respondeu:

– Não tenho em quem confiar, magnânimo sacerdote! Sou uma moça pobre a quem tudo falta! Não trago outro desejo além de servir a vós e à minha rainha!

Hapuseneb aparentemente a escutava, mas sua acurada sensibilidade psíquica desvendava rapidamente o mundo íntimo de Kya.

A moça não sabia que falava, antes de qualquer coisa, com um iniciado egípcio, que possuía um conhecimento que lhe possibilitava até interferir na vida das pessoas diretamente, visando ao bem ou ao mal.

As questões relativas ao perispírito, que atualmente despertam a curiosidade dos homens, já eram de seu pleno entendimento.

Os amplos recursos que possuía, no entanto, nem sempre eram usados em consonância com as Leis Divinas.

Como já foi dito, desde aquela época, alguns acreditavam na existência de apenas um Deus, Criador de tudo e de todas as coisas. Essa crença era partilhada pelos iniciados, e isso incluía a casa real.

A própria rainha Hatshepsut, Senenmut, Tutmés e alguns súditos próximos cultuavam esse Deus secretamente.

Não por acaso, algumas dezenas de anos mais tarde, surgiu na mesma dinastia um faraó que apregoava o culto de Aton, o único Deus, o Deus Sol, senhor de todo o universo. Akhenaton, o faraó do Deus único, prepararia o caminho para Moisés algum tempo depois.

Após visualizar o que lhe interessava sobre a personalidade de Kya, Hapuseneb a encorajou a abrir o coração.

– Afinal – disse ele –, sou um sacerdote e estou aqui para ouvir-te e te auxiliar!

Kya, vendo que despertara sua atenção, prosseguiu:

– Senhor, é que, trabalhando na casa do jovem Amenakht, percebi algo anormal hoje à tarde!

O olhar de Hapuseneb se tornou mais concentrado, o seu aspecto mais sombrio. Kya continuou:

– Vi o jovem Amenakht, como lhe havia dito, vestido como se fosse a importante festa. Estava com um saiote bordado a ouro e com suas melhores joias!

– E então? Continua! – disse o sacerdote.

– Bem, devo lhe dizer que fiquei desconfiada e procurei saber aonde o meu jovem amo iria com aqueles trajes. Descobri, com seu servo particular, que ele tinha um encontro com a princesa Neferure.

Impassível, Hapuseneb perguntou:

– O que mais sabes desse assunto?

Kya se desculpou com sinceridade:

– É só o que eu sei, senhor. Acho que estão apaixonados a ponto de cometerem uma loucura; a princesa, por certo, não deve querer se casar com o faraó, seu irmão!

Hapuseneb externava aparente tranquilidade. Voltou-se para Kya e, tirando um valioso anel do dedo, disse:

– Toma isso como recompensa pelo teu serviço, minha jovem. De agora em diante, serás muito bem recompensada se me mantiveres a par de tudo o que ouvires na casa de Apopi. Quero que me contes tudo! Terás liberdade de me procurar quando achares necessário! Agora vai!

Kya se curvou, sem voltar as costas para Hapuseneb. Com o coração batendo forte, voltou para a casa de Apopi. Segurava o precioso anel junto ao peito e procurava se certificar de que agira bem em comunicar ao sacerdote o que estava acontecendo.

Jamais poderia supor o papel que exerceria no destino de todos os envolvidos nessa história milenar.

52

Um amor renasce

Após o encontro com Neferure, Amenakht voltou para casa com pensamentos contraditórios. Admitia que na realidade não a amava, mas era inegável que sentia algo diferente por ela.

Desde a infância, se acostumara a vê-la quase diariamente, pois seu pai servira ao pai e ao marido de Hatshepsut.

Brincara com ela, tal qual Tutmés, e crescera com a intenção de desposá-la, mesmo sabendo que ela estava prometida ao faraó.

A princípio, achara injusto o sistema que determinava desde o nascimento o destino de uma princesa. Discutira com o pai, Apopi, e com Henut, a mãe, inconformado com seu destino. Quando se declarara a Neferure, o fizera com sinceridade e disposto a tudo enfrentar pela mimada princesa.

Com o tempo, no entanto, o entusiasmo desaparecera e, aos poucos, a suposta paixão fora dando lugar a um sentimento fraternal, em que o carinho e o respeito falavam mais alto. Nesse ínterim, surgira Merytre!

A beleza da moça o desconcertava e, ao pensar que Tutmés dispunha dela quando bem entendesse, seu sangue fervia. Se pudesse encontrá-la a sós, falar com ela, tocar seus cabelos sedosos! Sentia-se fascinado com seu olhar, suas expressões doces, a suavidade de seu andar, qual uma enviada dos deuses...

Amenakht não percebera que Senuit entrara no aposento com o intuito de lhe preparar o banho.

Ao ver seu amo ensimesmado, Senuit ousou:

– Senhor! Deseja banhar-se agora?

Amenakht não o escutou e o servo tornou a repetir a pergunta. Ele respondeu:

– Sim, Senuit. Estou com o cérebro derretendo dentro de minha cabeça e preciso me refrescar!

Em razão do tempo que servia a Amenakht, Senuit se permitiu uma indiscrição:

– Terá sido o encontro com a princesa que o deixou nesse estado de espírito?

Amenakht respondeu, taciturno:

– Talvez... Os desejos dos deuses são estranhos, mas, quando ia ao encontro da princesa, reencontrei uma jovem que me tem tirado a paz, pois não me sai da cabeça!

– Mais do que a princesa? – perguntou Senuit, sorrindo.

– Neferure nunca me deixou assim, Senuit. Julguei estar apaixonado por ela, mas não da forma como me encontro agora.

Senuit colocava essências no banho de Amenakht quando perguntou:

– E qual poderia ser o empecilho para a felicidade do nobre Amenakht?

O rapaz respondeu com tristeza:

– Ela é a preferida do faraó!

Assustado, Senuit deu um passo atrás. Sabia o que significava disputar uma mulher naquela condição com o faraó. Ao se refazer, não conteve seu espanto:

– Senhor! Pelos deuses! Como isso pode ser?

Amenakht apenas comentou:

– Não premeditei nada, meu bom Senuit. Quis o destino que eu a encontrasse no palácio real, enquanto visitava a princesa. Não pude me desfazer da impressão que ela deixou em minha alma.

– E quanto à princesa Neferure? Ela sabe disso?

– Não, e isso é mais um problema a resolver! Quiseram os deuses não tivesse eu me aproximado tão intimamente de Neferure! Vejo que me precipitei e que só serei feliz com o amor de Merytre!

Senuit procurava uma forma de ajudar seu amo:

– Senhor, pelo que me diz, essa jovem reside no harém do palácio. Posso lhe fazer chegar às mãos alguma mensagem sua!

O olhar do rapaz se iluminou. Senuit tinha amigos entre os servos do palácio e, com algumas moedas, poderia levar pessoalmente a mensagem.

Logo após se banhar, redigiu algumas linhas e entregou o pequeno papiro nas mãos de Senuit.

O rapaz, feliz por ver a alegria estampada no rosto de seu senhor, saiu em direção ao palácio. Após passar pela guarda, ainda procurava os corredores que levariam para o harém quando encontrou alguém que poderia ajudá-lo.

Era Nefer, a escrava de Neferure.

Interrompendo os passos, observou-o atentamente e, sorrindo, exclamou:

– Senuit! O que te traz ao palácio real?!

– Que os deuses te protejam, Nefer! Preciso ver uma pessoa no harém...

Nefer franziu a testa. Qual seria o interesse de Senuit no harém?

Pensou por alguns segundos e disse:

– Posso conduzi-lo até o harém. As esposas secundárias habitam lá! Hatshepsut e a princesa o ignoram. Tens certeza de que é para lá que desejas ir?

Senuit sentiu que sua presença despertara a atenção da jovem serva. Como também estava curioso, perguntou:

– Sabes quem é Merytre? Preciso encontrá-la!

O olhar espantado de Nefer a denunciou quando respondeu, aflita:

– Por favor, não fales alto esse nome, que minha ama poderá ouvir! Ela odeia essa jovem!

Extremamente interessado no assunto, Senuit quis saber:

– Por que a princesa se incomodaria com uma mulher do harém?

Nefer riu e disse, com ar malicioso:

— Ora, os homens! Então não sabes que Merytre é a preferida do faraó?
Ainda sem compreender, Senuit tornou:
— Mas, pelo que ouvi falar, a princesa detesta seu meio-irmão!
— Pois não digo! A princesa pode até detestá-lo, mas não deseja que outra tome o seu lugar!

Assim, Senuit foi conduzido até o harém. Procurava pelos aposentos de Merytre, quando após alguns instantes, uma mulher surgiu por entre as colunas.

O rosto magro denunciava algum desgosto, que lhe castigava o coração ainda inexperiente nas lutas da vida.

Observando Senuit, perguntou:
— O que desejas? Quem te enviou?
Senuit pareceu não ouvir o que dissera.
Apesar do visível abatimento, Merytre lhe pareceu belíssima. Ela repetiu a pergunta:
— O que desejas? Quem o enviou? Não tenho o dia todo para te atender, escravo!
Senuit se curvou:
— Peço-lhe que me perdoe, senhora! Venho da casa de Amenakht para trazer-lhe uma mensagem...

Interessada, Merytre abriu o pequeno rolo de papiro.

Ao lê-lo, iluminado sorriso lhe brotou dos lábios. Conforme a instrução que recebera no bilhete, mandou Senuit dizer que "aceitara a dádiva".

Amenakht havia marcado um encontro no templo da deusa Hathor e, para não despertar suspeita, a senha para uma resposta positiva era dizer as palavras por ele escritas na mensagem.

Senuit, assim, retornou à casa de Amenakht. Ao chegar, ele foi à procura de seu amo e repetiu as palavras de Merytre. Amenakht deu um sorriso de satisfação. Certamente, a jovem se impressionara também com ele.

Amenakht percebeu que seu servo trazia o cenho fechado. Os anos de convivência haviam feito de Senuit um verdadeiro amigo.

A diversidade de posição social pouco lhe importava, pois Amenakht tinha um senso de justiça apurado e não concordava com a situação da maior parte de seu povo.

Raramente um indivíduo nascido nas classes inferiores poderia ascender socialmente; os destinos eram selados quando a criança nascia.

Assim, intrigado, perguntou:

— O que te acabrunha, Senuit? Viste alguma coisa no palácio que te perturbou?

Voltando a si dos pensamentos que lhe perpassavam a mente preocupada, Senuit comentou:

— Perdoe-me, senhor. Apenas refletia sobre coisas sem importância.

Amenakht sorriu e tornou:

— Cuidado, Senuit! Deves ter te impressionado com alguma beleza do harém, mas tens de lembrar que lá são os domínios do faraó!

Senuit ia responder alguma coisa sobre os cuidados que o próprio Amenakht deveria tomar, mas calou-se.

Não saberia dizer se o seu jovem amo toleraria ouvir a verdade de um servo, mesmo considerando-o um amigo.

***

Ao buscar água para o banho de Amenakht, Senuit se encontrou com Tama, tia de Kya.

Ensimesmado, chamou a atenção da velha serva, que, interessada, perguntou:

— O que te aflige, Senuit? Percebo uma sombra feminina em seus pensamentos.

Senuit perguntou, intrigado:

— Tama, já ouviste falar sobre a preferida do faraó? Confesso que nunca ouvi nada sobre a jovem Merytre!

Empalidecendo, Tama respondeu:

— Merytre?! Por Amon! Se for quem eu penso, Mutnefer conseguiu seu intento! Sabes a idade dessa moça?

Senuit sorriu e, com indisfarçável emoção, respondeu:

— É muito jovem, talvez tenha uns dezesseis ou dezessete anos... Jamais vi mulher mais bela, Tama! Deve ser uma deusa que veio conviver com os mortais...

Preocupada, Tama o aconselhou:

– Pelo afeto que tenho por ti, Senuit, te aconselho: afasta-te desta moça! Tenho a impressão de que ela fará a infelicidade de todos os que dela se aproximarem.

Senuit prosseguiu:

– Ao que parece, meu amo, Amenakht, também está muito impressionado com ela!

Tama colocou as mãos na cabeça:

– Pelos deuses! Merytre saiu da casa de Apopi e agora sua sombra volta com essa insensatez de Amenakht!

Sem entender as palavras de Tama, Senuit indagou:

– O que queres dizer?

Tama se sentou e narrou a história de Merytre desde antes de seu nascimento, o romance de Mutnefer, mãe de Merytre, com um nobre e sua ida para a casa de Apopi.

– Depois da morte de Mutnefer, soube apenas que a menina fora entregue ao harém do faraó... Aconselho-te a guardar segredo do que te revelei, Senuit.

Impressionado com a narrativa, Senuit comentou:

– Sim, é melhor esquecer o que acabaste de me contar, Tama. Este segredo poderá prejudicar a muitos se for revelado às pessoas erradas!

53

Juras e confissões

Merytre desceu da barca que deslizara suavemente até a margem ocidental do Nilo. Dirigia-se para um dos terraços rapidamente.

Evitara usar joias, bem como túnicas e adereços luxuosos, que tanto apreciava, para não chamar a atenção de curiosos.

Como chegara antes da hora combinada, encaminhou-se ao templo de Hathor para orar e sacrificar em honra à deusa.

Hathor personificava a beleza, o amor, a fertilidade; estava ligada tanto à vida como à morte e presidia os atos mais relevantes da vida egípcia. Era uma divindade de suma importância e presente na vida de todos.

Enquanto participava do complicado ritual em homenagem à deusa, que estava ali representada em uma estátua com uma cabeça de vaca, exibindo o disco solar entre os chifres, Merytre olhava para os lados nervosamente.

Algum tempo mais tarde, Amenakht entrou no recinto. O odor forte do sacrifício oferecido e o som suave do sistro, aliados à excitação de que se via possuída, provocaram leve tontura em Merytre.

Amenakht se aproximou e a convidou para saírem dali e buscarem um lugar mais ventilado.

Observando, apaixonado, os belos traços de Merytre, pegou com delicadeza sua mão e, beijando-a com ternura, declarou:

– Por que me puniste com tua ausência até o dia de hoje? Pensei que não me correspondias os sentimentos!

Merytre fitou-o com surpresa, mas, vendo a submissão do rapaz aos seus encantos, pensou ser conveniente tê-lo a seu lado:

– Amenakht! Não pude te esquecer!

Embriagado pela possibilidade que se abria diante de seus olhos, o rapaz exultou:

– Merytre! Fizeste bem em vir até o templo de Hathor, pois ela nos abençoará e protegerá o nosso futuro. Quero-te como jamais desejei uma mulher em toda a minha vida! – disse, apaixonado.

Merytre o fitou aparentemente desolada:

– E quanto a Neferure? Não a amas?

– Pensei que a amasse até te encontrar naquele dia no jardim do palácio. Desde aquele dia não penso em outra coisa a não ser em ti!

– Mas isso é impossível! Nenhum homem poderá me tocar, a não ser que o faraó permita! Não tenho nenhuma esperança de felicidade, Amenakht! Sei que não passas de um sonho, uma ilusão! Por que trocarias uma princesa por uma mulher do povo?

– Sei apenas que te amo! Neferure foi um arroubo da adolescência! O que sinto por ti é diferente, Merytre! Confiemos na poderosa deusa! Ela saberá conduzir nossos destinos. Mas tuas palavras me deixam preocupado...

Merytre o fitou e avisou:

– Estás correndo um grande perigo, Amenakht! Temo por tua vida!

– Explica-te melhor, Merytre; temes por uma atitude de Tutmés?

– Também por ele, mas ouvi conversas no harém a teu respeito. Tua proximidade com a princesa chegou aos ouvidos da rainha e, ao que parece, o casamento do faraó se dará em breve.

Ao contrário do que esperava, Amenakht considerou:

– Isso deverá afastar Tutmés de ti, minha amada! Poderás te libertar do harém do faraó!

– Não sei o que me aguarda, Amenakht! E se Neferure desejar me prejudicar? Tu sabes que ela me odeia!

Amenakht, vendo a aflição de Merytre, abraçou-a e beijou-a; em seguida, falou de forma a tranquilizá-la:

– Tenhamos calma, minha amada. Vou te tirar do palácio o quanto antes; vou te afastar de Tutmés!

Merytre estremeceu diante da ideia de perder Tutmés. Era exatamente o que mais temia na vida! Amava o faraó e não suportaria deixá-lo!

Na realidade, seu desejo era se livrar de Neferure. Rapidamente, uma ideia veio à sua mente:

– A princesa tem muito poder, Amenakht! Poderá me prejudicar, pois não passo de uma serva, que os deuses permitiram agradar ao faraó!

Perturbado, Amenakht replicou:

– Neferure jamais te faria mal algum, Merytre. Conheço-a e sei que, apesar de caprichosa, não chegaria a tanto.

– A situação é diferente, Amenakht. Quando ela for a Esposa Real, não desejará minha presença no palácio! Eu poderia me tornar muito inconveniente para ela.

Revelando preocupação, o rapaz declarou, movido pela paixão:

– Não temas! Vou te defender, mesmo que tenha de deter Neferure!

Fingindo apreensão, Merytre arriscou:

– Como farás isso? Será muito arriscado!

– Pode ser... Suspeito que Tutmés sinta algo por Neferure e ele poderá até ser conivente com ela... no caso de alguma ação contra ti!

Espantada, Merytre indagou:

– O que dizes? Acreditas que ele a ama?

– Sabes tanto quanto eu que Tutmés não é homem de se curvar ante a vontade alheia. É um dos melhores soldados que o Egito já viu, apesar da pouca idade. Atingiu a maioridade já faz algum tempo e parece esperar por algo para assumir seu lugar.

Perplexa, Merytre procurava concatenar as ideias. Aproveitando-se dos bons sentimentos de Amenakht, confidenciou:

– Ísis, a mãe de Tutmés, usou-me para afastá-lo da princesa. Desejava que eu gerasse um filho de Tutmés antes de seu casamento, para que, sendo o primogênito, tivesse direito ao trono.

A tez morena de Amenakht se tornou rubra:

– Pelos deuses! Ísis te usou para se vingar de Hatshepsut! Age contra os interesses do próprio filho! Pobre Merytre, quanta humilhação!

Envolvendo-a em seus braços, disse, confiante:

– Venceremos a todos, Merytre! Os deuses nos protegerão!

Com o coração ferido em seu orgulho, Merytre aceitou os carinhos de Amenakht. Haveria de se vingar de Tutmés, que a enganara, prometendo-lhe proteção e carinho, fazendo-a crer que era verdadeiramente amada.

Sentindo-se usada pelo jovem faraó, Merytre, que em seu orgulho não percebia a distância que a separava do homem que julgava amar, jurou vingança.

Mesmo que tivesse de ferir um coração sincero como o de Amenakht...

***

O dia transcorrera pesadamente. Neferure não quis se alimentar e, pouco antes do anoitecer, recebeu um chamado de sua mãe.

Com a cabeça dolorida, latejante, mandou uma escrava informar à rainha que estava indisposta. Qual não foi sua surpresa quando, algum tempo depois, Hatshepsut, em pessoa, veio vê-la. Neferure se ergueu rapidamente do leito e, curvando-se diante daquela que lhe inspirava amor e respeito, saudou-a, como de costume:

– Mãe! Que Amon vos proteja e torne vossos dias mais ricos e cheios de glória!

Aquela visita era a presença de um representante divino em seus aposentos.

Hatshepsut olhou para a filha e se aproximou. Colocou a mão fina e delicada em sua cabeça e, roçando levemente o rosto de Neferure, levantou com suavidade o seu queixo.

Pôde observar pelo olhar febril de Neferure que ela não estava bem. Ciente do que estava se passando, mandou que as servas e escravas se retirassem, bem como sua escolta pessoal.

Ao ficarem a sós, aproximou-se e disse:

– Vejo angústia e desespero em teu olhar. Podes me revelar o que te atormenta?

A jovem ia responder, mas a rainha a interrompeu:

— É o casamento ou tua fantasia com Amenakht que te faz infeliz dessa forma?

Neferure se ergueu e, fazendo jus a seus antepassados, respondeu com orgulho:

— Não quis desviar vossa atenção dos compromissos com o Egito...

Hatshepsut arqueou as sobrancelhas e, olhando diretamente nos olhos da filha, comentou:

— Sinto algum ressentimento em tua voz... Esqueces que foste escolhida pelos deuses, Neferure? Serás uma Esposa Real, como tua veneranda avó, Ahmósis, como eu fui de teu pai! Como ousas te rebelar contra o teu destino?

Neferure a ouvia em silêncio. A seguir, contrapôs:

— Como pôde um deus traçar um destino tão infeliz quanto o meu para uma criatura? Conheces Tutmés e sua arrogância. Ele não perde a oportunidade de me humilhar com aquela serva detestável!

Uma ruga se formou na testa morena de Hatshepsut. Contrariada, ela indagou:

— A quem te referes? Preciso estar ciente de tudo o que se passa!

Neferure enrubesceu e explicou:

— Ísis preparou uma jovem chamada Merytre para... Bem, digamos que ela se incumbe de distrair o insuportável Tutmés!

Perspicaz, Hatshepsut pensou rapidamente e perguntou:

— Esta jovem é bela?

— Sim, minha mãe! Poderia dizer que se trata de uma princesa, se não conhecesse sua origem.

Hatshepsut ergueu as mãos para o alto, enquanto exclamava:

— Por Amon, por Sekbet, meu senhor na terra e nos céus! Eis-me diante do passado novamente! Ísis me afronta, entregando uma concubina para Tutmés!

— O que dizeis, Majestade? Não entendo!

Hatshepsut concluiu:

— Ísis planeja outro filho bastardo para tirar teu prestígio de Esposa Real! Se Tutmés tiver um filho com esta moça, a história se repetirá! Procura me humilhar, pois escolheu uma mulher do povo, em vez de uma da nobreza!

Neferure conjeturou:

— Esta mulher não possui sangue nobre! E quanto à legitimação do trono?

— Tutmés tem poder para torná-la nobre quando quiser. Veja o caso de Ísis em relação a mim, que sou filha, irmã, neta e esposa de faraós. Apesar disso, foi ela quem gerou o primogênito de teu pai.

Acercou-se da filha e, segurando seu belo rosto, exclamou:

— Minha filha, és uma das mulheres mais belas desta terra. Por essa razão és chamada de Bela de Rá! És invejada por todas as mulheres do Egito, também devido a este, que tanto desprezas...

Neferure prosseguiu, magoada:

— Não me conformo, minha mãe! Ouço desde criança suas provocações, por saber que um dia lhe pertenceria! É arrogante e presunçoso!

Hatshepsut meneou a cabeça:

— Criança, ouve tua mãe! Tenho planos para ti. Além do mais, Tutmés cresceu e, apesar de não estimá-lo, sei que será um grande faraó. Não permitiria que ele se unisse a ti se não acreditasse nisso...

— Aceitaríeis me libertar desse acerto? Agiríeis contra a tradição por minha causa?

Apesar de sua impotência diante da situação, Hatshepsut disse, taxativa:

— Não tenhas dúvidas, Neferure! Sempre agirei em teu favor, mesmo que isso me obrigue a alterar algumas disposições. Ouve, Neferure: és uma criança ainda e nada conheces sobre a vida! Às mulheres de nossa posição não cabe escolher aquele que o coração elegeu como o homem de nossa vida! Os deuses não nos deram essa prerrogativa... É o ônus que pagamos por trazermos no ventre o futuro do Egito. Como rainhas, somos responsáveis pelas futuras gerações de faraós e de nós dependerá a manutenção da dinastia à qual pertencemos!

Ousadamente, Neferure interveio:

— Somos escravas e não rainhas, donas de nosso destino!

Hatshepsut fingiu não a ouvir e continuou:

– Devemos amar o nosso povo, procurando servi-lo, antes de qualquer coisa! Nossa consciência deve ser reta e cabe a nós defendermos até o mais ínfimo habitante do vale, que sabe honrar sua realeza e nossos deuses! Aprende que o dever de um faraó e de sua família é o de servir a seu povo com o sacrifício de sua própria vida! Confia em tua mãe, que entende realmente teu martírio interior!

Neferure ponderou, com os olhos rasos de lágrimas:

– A mulher mais humilde do Egito é mais livre que sua própria rainha!

Hatshepsut abraçou a filha demoradamente. Eram raras as oportunidades em que, longe das intrigas da corte, podiam dar vazão aos seus sentimentos, sem se preocupar com as aparências.

Depois do encontro, ambas se recolheram para o necessário repouso da alma, pois os dias que se seguiriam seriam de grandes lutas interiores.

54

A desventura de Merytre

O dia ainda não amanhecera e Merytre, exausta pela noite insone, observava a chuva que caía em abundância, pois estavam na estação do Peret, o inverno egípcio.

Havia algum tempo, orava a Hathor, rogando que as palavras de Amenakht não fossem verdadeiras. Amava Tutmés, e sua única esperança era que houvesse conseguido conquistar-lhe o coração; Amenakht, no entanto, falara de suas desconfianças sobre os sentimentos do jovem faraó em relação a Neferure, de que ele realmente a amasse.

Merytre desconfiava de algo incomum e sabia que a qualquer momento teria de justificar seu procedimento. Ocorre que um fato novo veio lhe trazer desespero e angústia ao infeliz coração.

Havia alguns dias, começara a sentir enjoos, sonolência e um mal-estar que desconhecia. Percebia suas formas joviais se modificarem, não lhe sendo possível usar mais as vestes diáfanas, que lhe mostravam o corpo perfeito.

Tomada de profundo abatimento, certificava-se de que esperava um filho. A intimidade que tivera com Amenakht lhe deixara um fruto que não desejava. Essa certeza lhe consumia a alma e a fazia desejar a morte a dar à luz aquele pobre ser.

"Poderosa deusa Hathor, protetora do amor e da maternidade! Não desejo ter este filho gerado pelo despeito!", lamentava Merytre. "Agora sei que Tutmés ama Neferure e somente me usa para atingi-la em seu orgulho de mulher! Pelos deuses! O que farei quando Tutmés desejar minha presença? O que direi a ele? E se descobrir que carrego um filho de outro? Com certeza mandará me matar!"

Merytre se jogou no leito e recomeçou a chorar.

"O que poderei fazer para fugir ao jugo de Ísis? Logo ela me descobrirá e não me deixará em paz, pensando tratar-se de um filho do faraó!"

Positivamente, não demorou muito para a mãe de Tutmés perceber o que estava ocorrendo.

Naquele mesmo dia, ao ver que Merytre não tinha saído do quarto, mandou chamá-la para saber o que ocorria:

– Podes me dizer o que está acontecendo, Merytre? Falei com Anat e ela me disse tê-la visto chorando pelos jardins do harém!

Merytre começou a chorar:

– Não sei o que está acontecendo comigo, senhora! Tenho enjoos e me sinto cansada! Não posso ver o faraó nesse estado!

Curiosa, Ísis perguntou:

– Há quanto tempo isso vem ocorrendo?

– Há uns dois meses, creio eu... Acho que um espírito maligno se apoderou de mim! Irei sacrificar à deusa para me livrar dessa influência.

Ísis a observou mais detidamente. Aproximou-se e, colocando a mão sobre o ventre de Merytre, deu uma risada e exclamou:

– Por Amon! Não é um espírito maligno que se apoderou de teu corpo! Carregas um filho do faraó do Egito e te consideras infeliz?

Merytre ficou em silêncio. O que poderia dizer? Ísis exultava, caminhando no quarto de um lado a outro.

Finalmente conseguira! Merytre daria um filho a Tutmés antes de Neferure! Teria um filho e neto faraós! Vingar-se-ia das humilhações que ela e o filho haviam passado nas mãos de Hatshepsut!

Ela, a concubina, que tivera de se ocultar no harém, longe das vistas da corte e de Hatshepsut, teria sua revanche tão logo Tutmés assumisse o poder.

Caso isso demorasse além do esperado, pois a rainha se encontrava no auge de sua saúde, o fato de Tutmés gerar um filho fora do leito real atingiria Hatshepsut definitivamente.

A história se repetiria e a maldição da dinastia prosseguiria, a despeito do poder e da glória da grande Hatshepsut!

Em decorrência do seu estado, Ísis comunicou a Tutmés que Merytre adoecera e permaneceria por um longo tempo afastada do palácio.

Na realidade, Ísis determinara a Paneb, pai de Merytre, que a acolhesse em sua casa; ele então dissera a Inet, sua mulher, que se tratava da filha de um amigo de Mênfis.

Sabendo do caso, que de uma certa forma era comum – as filhas da nobreza se encontrarem em situações embaraçosas –, não foi muito difícil para Ísis manter a farsa.

Merytre ficaria em segurança até a criança nascer, segundo os planos de Ísis.

"Certamente, será um filho varão!", pensava.

Por um instante, uma ideia perpassou seus olhos intensamente negros.

"E se for uma menina? Se isso acontecer, Merytre não verá essa criança crescer!"

Enquanto isso, no outro extremo do palácio, Neferure, sobre uma pequena mesa, escrevia uma mensagem. Dormira mal e tivera um pesadelo que a impressionara muito. Precisava desabafar com alguém. Desejava falar com Mayati, que a conhecia bem.

Alguns minutos mais tarde, chamou Nefer e, entregando-lhe o papiro, ordenou:

– Leva à casa de Apopi e entrega pessoalmente nas mãos de Mayati.

A jovem escrava guardou o pequeno rolo entre as vestes e saiu apressadamente.

Ao chegar à residência de Apopi, Nefer deparou com Kya. Esta, por sua vez, quis saber sobre a urgência da mensagem, já que sua ama estava ainda adormecida.

Nefer se desculpou:

– Lamento, mas a princesa me deu ordens de entregar a mensagem pessoalmente à jovem Mayati!

Kya franziu o cenho:

– Sou a serva de confiança da senhora Mayati e conheço todos os seus segredos! Posso imaginar o conteúdo desta mensagem. A princesa certamente desejará ver minha ama para lamentar-se de sua "triste vida de princesa!".

Admirada com a ousadia de Kya, Nefer a advertiu:

– Sugiro medires tuas palavras, Kya! Não deves se referir à princesa dessa forma! És uma serva tanto quanto eu...

Kya deu um sorriso malicioso e contrapôs:

– Tu és uma felá, feita apenas para servir! Eu sou uma serva, como dizes, mas sou livre e muito em breve terei um posto bem melhor!

– Por Amon, Kya, peço-te que me permitas apenas entregar esta mensagem à senhora!

Kya hesitou por alguns segundos, mas concordou:

– Está bem, acompanha-me! Saberei de qualquer forma do que se trata...

Nefer entregou a mensagem de Neferure a Mayati, que a leu e, a princípio, não entendeu a urgência.

Neferure pedia-lhe apenas que fosse ao palácio, pois necessitava lhe falar.

Apesar da longa amizade de infância, com a proximidade de seu casamento, Mayati andava muito atarefada. Inebriada pela felicidade do enlace próximo, relegara Neferure a segundo plano e isso não deixava de lhe dar um certo pesar no coração.

Quando soubera que seu irmão Amenakht nutria esperanças em relação a Neferure, procurara dissuadi-lo da ideia, mas na época fora em vão.

Existiria algum fato novo que desconhecia? Recebia a mensagem de Neferure com surpresa, mas ao mesmo tempo com receio.

55

Mayati no palácio

Não passou muito tempo e Mayati entrou no palácio real. Logo foi encaminhada por solícita escrava aos aposentos da princesa Neferure, que, abatida, repousava sobre finas almofadas. Ao vê-la, convidou-a a sentar-se.

Mayati quebrou o silêncio:

– Que os deuses te saúdem, minha querida amiga! Estimava ver-te, mas tenho andado atarefada com os preparativos de meu casamento.

Os olhos de Neferure se encheram de lágrimas. A amiga a abraçou com carinho e perguntou:

– O que está acontecendo, Neferure? O que desejas me contar?

Controlando-se, Neferure exclamou:

– Oh! Mayati! Não sabes o inferno que estou vivendo! Parece que todos os deuses conspiram contra mim!

Assustada, Mayati rebateu:

– Não fales assim, Neferure! Por Hathor, que te protege, não blasfemes em nome de nossos deuses! Diga-me qual o motivo de tanta amargura.

Neferure brincava com uma pequena peça, um bracelete incrustado com rubis artisticamente arranjados, que revelavam o avançado grau estético da ourivesaria egípcia.

Sem dar muita importância à joia em suas mãos, atirou-a longe e esbravejou:

– Não aguento mais essa situação! Ontem falei com minha mãe e, apesar de suas palavras confortadoras, não alimento mais a esperança de fugir desse casamento!

– Falas do faraó, teu irmão? – perguntou Mayati, interessada.

– Sim, refiro-me a Tutmés! Cheguei a crer que, conhecendo meu desagrado, minha mãe, que é o faraó, não podemos esquecer, pudesse me livrar do compromisso! – E desatou a chorar.

– Sinto muito, Neferure, mas teu destino estava reservado antes mesmo de teu nascimento; sabes que tua avó e tua mãe passaram pela mesma sina: casar-se com filhos do harém! Soube que o povo diz à surdina que é a maldição dos Tutmés: geram filhos homens somente com as concubinas!

Humilhada, Neferure se levantou e, com as faces afogueadas, gritou:

– Malditos! Como ousam? As maiores rainhas do Egito pertencem a esta dinastia! Minha bisavó, avó e mãe são mulheres que o Egito jamais esquecerá!

– Calma, Neferure! São tolices que o povo fala... Mas e quanto a ti, o que farás?

– Tu sabias que Amenakht se havia aproximado de mim. Pensei que poderia amá-lo, Mayati, mas sinto que o amor verdadeiro deve ser diferente... Quando te vejo junto a Ahmés, vejo o brilho em seus olhos, a ventura em cada sorriso, em cada gesto... Nunca senti isso em relação a Amenakht!

Mais aliviada, Mayati prosseguiu:

– Meu irmão me falou o que estava ocorrendo e temi pelo futuro de vocês dois. Meus pais estão muito preocupados, Neferure. Amenakht sempre foi um exemplo de retidão e dedicação a nossos deuses e ao faraó!

Preocupada, Neferure tentava encontrar uma solução, enquanto Mayati prosseguia:

– Não temo por Amenakht; ele saberá se defender. No entanto, vejo-te abatida em demasia, Neferure! Deves reagir contra os maus espíritos, que te enfraqueçem a vontade, e lutar para ser uma rainha à altura das que te antecederam.

— Falas como minha mãe, Mayati! Pensei que me darias razão e forças para lutar contra Tutmés!

Com extrema delicadeza, Mayati se aproximou e, tomando as mãos da amiga, avisou:

— Ainda te arrependerás de tua teimosia, Neferure! Soube por Amenakht que teu irmão e futuro esposo será um grande faraó!

Demonstrando curiosidade, Neferure não disfarçou o interesse:

— É verdade o que dizes? Também ouvi alguns comentários...

Mayati sorriu, pois conhecia a vaidade da amiga e percebera o quanto o assunto a interessara. Continuou, então:

— Sim, é verdade! E digo-te mais: Amenakht o respeita e nos revelou que há muito tempo o Egito não tem um general em chefe à altura do trono! Que Tutmés é forte, corajoso, e que o exército começa a respeitá-lo como a um verdadeiro faraó!

Admirada, e ao mesmo tempo cismada, Neferure demonstrou sua preocupação:

— Achas que poderão agir contra minha mãe? Acreditas que desejem que Tutmés reclame o trono?

Mayati sorriu:

— Seguramente não! Tenho minhas suspeitas do motivo, mas ainda não te posso revelá-lo. E não adianta insistir, pois, se o fizeres, irei embora...

Neferure ia tentar usar seu poder de persuasão, mas, ante a ameaça de Mayati, calou-se.

Falaria com Senenmut, seu fiel tutor.

**

No dia seguinte, Neferure foi em direção ao grande templo em busca do homem de confiança de Hatshepsut.

Atravessou a pequena distância que a separava da margem oposta e, frente à fabulosa obra, quedou-se, emudecida. Estava impressionada com a ostentação monumental do edifício e sentiu orgulho por pertencer a um povo tão sábio e poderoso.

Certa de que não havia sobre a terra nenhuma civilização tão avançada e capaz quanto aquela à qual pertencia, Neferure se emocionou diante da grandeza de seus antepassados.

Percorreu o trajeto que ligava o rio à primeira rampa e estacou na alameda das esfinges, que tinham o rosto de Hatshepsut e que, imponentes, fitavam serenamente a eternidade.

Estranho calafrio lhe perpassou o corpo... Amedrontada, voltou seu pensamento para Senenmut. Suas primeiras lembranças da infância já lhe remetiam ao amigo e conselheiro de sua mãe.

Chegara a desconfiar de um romance entre eles, mas nunca pudera confirmar suas impressões. Teria sua mãe se apaixonado por seu dedicado ministro?

Percebia a diferença no tratamento dela em relação a Senenmut; sempre tão fria e orgulhosa, insensível e inalcançável, vez por outra lançava um olhar quase terno para seu conselheiro.

"Será gratidão? Qual sentimento os une de fato?", questionava-se.

Nunca quisera realmente saber, mas agora percebia que havia muitas coisas a serem esclarecidas para que pudesse continuar vivendo naquele palácio...

Por que Hapuseneb tinha tanta ascendência sobre sua mãe e, mesmo assim, concordara em legitimá-la no trono, preterindo Tutmés? E o próprio Tutmés, por que aceitava aquela condição, visto que já atingira a maioridade?

Com esses pensamentos a lhe ocuparem o cérebro, Neferure se aproximou de Senenmut.

Surpreso, o fiel súdito de Hatshepsut veio em sua direção e falou em tom paternal:

– Que os deuses te bendigam, princesa! Não deveria vir sozinha até aqui! Por que não me chamou?

Neferure o interrompeu:

– Preciso te falar!

Percebendo se tratar de assunto grave, Senenmut a segurou pelo braço, convidando-a a deixar aquele local movimentado. Assim, dirigiram-se a um dos magníficos terraços, de onde se podia observar parte da cidade de Tebas na margem oposta; solícito, Senenmut a inquiriu:

— Estou à tua disposição, princesa...

Neferure alongou o olhar sobre as paisagens que tanto amava e iniciou:

— Deves ter conhecimento de minha conversa com Hatnofer sobre minhas dúvidas quanto ao meu casamento...

— Sim, princesa. Ela me confidenciou seus temores e também lembro que eu havia ponderado sobre a impossibilidade de fugires desse matrimônio...

Com o cenho carregado, Neferure prosseguiu:

— Minha mãe destruiu minhas esperanças e me informou oficialmente o destino nefasto que os deuses reservaram para mim!

Preocupado, o já maduro Senenmut obtemperou:

— Bem-amada do Deus, não deves questionar as decisões da rainha! Sabes que, apesar do respeito que te devo, considero-a como filha. A não aceitação dessa tarefa, que os deuses te impuseram, poderá acarretar a perda...

Neferure observava as palmeiras que balançavam suavemente à beira do Nilo. E, interrompendo seu interlocutor, falou:

— Amo esta terra e gostaria de servi-la, Senenmut!

— És filha de um faraó e foste preparada para ser uma Esposa Real, princesa! Conheces o passado de nosso povo e ainda relutas em relação à missão que te cabe?

A jovem princesa refletia. Senenmut prosseguiu orgulhoso:

— Posso te garantir que jamais houve qualquer civilização que tenha atingido tamanhas conquistas... Não falo somente em termos materiais, mas também na esfera da alma!

Neferure o escutava. E Senenmut, revelando profunda inspiração, prosseguiu:

— Viemos de um local distante, muito além das estrelas, princesa! Nossas construções nos reportam a esse lugar, de onde fomos exilados pela vontade divina. Aqui estamos em busca de aprendizado. Um dia retornaremos para nossa pátria, finalidade de nossa existência! Sabes o quanto gosto de estudar os astros distantes, as estrelas que ornamentam o nosso céu com seu brilho azulado... Sei que estamos de passagem por este orbe e certamente deixaremos um pouco de nós mesmos para os que seguirem nossas pegadas. Este templo, por exemplo, será uma mensagem para a eternidade! Aqui, sob este sol causticante, o trabalho de milhares de homens ficará registrado, como um voto de amor aos deuses e a seu faraó; os homens do futuro nos admirarão e encontrarão inspiração para o estudo dos mistérios da alma, muito além destas construções materiais! O eco de nossa existência repercutirá para sempre, princesa!

Neferure ousou interromper:

— Amo nossos deuses, mas ainda não tenho conhecimento disso a que te referes...

Senenmut sorriu melancolicamente e obtemperou:

— Teu compromisso é com o povo do qual será rainha! A princesa traz consigo a missão de conduzir milhares de almas, servido a Amon como Primeira Sacerdotisa, e representará todos os nossos antepassados com sua própria glória e sabedoria!

Neferure calou-se. Apesar das lições de Senenmut, nunca pensara que sua responsabilidade seria assim tão grande.

Na verdade, desejava ser rainha por orgulho e vaidade, mas não tinha consciência do significado de sua tarefa diante de todo um povo.

Voltando o olhar para Senenmut, indagou:

— Queres dizer que não há o que fazer, Senenmut? Terei de me casar com Tutmés para cumprir com meu destino?

Senenmut a fixou com ternura e esclareceu definitivamente:

— Sim, a princesa deverá casar com aquele que Amon escolheu! Cumprirás os desígnios dos deuses, fazendo seu povo feliz. És como um tesouro para meu pobre coração, Neferure! Tive a felicidade de receber a confiança da rainha, apesar de minha origem humilde. Rogo-te que me escutes!

Admirada com a veemência de Senenmut, Neferure volveu o olhar para aquele que sempre respeitara e admirara:

— Sim, o que desejas de mim? Também te amo, pois sempre me guiaste pelos bons caminhos. Nunca te diferenciei por tua origem, Senenmut!

— Pois bem, sugiro que teu matrimônio com Tutmés se realize o quanto antes!

O olhar de Neferure se modificou. Indignada, perguntou:
– Por que sugeres algo que contraria todos os meus anseios?
Senenmut respondeu em tom solene:
– Porque pressinto uma tragédia que afetará o futuro do Egito! Se algo acontecer a Tutmés, o clero de Amon poderá retirar seu apoio a Hatshepsut!

Neferure ficou em silêncio. Sentia-se frágil e incapaz de assumir os compromissos que a aguardavam. Senenmut, adivinhando-lhe os pensamentos, procurou relembrar os ensinamentos que lhe havia ministrado:
– Recordas quando te repeti as palavras sábias do grande Imhotep?
Neferure demonstrou lembrar; a seguir, comentou:
– Eu era muito pequena... Mas lembro que me disseste que os poderosos possuem grandes fardos por serem responsáveis por muitos! Na época não entendia o que isso significava!
Senenmut sorriu e continuou:
– Acho que agora podes entender os ensinamentos de Imhotep.
– Sim, devo renunciar à minha vida!
– Deves seguir o exemplo de tua mãe, a grande rainha Hatshepsut, que é a vida e a glória do Egito!

Neferure dirigiu um olhar significativo para Senenmut e se retirou. Sentindo o peito opresso, retornou ao palácio com a estranha sensação de que os deuses pareciam brincar com os destinos humanos.

56

A aliança de Senenmut

Como já foi dito, o esquecimento do passado nos revela a sabedoria inigualável de Deus, Pai misericordioso, cujas leis regem a evolução de suas criaturas desde o início dos tempos.

Em seu infinito amor, permite que, após as naturais quedas que venhamos a sofrer ao longo de nossa trajetória, esqueçamos os capítulos menos felizes por nós vivenciados e, com a consequente restauração de nossas energias, possamos recomeçar uma nova página em nossa própria história.

Rememorar o passado, portanto, demanda a direção vigilante de nossos mentores espirituais.

Raramente ouvimos falar de resultados plenamente positivos com terapias invasivas ao passado bloqueado, conduzidas por irmãos encarnados. Ações nesse sentido podem contribuir para o surgimento de problemas de grande monta, que muitas vezes se tornam insuperáveis em uma única encarnação.

Cada espírito manifesta, em tempo certo, a intuição ou até o conhecimento direto dos fatos relacionados ao passado que lhe cabe viver na fase de encarnação, recuperando os arquivos mentais que se fizerem necessários ao cumprimento da programação que lhe está afeita.

Rememorar antigas experiências pode representar um grande sofrimento ao espírito; os efeitos secundários da recordação podem vir à tona lentamente, acarretando desequilíbrio ao encarnado.

O entendimento das leis divinas nos amplia os horizontes e deixamos de ver essa pequena partícula que vagueia pelo infinito – a Terra – apenas como um planeta no cosmo, mas surge-nos como abençoada escola de refazimento para espíritos que, como nós mesmos, um dia caíram nas tortuosas estradas da vida.

Portanto, as lembranças conduzidas de forma programada pelos espíritos superiores são oportunidades que Jesus nos concede de firmarmos nossos melhores propósitos de encetar um futuro diferente, em função dos erros que todos nós um dia cometemos.

As lembranças de Nashira prosseguiam...

***

Quando Neferure retornou ao palácio, estava visivelmente acabrunhada. Naquela tarde, quase noite, nem a beleza de Rá no horizonte, deixando a Terra para que Ísis estabelecesse seu reinado durante a noite, diminuía a dor que carregava.

Tinha certeza de não amar Amenakht. Sentia, no entanto, que poderia ser feliz a seu lado. Ele era forte, destemido, belo!

Quanto a Tutmés, a ideia de ser subjugada por um arranjo político, de conveniência, para que seu meio-irmão validasse a sua posição no reino, deixava-a arrasada.

Era orgulhosa demais para aceitar essa situação, e isso afastava o jovem herdeiro do trono de seu coração caprichoso.

Assim, entrou no palácio caminhando lentamente. Sentia-se exausta, apesar de haver ficado apenas algumas horas no templo. Parecia-lhe que muitos dias haviam passado.

Ouviu algumas vozes masculinas que, pela exaltação, revelavam um humor bem diverso do seu. Irritada, procurou saber de onde vinha tão grande alarido.

Na ala interna do palácio, viu que Tutmés e alguns jovens da nobreza comemoravam a bela caçada da qual acabavam de retornar.

Tutmés havia caçado um leão e estava sendo reverenciado por sua audácia e coragem.

Um dos jovens, Ahmés, noivo de Mayati, comentou, sem poder conter seu entusiasmo:

– Por Amon! Quanta bravura diante da maior fera de que tive notícias! Vossos feitos serão imortalizados, filho de Hórus! Certamente, Ineni iria registrar para a posteridade, se ainda estivesse no mundo dos vivos, assim como o fez na vossa coroação! Não tenho a menor dúvida de que estou diante do mais feliz dos mortais!

Tutmés, que ainda não percebera a presença de Neferure, profetizou:

– Sei disso, Ahmés, mas não será pelas minhas caçadas que serei lembrado! Quanto à minha coroação, os registros do nobre Ineni contam uma história que ainda não se concretizou efetivamente. Ainda não sou o faraó de fato! Para que te consideres feliz, precisas agradar aos teus pais, tua noiva, ao faraó. Para que eu me sinta feliz, preciso estar à altura de um povo! Meu fardo é bem pesado, meu caro Ahmés!

Neferure, interpretando a resposta como mais uma prova da arrogância de Tutmés, aproximou-se, enquanto pronunciava com visível ironia:

– Poder-nos-ias dizer, príncipe, o que o futuro poderá destacar de tua existência? A não ser as caçadas aos animais e às jovens egípcias?

Ahmés, Hekatef e Nebhotep se entreolharam, admirados. Respeitavam o jovem que certamente assumiria o poder definitivamente algum dia.

Tutmés, a princípio surpreso, não se deixou perturbar. Com seu sorriso habitual e aparente tranquilidade, respondeu:

– Que Amon-Rá ilumine teus dias, minha adorável irmã e noiva!

As palavras de Tutmés atingiram em cheio seu alvo. A irritação de Neferure chegou ao extremo:

– Tuas ironias só provam que tenho razão! Não haverá nada a lembrar a não ser os feitos de minha mãe! Um faraó sem trono não é um faraó!

Tutmés engoliu em seco. Não desejava dar ensejo a uma cena diante dos amigos. Evitando demonstrar o quanto Neferure o ferira, tornou, com aparente despreocupação:

— Talvez tenhas razão. Caberá aos deuses decidirem o que de mim saberão os homens. O que é certo é que pouco ou nada conhecerão sobre princesas frívolas, que ficam à espreita, escutando conversas alheias nos palácios!

Um olhar repleto de despeito, como um dardo, atingiu Tutmés. Neferure se retirou, deixando um silêncio constrangedor como resultado do duelo verbal.

Um dos rapazes, Ahmés, tentando retomar a conversação, perguntou:

— Não vejo Amenakht há algum tempo! Por que não participou de nossa caçada?

Tutmés, porém, que perdera a alegria e habitual afabilidade com os amigos, respondeu secamente:

— Amenakht está com ideias absurdas e, se não modificá-las logo, terei de tomar providências! Prefiro-o longe de minha visão por enquanto!

Compreendendo que era o momento de se retirar, os três jovens pediram licença e se despediram de seu jovem faraó.

Tutmés ficou, então, absorto em seus pensamentos. Por que Neferure o odiava tanto? Desde crianças, sempre houvera uma distância que os separava, apesar de serem filhos do mesmo pai. Teria Hatshepsut criado esse abismo entre os dois?

Senenmut acabara de chegar e, ao encontrá-lo, curvou-se e falou:

— Meu senhor e faraó, que os deuses vos protejam! Peço permissão para vos dirigir a palavra!

Contrafeito, Tutmés respondeu:

— Sim, o que desejas, Senenmut?

— Prefiro que seja em local reservado.

Tutmés fez um sinal para que Senenmut o seguisse e dirigiram-se para a ala residencial do palácio.

A sós, Tutmés se dispôs a ouvir:

— Do que se trata? Por que estes cuidados?

Senenmut tossiu discretamente e respondeu:

— Vim falar com a rainha... Talvez seja de vosso conhecimento o que vou falar.

Tutmés o fitou sem entender; Senenmut continuou:

— Vim pedir que Hatshepsut oficialize o mais rápido possível vosso matrimônio com a princesa Neferure!

Tutmés se afastou; encheu então uma taça de vinho e, esvaziando-a em um gole, indagou:

— Por que estás tão interessado nessa união, Senenmut? Pensei que não me julgasses digno da princesa.

O olhar cansado de Senenmut percorreu o ambiente; em seguida, ele respondeu:

— Vi a princesa dar seus primeiros passos neste palácio, Majestade. Tenho tanto afeto por essa menina, que, quando ouço afirmarem ser eu, em realidade, seu pai sinto-me lisonjeado, feliz mesmo... Não tenho, nesta vida, maior amor no mundo do que pela princesa Neferure! Crede, príncipe, daria minha vida por sua felicidade! E acredito sinceramente que só ao vosso lado Neferure será feliz.

Tutmés deu um suspiro, desanimado. Em seguida, narrou seu encontro com ela. Por fim, completou:

— Neferure saiu com mais ódio do que sentia ao chegar. Deve até ter sacrificado aos deuses, para garantir minha extinção da face da Terra!

Senenmut se aproximou e, observando Tutmés, ponderou:

— Estou enganado ou estais a lamentar o ódio que Neferure diz por vós sentir? Parece-me não retribuirdes a aversão da princesa!

Tutmés, fiel a seu caráter franco e à sua alma apaixonada, confessou:

— Só existe um motivo para que eu não tenha assumido o que me pertence nesta terra! No trono do Egito não está sentado o faraó de direito por eu ser fraco ou pusilânime, mas sim porque não quero me indispor mais com minha tia! Não quero ferir Neferure! No momento em que assumir de fato meu lugar, não poderei aceitar Hatshepsut a meu lado.

Os olhos de Senenmut brilharam. Conhecia os sentimentos de Tutmés, mas não os julgava tão intensos! Feliz, aproximou-se e aconselhou:

— Se tendes tamanho sentimento por Neferure, deveis desposá-la o quanto antes, faraó! Devo dizer-vos que a princesa corre perigo e teremos de agir com rapidez, evitando o protocolo real!

Preocupado, Tutmés o inquiriu:

— O que estás sabendo, Senenmut? Exijo que me contes tudo!

– O senhor já deve saber o motivo de minhas preocupações...

Tutmés concordou e em seguida assentiu:

– Sim, para tomares essa atitude deve haver um bom motivo. Percebo a agitação crescente e os boatos pelos cantos do palácio. A não ser em meus fiéis homens do exército, não confio em mais ninguém! Estou de acordo com teus arranjos e farei o possível para que tudo se concretize o mais rápido possível.

Senenmut suspirou aliviado. Cumprira com sua missão.

57

A verdade sobre Merytre

Os dias se passavam sem que Amenakht tivesse qualquer notícia de Merytre. Afastada do palácio, ela percebia o crescimento constante de seu ventre, com a certeza de tratar-se de um filho de Amenakht.

Ísis imaginava ter conseguido seu intento. Colocara Merytre nos braços do faraó com o intuito de atingir Hatshepsut em seu ponto mais frágil: o fato de não ter gerado um filho homem.

Se Merytre conseguisse tal proeza, aquela criança seria um futuro faraó do Egito e, por se tratar de um primogênito, ocuparia o lugar do filho que Neferure porventura viesse a gerar.

Isso significaria a continuidade da sina das mulheres da XVIII dinastia: conviver com o fato de o fruto da união de seus maridos com esposas secundárias se tornar faraós do Egito.

Merytre, no entanto, cada dia que passava, desenvolvia sentimentos negativos em relação à criança que esperava. Temia que Tutmés a repudiasse, destruindo o sonho de amor que estava vivendo.

Cedera ao amor de Amenakht pelo orgulho ferido, ao saber que Tutmés amava realmente Neferure. A gravidez, no entanto, não estava em seus planos.

"E se for uma menina?", perguntava-se.

Ao pensar nisso, uma tristeza, mesclada de desespero, a tomava por completo.

"Nesse caso, cairei em desgraça com Ísis, que poderá arranjar outra mulher para levar seu plano adiante!"

"Terei de me afastar do palácio e ficar para sempre longe de Tutmés! O que fazer, grande deusa?", perguntava mentalmente a Hathor.

Distraída em seus pensamentos, não percebeu que a dona da casa, Inet, observava-a. Vestida com os trajes da nobreza egípcia, uma túnica alva lhe envolvia o corpo coberto de joias; revelando determinação, não demorou muito para se aproximar e dizer:

– Não te desesperes, minha filha! Logo, logo, tudo estará resolvido! No máximo dentro de duas luas estarás desimpedida para prosseguires com tua vida em Mênfis. Poderás deixar a criança na minha casa até que esteja maior e tu possas te aproximar sem despertar suspeitas.

Merytre a fixou com os olhos vermelhos, resultado das longas horas que havia chorado.

– Não desejo esta criança, senhora! Ela trará minha ruína!

– O que dizes? Pensei que sofrias por ter de deixá-la! – comentou Inet, desapontada.

Merytre vacilou, mas acabou pedindo:

– Senhora, se puder me ajudar, assim que eu der à luz, peço que leve a criança embora imediatamente!

Impressionada com a aparente determinação de Merytre, a mulher questionou:

– Não te entendo! Parecia-me que teu afastamento de Mênfis se havia dado contra a tua vontade, pois desejava casar-te e ter a criança! Entendi que teus pais te proibiram de casar com teu amado e queriam evitar o escândalo, mandando-te para longe!

Percebendo que Paneb contara uma história irreal para Inet, Merytre consertou:

– Sim, isso é verdade. Vejo, porém, a situação com outros olhos agora. Ao retornar, não quero mais me casar com o jovem que nada fez para evitar meu afastamento. Desejo começar uma nova vida.

Inet refletia, procurando entender a situação. Desconfiada, indagou:

– Merytre, diga-me, por favor: o que está acontecendo e qual o interesse de Paneb, meu marido, nesta história?

Empalidecendo, a jovem respondeu:

– Não há nada de especial em tudo isso, senhora. Aconteceu o que ocorre sempre com as jovens apaixonadas que, como eu, se precipitaram. O nobre Paneb apenas quis me ajudar!

– Pode ser... Isso acontece todo o dia em todas as classes sociais. Bem, é isso mesmo o que desejas? Queres mesmo dar o teu filho?

Dessa vez, sem titubear, Merytre respondeu:

– Sim, se a senhora puder, gostaria que me ajudasse nisso.

Ao sair, Inet se voltou e comentou:

– Desde que te vi, percebo que tens grande semelhança com alguém que conheci há muito tempo. Era uma serva chamada Mutnefer...

Merytre, muito pálida, conseguiu sussurrar:

– Não... não conheço ninguém com esse nome!

Inet continuou desconfiada:

– É estranho! Tens muita semelhança com ela! Bem, deve ser um mau espírito que me assoprou uma tolice. Imagina, cheguei a pensar que havias voltado por causa de meu marido!

– Não a compreendo.

Inet voltou a se sentar e continuou:

– Há alguns anos, essa serva da qual te falei, Mutnefer, atraiu os favores de meu marido... – disse com profundo rancor.

– E então?

– Quando descobri, já era tarde! Mutnefer estava grávida e, temendo que eu a castigasse, Paneb, meu marido, afastou-a de nossa casa, levando-a para o Mitani, segundo me informou. Nunca mais ouvi falar da infeliz nem da criança!

Revelando indignação, Merytre conseguiu dizer:

– Senhora! Como poderia ver alguma semelhança entre mim e uma filha bastarda de seu marido?

Inet se desculpou:

– Perdoa-me, Merytre. Infelizmente, nunca consegui esquecer esse fato, pois, apesar de saber que homens como Paneb não se contentam com uma mulher apenas, o fato é que ele realmente se apaixonou por ela! Nunca mais fui a mesma, se é que me entendes... Mas tens razão, pareces uma princesa e nada tens daquela infeliz!

Merytre compreendeu então o que havia-se passado com sua mãe.

Procurando desviar a atenção de Inet, exclamou:

— Lamento, senhora, que isso tenha acontecido! Agora vou repousar, pois o calor me deixou exausta.

Inet concordou:

— Vou mandar uma escrava te levar um refresco!

No confortável aposento que lhe fora destinado, Merytre refletia sobre o que descobrira.

Com pensamentos confusos de raiva e impotência diante de sua situação, pensava que poderia ter tido uma vida muito diferente se seu pai tivesse auxiliado de alguma forma sua mãe.

"Se nos tivesse amparado, minha mãe não teria morrido como uma serva qualquer e eu poderia ter tido outra vida!"

Atendendo aos apelos da espiritualidade inferior, captava sugestões menos felizes, já pensando em se vingar de Paneb. Não havia, ainda, se encontrado com o marido de Inet, pois ficara em outra ala da residência.

Uma ideia começava a surgir em sua mente quando um escravo veio lhe dizer que alguém desejava lhe falar.

Surpresa, foi ao encontro do desconhecido, indo para o lado de fora da residência. Divisou então a figura de Senuit.

O rapaz se adiantou e percebeu a gravidez avançada de Merytre.

A jovem, contrariada, indagou:

— O que fazes aqui? Quem te disse onde me encontrava?

Senuit se curvou e, desapontado, tornou:

— Tenho amigos no palácio e foi fácil descobrir vosso paradeiro, senhora. Vejo agora o porquê de vos afastardes do harém!

A princípio, Merytre considerou um insulto o modo como Senuit a ela se dirigira. Notando, entretanto, a tristeza do rapaz, perguntou:

— Foi Amenakht que te enviou? Por que estás tão desolado?

Senuit, que possuía um bom coração, revelou:

– Sim, procurei saber o que havia acontecido com a senhora por ver a aflição de meu senhor com o seu desaparecimento! Mas, ao vê-la nesse estado... Sei que és a preferida do faraó!

Insultada, Merytre ameaçou:

– Cala-te! Isso não é da tua conta! Não conte a Amenakht que me encontraste assim, ouviste?

– Senhora! Meu senhor sofre com a sua ausência e não descansará enquanto não a encontrar!

Merytre observou Senuit melhor. Era um belo homem!

Com vestes simples, trazia o dorso nu, e nos quadris usava um simples saiote de tecido rústico. O seu olhar, no entanto, revelava sentimentos profundos, que a vaidade feminina de Merytre logo identificou.

Aproximando-se, mudou o tom de voz:

– Sei que amas o teu senhor. Como te chamas?

– Senuit – respondeu, baixando o olhar. – Chamo-me Senuit, senhora. Estou aqui para servi-la.

Merytre pensou e comentou, aparentando apreensão:

– Gostaria que fosses tão fiel a mim quanto ao teu senhor, Senuit. Estou aqui por correr risco de morte se ficar no palácio... e Amenakht também! Sei que esta criança não é do faraó, mas do teu amo e senhor... Quando conheci Amenakht já fazia algum tempo que o faraó não solicitava minha presença!

Senuit, comovido com a atenção recebida, colocou-se à disposição:

– Ajudarei no que for preciso, senhora. O que direi ao meu senhor?

Os olhos de Merytre se fixaram em Senuit e ela lhe pediu com doçura:

– Poderias me fazer um favor... Preciso saber notícias da corte! Não posso me afastar desta casa até a criança nascer e Inet não sabe de quase nada! Disseste que possuías amizades no palácio... Pois então! Traz-me as novidades da corte para que eu possa me distrair.

Senuit exultou com sua nova tarefa. Preocupado, entretanto, com o destino da criança, perguntou:

– Senhora, se esta criança é de meu senhor, por que esconder esse fato?

Merytre sorriu:

– No devido tempo, Senuit. Agora seria perigoso para Amenakht se aproximar de mim, ainda sou a preferida do faraó! Se Tutmés souber que eu e Amenakht nos amamos, mandará nos matar!

Senuit compreendeu o que se passava. Curvou-se e se retirou, envolvido no perfume que Merytre exalava.

***

Novamente a sós, ela prosseguiu com os sombrios pensamentos que a envolviam.

Sentia-se impotente diante da vida. Perdera o controle que julgava possuir sobre seu destino.

Afastara-se de Tutmés em razão da gravidez e agora, com o corpo disforme, não poderia se aproximar durante um bom tempo. Por outro lado, a descoberta da verdade sobre seu pai poderia lhe trazer algum benefício! E se revelasse a todos que ela e sua mãe não tinham sido levadas para o Mitani? Um sorriso surgiu no rosto de Merytre, revelando um estranho brilho em seus olhos negros.

Chamou duas escravas e se preparou para dormir. No dia seguinte precisaria de todas as suas energias. Assim, antes que Inet acordasse, Merytre foi para a sala onde Paneb conferia os relatórios da produção de suas terras, fazendo a contabilidade das sacas de trigo, a maior parte para os celeiros do faraó.

Vestia-se como de costume, ou seja, com luxo e requinte; aproximando-se do reposteiro, que se localizava na porta da sala, ergueu-o e percebeu que um homem de meia-idade estava ali, distraído com diversos papiros.

Merytre se aproximou devagar e se postou à sua frente. Paneb levantou o olhar e, ao vê-la, deu um pulo, deixando cair os papiros no chão. Quis falar alguma coisa, mas a voz não saiu de sua garganta.

Sorrindo, Merytre questionou:

– Assustado, nobre Paneb? Pensou que te livrarias de mim?

Paneb, já transpirando em excesso, recorreu a uma ânfora com vinho e perguntou:

– Quem és tu, criatura? Fugiste do mundo de Osíris para me atormentar?

Merytre deu uma gargalhada:

– Se te referes a Mutnefer, minha mãe, posso te afirmar que ela realmente partiu deste mundo, mas não para a vida eterna!

– És a filha que Mutnefer me deixou! – E prosseguiu com sinceridade: – Podes não acreditar, mas amei muito tua mãe!

A jovem o fitou com frieza:

– Graças a ti, minha mãe morreu como um animal, sem cuidados, e não teve nem ao menos um túmulo decente! Será esquecida e não terá direito a um julgamento diante de Osíris! Quanto a mim, sou hoje uma concubina do faraó, pois fui acolhida pela nobre Ísis.

Paneb ia redarguir, mas a moça o interrompeu:

– Chamo-me Merytre, a preferida de Tutmés III, o faraó do Egito! Carrego um filho dele e por esse motivo estou aqui! – mentiu. – Ísis quis me proteger para que eu e a criança não corrêssemos perigo.

Paneb, mais recomposto, ponderou:

– Sei disso e acompanho de longe teus passos há muito tempo, Merytre. Não me culpes pelo destino que tua mãe escolheu para ti! O que desejas de mim? Posso te oferecer algum dinheiro para ainda teres uma vida tranquila...

Merytre tornou, ameaçadora:

– Ousas acusar minha mãe, filho de Sekbet? Falarei a quantos bem desejar sobre o teu passado, principalmente à pobre Inet!

Retomando o sangue-frio, Paneb se ergueu de sua confortável cadeira e bradou:

– Cala-te, Merytre! Agora vais me ouvir! Teu destino não foi outro porque tua mãe não aceitou o dinheiro que eu ofereci! Não neguei auxílio e proteção a Mutnefer! Tentei enviá-la para o Mitani, mas ela preferiu ir trabalhar na casa de Apopi! Depois me pediu que interferisse e pedisse a Ísis proteção para ti, na esperança de que um dia viesses a te aproximar do faraó!

Perplexa, Merytre protestou:

– É mentira o que dizes! Minha mãe não faria isso comigo! Não me lembro disso! Se eu tivesse tido uma vida decente, mesmo que fosse no

Mitani, agora poderia ser uma verdadeira esposa de Tutmés, pois, apesar de ter uma origem desconhecida, poderia me valer do teu sangue nobre. Como mulher de seu harém, nada me resta, a não ser servir a seus caprichos até que se canse de mim! Teu dinheiro pouco me valerá agora! Talvez o melhor seja contar a verdade para Inet. Isso destruiria tua família, não é mesmo, Paneb?

Paneb sentou, prostrado, devido a repentino mal-estar. Com as têmporas úmidas, implorou:

– Pede o que quiseres, mas não façsas isso, pelos deuses! Inet jamais perdoou minha infidelidade! Além disso, meus filhos são felizes, não desejo desonrá-los com uma situação como essa. Ísis me pediu que te recebêssemos até que desses à luz essa criança em teu ventre!

Com profundo desânimo, Merytre sentou-se sem forças. Percebendo o desapontamento da filha, Paneb considerou:

– Ficarás em minha casa o tempo que quiseres, Merytre. Dar-te-ei uma quantia que te permita viver com tranquilidade pelo resto de teus dias, se quiseres abandonar o palácio.

Retomado o estado de espírito que lhe era peculiar, Merytre o advertiu:

– Acertarei as contas com Ísis, não tenhas dúvida! Quanto ao dinheiro, prepara teu bolso, pois recebo muitos presentes do faraó e não me contentarei com migalhas. Se precisar de algo em que me possas servir, te avisarei!

58

A ordem de Hatshepsut

A despeito das hostilidades de Neferure, Tutmés e Senenmut se dirigiram ao iluminado salão onde Hatshepsut costumava despachar os assuntos do seu reinado.

Era naquele local que recebia os embaixadores de terras próximas ou distantes, que iam prestar as mais variadas homenagens, trazendo o que havia de mais precioso em seus países em troca de benefícios, principalmente a proteção do grande faraó do Egito.

Quem mais participava das decisões era Senenmut. Naquele dia, para estranheza da rainha-faraó, seu conselheiro pessoal chegava acompanhado de Tutmés.

Hatshepsut apenas arqueou as sobrancelhas, não demonstrando nenhuma emoção em seu semblante carismático. Hapuseneb e outros conselheiros, entre eles, Puyemrê e Nehesi, perceberam a necessidade de se retirar. A rainha anuiu quando um pequeno séquito se afastou lentamente.

Levantando-se, Hatshepsut perguntou sem rodeios:

– A que devo a honra desta visita inusitada? Soube da sua façanha ontem à tarde! Conquistas a cada dia mais simpatizantes ao teu governo, pois, além dos leões, seduzes o nosso exército!

Senenmut, respeitoso, deu um passo à frente e revelou:

– Que os deuses vos guardem, minha rainha! Que Amon-Rá conserve vossa luminosa existência! Solicitei esta audiência para tratar de assunto de grande interesse para o Egito!

Atenta, Hatshepsut ouvia as palavras de Senenmut:

– Deduzo que o assunto seja do interesse de meu sobrinho também.

– Sim, senhora, estou diretamente envolvido na questão... – redarguiu Tutmés.

– Não tenho a eternidade para ouvi-los!

Senenmut retomou a palavra:

– A princesa Neferure tem estado muito abatida! Ontem à tarde foi à minha procura e percebo com tristeza que aquela que me confiaste para guiar pelos caminhos do bem e da verdade, sob a inspiração da grande deusa Maat e de nossa mãe Hathor, está sem esperanças e profundamente infeliz!

Leve ruga se formou na testa de Hatshepsut. Amava a filha e não suportava a ideia de vê-la sofrer:

– Falei com minha filha há alguns dias. Desejava acalmar seu inexperiente coração!

Senenmut prosseguiu:

– A princesa está sem norte, minha rainha. Sente-se abandonada e temo que cometa alguma loucura ou que algo lhe aconteça. Sou da opinião – se me permitis – que seja oficializado o quanto antes o casamento, como ficou acertado há muito tempo!

Hatshepsut voltou-se para Tutmés:

– Sabes o quanto tenho relutado em cumprir com o destino de minha infortunada Neferure!

Tutmés não conseguiu permanecer calado. Durante todos aqueles anos procurara evitar qualquer confronto com a tia, pois isso poderia prejudicar suas intenções em relação a Neferure.

Hatshepsut, no entanto, sempre que podia o provocava, deixando evidente a sua situação de filho bastardo do antigo faraó.

Sem se conter, completou:

— Não ignoro que o tratamento que Neferure recebeu nesta corte foi incomum para uma princesa. Em razão disso, surgiu a suspeita de que ela poderia estar sendo preparada para tornar-se sua sucessora, ou melhor, a segunda faraó mulher do Egito, fato que a coloca neste momento em perigo...

O olhar de Hatshepsut se inflamou de ódio. A ideia de Tutmés julgar os seus atos, fazer insinuações quanto à sua ambição pelo poder deixava clara a insolência daquele bastardo.

Preocupado, Senenmut continuou:

— O clero de Amon ronda o palácio, minha rainha! Possui espiões por todos os lados e teme que Neferure dê prosseguimento a um matriarcado no Egito! Deseja que Tutmés governe com uma esposa com menos poder. Esqueçamos as diferenças, pelos deuses a quem representam! O assunto que nos reúne é de extrema gravidade! Se quisermos manter a paz e a prosperidade do Egito, devemos nos ater às núpcias do faraó com a princesa!

Sem se conter, Hatshepsut vociferou:

— Só poderia esperar essa herança de meu pusilânime marido! Deixar-me um sucessor ao trono, filho de uma concubina! E é para esse homem que devo entregar minha filha! Que os deuses a livrem desse fardo, é o que eu desejo!

Senenmut baixou o olhar. Sabia, no íntimo, que Hatshepsut havia atraído forças negativas, que espreitavam para agir.

Tomado de angústia, prosseguiu:

— Creio que a vida da princesa Neferure está acima das questões pessoais da corte. Tudo o que fazemos é para agradar nossos deuses e para o bem do Egito! A princesa foi preparada para ser a grande Esposa Real, e isso deverá cumprir-se!

Hatshepsut pensava, analisando a situação. Senenmut, como sempre, tinha razão.

Observando o seu conselheiro mais próximo, não podia deixar de admirá-lo.

Jamais vira tanta lealdade em um homem; sabia dos sentimentos do Superintendente dos Superintendentes, o Supervisor dos Supervisores das Construções Reais, que ele a amava profundamente. Que seus desvelos com ela tinham origem em seu grande amor!

Era-lhe grata, e todo seu poder parecia insuficiente para demonstrar essa gratidão; muito mais que um simples conselheiro, Senenmut era alguém que ela aprendera a amar.

Após breves minutos de reflexão, Hatshepsut sentou-se em sua magnífica cadeira de ouro maciço, coberta de peles de leopardo, e, fazendo um gesto de aceitação, declarou:

— Quero o bem do Egito! Não é fácil, porém, sacrificar assim a vida de minha filha! Sei que Neferure te detesta. Ela já deveria estar casada contigo, mas evitei fazê-lo pela felicidade dela. Talvez, ao forçar esse casamento, eu a esteja perdendo para sempre, pois ela jamais me perdoará. Quero que prometas, não à rainha e faraó do Egito, que não admiras, mas à tua tia, que a respeitará e protegerá sempre!

Tutmés, apesar de tudo, respeitava a tia. Não compreendia o porquê de tanta ambição, fazendo com que ela lhe usurpasse o direito de assumir o trono. Seu amor por Neferure, no entanto, estava acima de tudo.

Com o aspecto sério e consciente do compromisso que assumia, declarou:

— Prometo, diante de todos os deuses, de Hórus, que nos protege e que represento, de Sekbet, que a abençoa, de Amon, que nos sustenta a vida, que farei tudo para estar à altura de Neferure; saberei conquistá-la e será para mim uma questão de honra fazê-la feliz.

Surpresa, Hatshepsut manteve fixo o olhar no sobrinho. Ato contínuo, determinou:

— Fica estabelecido que na próxima lua se realize o casamento da princesa Neferure com meu sobrinho e enteado, o faraó Tutmés III!

Senenmut, no entanto, advertiu, apreensivo:

— Vossa vontade será obedecida, grande rainha, mas vos afirmo que será melhor mantermos sigilo sobre esse enlace!

— O que me dizes, Senenmut? Minha única filha irá se tornar a Esposa Real e devo ocultar tal fato? Se há algo que eu não saiba, ordeno que me contes agora!

— Temo pela segurança de Neferure, grande rainha!

Como nenhum fato novo foi relatado, fazendo prevalecer sua autoridade e sentindo-se de certa forma afrontada, Hatshepsut esqueceu a dedicação de Senenmut e, mais uma vez, decretou:

– Como descendente de Amon, minha vontade é que as bodas de minha filha sejam comemoradas em todo o Egito! Que os cuidados com a princesa sejam redobrados a partir deste dia!

Senenmut então afirmou:

– Farei pessoalmente com que a guarda pessoal de Neferure seja redobrada.

Logo a notícia se espalhou, a despeito dos conselhos de Senenmut.

Tutmés, por sua vez, exultava com a realização de seus desejos. O casamento com Neferure era um sonho que lhe refreava o desejo de destruir Hatshepsut.

Foi então até seus aposentos e buscou uma pequena caixa de madeira, envolta em pedaços de linho; abriu-a cuidadosamente e retirou algumas folhas de papiro. Por baixo, encontrou o que procurava: uma flor seca, mas muito bem conservada.

Dando vazão a suas reminiscências, o jovem príncipe lembrou-se do dia em que ele e Neferure, ainda crianças, quando se aproximavam de um dos lagos que ornamentavam a casa real, depararam com aquela belíssima flor de lótus, que imediatamente foi por ele colhida. Era um espécime perfeito, com oito pétalas e de uma alvura ímpar.

Os olhos de Neferure brilharam pelo desejo de possuí-la. Tutmés, rindo-se, decretou:

– Só a terás no dia de nosso casamento!

Neferure, contrariada, retrucou:

– Ora, Tutmés, nesse dia ela estará feia e murcha! Por que não me dás agora, enquanto é bela e linda?

– Aprecio a natureza, Neferure. Acredito que por meio dela os deuses mostram sua sabedoria.

Neferure, já enfadada, tornou:

– O que tem isso a ver com esta simples flor de lótus? Já vens tu a me sacrificar com essas tolices dos sacerdotes!

Tutmés sorriu e prosseguiu:

— ... E lá vem a princesa Neferure com sua impaciência! Se eu guardar esta flor até nossos esponsais, significará que não te esqueci e que o meu sentimento independe da tua posição real. Sei que serei faraó por direito, pois meu pai não deixou herdeiros homens por parte de tua mãe. Mas também sei que o nosso casamento é um arranjo, como o foi o da tua mãe com meu pai.

— Sim, e daí? — perguntou Neferure, que a essas horas já se distraía com o voo rasante de um anu.

Tutmés lhe chamou a atenção:

— Escuta-me! Minha mãe me disse que um dia nos casaremos, porque és uma princesa real e eu precisarei disso para ser aceito como faraó. Quero que saibas que... — e Tutmés começou a gaguejar.

Neferure sorriu e perguntou com evidente autoconfiança:

— Tu me amas, Tutmés? Não terás outras esposas quando nos casarmos?

Tolerante e evidentemente apaixonado, Tutmés tornou sem afetação:

— És muito convencida! Não penso em ter outras a não ser que...

Radiante, mas ao mesmo tempo procurando disfarçar o que lhe ia no íntimo, Neferure arriscou:

— E se não nos casarmos? E se eu mudar de ideia?

O sorriso desapareceu do rosto moreno de Tutmés. Apesar da aparência ainda infantil, respondeu com seriedade:

— Como eu estava dizendo e fui interrompido, se mudares, eu mudarei também. Contudo, aviso-te que, como descendente de Amon e futuro faraó do Egito, estás destinada a ser minha! Ou achas que encontrarás alguém mais qualificado do que eu para te desposar?

Abraçando-o, para surpresa de Tutmés, Neferure exclamou:

— Terão os deuses nos destinado mesmo um ao outro? Temo que Osíris ou algum deus da escuridão nos separe!

Tutmés envolveu-a em seus braços com carinho e garantiu:

— Nada temas, minha princesa! Amon e Hórus nos protegerão!... Seremos os futuros governantes desta terra!

***

E o tempo passou...

Neferure, envaidecida por sua beleza e sendo alvo de todos os caprichos de sua poderosa mãe, que no íntimo desejava garantir-lhe sua própria posição de faraó, passou a rivalizar com o menino, que reivindicava o trono paterno.

A conselho de seu pai, que em espírito o havia orientado pela mediunidade de Hapuseneb, Tutmés resolveu aguardar. Não lhe coube alternativa a não ser seguir seu caminho, buscando o auxílio dos deuses para se tornar apto a um dia cumprir seu destino.

Inicialmente se aproximou do templo, onde deu início à sua iniciação para a difícil tarefa que teria de exercer; depois veio a carreira militar, pela qual se apaixonou também.

À medida que crescia, distanciava-se mais e mais de Neferure. As intrigas da corte, o desprezo de Hatshepsut e o assédio das jovens da nobreza terminaram por afastá-lo definitivamente de sua prometida.

Por fim, surgiu Merytre, a quem dedicava terno afeto; teria se aproximado da jovem para que Neferure sentisse ciúmes, visto que possuíam alguma semelhança? Temia a resposta... Mas como conquistar Neferure?

Ele, que sabia dominar soldados inimigos, que era conhecido por sua bravura, que subjugava feras e animais ferozes, não sabia se conseguiria dominar sua geniosa futura esposa e conquistar em definitivo o seu amor...

59

Que se cumpra a vontade dos deuses!

Quando Hatshepsut ordenou a presença de Neferure, a jovem percebeu que algo de extraordinário iria acontecer.

De modo habitual, era ela que requisitava as entrevistas com a mãe; sempre fora assim, desde sua infância, quando invariavelmente Senenmut intervinha a seu favor.

A jovem princesa não tardou a atender ao chamado. Curvou-se diante de sua rainha e mãe, buscando beijar suas mãos, enquanto Hatshepsut a erguia e abraçava com extremado carinho.

Os olhos de Neferure se encheram de lágrimas, porquanto amava a mãe e sentia muito sua falta.

Hatshepsut convidou-a a sentar-se em um coxim, ao lado de uma preciosa cadeira de cedro-do-líbano.

Intrigada, Neferure resolveu perguntar:

– Posso saber, minha mãe, o motivo desta conversa?

Hatshepsut se concentrou no difícil assunto que iria abordar:

– Minha filha, já falamos sobre isto algumas vezes. Devo agora te comunicar que chegou o momento de cumprires o destino para o qual te preparo há tanto tempo!

Um calafrio percorreu o corpo de Neferure. Hatshepsut fitou a jovem e prosseguiu:

— Como sabes, existem muitos interesses em jogo e não posso mais adiar teu consórcio com Tutmés. Deverás formalizar essa união o mais breve possível!

Neferure empalideceu. Não conseguia articular qualquer palavra. Hatshepsut fingiu não perceber o estado da filha e prosseguiu:

— Sabias que um dia isso aconteceria, Neferure! Dei-te tudo o que uma mãe nas minhas condições poderia dar a uma filha: dinheiro, poder, títulos! Com esse casamento garantirei o que nenhuma outra mãe poderá deixar como herança: o trono do Egito!

Neferure, fazendo um extremo esforço, declarou:

— Nunca pedi o ouro ou o luxo que me deste! Só queria um pouco de tua atenção, minha mãe!

Hatshepsut se voltou, surpresa. Não imaginava que a filha sentisse tanto a sua falta. Leve perturbação surgiu em seu impassível rosto, enquanto dizia:

— Não te podes deixar levar pelas emoções, Neferure! Pertences a uma linhagem real, descendes dos deuses! Não podemos ser fracas e emotivas!

Chorando, Neferure a inquiriu:

— Acreditas mesmo nisso, mãe? Achas que somos tão diferentes a ponto de não sentirmos as emoções comuns a toda a gente? Que não temos direito ao amor ou à felicidade?

Retomando sua energia e postura habituais, Hatshepsut respondeu:

— Temos deveres maiores, Neferure! A nós não é lícito ceder a impulsos que dominam o comum dos mortais!

— Seremos tão diferentes? Nosso corpo não se deteriora como o dos outros? Deve ser por esse motivo que existe tanta preocupação com a preservação de nossos despojos.

Hatshepsut resolveu encerrar o assunto, dizendo:

— Lamento tua atitude, Neferure, mas já decidi que na próxima lua te casarás com Tutmés. A propósito, lembro que em tua meninice apreciavas Tutmés! Nunca te proibi de conviver com o bastardo. O que mudou?

Neferure resolveu abrir o seu coração:

— Sim, éramos amigos, mas com o tempo compreendi o papel dele neste palácio. Sabia que no íntimo ele deveria te odiar e, ao conhecer outros jovens da corte, percebi que Tutmés não me valorizava como os demais; dava mais atenção às outras jovens, vivia se vangloriando dos seus feitos, inclusive do fato de eu ter sido designada para ser sua esposa. Acabei desprezando-o, o que acho que é recíproco... Ainda agora mantém um romance vergonhoso com uma serva do harém!

A argúcia de Hatshepsut a fez identificar algo que não esperava. Tutmés havia lhe confidenciado com ênfase que protegeria Neferure. Sua filha, por sua vez, demonstrava mais despeito por ter sido preterida por outras moças do que um verdadeiro desprezo pelo rapaz! Com uma ruga na testa, pensou: "Neferure não poderá se apaixonar por Tutmés! Se isso acontecer, tudo estará perdido!".

Reconhecia que o jovem faraó era orgulhoso e atrevido; seguro de suas qualidades, parecia ter trazido no sangue as virtudes de seu avô, o grande Tutmés I, o faraó guerreiro. Em várias oportunidades, ouvira comentários de que ele havia nascido para ser um líder.

Isso a irritava sobremaneira porque colocava o seu poder em questão; era uma ameaça que precisava considerar.

Ademais, logo que se casasse, o futuro faraó poderia exigir seus direitos e seria necessário que Neferure interferisse a seu favor... Se ela estivesse apaixonada por ele...

Voltando-se para a filha, Hatshepsut falou em tom compassivo:

— Preciso ser franca contigo, minha filha. Quando te digo que tens nas mãos o futuro do Egito, falo em meu nome também... Tutmés poderá, a qualquer momento, reivindicar sua condição de faraó único do Egito; sei que aguarda que te tornes sua esposa, para levar a efeito essa determinação.

— Não entendo, minha mãe! Por que lhe darás esta oportunidade com o meu casamento? Por que facilitar as coisas para alguém que lhe contesta o trono?

— Sabes que vejo longe essas questões de Estado, Neferure. Não podes fugir a esse compromisso com ele e vejo-te perdida em ilusões acerca do amor! Se estiveres casada com Tutmés, confio em tua sabedoria de mulher para fazê-lo esquecer as questões políticas por algum tempo... para assumires o lugar que preparei para ti!

Neferure se surpreendia com as palavras da mãe. O seu papel seria o de evitar ao máximo que o seu futuro marido assumisse o trono do Egito, que por direito lhe pertencia.

Cansada, como se carregasse um fardo demasiado pesado sobre os pequenos ombros, sussurrou:

– Que se cumpra a vontade dos deuses!

***

Ao contrário do que lhe aconselhara Senenmut, Hatshepsut convocou seus ministros para comunicar sua decisão de realizar o casamento de Neferure. Mal havia iniciado seu discurso e inequívoco mal-estar acometeu um dos presentes.

Senenmut, que observava as reações de Hapuseneb, obteve a certeza do que estava acontecendo: o poderoso clero de Amon temia o prolongamento do reinado instaurado por Hatshepsut.

Senenmut, entretanto, questionava se haveria algum outro interesse em jogo; Hapuseneb era um homem ambicioso... Desejaria alçar-se à posição de faraó do Egito?

Quanto mais observava, mais Senenmut sentia os ânimos se exaltarem. Hapuseneb era um homem sábio e ardiloso e sabia conduzir os acontecimentos a seu favor para legitimar seus interesses!

Verificando a preocupação que se instalara no semblante do poderoso sacerdote, Senenmut provocou:

– Graças a Amon, tomastes esta decisão, minha rainha! Sois a nobre das nobres e vossa sabedoria só atesta vossa descendência divina! Suponho que pensas da mesma forma, Hapuseneb.

Absorto em seus pensamentos, o homem pareceu não ouvi-lo. Senenmut chamou-o à realidade, falando em um tom mais alto:

– Não é assim, grande sacerdote e vizir? Estás a divagar diante de tua rainha?

Contrariada, Hatshepsut dirigiu a palavra a Hapuseneb:

– Parece-me que não aprovas minha decisão! Por que não te pronuncias, Hapuseneb?

Voltando à realidade, o sacerdote parecia meditar quando disse:

– Perdoai-me, rainha, mas escutava a voz dos antepassados, que nos aconselham cautela em relação a esse matrimônio.

Hatshepsut franziu o cenho e perguntou secamente:

— Queres dizer que, após todo esse tempo em que minha filha está prometida a Tutmés, só agora os imortais se pronunciam? Tenho certeza de que Amon fala diretamente aos meus ouvidos sobre esta decisão! Como sugeriu Senenmut, foi a inspiração do grande deus que me guiou!

Percebendo que atingira o orgulho de Hatshepsut, Hapuseneb procurou se corrigir:

— Peço vosso perdão, senhora da vida! Não tive a intenção! Advirto-vos, no entanto, que Tutmés ainda não está pronto para esse matrimônio. É jovem, voluntarioso, e age por impulso. Fará vossa Neferure sofrer, inevitavelmente. Não podemos esquecer que ele é um varão e possui, como o pai, sua preferida no harém.

De pé, mostrando o corpo esguio, olhar altivo, Hatshepsut disse apenas:

— Se existe alguém, tomarei as providências necessárias.

Em seguida, bateu palmas e mandou chamar Neferure e Tutmés.

Em poucos minutos, a guarda real precedia Tutmés; Neferure seguia atrás.

Tutmés procurava esconder o seu contentamento, enquanto Neferure fazia exatamente o contrário: mostrava toda sua tristeza e desapontamento.

Ricamente vestida, o olhar envolto em uma nuvem de lágrimas dava aos olhos uma expressão singular.

Ao perceber o que ocorria, Hatshepsut se dirigiu à filha e chamou-lhe a atenção:

— Vejo tristeza na princesa mais aquinhoada da Terra? Tens algo a reclamar, minha filha? Deposito em tuas mãos a riqueza, o poder e o título de Esposa Real! Desejas algo mais, Neferure?

A jovem dirigiu o olhar para a mãe e respondeu:

— Não, minha rainha! Farei a vontade dos deuses!

— Eu não era mais velha do que tu quando me casei com teu pai! Tens uma lua para meditar e se conscientizar das tuas novas atribuições.

Oportunamente, Hapuseneb sugeriu:

— A princesa deverá ir para um local onde possa descansar e se preparar para o grande dia. Poderia ficar no templo de Hathor, já que é a Primeira Sacerdotisa.

Tutmés, que ainda não se havia pronunciado, manifestou-se de pronto:
– Minha noiva deverá permanecer neste palácio!
Hatshepsut entendeu a preocupação do sobrinho e prosseguiu:
– Ficarás no palácio, Neferure! – A seguir, voltando-se para Senenmut, determinou: – Auxilia tua tutelada, insuflando-lhe conselhos que a levem a atitudes concernentes à sua posição!

Hapuseneb se fechou. Deveria buscar o recolhimento para definir qual caminho tomar.

Ao voltar a seus aposentos, Neferure se atirou em seu rico leito, coberto de um tipo de linho somente usado no palácio real, muito fino, quase diáfano. Após refletir sobre os últimos acontecimentos, resolveu chamar Mayati. A amiga prontamente a atendeu, vindo acompanhada de Kya, sua serva.

No íntimo, Kya não podia conter a inveja que a cobiça lhe inspirava. Achava que era tão merecedora quanto Mayati e Neferure daquela vida exuberante. Mayati, à vontade, foi direto aos aposentos da amiga.

Recostada sobre ricas almofadas, Neferure jazia absorta em seus pensamentos.

Não vira o tempo passar e, quando ouviu a voz conhecida da amiga, voltou-se, esboçando um sorriso triste. Ia erguer-se, mas Mayati a impediu, dizendo:
– Descansa, Neferure! Estou aqui para te confortar!
– Peço desculpas por te afastar de Ahmés!
Mayati deu um largo sorriso e tornou:
– Não te preocupes com isso, querida. Nós dois teremos tempo para... – e Mayati se calou, pedindo desculpas por tocar em assunto tão delicado para Neferure. A princesa a felicitou:
– Alegra-me a tua felicidade! Que os deuses te abençoem por todos os tempos...

Mayati olhou preocupada para a amiga:
– Querida, estás muito abatida, e teu semblante revela um *ka* sofredor!
Neferure convidou a amiga a sentar-se com ela e desandou a chorar:
– Mayati! Sinto que não terei forças para cumprir com a vontade dos deuses! Sinto-me muito infeliz; tenho há algum tempo um mau pressentimento!

Mayati passou a delicada mão sobre o cabelo de Neferure e falou com bondade:

— O que está acontecendo contigo, minha querida? Não te reconheço! E tua determinação, teu orgulho? Não podes sucumbir desta forma!

— Também não sei o que acontece! Carrego um temor de algo que não posso precisar!

Mayati demonstrou preocupação e falou com discernimento:

— Precisas pedir auxílio aos deuses, Neferure! És a preferida de Amon! Ele nunca te abandonará! És uma princesa e deverás te portar como tal.

— E por que as princesas não podem ser felizes? — perguntou Neferure, exaltada.

— Isso dependerá do que fizeres de tua vida. Deves lembrar que é sobre os teus ombros e tua sabedoria que um povo inteiro deposita suas esperanças.

— Isso não será atribuição do faraó? Não caberá a Tutmés conduzir o Egito?

— E quem achas que são os verdadeiros conselheiros dos faraós? É durante a noite que a sabedoria de nossas rainhas age por seu povo. Sussurram conselhos sábios, que ganham territórios, traçam planos e induzem os faraós à benevolência ou ao despotismo! Poderás ser uma voz sutil, que se erguerá para defender o Egito de nossos inimigos, mas também dependerá de ti abrandar o coração do faraó pelos que sofrem!

Neferure ouvia pensativa o que Mayati lhe dizia. Naquele momento, Kya e Nefer se aproximaram. Mayati então falou:

— Lembras de Kya, sobrinha de Tama, que veio trabalhar há algum tempo em minha casa? Ela tem sido uma boa serva e se precisares a coloco à tua disposição!

Neferure mal endereçou o olhar para Kya. Essa atitude fez com que o orgulho da jovem fosse atiçado e o despeito crescesse em seu coração.

Sem perceber, Neferure se fixou em Nefer. Notou algo diferente em sua ajudante, mas não sabia o que poderia ser.

Tão logo Nefer se retirou, Neferure comentou com Mayati:

— Notaste o semblante de Nefer? Está diferente; o que pode ser?

Kya se antecipou:

– Perdoa-me, princesa, mas Nefer está assim por causa de Senuit, servo de Amenakht! Parece-me estar apaixonada. Ao que vejo, não é correspondida...

Naquele momento, Neferure voltou o olhar para Kya. Parecia recém haver percebido a presença da moça. Observou a jovem serva e tornou:

– Há quanto tempo trabalhas na casa de Apopi? Não te conheço...

Kya baixou o olhar e, procurando ser agradável, esclareceu:

– Faz algum tempo, princesa!

Com uma sombra no olhar, Neferure dispensou Kya. Voltando-se para Mayati, perguntou:

– Tens plena confiança nessa serva? Não gostei do modo como me olhou...

Mayati sorriu e comentou, alegre:

– Kya é muito exagerada! Por certo deve ter ficado impressionada com tua beleza! Sabes que o povo comenta, e ela deve ter comprovado que é verdade!

Neferure balançou a cabeça e, deixando-se cair nas almofadas em que antes repousava, completou:

– És muito espirituosa! Mas devo afiançar-te que eu preferiria estar no lugar de tua escrava e poder decidir a quem entregar o meu coração!

60

O castigo de Merytre

Na casa de Inet, chegou a termo a gravidez de Merytre. Nasceu uma bela menina, que nem foi vista pela mãe, que se negou a receber a criança.

Inet insistiu para que ela acolhesse o pequeno ser, mas Merytre foi inflexível e evitou qualquer contato com a filha. Instruída por Ísis, Inet tratou de chamá-la tão logo a criança nasceu.

Ao saber que se tratava de uma menina, Ísis confirmou o pedido de Merytre, para que ela fosse entregue a alguém do conhecimento de Inet.

Assim, Merytre retornou ao palácio real em uma situação delicada, pois os intentos de Ísis não se haviam realizado.

Além disso, a notícia do casamento de Tutmés trazida por Senuit desapontou-a sobremaneira. As longas noites consumidas em imaginárias vinganças passaram a acalentar os dias tristes e sombrios de Merytre.

Aquela atitude mental teria consequências desastrosas, que a acompanhariam mesmo após a morte. Por muito tempo desequilibraria seu perispírito e seria preciso um longo período para readquirir a paz e a harmonia perdidas.

Somente por meio de experiências dolorosas, o embate de grandes lutas com a própria consciência, ela poderia se reeducar e construir um mundo íntimo diferente, gerando pensamentos positivos e construtivos, e moldando uma nova realidade para si mesma.

O desfecho dessa reeducação deu-se na encarnação que teria, muito tempo depois, como Olívia.

Lamentava não ter gerado um menino, pois ele seria o faraó sucessor de Tutmés e ela poderia afrontar Neferure e Hatshepsut, igualando-se a Ísis.

Teria de lutar ainda contra Neferure, a princesa detestável!

Perdera a oportunidade de humilhá-la, se Tutmés se tornasse pai de um filho homem com uma mulher do harém... Agora tudo estava perdido, e ela teria de suportar assistir ao casamento do homem que amava.

Sob a influência perniciosa de entidades vingativas e perturbadas, pôs-se a pensar e teve uma ideia: "Talvez nem tudo esteja perdido! Existe ainda algo que posso fazer, que deixará Tutmés livre para mim!".

Além disso, em seu retorno, Merytre verificou que algo havia mudado. Ísis, desgostosa, colocou-a em um plano inferior e ela mal tinha notícias de Tutmés.

Achava-se sozinha, pois sua posição de preferida do faraó lhe granjeara muitos desafetos. Lembrou-se de Amenakht e que rira das boas intenções do rapaz.

Inquieta, caminhava pelos jardins do harém, pensando no que os deuses lhe haviam reservado para o porvir.

Algumas horas antes, Hatshepsut se reunira com Senenmut e deliberara sobre sua vida.

A poderosa rainha, apesar dos seus inúmeros afazeres, não esquecera as palavras maliciosas de Hapuseneb em relação a Merytre; a rainha sabia dos casos amorosos de Tutmés, mas nunca dera maior importância, por saber que a beleza de Neferure sobrepujava todas as demais.

Com Merytre, no entanto, o seu aguçado senso feminino a alertou de que ela poderia colocar a felicidade de Neferure em perigo.

Mesmo que a filha não amasse Tutmés, o que lhe parecia lógico, não suportaria vê-la humilhada, como ela mesma o fora com seu marido.

Saber que aquele homem fraco e pusilânime preferira o leito de uma concubina lhe causara profunda vergonha e desonra.

Era um fato natural a existência do harém do faraó. Seu marido também fora gerado da mesma forma! Mas agora seria diferente! Merytre deveria ser afastada do palácio... e para sempre!

Qual maior castigo do que afastá-la da vida e privá-la de qualquer convivência social?

Merytre deveria ser colocada nos serviços mais aviltantes do templo; ficaria sob a vigilância dos sacerdotes e não poderia se unir a nenhum homem dali para a frente.

Ao saber da ordem de Hatshepsut, Merytre deixou que o ódio que vinha crescendo em seu coração transbordasse.

Procurou Ísis, na esperança de conseguir sua intervenção perante Tutmés, mas a mãe do faraó se negou a auxiliá-la.

Implorando, Merytre ainda tentou:

— Minha senhora, servi aos seus intentos quando precisou de mim! Entreguei-me ao faraó e fiz tudo o que a senhora pediu!

Ísis deu um sorriso, demonstrando falsa piedade, e respondeu:

— Isso é verdade, minha cara. No entanto, os deuses decidiram por ti, dando-te uma filha que de nada nos servirá. Agora tenho outros interesses em jogo!

— Peço-lhe, senhora, que não me deixe partir! Não permita que eu fique prisioneira do templo!

— Ora, Merytre! Deverias te sentir honrada com a posição a que te designaram! A honra de servir a Hathor deveria estar acima de tudo!

— Sim, mas Neferure será a Esposa Real e é considerada a Amada do Deus! Poderá se casar e ter uma família!

— Ainda pensas nisso, Merytre? Ainda desejas um lar, depois de teres sido a preferida do faraó?

As palavras feriram profundamente a alma conturbada de Merytre; jamais aquela ex-concubina havia-se dirigido a ela daquela forma.

Apesar dos pensamentos confusos de raiva e ódio, lembrou que Ísis detestava Neferure.

Utilizando-se dos recursos que aprendera a usar com a própria Ísis, tentou:

– Senhora, posso ainda ser útil e auxiliá-la a atingir a rainha! Não sei como fazer, mas Neferure me detesta tanto quanto eu a ela...

Os olhos de Ísis brilharam. Percebendo que ainda havia uma esperança, Merytre prosseguiu:

– Desejo ficar no palácio, senhora, pois cresci aqui e não conheço outro lar.

Pensou em revelar que descobrira sobre seu pai, Paneb, e do modo como fora usada para atingir Hatshepsut. Percebeu, porém, que de nada adiantaria enfrentar a mãe de Tutmés.

Ísis refletiu e respondeu:

– Vou pensar a respeito! – e dispensou Merytre.

Os pensamentos de revolta que a partir daí entraram na Casa do faraó envolveriam por muito tempo nossos protagonistas em nuvens densas de muito ódio.

61

A ceia com o faraó

No dia seguinte, mais tranquila, Neferure distraía-se, conversando com Mayati, enquanto brincava com seus animais de estimação.

Nefer entrou, aproximou-se e, curvando-se, informou:

– Senhora, um escravo da parte do faraó deseja lhe falar!

O sorriso desapareceu do rosto de Neferure, que, intrigada, ordenou:

– Manda-o entrar! Mas que não demore; não quero ser perturbada!

Um homem negro, de origem núbia, provável despojo de guerra, entrou e curvou-se.

Neferure, visivelmente irritada, falou de modo áspero:

– Diga logo o que desejas e retira-te!

O escravo dirigiu-lhe a palavra sem ousar fitar-lhe os olhos:

– Nobre princesa e futura Rainha das Duas Terras, meu amo, Tutmés III, ordenou-me vos trazer esta mensagem!

Neferure apanhou o pequeno rolo de papiro e ia responder negativamente, quando Mayati o segurou e, após ler o conteúdo, declarou:

– Diz ao príncipe Tutmés que ela estará lá na hora aprazada. Agora vai e não deixes teu amo esperando.

Assim que o escravo se retirou, Neferure olhou para a amiga e a repreendeu:

– Mayati! Como pudeste fazer isso? Colocar-me nas mãos desse arrogante desprezível!

– Está na hora de encarar os fatos, Neferure! Tua rebeldia não vai mudar o rumo dos acontecimentos! Tutmés, mais cedo ou mais tarde, irá assumir o trono que lhe pertence e tu és a escolhida dos deuses para lhe partilhar a vida.

Neferure olhou para a amiga com os olhos nublados pelas lágrimas e confidenciou, procurando se apegar à sua última esperança:

– Cheguei a pensar que Amenakht poderia mudar meu destino!

Mayati balançou a cabeça e replicou:

– Sei que não me podes compreender, mas afirmo-te que teu destino foi traçado pelos deuses e que a ilusão que acalentaste em relação ao meu irmão nunca passou de um sonho. Amenakht alimentou um sentimento de infância, mas te asseguro que já tem outros planos...

– O que queres dizer? – perguntou Neferure, contrafeita.

– Amenakht tem consciência de que não deveria ter levado adiante esta ideia absurda.

Neferure ficou em silêncio. Mayati olhou para a amiga e continuou:

– Falaremos desse assunto em outro momento. Agora iremos escolher a mais bela túnica que tiveres e chamarei Nefer e Kya para te auxiliarem a embelezar-te para o teu futuro marido.

Neferure deu um longo suspiro, aquiescendo. A ascendência de Mayati sobre ela dava-se em razão de sua posição espiritual. Espírito simples e resignado diante das experiências da vida, sentia um afeto maternal em relação a Neferure, por já tê-la recebido como filha no passado.

Sabedora de suas dificuldades, ela buscou uma encarnação em que pudesse acompanhar seus passos de uma maneira próxima, para ajudá-la em sua evolução espiritual.

Os últimos raios solares incidiam sobre o casario argiloso de Tebas quando Mayati deu por encerrada sua colaboração no embelezamento de Neferure.

Mirando-se no valioso espelho com cabo talhado em madrepérola, que a amiga lhe alcançara, sorriu; estava realmente bela.

A suave túnica de linho branco, levemente drapeada em um dos ombros, deixando o outro nu, realçava o belo talhe da moça.

O bordado delicado, em fios de ouro, e as pequenas turquesas que compunham o traje, semelhantes a pequenas estrelas, denotavam que, efetivamente, tratava-se de uma princesa.

Sob a orientação de Mayati, Nefer havia maquiado sua ama com esmero; nos olhos, o pó de *Khol* lhe fazia a maquiagem característica da época e, nas pálpebras, a conhecida malaquita dava-lhe um tom esverdeado; essa combinação sobre a pele morena de Neferure realmente lhe emprestava uma aparência encantadora.

Nefer não se cansava de elogiá-la; Mayati, percebendo o silêncio de Kya, inquiriu-a:

– Não concordas, Kya? Vejo que estás muito pensativa...

Kya se voltou e desculpou-se, dizendo:

– Perdão, senhoras... Estou um pouco adoentada; alguém deve ter-me intrigado com Sekbet. Minha cabeça dói muito!

Piedosamente, Mayati a dispensou:

– Vai ao templo e oferece um sacrifício a Sekbet. Depois recolhe-te e analisa os teus atos, para que agradem ao deus!

Kya se curvou e retirou-se.

As primeiras brisas do entardecer balançavam os leves reposteiros quando Neferure se despediu da amiga:

– Acreditas mesmo que devo renunciar à minha felicidade?

Mayati beijou o rosto da amiga e declarou:

– Tens um destino a cumprir, Neferure. E esse destino é Tutmés!

***

Escoltada por soldados de sua guarda pessoal, agora reforçada, Neferure atravessou os amplos salões do palácio, dirigindo-se à ala onde ficavam os aposentos de Tutmés.

Ao chegar, percebeu que o ambiente estava perfumado e adornado com os requintes de um verdadeiro faraó; tochas, estrategicamente colocadas, iluminavam o lugar.

Indiferente, Neferure observava distraidamente a antecâmara de Tutmés quando ouviu uma voz que vinha do lado de fora.

Voltando-se, percebeu que ele estava estrategicamente posicionado e a observava desde sua chegada.

"Sempre se utilizando de artifícios!", pensou Neferure. Não pôde, no entanto, deixar de observá-lo com a rapidez de análise da qual só o sexo feminino é capaz: "Por Hathor! Está cada dia mais belo!".

O jovem faraó caminhou em sua direção. Levantando as suaves cortinas de linho, estendeu a mão e a convidou:

– Vem, Neferure, o deus que nos sustenta a vida se despede no horizonte!

Lembrando os conselhos de Mayati, ela estendeu sua delicada mão e, contrafeita, caminhou na direção do terraço.

Tutmés, sensível à beleza feminina, especialmente à de Neferure, não se conteve e declarou:

– Nenhuma beleza no Egito poder-se-á comparar à tua! És filha dos deuses e faz jus ao título de Bela de Rá!

Neferure enrubesceu levemente e tornou:

– Exageras em teus elogios e nos arranjos desta ceia, Tutmés! Estamos apenas cumprindo determinações que os deuses traçaram para a nossa vida!

Tutmés, então, dirigiu-lhe um olhar profundo e considerou:

– Entendo que os costumes da corte tenham modificado teus sentimentos. Deves convir, entretanto, que será uma demonstração de inteligência tornarmos o "sacrifício", conforme consideras o nosso casamento, algo menos desagradável.

Neferure deu uma risada, enquanto caminhava pelo amplo terraço, e falou:

– Tutmés! Não estás levando a sério as tolices de nossa infância, estás?

Contrariado, mas impassível, o jovem faraó retrucou:

– Estás enganada, Neferure. Eu também dizia coisas que estava longe de sentir!

Irritada com a observação, ela caminhou em direção ao muro que rodeava o terraço e considerou:

— Dentro de algum tempo serás o faraó, independentemente de te casares comigo. Por que insistes?

Tutmés se aproximou e respondeu com outra pergunta:

— Por que ainda procuro aquela Neferure feliz, que representava a própria vida deste palácio? Tê-la-ei perdido para sempre?

Tocada em seus sentimentos, Neferure respondeu:

— Talvez, quando deixaste a ambição e a arrogância tomarem teu coração! Quando percebi que me usarias para prejudicar minha mãe... E, finalmente, quando vi que nunca amarias apenas uma mulher! Que só te contentas com um harém!

Tutmés falou com seriedade:

— Neferure! Neferure! Como poderei ser um faraó se me acomodar com as situações e circunstâncias? O meu dever é sempre fazer o melhor para o meu povo! Devo conquistar riquezas, terras, para que o Egito se enriqueça e seja respeitado por outros povos! Cabe a mim a tarefa de liderar e deixar a humildade e a fraqueza aos nossos conquistados! Não estás sendo justa quanto a tua mãe; sabes que sou o único prejudicado por minha tia! Sou faraó, mas não sou reconhecido como tal, porque Hatshepsut exerce o poder sozinha.

De forma abrupta, Neferure o inquiriu:

— Por que toleras isso? Por que nunca fizeste nada contra ela para recuperar o que é teu por direito? Por que te acovardaste, então?

Tutmés voltou o olhar para o horizonte, onde Rá já se havia recolhido e dava lugar ao frescor que a deusa Ísis trazia sob a forma de prateado luar. A seguir, ponderou:

— Tudo tem um tempo, Neferure. Chegará o dia em que os deuses me entregarão a dupla coroa, do Alto e Baixo Egito! Por outro lado, tenho meus motivos para aguardar...

Teimosa, Neferure o provocou:

— Temes talvez não ter as qualidades de minha mãe para governar, pois sabes que seu reinado é um dos mais pródigos do Egito!

— Concordo. Minha tia tem um apurado senso para o comércio com outros povos, mas precisamos estender nossas fronteiras! Convidei-te, porém, para cear comigo, e não para discutirmos a política do império.

Indicando-lhe luxuosas almofadas, dispostas sobre ricos tecidos oriundos do Oriente, Neferure sentou-se. Sobre uma bandeja de ouro, estavam dispostas iguarias requintadas que agradavam a elite da época: figos grelhados, tâmaras, romãs, pães, carne de faisão, pastéis, vinho e a famosa cerveja egípcia.

Mais do que desejava naquele momento, Neferure se recordava dos tempos de infância... felizes!... Lembrava que a presença constante de Tutmés em todas as suas atividades fazia com que se sentisse protegida e amparada. Por que ele havia-se afastado? Teria ela provocado o seu distanciamento?

Enquanto sorvia uma taça de vinho, Tutmés deu uma gargalhada. Neferure o observava sem compreender, e o rapaz explicou:

– Lembrei-me que havias dito que eu desejava ter um harém! Sim, como faraó tenho esse direito! Não há nada de reprovável nisso!

Neferure falou com irritação:

– Pelo que sei, um harém não te é o suficiente. Buscas as jovens da corte; muitas, segundo dizem, de péssima reputação! Além disso, ouvi os boatos sobre a tal Merytre!

Tutmés devolveu:

– E tu, Neferure? Quantos foram prejudicados pelos teus caprichos, quantas jovens perderam seus pretendentes, iludidos com tuas falsas promessas? A maior prova disso é o pobre Amenakht. Quanto a Merytre, não desejo falar sobre ela!

Contendo-se, Neferure redarguiu:

– Amenakht era diferente! Pensava em mudar a decisão de minha mãe.

– Iludiste o irmão de tua melhor amiga apenas para te afastares de mim...

A jovem deu um suspiro:

– Não seremos felizes, Tutmés. Um casamento sem amor não poderá jamais trazer felicidade a alguém.

– Os deuses decidiram por nossa união e nos protegerão, pois somos seus descendentes na Terra!

Ergueu-se e ofereceu a mão para Neferure se apoiar. A jovem se levantou e ele a convidou para acompanhá-lo a seus aposentos. Ao perceber sua hesitação, Tutmés sorriu e a advertiu:

– Não temas! Ainda não te seduzirei. Aguardarei a próxima lua!

Neferure teve ímpetos de se retirar, mas o jovem faraó foi logo abrindo pequena caixa de madeira, onde se encontravam alguns objetos pessoais. A seguir, escolheu rico colar, coberto de delicadas peças em gemas de lápis-lazúli e ouro.

Ao vê-lo, Neferure ficou extasiada. Tutmés se aproximou e afirmou:

– Esta joia é a prova de que ainda podemos ser felizes, Neferure. Como podes ver, é o resultado de anos de trabalho de nossos ourives reais!

Surpresa, Neferure recusou:

– Não posso aceitar! Minha mãe desaprovaria!

– Daqui a alguns dias, terás de prestar contas de teus atos apenas a mim... No dia de nosso casamento, te darei algo que vai terminar com tuas desconfianças.

Ela caminhou em direção à porta e Tutmés, seguindo-a, determinou:

– Quero que venhas cear comigo uma vez na semana, até nossos esponsais!

Beijou as mãos de Neferure, que, decepcionada e confusa, retirou-se.

62

O dilema do sumo sacerdote

No dia seguinte, Neferure ainda tomava seu banho matinal, com a água fresca do Nilo que Nefer buscara nas primeiras horas da manhã, quando Mayati entrou no aposento.

Ela aguardava desde muito cedo, ansiosa para saber o que havia acontecido na noite anterior.

— Pelos deuses, Neferure! Conta-me logo o que aconteceu!

Neferure fingiu não ouvir. Adorava fazer mistérios e se divertia quando via a curiosidade espicaçar seu interlocutor.

Com um sorriso malicioso, indagou:

— O que desejas saber?

Mayati a repreendeu:

— Neferure! És minha amiga e desejo tua felicidade! Quero saber tua impressão sobre Tutmés, agora que está tudo acertado para o casamento. Roguei aos deuses para que vocês pudessem, a sós, conversar e esquecer os desentendimentos anteriores.

Neferure movimentava a água da banheira languidamente com os braços:

— Mayati! És muito curiosa!

Mayati sorriu:

– Ele está cada vez mais belo, não é mesmo? É um verdadeiro faraó! Diz agora se não é o único que tu poderias amar, dentre todos os que te cortejaram?

Incomodada, Neferure continuou:

– Ele age em função de seus interesses. Tratou-me como princesa que sou, buscando uma aproximação, para que eu interfira na questão da sucessão.

– Ele disse isso? Tens certeza? – perguntou Mayati, desapontada.

Impaciente e desconcertada, Neferure respondeu:

– Ele não falou, mas eu conheço suas estratégias. Caso tivesse algum interesse em mim, agiria de modo diferente.

Mayati balançou a cabeça negativamente e falou:

– Estás diante do faraó, Neferure! Ele jamais se curvará para ninguém. É o homem mais poderoso da Terra e, se não quiseres irritar os deuses que o colocaram em teu caminho, aceita esse fato! Na realidade, ele não precisa te agradar. Tu é que deverias te colocar à sua altura, para ser a verdadeira Esposa Real!

Neferure se calou. As palavras de Mayati a chamavam à realidade. Talvez ela tivesse razão. Não havia necessidade de Tutmés procurá-la, buscando uma aproximação, uma vez que o casamento já estava acertado irrevogavelmente.

Enquanto Nefer a ajudava a se vestir e maquiar-se, ela disse para Mayati:

– Estou confusa, não sei o que pensar. Não vi a costumeira arrogância que tanto me incomoda em Tutmés. Fez-me lembrar de nossa infância...

– Torno a te dizer que Tutmés foi preparado, tanto quanto tu, para governar o Egito. Não poderia ser diferente; ele é um homem enérgico e vive uma situação inusitada.

Neferure voltou-se e perguntou:

– Referes-te à minha mãe? Sabes o quanto essa terra prosperou em seu reinado! Tutmés era uma criança; como poderia governar?

Mayati baixou os olhos e se desculpou:

– Perdoa-me, não quis te ofender. Amo nossa rainha e reconheço sua grandeza e os benefícios que tem feito ao nosso povo. Quis apenas lembrar-te que, se Tutmés se mostrasse fraco e servil, jamais poderia almejar aquilo que é seu de direito.

Essa questão era delicada e começava a preocupar Neferure.

Como seria quando Tutmés resolvesse assumir o trono do Egito definitivamente? Em que situação ela ficaria, sendo sua esposa e filha da rainha? Conseguiria se opor à mãe e permanecer ao lado de Tutmés? O que seria feito com Hatshepsut? Tutmés a desejaria ao seu lado, uma vez conseguindo o trono do Egito?

As duas moças se calaram e ali ficaram, absortas em seus pensamentos.

***

No templo, um homem alto e esguio caminhava nervosamente de um lado a outro. A túnica alva se movia, revelando a textura do linho ricamente tecido. Hapuseneb se agitava diante de um dilema que se criara em sua mente: deveria intervir naquela situação ou aguardar a vontade dos deuses?

Sendo ele um representante do deus na Terra, um escolhido de Amon, um *hem-netjer*, não deveria agir em nome dele?

Por mais que buscasse sintonia com a Inteligência Maior, aquela que tudo sabia e conhecia, não conseguia vislumbrar o futuro. Sabia que Hatshepsut teria ainda um longo reinado.

Deveria interromper o reinado feminino, colocando-se ao lado de Tutmés? E se o jovem faraó, que fora tão humilhado, chegando mesmo a ser esquecido na administração do Estado, resolvesse se vingar?

Ele, Hapuseneb, seguira os conselhos de Amon, dando o apoio que Hatshepsut pedira; mas não teria se acomodado com a situação, buscando tirar proveito para si mesmo?

Tornara-se um dos homens mais ricos e poderosos do Egito! A rainha soubera lhe calar a voz, enchendo-lhe os cofres, assim como os do próprio templo!

A princípio, apoiara aquele governo por questão religiosa, mas, com o tempo, o apelo da matéria acabara falando mais alto.

Que atitude tomar agora, visto que Amon não lhe ouvia a súplica? Teria o grande Deus do Egito se calado diante de sua cobiça?

Extremamente concentrado, ele revia suas atitudes e buscava uma saída para a situação que antevia.

Desejaria Hatshepsut levar adiante sua ideia absurda de prosseguir um matriarcado com sua filha? Ela tinha preparado a jovem para ser mais do que uma Esposa Real! Desde criança a entregara aos cuidados de Senenmut e Nehesi, para que seus conselheiros fiéis lhe ensinassem muito mais do que a etiqueta de uma esposa...

"Hatshepsut tudo fez para criar uma nova mulher-faraó, mas a menina não lhe saiu semelhante!", pensava o poderoso sacerdote. "Neferure é uma jovem ingênua e, a não ser que...", Hapuseneb sentiu um calafrio, "... Por Amon! Neferure ama a mãe e fará o que ela mandar! Ao mesmo tempo, pelo que sei, detesta Tutmés, o que significa que o jovem faraó poderá ter sua vida abreviada! O rapaz ama Neferure, isso já percebi há muito tempo! Tornar-se-á facilmente um joguete nas mãos da mimada princesa. Isso significa que o clero de Amon poderá assim também perder sua influência na casa real!"

Preocupado, mandou chamar Any, o escriba do templo que o servia havia muito tempo.

Any se curvou e aguardou as palavras do sacerdote:

— Diz-me, Any, ouviste algum comentário sobre o jovem faraó que te tenha despertado a atenção? Sei que lhe transmitiste algumas lições na Escola de Aprendizes, a ele e a outros jovens e príncipes da nobreza...

Any se ergueu e disse:

— Nobre filho de Amon! Posso lhe afirmar que sobre a cabeça do jovem Tutmés brilha a estrela dos grandes faraós! É inteligente, aprendeu com muita rapidez a escrita sagrada. Tem muita curiosidade por outros deuses, como Ptah, por exemplo...

Hapuseneb enrubesceu e explodiu:

— Ptah? O deus insignificante de Mênfis? Como pode um faraó se interessar por um deus menor, um operário? O que pretende este jovem inconsequente?

Any se apressou em contornar:

– Perdoe-me, senhor, mas repito que Tutmés será o orgulho do Egito! Ficará na eternidade como um grande faraó; poucos o superarão! Seu interesse é fruto de sua curiosidade e necessidade de conhecer melhor o seu próprio povo.

Hapuseneb se sentou e, alisando as grossas sobrancelhas, tornou:

– Como pode tu saberes estas coisas, e eu que sou o sumo sacerdote desconhecê-las? Vejo um grande futuro em Tutmés, mas temo pela influência de Neferure, que obviamente fará o que a mãe desejar...

Any se aproximou e contou:

– Há um fato novo, meu senhor. Soube pela serva Kya que a preferida do faraó, uma jovem cuja mãe conheci, Merytre, será enviada para o templo.

– Mas o que isso tem a ver com a nossa conversa?

Any prosseguiu:

– Ocorre que a rainha a enviou para cá temendo que o jovem faraó e futuro esposo de sua filha prossiga com sua preferência por ela! Isso significa que poderíamos ter outro faraó bastardo, além de humilhar a bela princesa.

Hapuseneb pensava com rapidez. Todo o cenário que se desenrolava no palácio se desenhou em sua mente:

– Conta-me, meu bom Any... Como é a tal jovem, essa Merytre?

– Por uma estranha coincidência, senhor, ela tem muita semelhança com a princesa Neferure!

Pelos olhos de Hapuseneb perpassou um brilho e logo o poderoso sacerdote vaticinou:

– Pelos deuses ou não, eis que me chegam notícias que me sugerem um enredo tecido nas estrelas, que levará a um desenlace surpreendente para esse reinado... Não precisarei intervir, pois o destino está traçado! Não haverá disputas ou violência! A fria e altiva Hatshepsut será abatida por seu próprio coração!

63

A cobrança de uma promessa

Com todos envolvidos com os preparativos do casamento, Merytre tentava ganhar tempo. Sem alternativa, encaminhou-se para uma ala do palácio que não frequentava havia algum tempo: os aposentos do faraó, que, desde que engravidara, deixara de visitar.

Apesar do terno sentimento que Merytre lhe inspirava, Tutmés realmente amava Neferure.

Com a perspectiva de se consorciar à bela princesa, se esquecera por completo de sua preferida do harém.

Certa de que o encontraria nos terraços, Merytre tratou de esperá-lo. Sabia que o jovem faraó buscava a inspiração dos deuses por meio da observação dos astros, que tinham relação com a história de seu povo, conforme aprendera no templo.

Passaram-se longos minutos, quando percebeu que Tutmés saía de seus aposentos. Confiante, Merytre se aproximou e ajoelhou-se à sua frente.

Tutmés, surpreso, perguntou:

– Por que vens à minha presença se não te solicitei?

Suplicante, Merytre respondeu:

– Majestade, venho vos pedir para que cumprais sua promessa feita à senhora Ísis...

Sem lembrar a que Merytre se referia, Tutmés tornou:

— Levanta-te, primeiro. Como ousas me cobrar algo? Deverias te dar por satisfeita por eu não te mandar embora por tua ousadia...

Com o olhar marejado de lágrimas, Merytre fitou o faraó. Conhecendo seu coração bondoso, porém cheio de orgulho e vaidade, ela falou com humildade:

— Sei dos riscos que corro ao vos desejar rever! Mas vós sois minha vida, Majestade! Peço vossa proteção como prometestes à senhora Ísis!

Ao ver aquela jovem e bela mulher humilhada aos seus pés, Tutmés vacilou. Merytre lhe confortava o coração, enquanto Neferure o espicaçava.

Não a amava, mas não podia lhe negar apoio, agora que se encontrava em aflição. Ele a escolhera entre outras e isso lhe trouxera retaliações por parte de Hatshepsut e Neferure.

Tutmés se aproximou:

— Por que choras, Merytre? Poderás ser feliz no templo, junto às sacerdotisas!

As lágrimas caíam em profusão quando Merytre se pronunciou:

— Dedicaria toda minha vida à deusa, se ela me felicitasse com um feitiço para vos esquecer, Alteza! Não é o templo que me desespera, mas o fato de não mais vos poder encontrar!

Tutmés não estava acostumado a demonstrações de amor dos que o rodeavam. Tinha a consciência de que os cortesãos, os amigos, aqueles que lhe pareciam caros, na verdade ou o temiam ou o agradavam em busca de favores.

A sinceridade de Merytre o comoveu profundamente. Instintivamente, abraçou-a e lhe disse com segurança:

— Não permitirei que ninguém te maltrate, Merytre! Ficarás sob os meus cuidados!

Um brilho de esperança surgiu nos olhos da jovem. Demonstrando preocupação, observou:

— Senhor, a princesa não permitirá minha presença no palácio!

Tutmés respondeu, decidido:

— Preciso que te afastes até o casamento, Merytre. Sabes da importância deste consórcio para o meu reinado. Trata-se do futuro do Egito! Estou farto de tantas humilhações e desprezo!

Ao notar que Merytre baixava o olhar novamente, declarou:

— Não te preocupes, pois saberei ser generoso contigo!

Merytre não conteve o pranto novamente. Diante de sua reação, Tutmés passou a mão sobre seus cabelos sedosos e em seguida perguntou:

— Tu me amas, Merytre? Serias fiel a mim por toda a vida?

— Seria fiel a vós pela eternidade, senhor! Sou filha de Paneb, não sou uma mulher do povo qualquer, pois o sangue de um nobre corre em minhas veias assim como nas vossas! Se quiserdes, poderei me deixar no harém, pois vossa vontade, filho de Heru-as-Aset, é soberana no Egito!

As palavras de Merytre atingiam o orgulho de Tutmés ao lembrar de sua origem, mas, sem compreender os próprios sentimentos que o atraíam para aquela mulher que, apesar da beleza, considerava inferior, Tutmés a beijou. Após o gesto de carinho, ele se recompôs e prosseguiu:

— Isso não depende mais de minha vontade, Merytre! Não posso te manter no palácio sem ferir os sentimentos de Neferure. O meu destino é a princesa, apesar da grande atração que ainda me despertas! Tu me fizeste sentir um homem amado, quando tantas apenas desejam o amor do faraó...

Sem pensar nas consequências, Merytre o beijou apaixonadamente e, pela última vez naquela existência, adormeceu nos braços do faraó.

Logo cedo, ao sair dos aposentos reais, um habitante do palácio a surpreendeu.

Tratava-se de Sitre, ama da rainha, que se preparava para buscar a água fresca do Nilo para o banho de Hatshepsut.

Desagradável sensação a envolveu, como se a presença de Merytre naquele palácio prenunciasse uma desgraça.

Tão logo Hatshepsut acordou, ela pediu à rainha que providenciasse o quanto antes o afastamento de Merytre. Confiando na poderosa intuição de sua serviçal, Hatshepsut mandou que Merytre deixasse o palácio naquele mesmo dia.

***

As ordens da rainha para que Merytre permanecesse no templo sob severa vigilância haviam sido enérgicas. Cumprindo uma rotina de trabalhos que a desagradava, ela não participava dos rituais, apenas realizava serviços de natureza inferior.

Desgostosa, ela procurou auxílio com o escriba Any, que conhecera sua mãe quando ela ainda era criança. O arrogante escriba lhe permitiu enviar algumas mensagens; uma delas pedia a Paneb, seu pai, e Amenakht que fossem visitá-la.

Paneb foi o mais rápido que pôde, pois temia que Merytre revelasse seu antigo segredo. A posição da jovem mudara, mas o seu orgulho ferido a tornava mais insensível e ferina.

Ao divisar a presença de Paneb em um dos terraços próximos ao templo da deusa, ela exclamou:

– Quanta diligência, meu pai! Eu o esperava ao anoitecer, quando o sol não castigasse seu corpo cansado!

Paneb passou a mão pela fronte e disse:

– Peço que me poupes de tuas zombarias! Sei que tenho uma dívida contigo e com tua mãe, mas agora nada posso fazer. O que desejas de mim, afinal?

Merytre sorriu, deixando à mostra seus belos dentes. Postou-se diante de Paneb e exigiu:

– Preciso de uma soma que me permita ir embora. Devo partir para Mênfis ou Abidos.

Aliviado, Paneb tornou:

– É isso o que desejas? Na verdade eu poderia ter te proporcionado muito mais que dinheiro, Merytre, se me permitisses!

A jovem demonstrou amargura e contrapôs:

– O que está feito, está feito! Desejo ir embora antes que se realize o tal casamento. Nada mais tenho que me prenda a esta terra!

Espantado, Paneb perguntou:

– E a menina? Nunca quiseste saber onde se encontra?

Merytre o fixou, surpresa, e retrucou:

— Não sei do que estás falando! Não tornes a falar neste assunto comigo, ouviste?

Ele assentiu e prometeu lhe fazer chegar às mãos a quantia por ela estipulada.

Após se retirar, Paneb se dirigiu à cidade com o coração angustiado. Apesar de sua infidelidade no passado, era um bom homem.

Tivera outros filhos, mas o ciúme e a instabilidade de Inet o haviam levado a buscar consolo nos braços da serva Mutnefer, e desse deslize nascera Merytre.

"Como os desígnios dos deuses são sábios!", pensava. "Colocaram Merytre em minha casa para ter uma filha que eu mesmo acabei adotando! Darei à minha neta o que não pude dar à sua mãe! Inet jamais poderá saber que recebeu em sua casa uma filha minha com uma escrava!", conjeturava, enquanto o suor lhe inundava a fronte.

Sorrindo, ele agradecia a bondade de Amon e refletia que Surya, a filha de Merytre com o faraó, segundo pensava, seria criada como a filha de um rico servidor do reino.

***

Kya se dirigiu ao templo, levando um recado de Amenakht. Segundo ela, a rainha exigia sua presença, visto que ele ainda não fora ter com a soberana desde sua volta de seu último encargo.

Amenakht, como era costume em época de paz, fazia incursões nas fronteiras para verificar a possibilidade de ataques às populações da região.

Hatshepsut instaurara a paz no Egito, e seu reinado se caracterizou por ser pacífico e próspero; necessitava, contudo, manter severa vigilância sobre as fronteiras.

Contrariada, Merytre ia dispensar Kya quando a serva lhe disse:
— Senhora, preciso lhe falar algo!

Merytre a fixou e aguardou. Kya se aproximou:
— Peço que me perdoe a intromissão em seus assuntos, mas admiro-a e gostaria de poder ajudá-la!

Incrédula, Merytre perguntou:

– Em que tu poderias me ajudar?

Sem atentar ao tom de desprezo de Merytre, Kya falou:

– Detesto tanto quanto a senhora a princesa Neferure! Também sei que não amas o meu amo... e que seu eleito está prestes a se casar!

Leve palidez se estampou no rosto de Merytre.

– De onde tiraste estas conclusões? És muito atrevida!

Kya riu e esclareceu:

– Tenho alguma experiência de vida e sou muito observadora. Além disso, vejo o olhar perdido de Senuit e suas visitas constantes ao harém... Deduzi que ele estivesse recebendo alguma esperança, pois o conheço há algum tempo e sei que tem um bom caráter. Jamais trairia seu amo, a não ser que houvesse uma razão muito forte!

Merytre dissimulou sua irritação e resolveu esclarecer:

– Nunca alimentei as esperanças de Senuit! Ele vem me ver porque me traz mensagens de Amenakht. Devo te dizer, contudo, que me interessei por teus sentimentos em relação a Neferure. O que ela te fez para que a detestes dessa forma?

Kya caminhou alguns passos e observou:

– Neferure é uma princesa mimada que despreza a todos e humilha quem estiver em seu caminho! Amenakht é uma prova disso; muitas vezes ela o espezinhou, para depois chamá-lo de volta!

Merytre procurava concatenar as ideias. Kya era muito atrevida, mas lhe poderia ser útil!

– Entendo a que te referes. Eu mesma já fui muito humilhada por ela! Na realidade, temo por minha vida, pois foi ela quem pediu à rainha que eu ficasse confinada no templo.

Kya riu e comentou maldosamente:

– Por certo ficou com medo de que o jovem faraó buscasse consolo em seus braços... No que ele tem toda a razão, visto ser ele obrigado a se casar com uma princesa mais do que insuportável!

Intrigada, Merytre perguntou:

– Qual teu interesse em Amenakht? Acredito que teus sentimentos em relação a Amenakht devem ser especiais. Por que te dispões a me ajudar?

Kya falou de modo evasivo:

— Amenakht só tem olhos para ti neste momento, Merytre. Não sou ingênua a ponto de disputá-lo contigo. Mas por ora ficaria agradecida se pudesse terminar com esse casamento! Ela não deve ser feliz, como também eu não sou!

Merytre sorriu e assentiu:

— Está bem, Kya, poderemos nos ajudar mutuamente. O que desejas em troca, além de Amenakht?

— Quero ter uma vida tranquila, sem trabalhos. Roupas como as suas e uma casa onde possa ter criados para me servirem!

Merytre franziu o cenho e tornou:

— Não tenho tanto para te oferecer, mas posso ver algumas coisas. Creio que, se te embelezares, poderás agradar a Amenakht e ele talvez te dê a vida que desejas.

Radiante de felicidade, Kya não continha a alegria por ver que contaria com Merytre:

— Se o que dizes é verdade, terás minha dedicação, pois sei ser fiel quando assim o desejo!

— O que poderíamos fazer contra Neferure? Se ao menos pudéssemos nos aproximar dela!

Kya se adiantou, dizendo:

— Eu tenho acompanhado a menina Mayati várias vezes na semana ao palácio. Sou amiga de sua criada de confiança, Nefer. Neferure me ignora, por me considerar muito inferior a ela. Por Osíris! Só existe uma maneira de evitar esse casamento!

Merytre sorriu; finalmente teria uma aliada para agir contra Neferure. Atendendo às inteligências inferiores que lhe secundavam as ações, declarou:

— Preciso falar com Amenakht o quanto antes! Ele tem de saber que estou correndo perigo aqui no templo. Além disso, detesto os trabalhos que me foram destinados! Olha as minhas vestes! Ela me castigou duplamente, pois, além de me afastar de Tutmés, mandou me colocarem nos serviços mais ordinários!

Kya concordou e se retirou, satisfeita; Merytre, por sua vez, agradeceu aos deuses por terem colocado Kya em seu caminho.

Agora tinha certeza de que lograria sucesso em sua tarefa.

64

Os temores de Neferure

Enquanto isso, no palácio, Neferure agia de modo estranho.
Em uma tarde, retornava de seu habitual passeio pelo Nilo quando ouviu pronunciarem seu nome. Voltando-se, vislumbrou o vulto elegante de Tutmés. Percebendo um novo brilho em seu olhar, ouviu o seu desejo:

– Quero que venhas cear comigo esta noite, Neferure!

Neferure ia alegar cansaço pelo excesso de calor a que se havia exposto, mas Tutmés foi taxativo:

– Antes de o sol se pôr, princesa!

Neferure nada respondeu e se encaminhou para a ala administrativa do palácio. Precisava falar com Senenmut. Previa algumas situações embaraçosas, agora que Amenakht tinha retornado.

Atravessou, com a cabeça erguida, as diversas salas que a levariam ao local onde Senenmut exercia suas destacadas funções na administração de Hatshepsut.

Ao chegar, percebeu a alegria estampada no rosto de seu tutor ao vê-la.

Neferure o abraçou carinhosamente e se deixou permanecer por algum tempo naqueles braços, que a amparavam desde o seu nascimento.

Senenmut se afastou lentamente e falou em tom paternal:

– Estive observando e percebi o que te vai no coração, princesa...

Neferure o fitou e disse, visivelmente perturbada:

– Não sei o que está acontecendo, Senenmut! Há alguns dias tenho maus sonhos e sinto como se algum perigo me rondasse os passos!

Senenmut a convidou para se sentar em confortável cadeira e, colocando-se ao seu lado, ponderou com sabedoria:

– Precisas orar aos deuses pedindo proteção, minha princesa! Sabes que nenhum mal te poderá ocorrer, pois estás protegida por todos os lados!

Os olhos de Neferure brilharam quando ela falou:

– Só revelarei a ti o que está sucedendo, Senenmut, e peço que mantenhas isso em absoluto segredo!

Curioso, Senenmut aguardou a revelação. Percebia o drama íntimo que atormentava sua tutelada e, para auxiliá-la, adiantou:

– Já não odeia tanto Tutmés, não é mesmo? Percebi que nosso faraó a colocou a seu lado na festa de Aketh, quebrando o protocolo real!

Neferure pousou o olhar em Senenmut e completou:

– Desde o dia em que minha mãe marcou a data de nosso casamento, Tutmés tem solicitado minha presença na hora da última ceia.

– Continue, por favor – pediu Senenmut, interessado.

– Bem, temos conversado muito e considero que talvez eu tenha me enganado. Tenho pensado, mas, quanto mais penso, mais confusa fico.

Senenmut estava absolutamente feliz. Não pediria graça maior aos deuses do que aquela. Procurando se conter, perguntou:

– Achas que poderás amá-lo? Sua felicidade é o maior bem da minha vida, princesa! Tenho rogado aos deuses que te façam feliz, mas não imaginei que pudesse ser tão aquinhoado!

– Não sei, Senenmut, o que de fato está ocorrendo.

O velho amigo segurou a pequena mão de Neferure e exclamou:

– Que os deuses abençoem tua união com Tutmés! Não tenho dúvidas de que fareis a felicidade de nosso povo!

Demonstrando preocupação, ela prosseguiu:

– Repito, Senenmut, que tenho um mau pressentimento. Temo alguma coisa que não consigo precisar, como se algo estivesse para acontecer e...

Senenmut procurou consolá-la e falou, compassivo:

– Procure te tranquilizar. Nada irá te acontecer, princesa! Estamos de sobreaviso e ninguém tem permissão de se aproximar de ti, a não ser Mayati e as servas de confiança.

Neferure deu um suspiro:

– Essa sensação de que te falei me é dolorosa! Tenho vontade de chorar, quando na verdade deveria estar feliz.

Senenmut olhou com ternura para Neferure e prometeu:

– Redobrarei a guarda em teus aposentos e nos de Tutmés. Ainda faltam alguns dias para a data dos esponsais.

Neferure continuou:

– Existe uma outra coisa que me preocupa e me afasta de Tutmés...

– Sim, pode falar, princesa.

– Temo, nobre Senenmut, que após os esponsais ele tome alguma medida contra minha mãe...

– Garanto-lhe que essa preocupação é infundada. Se esse fosse o seu desejo, ele já o teria feito há muito tempo. Tutmés não precisa mais da aquiescência de ninguém para governar. Já te ocorreu o verdadeiro motivo que o impediu de tomar as rédeas do governo?

– Mayati me falou algo... Talvez para me convencer a aceitar Tutmés!

– Não é verdade, Neferure. Posso afirmar que Tutmés te ama apaixonadamente!

Neferure pousou seu belo olhar em Senenmut e obteve a resposta que desejava:

– Juras por Hathor, minha deusa protetora?

– Sim, e por Hórus, de quem Tutmés descende.

Sem poder conter o sorriso que se estampou em seu rosto, Neferure abraçou Senenmut e exclamou:

– Oh! Quanto te agradeço por me confiar tal fato! Eu precisava ouvir isso de tua boca para poder acreditar nas palavras de Tutmés!

Senenmut a envolveu em seus braços carinhosos e observou:

— Eu sempre soube que os deuses vos haviam reservado um para o outro...

Assim, eles se despediram carinhosamente.

***

Neferure se recolhia para se aprontar para a ceia com Tutmés quando viu surgir à sua frente o vulto de Ísis. Assustou-se e quase deu um grito.

Procurando se acalmar e recobrando o sangue-frio, comentou:

— Sempre à espreita, como uma serpente, não é mesmo, Ísis?

A concubina de seu pai fingiu não ouvir sua provocação. Verificou, mais uma vez, se estavam a sós e contrapôs:

— Tuas palavras hostis não me atingem, minha querida nora! Ao contrário, apenas mostram que tenho razão!

Ísis se aproximou, e Neferure instintivamente deu um passo para trás. Ergueu a cabeça e, com expressão altiva, pronunciou palavras que não deveriam ter saído de sua boca:

— A vontade de Amon-Rá é que Tutmés seja o faraó e eu sua Esposa Real! Serei a mulher mais importante do Egito e ele me ouvirá e atenderá aos meus desejos!

O rosto de Ísis se tornou lívido. O filho a tratava com respeito e admiração, mas temia a influência de Neferure após o casamento.

Ameaçadora, falou:

— Não contes vantagem antes do tempo, menina! Ainda poderei impedir esse casamento!

— Só se eu estiver morta! E isso só acontecerá se os deuses me abandonarem e me deixarem à mercê de tua desprezível vontade. Ainda sou a filha de Hatshepsut e não sossegarei enquanto minha mãe não te atirar aos crocodilos do Nilo!

Ísis deu um sorriso irônico e bradou:

— Serás amaldiçoada por Sekbet! Além disso, tua mãe possui segredos que eu conheço muito bem!

Neferure não se intimidou e retrucou:

— Os segredos de minha mãe não afetam o trono do Egito, pois ela sempre foi uma rainha desvelada e dedicada a seu povo. Ao contrário de ti, que te satisfizeste em permanecer na condição de reles concubina! Nada eras antes de te aproximares de meu pai!

Não conseguindo conter a ira de que se via possuída, Ísis observou:

— E tu, nobre Neferure? Serás assim tão nobre como julgas? Não haverá nenhum traço de sangue impuro correndo em tuas veias?

Neferure não pôde articular nenhuma palavra. Extremamente pálida, por um segundo não conseguiu concatenar as ideias e cambaleou.

Senenmut, que saía de sua sala, viu o que acontecia e postou-se à frente de Ísis, indagando:

— O que está acontecendo? O que houve com Neferure?

Ísis respondeu de modo lacônico:

— A jovem princesa está sob forte carga emocional. Todos sabemos que essa delicada jovem não deseja esse matrimônio...

Desesperado ao ver a jovem semiconsciente, Senenmut tomou Neferure nos braços e declarou:

— Esse casamento, como sabes, é a vontade dos deuses! Amon a escolheu para esposa do seu faraó e esse desígnio se cumprirá! Nenhuma força sobre a terra se interporá entre Neferure e Tutmés!

Tutmés, que se aproximava e ouvira as últimas palavras de Senenmut, emocionado, confirmou:

— Que os deuses abençoem tuas palavras, nobre Senenmut! Vamos levar minha noiva para que se refaça!

Assim que foi colocada no leito, Tutmés fez com que Neferure aspirasse algumas essências e a jovem recobrou os sentidos lentamente.

Ao ver Senenmut e Tutmés à sua frente, Neferure sorriu. O primeiro se adiantou e perguntou:

— O que aconteceu, princesa? Encontrei-a desmaiada no salão junto a Ísis.

Ao ouvir o nome da sogra, Neferure deixou cair duas grossas lágrimas.

Certo de que Ísis tinha algo a ver com o incidente, Senenmut, exasperado, disse, enquanto olhava para Tutmés:

– Novamente? Não é a primeira vez que isso acontece! Precisamos impedir que Neferure se exponha a determinados confrontos.

Tutmés, por sua vez, lamentou o ocorrido:

– Minha mãe não aceita este casamento, apesar de saber de sua importância para mim!

Ele então se aproximou do leito de Neferure e, segurando sua mão, declarou carinhosamente, antes de beijá-la:

– Nada temas, princesa! Estarei sempre a teu lado. Se os deuses permitirem, pela eternidade!

As palavras amorosas de Tutmés venceram as últimas resistências de Neferure. Com um tímido sorriso, Neferure tomou as mãos do jovem faraó e as beijou ternamente.

65

A vingança de Ísis

Após o desagradável confronto, Ísis se retirou. Caminhava freneticamente, de um lado para o outro, pensando no que fazer para impedir aquele casamento.

Percebera havia muito tempo que o filho amava a princesa; por essa razão colocara Merytre junto ao faraó, para que ela, com seus encantos, o fizesse esquecer a bela filha de Hatshepsut.

Infelizmente, os deuses não haviam sido generosos! Merytre tivera uma filha e ela não conseguira mudar os planos de Hatshepsut.

Agora precisava agir com rapidez! O casamento se aproximava e a cada dia ficava mais impotente em relação às decisões do filho.

Temia que, uma vez realizado o casamento, Neferure e Hatshepsut interferissem em seu destino, cobrando de Tutmés o seu afastamento. Poderiam mandá-la embora do palácio ou até afastá-la de Tebas!

Lembrou então que Merytre lhe havia dito que detestava Neferure.

Sem se importar com o motivo, resolveu procurá-la no dia seguinte. Apesar da proibição de receber visitas, a amizade de Any, o escriba, com Merytre lhe havia granjeado algumas regalias.

Pensando que não seria aconselhável ser vista junto a Merytre, Ísis enviou uma mensagem, avisando que iria logo após o pôr do sol.

Ao ler o pequeno papiro, Merytre ficou ensimesmada. O que desejaria Ísis agora? Quando lhe pedira auxílio para não ser afastada do palácio, ela nada fizera a seu favor.

Enviou resposta afirmativa e aguardou o anoitecer.

As horas haviam passado lentamente, até que, ao surgirem as primeiras estrelas, Merytre colocou um véu sobre os cabelos negros e foi para o largo das esfinges, junto ao primeiro pátio.

Caminhava entre a vistosa vegetação e, amedrontada, olhava para as estátuas de pedra que, como testemunhas do tempo, pareciam divisar o infinito sem nenhuma expressão.

Logo avistou Ísis, que se aproximou com o rosto coberto.

– Que os deuses te protejam, Merytre! Preciso tratar de um assunto de teu interesse.

Admirada com a atenção de Ísis, Merytre respondeu:

– Estarei sempre à sua disposição, senhora! Como poderei lhe ser útil?

– Disseste-me que detestavas a princesa... Posso saber o motivo?

Surpresa, Merytre falou, ressentida:

– Ela me humilhou algumas vezes. Também me odeia, pelo fato de eu ter sido a preferida do faraó!

O rubor nas faces de Merytre denunciou seus verdadeiros sentimentos. Astuta, Ísis perguntou:

– Amas Tutmés, não é mesmo?

A jovem ia negar, mas entendeu que de nada adiantaria. Concordou com um lamento:

– Desde a primeira vez que o vi, senhora! Fui tão feliz ao lado dele que me esqueci de que não poderia nem ao menos sonhar em ter o seu amor!

Ísis sorriu:

– Sim, meu filho está em uma posição inalcançável para ti, mas poderás gozar da ventura de ficar ao seu lado algumas vezes, como eu tive com o pai dele. Diz-me, Merytre, tu me ajudarias a tomar uma atitude, digamos, mais efetiva em relação a Neferure?

Entendendo o significado daquelas palavras, Merytre sorriu e ajuntou:

– Certamente, senhora. Digo-lhe ainda que temos outros aliados que nos poderão ser úteis!

Interessada, Ísis perguntou:

– De quem se trata, Merytre? Não acho estranho, pois Neferure soube criar uma teia de desafetos!

– É verdade. Existe uma serva que frequenta o palácio, a jovem Kya, seviçal da nobre Mayati. Além disso, o jovem Amenakht também poderá nos auxiliar!

– Amenakht? O pretendente de Neferure? – perguntou Ísis, curiosa.

– Sim, minha senhora. Amenakht se sente ultrajado pelo desprezo da princesa. Ela, que sempre dissera detestar o faraó, agora parece ter mudado de ideia. Isso desagradou muito Amenakht – mentiu Merytre.

Feliz por ter tantos aliados, Ísis se retirou, ficando combinado que, assim que surgisse uma oportunidade, se reuniriam para levar a cabo seus planos nefastos.

***

Mais alguns dias se passaram. No palácio, Neferure, que antes demonstrava seu mau humor e inconformação com o seu destino, modificava-se, deixando florescer sentimentos que a tornavam mais humana e sensível.

Vestindo-se com esmero e cuidado, preocupava-se em parecer cada dia mais bela para passar longas horas com Tutmés, que invariavelmente lhe agradava com mil delicadezas, fazendo com que ela se sentisse a princesa mais amada que já existira.

Seus temores haviam passado e Senenmut também se felicitava por ver a alegria voltar a reinar no palácio.

Hatshepsut via com desconfiança a mudança no comportamento da filha, mas no íntimo desejava, acima de tudo, a felicidade de Neferure.

Olhava para o casal, quando perambulavam pelos jardins, e pensava: "Há quanto tempo não se realiza um casamento por amor neste palácio!".

Sua mãe aprendera a amar seu pai, Tutmés I, mas mesmo assim o seu sucessor nascera do harém. Com ela havia acontecido a mesma coisa. Quem sabe se Neferure não poderia estabelecer um novo período em relação aos matrimônios da dinastia?

Hatshepsut pensava em seus familiares, nos príncipes que frequentavam o palácio, e via apenas homens fracos e incapazes.

Não gostava do sobrinho, pela sua arrogância e por ser fruto de uma infidelidade; mas ela também cedera ao influxo do amor!

Com um suspiro, afastou-se da janela, por onde observava Tutmés e Neferure. "Por enquanto, não vejo ninguém com a desenvoltura de meu sobrinho para me substituir. Isso só acontecerá, no entanto, quando eu partir para a terra de Osíris!"

***

A felicidade muitas vezes gera a inveja, sentimento capaz de corroer o incauto, que cai em sua teia traiçoeira. Por trás do riso cristalino e cheio de esperança de Neferure, seres invisíveis menos felizes também tramavam contra a felicidade dos jovens nubentes.

O mal se infiltrava pelas aleias do palácio, personificado por Kya, que se aproximara de Ísis no intuito de servir à desprezada mãe de Tutmés.

Sabedora do perigo que correria, visto que Senenmut cercara Neferure de todos os cuidados possíveis para evitar que lhe acontecesse algum mal, Kya fora encontrá-la no jardim do palácio às escondidas.

Em tom baixo, Ísis comentou:

– Não posso me envolver diretamente com esta situação. Se meu filho desconfiar de algo, poderá mandar me matar!

Kya concordou:

– Sim, minha senhora! Ocorre que existem muitas maneiras de se levar uma pessoa para a terra de Osíris... Não é preciso sujar nossas mãos de sangue...

– Sei disso, e prefiro que seja assim. Conheço alguém que poderia nos ajudar, mas considero perigoso termos mais envolvidos em um cometimento tão sério!

Kya se pronunciou, entusiasmada por ter uma alternativa:

– Senhora, minha tia Tama conhece alguém que rivaliza com Hapuseneb em conhecimentos... O tal, que não devo declinar o nome, está afastado de Tebas, porque se opôs aos sacerdotes do templo.

Ísis demonstrou interesse:

– Diz a Merytre que vá ter com ele. Veremos como ele poderá nos ajudar!

Feliz com o rumo dos acontecimentos, Kya se dirigiu à casa de Tama. Infelizmente para todos, a tragédia se aproximava do palácio.

66

Ante o silêncio das esfinges

Incumbida de ir ao encontro do ex-sacerdote de Amon em Abidos, Merytre resolveu que Kya iria acompanhá-la. A jovem, sempre acobertada por Any, afastou-se do templo, levando consigo grande soma em dinheiro, providenciada por ela mesma e por Ísis.

Desceria pelo Nilo em uma barca e teria então um estreito caminho a percorrer na cidade desconhecida. Era fato sabido por todos o perigo que representava uma mulher andar sozinha por aqueles caminhos. Em razão disso, apesar da relativa liberdade que a mulher egípcia possuía, na maioria das vezes, ela permanecia em seu reduto doméstico.

O percurso pelo rio se deu tranquilamente. Ao chegarem em terra, tomaram uma biga e foram para o local indicado por Tama. O sol ia alto quando pararam diante de bela e agradável residência. Kya se adiantou e pediu para falar com Userptah. Imediatamente, foram conduzidas por uma mulher de meia-idade, com um andar pesado e lento por conta da obesidade.

Logo Merytre e Kya se viram diante de um homem baixo e também obeso, que aparentava grande concentração ao ler um punhado de papiros.

Merytre se adiantou:

– Que Ptah o proteja! Precisamos de seu auxílio para afastarmos uma pessoa de nosso caminho!

O homem voltou os olhos para Merytre:

– Há muito espero por este dia, minha bela jovem! Já ajudei tua mãe em uma questão há muito tempo... Agora nossos caminhos se cruzam para que eu acabe o que ficou inacabado há dezessete anos!

Sem entender, Merytre questionou:

– Como sabe o meu nome? Quando o senhor conheceu minha mãe?

O homem respondeu sem expressar qualquer emoção:

– ... Quando ela me procurou para que eu a ajudasse em relação a teu pai. Isso, no entanto, é passado. Precisamos nos concentrar no futuro!

– É verdade. Desejo afastar a princesa de meu caminho!

Userptah largou os papiros que trazia nas mãos e falou:

– Sim, a princesa responderá pelos erros de sua mãe! Graças a Hatshepsut, eu fui deportado de Tebas a pedido de Hapuseneb! A jovem rainha não quis nem ao menos ouvir as minhas ponderações sobre as perseguições de seu sumo sacerdote. Eu é que deveria ocupar a posição que o maldito tomou de mim! Fui banido e desonrado, perdi minha família e tudo o que possuía!

Compreendendo melhor as razões de Userptah, Merytre tornou:

– Não sabemos o que fazer, senhor. A guarda da princesa foi redobrada e ela passa os dias ao lado do faraó, que se descuida inclusive de seus deveres para com o Egito!

Pela primeira vez, o homem esboçou leve sorriso. A seguir, concluiu:

– ... E isso te atinge sobremaneira, filha de Mutnefer! Desejarias estar no lugar da princesa, não é mesmo?

Merytre se calou; Kya, que ainda não se pronunciara, acrescentou:

– Neferure humilha todos que a cercam! Existem muitas pessoas que desejam seu fim.

– Devo alertá-las de que responderão um dia por vossos atos! As ações praticadas ficarão gravadas indelevelmente em vossos espíritos, pela eternidade! Todos os envolvidos têm a liberdade de recuarem...

Merytre, sem se interessar pelo comentário, questionou:

– Irá ou não nos ajudar? Preciso retornar o quanto antes.

– Sim, o farei, mas deverão fazer tudo o que eu disser!

Merytre concordou:

— Está certo. Assumirei todas as consequências, visto estar defendendo os meus interesses nesta vida!

— Isso te custará muito caro, minha filha! Terás diversas vidas de lágrimas e sofrimentos por esse gesto! Não ficarás com o jovem faraó, pois teu caminho está traçado pelo grande deus para outro homem.

Contrariada, Merytre retrucou:

— Deixe isso por minha conta. Saberei mudar esses desígnios injustos! Diga-me o que devo fazer a fim de afastar para sempre Neferure de Tutmés!

***

Userptah permaneceu em silêncio por alguns minutos. Com o rosto pálido, as mãos sobre uma pequena esfinge, buscava sintonia com as faixas inferiores da espiritualidade.

Para Merytre, o tempo escoava rapidamente e ela tinha de retornar o quanto antes para o templo, antes que percebessem sua ausência; Kya, também aflita, não via a hora de voltar, pois Mayati podia necessitar de seus serviços.

Pequeno estremecimento demonstrou que Userptah terminara o seu propósito. Com absoluta serenidade, ele disse a Merytre:

— Estive analisando a estrutura psíquica da jovem princesa e, ao contrário da mãe, é muito frágil e poderá ser facilmente influenciável. Será sensível à nossa vontade e poderemos agir sem deixar pistas.

Userptah levantou-se e refletia, enquanto falava:

— Como já disse, deverão cumprir as minhas ordens. Os interessados nessa ação deverão se reunir na avenida das esfinges com Any, que conheces, Merytre. Ele sabe as palavras que prenderão o espírito da princesa aos habitantes de Osíris, que me servem... Deverão levar algo que contenha algum elemento próprio, pessoal da princesa, que me facilitará a conexão psíquica. Merytre deverá buscar, junto à imagem da deusa a quem serve, uma poção da água que juntarão com a poção que levarão hoje.

Desconfiada quanto aos efeitos daquelas instruções, Merytre perguntou:

— A princesa possui protetores e é considerada a Esposa de Amon. Não poderá o deus interferir em seu favor?

Userptah sorriu:

— Sim, poderá interferir, mas para isso Neferure teria de ter fé nos deuses que diz acreditar para pedir o auxílio. Cada um recebe de acordo com as faixas com as quais se afiniza; se ela assim o fizer, nada poderemos realizar...

Indecisa, Merytre ainda argumentou:

— Não podemos correr esse risco, senhor! Se quiser, poderá me fornecer alguma poção que a leve para sempre à terra de Osíris!

O antigo sacerdote ficou impaciente:

— Não te deves precipitar! Muitos fatos se desencadearão em virtude das ações que delineamos neste momento! É preciso ter paciência e direcionar os pensamentos ao objetivo desejado. O importante é que tudo pareça natural, talvez como a manifestação de uma doença qualquer. Se os deuses nos favorecerem, nada restará da passagem da princesa pela Terra! Por ora, é o que tinha para dizer...

Merytre e Kya iam retirar-se, quando a primeira se voltou e perguntou:

— Se o que faremos nos trará consequências tão dolorosas, por que está nos ajudando? Não temes a ira de Amon?

O olhar de Userptah se tornou frio quando afirmou:

— Estou cobrando um acerto antigo, que só a mim diz respeito. Sentir-me-ei recompensado em saber que Hatshepsut sofrerá tão dolorosamente quanto eu sofri um dia...

Kya, pela primeira vez, ousou perguntar:

— Por que devemos nos encontrar nas esfinges?

Demonstrando que já tinha encerrado aquele encontro, Userptah falou com um tom metálico:

— Não sirvo mais a esse deus e desejo afrontar duplamente Hatshepsut e Amon diante de seus símbolos mais sagrados: o templo do deus e a última morada da rainha!

***

Ao retornar à residência de Apopi, Kya levou uma séria reprimenda de Mayati. Aparentando humildade, disse ter-se encontrado com um rapaz que lhe dissera estar apaixonado.

Mayati, como toda mulher quando se trata desses assuntos, demonstrou compreender a situação e a mandou se recolher, pois no dia seguinte iriam ao palácio.

Merytre procurou por Any, conforme orientação de Userptah, e não lhe escondeu seus sentimentos.

Disse que amava Tutmés e que preferiria morrer a vê-lo casado com Neferure. O velho conhecido de sua mãe passou a mão pelo seu rosto e comentou:

– Quem diria que ficarias tão bela? Que serias a preferida do faraó? Sim, enganei-me a teu respeito! O que o velho Userptah deseja de mim?

Merytre explicou que seria necessário reunir-se com aqueles que desejavam a justiça e temiam pelo futuro do Egito.

Any percebeu do que se tratava. Com extrema frieza, disse:

– Tenho meus temores em relação a este casamento, sim! Não creio que Hatshepsut deseje entregar algum dia o trono a Tutmés, o herdeiro por direito. Por meio da princesa, ela deverá governar ainda por muito tempo e eu não poderei ver o Egito livre das mãos de uma mulher... – Merytre se afastou. Any prosseguiu: – Farei o que me pedes, bela Merytre. Estarei nas esfinges na hora combinada!

***

Longe dos princípios do bem e da justiça, aquele grupo de espíritos se reuniu para traçar uma das páginas mais infelizes da vida de cada um; algo que ficaria registrado em seus arcanos mentais por milênios.

Desolados diante da fraqueza de seus tutelados, seus mentores espirituais dirigiram uma prece ao Senhor do universo para que Sua misericórdia envolvesse aquelas pobres desviadas do caminho.

Como resposta, flores de luz os envolveram e, no íntimo, sentiram que um dia eles compreenderiam... Não sabiam, os seus protegidos, que o Grande Redentor viria à Terra com uma mensagem de amor e perdão e que aqueles espíritos trabalhariam por sua própria regeneração; que libertariam sua alma, ora aprisionada pelas próprias lágrimas derramadas...

Sabiam, no entanto, que cada espírito traça o seu caminho livremente, dentro dos limites do livre-arbítrio, mas, nas esferas do infinito, seus atos repercutirão sempre, estando ou não em consonância com as leis que regem o universo e levando-os a colherem nas mesmas bases em que semearam.

***

Tudo foi feito de acordo com as instruções de Userptah. Kya conseguira a mecha de cabelo de Neferure sem dificuldades, por meio de Nefer, e Merytre se aventurara pelos corredores escuros do templo em busca da substância que o ex-sacerdote recomendara.

A anuência de Amenakht se deu por ele considerar que Neferure representava perigo para a vida de Merytre. Acreditando ser o escolhido da jovem, ele se envolvia cada dia mais, enredando-se também com suas companhias espirituais, disposto a qualquer coisa para permanecer ao lado de Merytre. Ao entrar na faixa espiritual da jovem, ficara suscetível às influências dos espíritos desencarnados que a secundavam em seus pensamentos e ações.

Os dias se passavam e nada ocorria de novo; pelo contrário, Neferure parecia mais bela e feliz. Sentindo-se amada e vencendo todas as resistências que seu orgulho engendrara contra Tutmés, ela parecia viver um sonho de felicidade. O jovem faraó a presenteara naquela tarde com um maravilhoso bracelete de ametistas, digno de uma verdadeira rainha.

Feliz, Neferure comentou:

– É um presente que não esquecerei, Tutmés! É lindo como jamais vi! Onde o compraste?

Sorrindo, o rapaz respondeu, satisfeito:

– Pedi que o nosso ourives real o fizesse para ti, Neferure. Sabia que o apreciarias, pois é digno de alguém como tu... – disse o rapaz, enquanto passava carinhosamente a mão em seus cabelos. Neferure tornou com meiguice:

— Tu me amas, Tutmés? Terás apenas a mim como esposa?

— Tenho algo que te havia prometido para o dia de nosso casamento. Espero que acabe com tuas dúvidas.

Neferure sorriu:

— O que é? Não quero esperar, Tutmés! Sabes o quanto sou curiosa.

Tutmés buscou a pequena caixa onde guardava a flor de lótus que havia colhido quando eram crianças. Ao vê-la, Neferure lembrou-se e exclamou:

— Pelo deus que te protege, Tutmés! Ainda guardas aquela flor?

O jovem faraó respondeu com serenidade:

— Sim, guardei-a por todos esses anos. Peço que não duvides mais de minhas palavras, Neferure. És minha desde o início dos tempos! Juro fidelidade a Amon, o deus dos deuses, e a ti, apenas!

Tocada em suas fibras mais profundas, Neferure o enlaçou em seus braços e, radiante de felicidade, o jovem guerreiro a beijou ternamente, selando, embora tardiamente, aquele reencontro que se efetivara após tantos desentendimentos.

***

Uma semana após o encontro junto às esfinges, Neferure saiu em passeio com Tutmés pelo Nilo.

A barca deslizava com tranquilidade pelas águas cintilantes do rio quando ela apresentou inexplicável mal-estar.

Novamente a sensação de temor a envolveu e terrível dor de cabeça fez com que Tutmés a levasse de volta ao palácio.

Imediatamente, foram chamados médicos e foram-lhe administradas ervas e tisanas. A medicina egípcia possuía alto grau de adiantamento, e muitos medicamentos — se assim podemos chamá-los — empregados em nossos dias tiveram suas primeiras formulações naquela época.

Ainda assim, Neferure adormeceu, mas teve horríveis pesadelos e acordou lívida, com suor abundante a lhe correr pelo corpo. Preocupado, Tutmés levou ao conhecimento da rainha o que estava ocorrendo.

Hatshepsut chamou Senenmut para lhe tomar satisfações. O generoso tutor da princesa estava arrasado. Não tinha como explicar o que ocorria. Todos os cuidados haviam sido tomados com relação a Neferure!

Auxiliada por Mayati e consequentemente por Kya, eram-lhe administradas as poções, sem que Mayati desconfiasse de que a água usada continha os elementos nocivos que debilitavam a amiga dia a dia.

Os pensamentos negativos que lhe eram dirigidos dos dois planos da vida fortaleciam os espíritos que agiam junto a Userptah e que atuavam em seus centros de força.

Especialmente talhado para as intervenções psíquicas, pois era possuidor de um avançado conhecimento sobre o funcionamento das energias no perispírito, Userptah, por meio da hipnose, subjugava Neferure.

Em alguns dias, ela não suportava mais a ingestão de qualquer alimento; por vezes negava-se a beber até água e, em outras ocasiões, assolada pela sede, bebia todo líquido que lhe era oferecido.

Desesperado, Senenmut foi até o templo em busca de Hapuseneb e os demais sacerdotes médicos.

O sumo sacerdote de Amon, ao ver Neferure, empalideceu. Acontecera o que havia previsto! Pela sua mediunidade constatara a teia de emanações deletérias que envolviam a princesa; sem dúvida, alguém exercia um poder muito grande sobre a estrutura frágil de Neferure.

Hatshepsut seria atingida em pleno coração, perdendo o maior tesouro de sua vida. A filha estava muito além do trono, do poder e do amor para ela. Era o elã de sua vida, a sua força!

Senenmut, por sua vez, pensou que ia enlouquecer... A noite já havia caído quando Neferure pediu a presença de Tutmés, Senenmut e Hatshepsut em seus aposentos. Todos correram ao local, solícitos. Neferure, sem conter as lágrimas, pediu com dificuldade:

– Tenho diante de mim os únicos amores de minha existência!

Hatshepsut se ajoelhou ao seu lado:

– Diz, minha filha, o que desejas de tua pobre mãe! Farei o impossível para que tua vontade seja feita...

Neferure tentou esboçar um sorriso e, demonstrando que perdia a luta contra a morte, soluçou:

— Amo vocês! Sei, no entanto, que Osíris me levará desta vida, não há o que fazer... Algo mais forte do que eu me arruína a existência! Vou partir, mas antes desejo que me prometam algo que me permitirá uma passagem para o reino dos mortos com menos sofrimento...

Sem titubear, Tutmés segurou as mãos da princesa e exclamou, impossibilitado de esconder o desespero que o atordoava:

— Diz, Neferure, o que desejas! Somos filhos de deuses; eu e tua mãe poderemos clamar pela misericórdia de Amon!

— Peço a ti, Tutmés, que aguardes até que minha mãe venha se reunir a mim para assumires o teu lugar no trono do Egito!

Tutmés percebeu que Neferure realmente partia; a questão política, naquele momento, para ele nada significava! Renunciaria, se preciso fosse, por uma esperança de ela viver!

Tutmés se curvou pela primeira vez em sua vida e, colocando as mãos de Neferure sobre sua cabeça, afirmou:

— Trocaria o trono do Egito neste momento por tua vida! E tu sabes que serei digno de nossos antepassados, minha amada! Prometo não me opor à minha tia enquanto ela viver...

A seguir, Senenmut, tomado pelo desespero, ajoelhou-se.

Neferure sorriu, mas caiu em prostração, permanecendo inconsciente por longas horas. Nos dias seguintes, entre vigílias em que a princesa demonstrava estranho estado de espírito, parecendo delirar com visões que a aterrorizavam, com raros momentos de descanso, suas últimas resistências foram vencidas.

Neferure partiu para o mundo espiritual acometida de grande sofrimento. Desde a morte de sua avó, a rainha Ahmósis, o palácio não vivera tamanha comoção. A princesa desencarnou uma semana antes de seu casamento.

67

As revelações de Nashira

A essa altura do relato, Nashira se calou. Pude verificar o grande sofrimento que aquelas recordações lhe acarretavam.
Depois de alguns instantes, com os olhos úmidos, prosseguiu...

***

Com o fim das bodas, o Egito se fechou em luto pela morte da princesa. Hatshepsut, enlouquecida de dor, vagava pelo palácio à procura da filha, que, segundo imaginava, a vingança dos deuses haviam levado.

Lamentava amargamente ter desejado tão ardentemente o poder, pois agora ele de nada lhe serviria; mesmo sendo a mulher mais poderosa da Terra, estava com as mãos e o coração vazios.

Enquanto o corpo de Neferure era preparado pelos embalsamadores, Tutmés se desesperava, aguardando o sepultamento de sua noiva amada. Era de fundamental importância que o corpo de Neferure recebesse todo o cuidado possível, para que não perecesse e pudesse lhe servir na nova jornada pelo reino de Osíris.

A múmia da jovem princesa foi depositada próximo ao Vale das Rainhas, mas desapareceu mais tarde, permanecendo o mistério sobre o seu destino, conforme o vaticínio de Userptah.

De acordo com a promessa que fizera a Neferure em seu leito de morte, Tutmés aguardou a morte da tia para assumir o poder definitivamente.

Hatshepsut, cansada das lutas da vida, foi atingida no que possuía de mais caro; o golpe fora certeiro e, apesar de seu reinado prosseguir por mais alguns anos, o esplendor e a glória de seu governo desapareceram. Vivendo de coração amargurado, apenas aguardava o chamamento de Osíris para deixar o trono para Tutmés, que se dedicou às armas, e, assim como se consolidava o ocaso de Hatshepsut, Tutmés crescia em uma fúria vertiginosa de conquistas e triunfos sobre seus adversários.

Tornara-se um dos maiores generais da antiguidade, ampliando as fronteiras do país até a Síria e a Babilônia; vencera todos os inimigos do Egito, fazendo-os cair um a um.

Inspirado em Hatshepsut, que demonstrara sempre grande piedade com os vencidos, libertou muitos povos escravizados e buscou ser justo nas questões de seu povo.

Amou o Egito, assim como a Neferure, sem reservas... Casou-se diversas vezes, com princesas estrangeiras e algumas egípcias, mas nunca mais voltou a amar! O desespero de Tutmés fez com que eu, Merytre, compreendesse que ele nunca me amaria!

Somente vinte anos após a morte de Hatshepsut, temendo o culto e a idolatria de sua tia e as consequências políticas dessas práticas, Tutmés desenvolveu uma campanha para apagar a memória da ex-governante.

Senenmut deixou alguns rastros, que perduram até os dias de hoje... A sua mensagem de amor a Hatshepsut está gravada para a eternidade em todos os locais que sobreviveram à destruição de Tutmés.

O amor de Hatshepsut não suportou aquilo que ela considerou ser uma falha de Senenmut, que veio a abandonar o palácio pouco tempo depois. Velho e transpassado pela dor, acabou desencarnando poucos anos após sua amada Neferure.

Sentindo-me perdida, corri para os braços de Amenakht, que, ao perceber a trama em que se havia envolvido, afastou-se de mim. Com remorso, ele deixou o Egito, partindo para a Síria, onde se casou após alguns anos com uma jovem da nobreza.

Na solidão do templo, percebi que tudo o que fizera me levara à mais profunda desgraça moral e à infelicidade de muitos! Tomada de ódio por não ter conseguido me aproximar de Tutmés, aliei-me mais fortemente com as entidades sofredoras que me inspiravam.

As atitudes estranhas de Kya acabaram por denunciá-la diante de Mayati, que havia desconfiado de seu comportamento. Ao prever o castigo que nos aguardava, ela me pediu socorro, que lhe neguei.

Tutmés acabou por descobrir nosso crime e mandou matar Kya; desesperada e sem ninguém a quem recorrer, consegui amparo e proteção com Senuit.

Doente e pobre, refugiei-me nos braços do bondoso servo de Amenakht; sem esperanças, e revoltada com a vida, acabei desencarnando de sífilis, cinco anos após a morte de Neferure, em Mênfis.

Devo dizer que, após o crime que perpetramos, nunca mais encontrei a paz; a vida se tornou um tormento, por tudo o que eu havia perdido... Eu, que era a preferida de Tutmés, passei a fugir de seu ódio!

Percebi, embora tardiamente, que Amenakht me era mais caro do que imaginava... Não soube reconhecer o verdadeiro amor, tornando-me uma criminosa vítima da paixão e desrespeitando as leis divinas.

Tive tudo o que poderia desejar! Poderia ter aceitado viver sem praticar o mal ou sem desejar mudar o destino! Mas minha rebeldia contra a vontade do Ser Supremo me levou à absoluta penúria moral e espiritual!

Meu ódio por Kya a atraiu e passamos a partilhar as vibrações deletérias em que nos comprazíamos; não sei ao certo quem obsedava quem: eu, ela ou nós duas!

Desequilibrada, tinha estranhas visões nas quais Neferure me acusava de tê-la assassinado. Rindo, dizia que eu jamais teria Tutmés.

Não é preciso dizer em que condições ingressei no mundo espiritual...

***

Um silêncio profundo se estabeleceu entre mim e Nashira. Respeitoso, ousei comentar:

– É uma história fascinante, querida irmã. Por certo, já terá despertado o interesse dos homens...

Nashira sorriu e tornou:

– Esse é o relato humilde de um espírito que muito errou, movido por sentimentos inferiores como a paixão, o orgulho e a vingança! Que perdeu valiosas oportunidades de reconstrução do próprio caminho, por meio do serviço ao próximo, no esclarecimento da verdade maior, auxiliando ao semelhante em nome de Jesus! Estou pleiteando nova oportunidade, para que possa saldar o débito que contraí com as leis divinas... Quanto ao meu relato, cada um o contará de acordo com suas experiências, caro Eugene. Como lhe havia dito em nosso primeiro encontro, havia me comprometido com aqueles espíritos, especialmente com Kya e Neferure, a quem prejudiquei muito... Apesar de havermos nos encontrado por diversas vezes em encarnações seguintes, o remorso me seguiu pelo tempo! Com esta narrativa, espero devolver aos espíritos que comigo dividiram aquela existência os fatos pelos quais eu desencadeei tanto sofrimento!

Por alguns minutos, fez-se silêncio novamente, fruto das divagações a que nos entregamos.

Nashira fitou-me e perguntou com um belo sorriso:

– Lembras de eu ter dito que um dia compreenderias o porquê de te haver escolhido?

– Sim, e entendi o motivo durante sua narrativa. Pude perceber, por minhas próprias lembranças, o meu papel nesta história...

Nashira se aproximou e, com um abraço fraternal, tornou:

– Sim, conhecemo-nos em época anterior à que narrei... Reencontramo-nos no reinado de Tutmés II, o marido de Hatshepsut...

Refletindo com seriedade sobre o impacto daquelas lembranças, considerei:

– Também tive minha parcela de culpa e tudo farei para corrigir o que o ambicioso Any, o escriba, realizou tão tristemente, iludido pelo poder do mundo.

Nashira ficou pensativa e continuou:

– Na teia das reencarnações, nosso aprendizado se realiza de acordo com nosso desejo de progredir e de nos aperfeiçoarmos. Quando desejamos firmemente, superamos todos os obstáculos, porque temos o auxílio divino para vencer!

– Em sua última encarnação como Olívia, percebo que reencontramos alguns irmãos, que também se encontravam no Egito. Poderia mencionar alguns, para satisfazer a curiosidade de nossos leitores?

Complacente, Nashira respondeu:

– Sem dúvida; isso ampliará o ensinamento a que nos propomos! Naquela ocasião, além de Amenakht, que como sabemos se tratava de Edward, recebi Senuit como o filho que me foi tirado dos braços, assim como eu rejeitara a filha recém-nascida na casa de Inet. Tive a bênção de receber ao meu lado, como grande amiga, Inet, a mulher de Paneb, meu pai. Ela se apiedou de minha condição e reencarnou como Kate. Em Edwin reencontrei um dos espíritos desencarnados na época, que me levaram à derrocada moral; ele se comprometeu de forma inequívoca para meu desequilíbrio espiritual e deveria ter-me auxiliado na última encarnação a reerguer-me por meio da paciência e do amor. De minha parte, reconheço que minhas atitudes agravaram nossas diferenças e só poderei resgatar o carinho que lhe devo e pelo qual ele tanto buscou recebendo-o em meus braços e devotando-lhe o carinho materno.

Nashira prosseguia:

– A ardilosa Ísis retornou, com grande esforço próprio, disciplina e devotamento, após inúmeras existências de resgates e provações, como abnegada servidora do Cristo, comprometida com meu esclarecimento espiritual. Renasceu na França e, sob as luzes da Doutrina Espírita, orientou-me quanto aos aspectos fundamentais de minha tarefa na mediunidade como madame Duplat.

– Imaginamos que Hatshepsut e os demais se encontrem nas regiões de luz, longe dos problemas humanos... – falamos com sinceridade.

Novamente o amplo sorriso surgiu no rosto de Nashira. Demonstrando a felicidade que lhe ia na alma, ela discorreu:

– Enganas-te, amigo. O que posso revelar é que Hatshepsut e Senenmut se encontram na Terra em esplendorosa missão, tutelando as lutas de seus irmãos sofredores! Assim, jamais abandonaram aqueles que sofrem e lutam nos resgates necessários... Retornaram inúmeras vezes, para que, com exemplo e sacrifício, pudessem nortear as estradas que devemos palmilhar... Com a grande rainha, possuímos uma dívida impagável de dedicação e amor! Em sua última passagem pela Terra, ela fez resplandecer a luz do Evangelho de Jesus no coração desesperançado e vazio de muitos! Deixou um rastro de luz imorredoura, relembrando aos homens o eterno e incomparável ensinamento de Jesus: "Amai a Deus sobre todas as coisas e ao próximo como a ti mesmo". Quanto a Tutmés e Nefure, ambos se encontram em trabalho ativo de grande relevância, ao lado do povo que sempre amaram em outras esferas.

Sem disfarçar a emoção que se assenhoreava de nossa alma, demos vazão às lágrimas, que corriam em abundância de nossos olhos.

Diante da magnificência da bondade infinita de Deus, que permite que renasçamos quantas vezes forem necessárias para aprendermos a Lei de Amor, que vige em toda a sua Criação, caímos de joelhos e agradecemos, reconhecendo nossa pequenez diante da causa primária de todas as coisas...

Comovida, Nashira pronunciou sentida prece:

Senhor, a vós, que já fostes para nós Amon, Rá, Aton, Jeová, Deus, e hoje Pai amoroso! Que nos enviastes vosso Príncipe de Luz, para nos ensinar o caminho, designando o planeta Terra como palco de nossas lutas, nós damos Graças!
Possa vossa Misericórdia infinita envolver os espíritos que vos desconhecem, ainda imantados às faixas da inconsciência e do mal!
Conduzi-nos, Senhor, à bondade do Vosso reino, onde o bem vigora no coração que busca a regeneração espiritual definitiva.
Permiti, Senhor, que Jesus, o Norte de nossa vida, possa acolher-nos em seus amorosos braços, quando por nossa ignorância e fraqueza viermos a cair novamente!... Que Ele nos sustente na senda do aperfeiçoamento, que vossas sábias leis engendraram por todo o universo!
Que Vossa vontade se cumpra por todos os séculos, e Vosso amor nos conduza às sendas da felicidade imorredoura!
Assim seja!

Nashira, assim, retornou para a colônia onde habitava. Finalmente sentia a paz que por tanto tempo buscara. Preparava-se, agora, para o seu retorno à vida corporal.

Sentindo o coração cheio de esperanças, resolveu dar um passeio. Embevecida, admirava a vegetação abundante e os jardins ornamentados com flores de beleza ímpar, que exalavam perfumes inebriantes.

Ao longo de todo o caminho, ouvia uma música doce e suave, que lhe parecia renovar as energias. Sabia da importância da música nas esferas superiores e seguia como se algo a chamasse...

Caminhava em direção a um rio semelhante àquele que fora a vida do Egito. Divisou ao longe uma embarcação, que navegava lentamente em sua direção. Sem entender por que, intensa emoção lhe acelerava o coração, enchendo-lhe os olhos de lágrimas. À medida que a nau, feita de juncos, aproximava-se, verificava ser ela muito familiar, como se a tivesse conhecido antes! Quanto mais perto, mais sentia uma felicidade inexpressível! Em pé, no meio da balsa, Amenakht lhe sorria, enternecido!

Nashira, emocionada, chorava diante da recepção que o seu grande amor lhe fazia. Sim, Edward não faria de outra forma! Devagar, Nashira caminhou em direção ao rio. Tão logo a embarcação se aproximou da margem, Edward saltou e caminhou em sua direção. Sem palavras, entregaram-se, um nos braços do outro, a um abraço sem fim...

Depois de alguns minutos, Edward beijou o rosto de Nashira e declarou, emocionado:

– Finalmente, minha querida! Esperei tanto por este momento! Desde o dia em que parti, dediquei todos os momentos para que este instante se tornasse realidade: reencontrar-te livre para recomeçarmos novas tarefas na seara de Jesus!

Antes que Nashira pudesse responder, intensa luz surgiu no horizonte. À medida que se aproximava, puderam perceber tratar-se de um grupo de espíritos que vinha na direção deles.

Comovida, Nashira reconheceu Mutnefer, Kya e Asterion.

Kya se aproximou e, abraçando-a, declarou:

— Querida irmã, venho saudar o teu êxito na tarefa com a qual te comprometeste! Bem sabes que o meu desejo era de que encontrasses a paz de consciência, pois te recriminavas com a renúncia ao mandato mediúnico...

— Sim, Kya, reconheço que a necessidade de concretizar a tarefa se devia ao fato de eu precisar partilhar as minhas quedas com os que se interessam pelos assuntos espirituais, para que elas pudessem servir de exemplo e, quem sabe, evitar sofrimentos...

Asterion deu um passo à frente:

— Filha do coração, também partilho há longo tempo o desejo de corrigir o passado! Os laços que nos unem estão assentados no mais puro sentimento paterno... Dever de pai que não cumpri, quando a princípio te neguei amparo, encarnado como Paneb! Felizmente, o Senhor colocou nossa querida Kate, outrora Inet, a teu lado, para te compartilhar as provas terrenas, tornando-as menos acerbas. Por duas vezes, ela acolheu em seus braços amorosos duas crianças que geraste, como se fossem seus filhos.

Nashira sorriu:

— Depois de todo o amor que recebi, considero-me em eterna dívida para com todos!

Mutnefer disse, sorrindo:

— Minha filha! Jesus me permitiu ter a alegria de te ver redimida de um passado distante, em que também eu fui responsável por tuas faltas! Considero-me quite com a lei que te ensinei a desrespeitar, filha querida! Apesar da distância no tempo, nossa consciência exige a reparação do mal que fizemos, independentemente dos registros de tempo terrestre. Trago uma mensagem para ti, de alguém que te perdoou há muito e que te felicita por este momento...

Mutnefer entregou radiosa mensagem escrita em um papiro. Nashira a segurou entre as mãos e, emocionada, começou a ler:

Que o Deus da vida e do amor te saúde, abençoada Merytre!
Ao lembrar minha existência na Terra como princesa, revejo as grandes dificuldades a serem vencidas que ainda carregava!

Apesar da pouca idade na romagem terrena, já revelava minha pobreza espiritual! Quantas ilusões, quanto egoísmo, quanto desamor!

Não posso negar o sofrimento pelo qual passei ao deixar a Terra dos meus amores e o amor da minha vida, que só muito tarde descobri!

Quantas lágrimas, quanto desespero, quanto pesar... Ver os meus despojos usurpados... Ao ver minha mãe quase enlouquecer e se fechar para a vida e para o país que adorava... Ao ver meu pai acusado como responsável por minha morte e padecendo de desgosto e saudade... E quanto ao meu amado, que deixei às vésperas do casamento? Quanto lutou e sofreu o meu pobre Tutmés ao ver que seus sonhos desmoronavam com minha partida...

Teria sido de outra forma, se não houvesses interferido em nossos destinos, Merytre? E quanto às nossas ações, que em qualquer tempo são sempre a origem de nosso sofrimento?

A realidade é que também merecíamos o resgate que a misericórdia divina colocou em nossos caminhos!

Se tua mão nos feriu, é porque outrora também nós, desafortunadamente, magoamos a outrem... Poderíamos, dessa forma, acusar-te, buscar a reparação?

Só enquanto o nosso entendimento permaneceu limitado e obliterado pela ignorância!

Assim que compreendemos o mecanismo da vida, passamos a te proteger os passos, para que não viesses novamente a cair... Adiantamo-nos um pouco nas trilhas do progresso, mas jamais te perdemos de vista, minha querida!

Recebemos-te como filha necessitada, algum tempo depois, e Tutmés se desdobrou em cuidados contigo, até a hora em que, em meus braços, deixaste a vida física.

Desde então, a Merytre que me levou à morte não mais existiu, dando lugar a uma alma que a nós se uniu para sempre!

Por tudo isso, envio-te estas palavras, para que teu coração as leve doravante e, como fazíamos outrora, que elas adquiram vida e se trans-

mutem em bênçãos para a eternidade de teu espírito, até nos reunirmos novamente.
Com infinito amor,

Neferure

Lágrimas se faziam presentes não apenas no rosto de Nashira, mas no de todos ali presentes.

Asterion se pronunciou:

– Meus irmãos, lembremos as palavras de Jesus a Nicodemos, o ilustre doutor do templo de Jerusalém: "Ninguém poderá ver o reino de Deus, se não nascer de novo". Esse ensinamento reflete as soberanas e inquestionáveis bondade, justiça e sabedoria divinas! Somente de posse desse conhecimento poderemos atravessar a atribulada existência terrena sem perder a fé e a esperança! Divulguemos mensagens de esperança a nossos irmãos encarnados, consolidando na Terra, em definitivo, a certeza de que a vida é eterna e de que todos nos reencontraremos um dia, além da vida física, com nossos amados do coração!

Fim

Leituras envolventes de Tanya Oliveira

LONGE DOS CORAÇÕES FERIDOS
Em 1948, dois militares americanos da Força Aérea vão viver emoções conflitantes entre o amor e a guerra ao lado da jornalista Laurie Stevenson.

O DESPERTAR DAS ILUSÕES
A Revolução Francesa batia às portas do Palácio de Versalhes. Mas dois corações apaixonados queriam viver um grande amor.

A SOMBRA DE UMA PAIXÃO
Um casamento pode ser feliz e durar muitos anos. Mas um amor de outra encarnação veio atrapalhar a felicidade de Theo e Vivian.

DAS LEGIÕES AO CALVÁRIO
O espírito Tarquinius nos relata fatos ocorridos em uma época de grande conturbação no Império Romano. Vinicius Priscus, orgulhoso legionário romano, retorna a Roma com a intenção de desencadear violenta perseguição aos cristãos. Para tanto, procura realizar algumas alianças, como com Ischmé uma bela, ambiciosa e influente cortesã em Roma e Caius Pompilius, seu melhor amigo.

DUDA – A REENCARNAÇÃO DE UMA CACHORRINHA
Uma ligação tão forte que nem a morte foi capaz de separar. Uma história de afeto e dedicação a uma amiga inseparável: Duda, que assim como nós, também reencarnou para viver novas experiências na Terra.

Impresso na

a gráfica digital da EDITORA DO CONHECIMENTO
19 3451-5440 – *contato@primeiraleitura.net*